Marianne Beuchert

Sträuße aus meinem Garten

Kultur, Schnitt und floristische
Verarbeitung der Gehölze,
Stauden und Sommerblumen

24 Farbfotos
55 Zeichnungen

Verlag Eugen Ulmer Stuttgart

Fotografie: Jochen Schade
Zeichnungen und Layout: Jürgen Wirth
Floristik: Blumen-Beuchert
Alle in Frankfurt am Main

CIP-Kurztitelaufnahme der Deutschen Bibliothek

Beuchert, Marianne
Sträuße aus meinem Garten : Kultur, Schnitt u. florist. Verarbeitung d. Gehölze, Stauden u. Sommerblumen. – Stuttgart : Ulmer, 1977.
ISBN 3-8001-6083-8

Gerokstraße 19
Printed in Germany
Umschlaggestaltung: A. Krugmann, Stuttgart
mit einem Foto von Jochen Schade, Frankfurt
Reproduktionen: eder repros, Ostfildern
Gesamtherstellung: Passavia Passau

I. M. O. B.

Vorwort

Jede Epoche hat ein eigenes Verhältnis zur Natur. Auch die Beziehung zu Blumen und Pflanzen war und ist zu allen Zeiten Wandlungen unterworfen, sowohl in der Form wie in der Intensität.

Bei der Betrachtung der letzten 300 Jahre zeigt es sich, daß das 18. Jahrhundert die Zeit war, in der vorwiegend das bis dahin Bekannte geordnet und gegliedert wurde. Diese Arbeit fand ihren Höhepunkt in dem Lebenswerk des schwedischen Forschers Linné.

Die Blumensträuße des Rokoko waren meist groß und prächtig. Oft wurden Raumdekorationen gemeinsam aus frischen und künstlichen Blumen gearbeitet. Die Berufsbezeichnung »Blumenbinder« bezog sich nicht auf den Straußbinder, sondern auf den Hersteller künstlicher Blumen.

Rousseau brachte die wilden Blumen von Feld und Wiese wieder mehr in das Gedächtnis der Menschen. In der Zeit der Romantik und im Biedermeier wurden daraus zarte kleine, dann immer kompakter und größer werdende Sträuße gebunden.

Dem 19. Jahrhundert gelang es, die Transportmittel, richtiger noch: die Verpackungsmittel für Pflanzen zu verbessern. Der englische Arzt Nathaniel Ward erfand eine verglaste Kiste, in der nun viele Pflanzen Europa, vor allem England, erreichen konnten, die man bis dahin nur als Herbar-Material oder überhaupt noch nicht kannte. Das »plant hunting«, die Jagd nach unbekannten Schätzen des Pflanzenreiches wurde mit großer Begeisterung, oft unter abenteuerlichen Bedingungen und leider auch zum Teil mit großer Rücksichtslosigkeit betrieben.

In der Zeit des ausgehenden 19. Jahrhunderts, der der Maler Markart seinen Namen lieh, waren die Sträuße von größter Üppigkeit und Pracht. Gewaltige Palmwedel faßten Bouquets aus Kunstblumen und getrockneten Gräsern. Im Frühling durchwehte Fliederduft die Salons.

Unser Jahrhundert, das über viele Erkenntnisse züchterischer Möglichkeiten verfügt und dem fast alle Pflanzenschätze der Erde bekannt sind, ist zum Jahrhundert der Züchtung geworden. Ein Teil der Lust des Menschen, die Welt zu verändern, kann sich in der Züchtung neuer Pflanzensorten erfüllen. Es entstehen überall in großer Zahl neue Blumen. Sie müssen gesichtet und auf ihre Verwendbarkeit in Garten und Landschaft, aber auch in der floristischen Arbeit geprüft werden. Die wirtschaftlich notwendige Spezialisierung einzelner Gartenbaubetriebe schränkt diese Fülle rasch wieder ein. Liebhabergärtner und Floristen mit Freude an der Vielfalt der Natur sollten sich nicht einengen lassen. Sie müssen von den Möglichkeiten wissen, die ihnen gegeben sind.

Durch die schnelle Entwicklung in unserer Zeit kann dieses Buch nur einen Status geben. Eine Momentaufnahme dessen, was am Beginn des letzten Viertels des 20. Jahrhunderts ein Garten für floristische Arbeiten zu bieten hat und wie man heute Sträuße und Gestecke daraus fertigt.

Das Bild, das ein Autor geben kann, schließt immer sein »Ich« ein. Er kann alles nur so beschreiben, wie er selbst es sieht und glaubt erlebt zu haben. Mit Worten von Hermann Hesse »... und jedes Bild ist ein Enthüllen, ein neuer, tausendster Versuch, des Lebens Einheit zu erfüllen ...«.

März 1977 Marianne Beuchert

Inhaltsverzeichnis

Der Garten

Du hast dir ein bewässertes Grundstück angelegt,
du hast dein Gartenland mit Hecken umgeben,
Sykomoren hast du gepflanzt, wohl sie ordnend auf
dem Gebiet bei deinem Haus.
Du füllest die Hände mit allen Blumen,
welche dein Auge erschauet.
Ägyptischer Papyrus, etwa 1300 v. Chr.

Der Mensch hat Pflanzen stets als Gleichnis des eigenen Seins empfunden. Erscheint die Blume als Symbol, so meint dies fast immer Zuneigung, Liebe, Leben. Aber wie alle echte Zuneigung nur fruchtbar ist, wenn sie von beiden Seiten kommt, so brauchen Blumen, braucht unser Garten unsere Liebe, um mit Blühen zu antworten.

Dieses Buch, das in erster Linie ein Buch der Schnittblumen, ihrer Behandlung und ihrer Gestaltung ist, ist doch zugleich auch ein gärtnerisches Buch. Es beschäftigt sich ausschließlich mit Schnittblumen aus dem Garten. Mit Stauden, mit ein- oder zweijährigen Sommerblumen, mit Gehölzen.

Pflanzen brauchen Pflege, brauchen Ernährung. So wie der Mensch auch nicht vom Brot allein lebt, so genügt es auf die Dauer nicht, nur dafür zu sorgen, daß die Pflanzen nicht vertrocknen. Düngung und Bodenpflege sind im gleichen Maße wichtig. Aber man kann auch des Guten zu viel tun. Ein Beispiel dafür sind die landwirtschaftlich intensiv genutzten Wiesenflächen, von denen die hohen Salzdüngergaben schon fast alle Blumen vertrieben haben. Und so richtig und notwendig Bodenlockerung ist, so darf diese doch nicht das Wurzelsystem angreifen.

Bei all dem gibt es empfindliche und weniger empfindliche Pflanzen. Ein Fachbuch sollte darauf eingehen, ein Gärtner, sei er Liebhaber oder sei es sein Beruf, sich darauf einstellen.

Bodenvorbereitung

Legt man den Garten zu einem neu gebauten Haus an, so ist der Boden meist durch Baumaschinen in der Tiefe verdichtet. Es genügt nicht, wenn nun eine meist höchst dürftige Schicht von Mutterboden aufgefahren wird, sondern man soll darauf bestehen, daß vor dem Aufbringen des Mutterbodens eine Tiefenlockerung des Untergrundes durchgeführt wird. In der Bauzeit kann man schon darauf achten, daß nicht gedankenlos mit Baumaschinen über den späteren Gartenbereich gefahren wird.

So ungeduldig jeder neue Hausbesitzer begreiflicherweise seinen Garten ganz fertig wünscht (was ein Garten nie ist), so wird doch nur der auf die Dauer Freude an ihm haben, der sich in seinen Leidenschaften des Planens, Auswählens und Pflanzens zunächst zügeln kann und den Mut besitzt, ein Vierteljahr Grüneinsaat, Lupinen oder andere Stickstoffsammler, zu wagen. Die Pflanzen werden, wenn sie voll entwickelt sind, vor der Samenreife abgemäht und anschließend sofort untergepflügt oder gegraben. So wird nicht nur der Humusreichtum des Bodens entscheidend verbessert, sondern auch die in dieser Zeit keimenden Unkräuter werden durch die Bodenbearbeitung vernichtet.

Anschließend sollten drei bis vier Ballen Torf je 100 m^2 eingearbeitet werden; in sehr schweren Lehmböden oder in sehr leichten Sandböden bis zu der doppelten Menge. Besser als der handelsübliche Düngertorf ist der nur schwer erhältliche grobfaserige Hühnertorf für den Gartenboden. Durch seine viel kräftigere Struktur vergeht er nicht so schnell und gibt so eine anhaltendere Durchlüftung des Bodens. Schwere Lehmböden erhalten zusätzlich groben, gewaschenen Flußsand, der sorgfältig verteilt eingearbeitet wird.

Unkrautbekämpfung

Vor dem Pflanzen kommt das Roden. In einen Boden zu pflanzen, der Wurzelunkräuter enthält, wie Quecken oder Disteln, ist eine schwere Sünde, für die man nicht erst in der Hölle, sondern bereits im nächsten Sommer bestraft wird. Wurzelunkräuter, die in sich die Kraft der Vernichtung anderer Pflanzen haben (es gibt auch höchst gefährliche einjährige wie die Vogelmiere oder das Franzosenkraut) kann man zwar chemisch bekämpfen, das Beste ist aber doch das sorgfältige Durchgraben mit einer Grabgabel und Auslesen der Wurzeln. Vertraut man die Neuanlage des Gartens einem Landschaftsgärtner an, so würde eine solche Arbeit ungewöhnlich hohe Lohnkosten bringen. Am besten berät man sich mit dem Firmeninhaber, der bestimmt Verständnis für den Wunsch nach unkrautfreiem Boden haben wird, und man wird in gemeinsamen Überlegungen einen Weg zu diesem Ziel finden.

Was man vor dem Pflanzen an Bodenpflege versäumt, ist niemals wieder nachzuholen.

Düngung

Kali und Phosphorsäure, die beiden für Gesundheit und Blütenreichtum so wichtigen Düngungsfaktoren, werden nur schwer vom Regen in den Boden eingewaschen. Deshalb ist es gut, mindestens ein viertel Jahr, möglichst ein halbes Jahr vor dem Pflanzen eine Vorratsdüngung von 30 g Kali und 40 g Phosphorsäure je m^2 einzuarbeiten. Aber auch hier ist ein Zuviel schlecht und kann zu Wurzelverbrennungen führen. Unmittelbar bei der Pflanzung darf man keine Salzdünger in den Wurzelbereich bringen.

Stickstoff ist Wachstumsfaktor Nummer 1. Wird er überreich gegeben, werden die Pflanzen zu mastig, die Zellwände zu weich, die Stiele zwar lang, aber sind immer geneigt umzufallen. Die ganze Pflanze ist weniger resistent gegen Krankheiten. Vor allem pilzlichen Schädlingen wird keine genügende Widerstandskraft geboten.

Der heute vom Handel angebotene anorganische Volldünger ist praktisch in der Anwendung. Er ist meist gekörnt, leicht und schnell auszustreuen, oder er ist voll wasserlöslich und man bringt ihn mit dem Gießwasser sofort in den Wurzelbereich der Pflanzen. Aber er enthält keine Stoffe, die das Bakterienleben fördern, noch solche, die der Luftführung im Boden dienen.

In einem Gramm gutem Ackerboden leben über 5 Milliarden Bakterien, die gemeinsam mit dem Sauerstoff den Humus erzeugen. Die meisten Pflanzen benötigen für ein gesundes Wachstum Humus.

Das heute so oft abwertend für Pflanzen gebrauchte Wort »überzüchtet« stimmt selten; es meint überfüttert, überdüngt. Eine Stickstoffüberdüngung wirkt sich auf die Haltbarkeit von Schnittblumen außerordentlich nachteilig aus. Ähnliches kann auch eintreten, wenn der Dünger zwar richtig dosiert, aber in einer längeren Trockenperiode in gekörnter Form ausgestreut wurde und sich erst kurz vor Blühbeginn im Regen löst und wirksam wird. Ist Flüssigdüngung nicht möglich, weil die Fläche zu groß ist und man nicht gerade in einer anhaltenden Regenperiode düngt, so sollte nach dem Ausstreuen durchdringend gewässert werden.

Am allerbesten stellt man die Düngung »auf zwei Füße«: im zeitigen Frühling streut man, fast als erste Gartenarbeit, einen organischen Dünger, Guano, Rizinusschrot, Huminal – oder einen der organischen Mischdünger, die der Handel anbietet und gibt Ende April einen anorganischen Volldünger.

Planung

Wenn man einen Garten plant und auf die Hilfe eines Fachmannes, aus welchen Gründen auch immer, verzichtet, so ist es notwendig, daß man sich zuvor eingehend mit der Materie beschäftigt. Man muß sich klar werden: was will ich für einen Garten, welche Stimmung soll er ausstrahlen, wenn er eingewachsen ist? Soll es ein grüner Garten sein mit einem separaten Teil für Schnittblumen oder ein möglichst durch das ganze Jahr blühender Garten, in dem man Blumen schneiden kann?

Für einen blühenden Garten gelten ähnliche Gestaltungsprinzipien wie in der Floristik, so seltsam das auch klingen mag. Aber die Floristik ist letztlich nur eine Darstellung der kleinen Welt, des Mikrokosmos im Makrokosmos.

Einen Vergleich gibt es auch mit der Musik: ein guter Garten muß helle und dunkle Töne haben und einen schönen Rhythmus. Wie kein Musikstück dem anderen gleicht, wie es unter jedem Interpreten verschieden klingt, so wird auch nie ein Garten dem anderen gleichen, aber wird immer ein Spiegel seines Besitzers sein.

Ein Musiker kennt das Instrument und die Noten, nach denen er spielen will. Auch ein Gartenfreund muß vertraut sein mit den Bodenverhältnissen. Er muß die Pflanzen in ihren Lebensbedingungen, in ihrem Habitus, in ihren Farben kennen, um aus der Kombination, aus den verschiedenen Nachbarschaften ein schönes Ganzes werden zu lassen.

In den letzten Jahrzehnten haben sich bei den Gartenliebhabern feste Gruppierungen gebildet: die Staudenfreunde, die Rosenfreunde, die Anhänger der Sommerblumen. Ich bin kein Verfechter von Ausschließlichkeiten, denn wie in der Natur einjährige und ausdauernde Pflanzen sich mischen, wie auf einer Wiese sich Sträucher ansiedeln oder in einer Waldlichtung Blumen, so sollte es auch in einem Garten sein können. Wenn man Sommerblumen und Stauden gemeinsam pflanzt, ist immer Wechselland für nötige Umpflanzungen zur Verfügung. Man kann neue Blumenzwiebeln nachlegen, und das Bild des Gartens wandelt sich von Jahr zu Jahr.

Unsere Zeit der Normierung, des Zwanges, durch Spezialisierung die Wirtschaftlichkeit der Gärtnereien zu erhalten, hat viel Schönes aus den Sortimenten verschwinden lassen zugunsten des gerade Gängigen, eben noch Bekannten. Auf der anderen Seite haben sich einige Gärtnereien spezialisiert und ziehen seltene Pflanzen heran. Man sollte Namen und Anschrift dieser Gärtner kennen, wenn man dem Besonderen einen Platz in seinem Garten verschaffen will.

Stauden

Kayser & Seibert,
Postfach 28, 6101 Rossdorf bei Darmstadt
Heinz Klose,
Rosenstraße 10, 3503 Lohfelden bei Kassel
Dr. Simon, 8772 Marktheidenfeld/Main
Gräfin von Stein-Zeppelin,
7841 Sulzburg-Laufen/Baden

Samen

Spezialist für Staudensamen:
Klaus R. Jelitto, Horandstieg 28,
2000 Hamburg 56
Ernst Benary, 3510, Hann. Münden
Erfurter Samenzucht Weigelt & Co,
6229 Walluf/Rheingau
Hans Meisert, Hannoversche Straße 120,
3000 Hannover-Buchholz
Sutton Seeds Ltd., London Road, Early,
Reading/Berkshire, RG 6 1 AB
Julius Wagner, Eppelheimer Straße 20,
6900 Heidelberg
W. Zandberg, Oostvorn/Niederlande

Gehölze

G. D. Böhlje, 2910 Westerstede/Holstein
Hillier and Sons, Winchester/England
Timm & Co, 2200 Elmshorn/Holstein

Pflanzung

Die beste Pflanzzeit ist für Vieles der Frühling. Wenn die Pflanzen neue oberirdische Sproßteile ausbilden, sind sie auch zugleich unter der Erde mit Wurzelwachstum beschäftigt und werden sich an ihrem neuen Standort schnell und leicht eingewöhnen.

Viele Stauden, auch Bäume und Sträucher, werden heute in Töpfen bzw. Containern (das sind große Behälter meist aus Kunststoff) herangezogen. So ist ein Verpflanzen theoretisch das ganze Jahr möglich. Praktisch hat sich gezeigt, daß zum Beispiel eine Pflanzung im späten Herbst bei Stauden häufiger Ausfälle bringt, vor allem in nassen Wintern. Die Wurzeln, die noch keinen Kontakt mit ihrer neuen Umgebung haben, können das reiche Wasserangebot nicht verwerten und faulen, oder der Frost drückt sie aus dem Boden. Im eigenen Garten umgepflanzt, wachsen Stauden meist willig weiter. Bevor man aber die Pflanze teilt und neu auspflanzt, sollte man sie genau auf Krankheiten untersuchen.

Standortwahl und Pflanzenkrankheiten

Kranke Pflanzen werden durch ausgraben und verpflanzen selten wieder gesund, es sei denn, die Krankheit hängt mit falscher Standortwahl zusammen. Die Chance, Schädlingen und Krankheiten zu widerstehen, ist bei optimalen Wachstumsbedingungen, die den Bedingungen im Wildvorkommen gleichen sollen, immer die größte. In diesem Buch und in den meisten Katalogen sind Hinweise gegeben auf die Ansprüche der Pflanzen, doch muß man sich nicht sklavisch daran halten.

Das Abenteuer des Menschen, fremden Pflanzen Heimat im eigenen Garten zu geben, ist uralt. Berühmt ist die Expedition, die die ägyptische Königin Hatschepsut im 16. Jahrhundert vor Christi nach dem Lande Punt sandte, Pflanzen des Weihrauchbaumes, wahrscheinlich *Boswellia sacra,* nach Ägypten zu holen. Es gibt in den Tempeln von El Bakheri eine ganze Serie Flachreliefs und Fresken, die diesen Pflanzentransport zu Lande und zur See schildern.

Ramses III. (1270 v. Chr.) beschreibt in dem Great Harris Papyrus seine Spenden an Amun-Re, den Sonnengott, und er spricht von den »Blumen jeden Landes für dein schönes Antlitz«.

Doch in diesem Zusammenhang ist mir ein Brief von Gerd Krüssmann, dem Vater der deutschen Dendrologen, unvergeßlich. Wir hatten ihm geschrieben, weil wir für die Pflanzung von *Callicarpa japonica* nur einen sonnigen Kalkhang zur Verfügung hatten, der Wildstandort aber in leicht beschatteten, anmoorigen Böden, dem genauen Gegenteil, ist. Unsere Frage: sollen wir es riskieren? Er antwortete: eigentlich geht es nicht, aber versuchen sie es trotzdem; die Natur ist viel anpassungsfähiger als wir glauben. Und er hatte recht: es ging.

Vor allem bei solchen Fremdlingen unter den Pflanzen ist es gut, sie genau zu beobachten und ihnen falls nötig, zusätzliche Hilfe anzubieten, die ihren natürlichen Standortbedingungen ähneln. Das bedeutete bei den *Callicarpa* reichliche Torfuntermischung im Pflanzloch, jährliche 4 cm dicke Torfabdekkung und ausschließlich saure Dünger.

Der Pflanzenschutz ist heute weit fortgeschritten, besonders auf chemischem Wege. Aber es gibt doch viele Erkrankungen der Pflanzen, die praktisch unheilbar sind.

Schwer bekämpfbar sind z.B. Nematoden (Stengelälchen), und es ist bestimmt besser, neue Pflanzen zu kaufen, als durch Verpflanzen von nematodenbefallenen Stauden den ganzen Garten zu verseuchen. Das Schadbild der frei im Boden lebenden, etwa ein Millimeter großen Nematoden beginnt mit einem Absterben der unteren Blätter. Häufig, zum Beispiel bei *Phlox,* platzen die Stengel auf, und es kommt schließlich zum Welken einzelner Pflanzenteile oder der ganzen Pflanze. Die Nematodenherde breiten sich immer kreisrund aus. Besonders in Gärtnereien mit einheitlichen Beständen ist das gut zu beobachten. Findet man in einem scheinbar gesunden Stand runde Plätze mit nieder- oder zwergwüchsigen Pflanzen, dann ist mit ziemlicher Sicherheit auf Nematodenbefall zu schließen. Diese erkrankten Pflanzen muß man unbedingt sofort entfernen, sie dürfen auf keinen Fall kompostiert werden. Der Boden muß anschließend zweimal durchdringend mit Nemaphos in der vorgeschriebenen Konzentration gegossen werden. Wenn man ganz sicher gehen will, schickt man zuvor eine Erdprobe der befallenen Stelle zur Untersuchung an das zuständige Pflanzenschutzamt, das auch privaten Gärtnern Auskunft und Hilfe gibt.

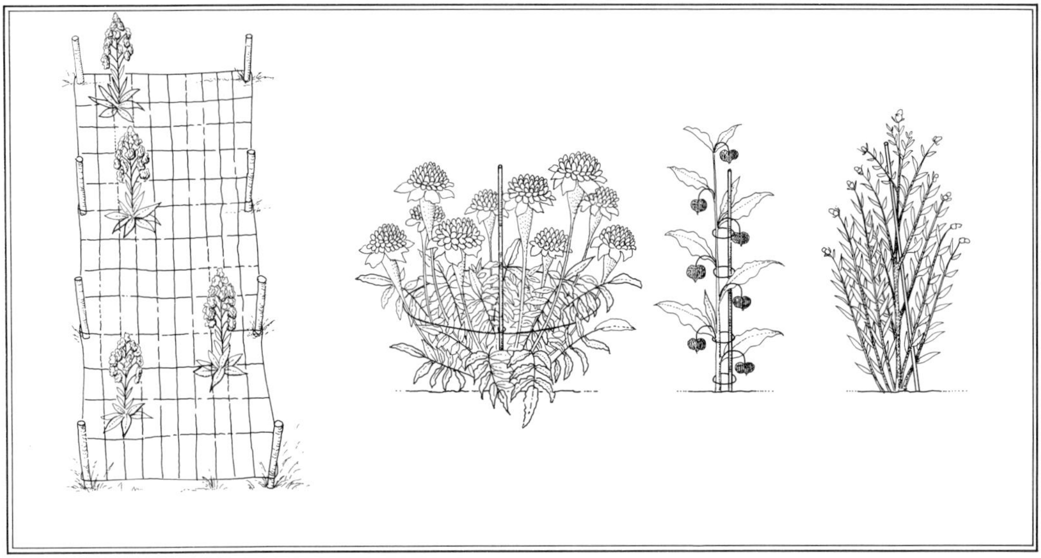

Verschiedene Möglichkeiten, Schnittblumen im Garten Halt zu geben: mit einem Netz im separatem Schnittblumenbeet, mit Stab und Drahtkordel oder einem vorfabrizierten Staudenhalter, mit einem Stab an jedem Stengel, der mit Nelkenringen gehalten wird, und durch schräges Durchstecken durch eine verzweigte Staude.

Noch weniger bekämpfbar sind Viruserkrankungen. Die Pflanzen zeigen plötzlich gekrümmten oder gestauchten Wuchs, eingerollte Blätter und verkümmerte Blüten, die sich nur halb öffnen. Oft sind die Blätter unterschiedlich im Grün gezeichnet (z. B. das bekannte Tabakmosaikvirus), bei uns besonders bei Lilien und Dahlien zu studieren. Um nicht noch größere Teile des Gartens zu infizieren, hilft auch hier nur, so weh es tut, die Vernichtung der Pflanze. Auch diese Pflanzen dürfen nicht auf den Kompost geworfen werden.

Eine dritte, praktisch nicht bekämpfbare Krankheit ist die Wirtelpilzwelke, die durch einen im Boden lebenden, aber auch durch Saatgut übertragbaren Pilz hervorgerufen wird. Die Welke befällt vor allem Astern, Zinnien, aber auch andere Sommerblumen. Man muß die Pflanze vorsichtig mit der sie umgebenden Erde ausheben und vernichten. Am besten nimmt man sich sofort einen Plastiksack zu der erkrankten Pflanze mit, um nicht die befallene Erde durch den ganzen Garten zu verstreuen. Auch diese Pflanzen dürfen nicht auf den Kompost. Die typischen Erkrankungen, ihre Schadbilder und die Bekämpfungsmöglichkeiten werden bei den einzelnen Arten beschrieben.

Aufbinden

Will man schöne Blütenstiele erzielen, so ist es bei vielen Pflanzen notwendig, sie aufzubinden. Dies ist eine lästige Arbeit, und man versucht deshalb, sie sich so einfach wie möglich zu machen. Sind die Schnittblumen in einem separaten Gartenteil beetweise aufgepflanzt, wird man von Anfang an die niederen von den hohen trennen. Im Abstand von etwa 3 m werden zu beiden Seiten der Beete leichte Pfosten in den Boden geschlagen und Nelkennetze so in die Pfosten eingehängt, daß zum Boden hin bei den langstieligen Blumen etwa 40 cm, bei den kurzstieligen etwa 20 cm Raum bleibt. Nelkennetze aus verzinktem Eisendraht sind im Samenhandel erhältlich.

Man rollt das Nelkennetz im Frühling über die Pflanzen, wenn sie gedüngt, gehackt und unkrautfrei sind und wird es erst nach Ende der Ernte wieder abnehmen. Der Boden wird dann erneut aufgehackt und für den Winter mit einer 1–2 cm dicken Torfschicht abgedeckt.

Komplizierter ist es, wenn die Blumen in einer bunten Rabatte stehen. Dann müssen die Pflanzen, die es nötig haben, einzeln aufgebunden werden. Man sollte nicht im Vertrauen auf ihre Standfestigkeit zu lange damit warten. Der Wuchshabitus der Gesamtpflanze entwickelt sich besser, wenn sie schon verhältnismäßig früh gezwungen wird, sich in der gebundenen Form zu entfalten.

Treibt die Art vielstielig aus dem Boden wie Rittersporn, *Phlox* oder Staudenastern, so nimmt man am besten einen natürlich gebräunten Stab (frische Tonkingstäbe leuchten zu stark) oder einen grünen Glasstab, steckt ihn in die Mitte der Pflanze etwa 30–35 cm tief in den Boden und umzieht von hier ausgehend die Pflanze mit einer Drahtkordel, die man im Samenhandel kaufen kann.

Kommt die Pflanze mit einem Hauptstamm aus dem Boden, von dem aus sie sich verzweigt wie bei *Campanula medium,* der im Juni blühenden Marienglockenblume oder *Amaranthus,* dem Fuchsschwanz, oder *Cosmos bipinnatus,* dem Schmuckkörbchen des Herbstes, so genügt es, wenn man einen Stab geschickt durch die Seitentriebe steckt und ihn tief in den Boden eindrückt, um ausreichenden Halt auch für starke Regenstürme zu geben.

Kommt es darauf an, einzelne, erstklassige Stiele zu bekommen, wie bei den Lampionblumen, so muß jeder Stiel einen einzelnen Tonkingstab erhalten, den man mit einem Nelkenring aus dünnem Draht schnell und sicher anklemmen kann.

Der Schnitt

Verhalten der Pflanze

Viele Gartenfreunde schneiden ihre Blumen nicht gerne für die Vase ab. Ich kann es bis zu einem gewissen Grad verstehen. Aber beachtet man alle gegebenen Hinweise, so kann fast immer eine gleich lange Haltbarkeit der geschnittenen Blüten erreicht werden wie beim Erblühen an der Pflanze im Garten.

Der Schnitt, vor allem, wenn er die gesamte Pflanze erfaßt, wie das besonders im gärtnerischen Betrieb der Fall sein wird, beraubt die Pflanze ihrer Assimilationsmöglichkeit. Die verschiedenen Arten reagieren unterschiedlich darauf. Der Rittersporn z. B. treibt schon kurz nach dem ersten Schnitt die Stiele zu einem zweiten Flor aus seinem Wurzelstock empor. Andere Arten legen eine Blattrosette an, die ihnen die Assimilation ermöglicht, z. B. die schöne *Salvia* 'Mitsommer', die ungeschnitten eine Zweijahresblume ist; schneidet man die Stiele beim Aufblühen der ersten Blüten ab, ist die Pflanze vieljährig.

Doch scheint es, daß alle Pflanzen, die nicht mit erneutem Wachstum in der gleichen Vegetationsperiode reagieren, schonender geschnitten werden müssen, also die Pfingstrosen, *Dictamnus albus* (der brennende Busch) und viele andere.

Sieber (1975) bezieht sich in seiner Untersuchung auf eine rein gärtnerische Nutzung. Er schätzt die Lebensverkürzung der Schnittstauden, das heißt den notwendigen Termin bis zur Verjüngung durch Aufnehmen und Teilen, auf durchschnittlich knapp 20%, wenn sie regelmäßig geschnitten werden. Er sagt auch, daß eine allgemein gültige Regel nicht gegeben werden kann.

Sommerblumen reagieren auf Schnitt meist mit vermehrtem Wachstum und gesteigerter Blühwilligkeit. Auf die Schnittverträglichkeit der Gehölze wird im entsprechenden Kapitel näher eingegangen.

Gut ist es, sich vor dem Schneiden bereits zu überlegen, welche Blumen etwa man zusammenstellen möchte und in welchem Gefäß. Dann wird man von Anfang an nur etwa die Menge und Stiellänge der Blumen ernten, die man tatsächlich benötigt. Natürlich soll man sich in seinen Inspirationen nicht engherzig einschränken. Denn so wie die besten Einfälle oft erst kommen, wenn man mit dem Kochen schon begonnen hat, so bringt jeder Gang durch den Garten eine Fülle von Gestaltungsideen. Es ist gut: erst gehen und betrachten, dann nachdenken und dann erst schneiden.

Verhalten der Schnittblume

Wenn zuvor gesagt wurde, daß das Abschneiden und vor allem das gärtnerisch völlige Abernten einen Eingriff in die natürlichen Lebensverhältnisse der Pflanze bedeutet, so ist das immer in verstärktem Maße auch für die abgeschnittene Blume der Fall.

Ein wichtiger Faktor scheint mir der richtige Erntetermin. Mit den Untersuchungen von Sieber (1975) liegen für einige Stauden nun erstmals wissenschaftliche Ergebnisse vor. Sie wurden bei der Angabe der Schnittreife in diesem Buch berücksichtigt. Als Faustregel, die aber ihre Ausnahmen hat, kann man sagen: bei Korbblütlern 2–3 Kreise der Röhrenblüten offen, bei Rispenblüten 20% der Blumen erblüht, Doldenblüten fast voll erblüht, bei Zwiebelblumen knospig. Erfahrungswerte sind bei den jeweiligen Arten und Sorten genannt.

Buys (1976) hat bei seinen Versuchen zur Haltbarkeit von Schnittblumen festgestellt,

daß die abgeschnittene Blume mit einer enzymatischen Reaktion die Schnittfläche verschließt.
Es ist bekannt, daß Schnittblumen ihren Stoffwechsel fortsetzen. Sie atmen, sie wachsen weiter, sie blühen auf. Hierzu brauchen sie Wasser und Nährstoffe. Die Aufnahmefähigkeit ist jedoch auf die Schnittfläche beschränkt, deren Oberfläche nur eine Winzigkeit der Saugwurzeln ausmacht. Was man »verblühen« nennt, ist oft kein echtes Abblühen der Blume, sondern ein vorzeitiges Welken; entweder weil die Verdunstungsfläche an Stengel, Laub und Blüten größer ist als Wasser bzw. Nährlösung über die Schnittflächen nachgezogen werden kann, oder durch eine Verhärtung der Leitungszellen z.B. bei Chrysanthemen. Es kann auch beim Abschneiden zu einem Lufteinschluß im Stiel gekommen sein (weshalb sich viele die Mühe machen, unter Wasser anzuschneiden). Oder es bilden sich Pilze und Algen im Vasenwasser, die die Schnittstellen und Leitungsbahnen verstopfen und so die Wasseraufnahme erschweren oder unmöglich machen.

Verbesserung der Haltbarkeit

Von der Aspirintablette bis zu Omas Kupferpfennig und den modernen Frischhaltemitteln – alles sind Versuche und Überlegungen, das Leben der abgeschnittenen Blumen und Zweige zu verlängern. In der ganzen Welt arbeiten heute Wissenschaftler an dem, was man Nach-Ernte-Physiologie nennt. Man hat erkannt, daß die Vorsorge vielfältig sein muß und bereits in dem Moment der Ernte und nicht erst beim Einstellen in die Vase zu beginnen hat.
Über den Einfluß der Düngung (Stickstoffversorgung) wurde schon berichtet. Es ist selbstverständlich, daß von erkrankten Pflanzen (*Botrytis,* Mehltau, Nematoden) abgeschnittene Blumen nicht oder wesentlich kürzer halten.
Junges, frisch gebildetes Gewebe verdunstet weit mehr Wasser als ausgereifte Pflanzenteile. Es muß deshalb sofort bei der Ernte abgeschnitten werden. Zur weiteren Verminderung der Verdunstungsfläche entfernt man die Blätter des unteren Stengeldrittels und reduziert auch die verbleibenden Blätter um etwa ein Drittel ihrer Menge. Die nicht voll ausgebildeten Seitenknospen müssen abgeschnitten werden.
In der Nähe des Beetes, von dem man Blumen schneiden möchte, hält man ein sauberes Gefäß mit frischem Wasser im Schatten bereit, in das man die geschnittenen Blumen sofort einstellt, so daß jedes Anwelken nach der Ernte, das immer das Leben verkürzt, vermieden wird. Zum Beispiel zeigen *Campanula,* 1–2 Stunden nach der Ernte im Schatten ohne Wasser aufgehoben, noch keine Welkeerscheinungen. Stellt man diese Blumen dann jedoch in einem Raum frisch angeschnitten ins Wasser, fallen sie innerhalb weniger Stunden ganz in sich zusammen, und es gibt keine Möglichkeit, sie zum Leben zu erwecken. Von der gleichen Pflanze geschnittene Stiele, die sofort nach der Ernte für eine halbe Stunde bis eine dreiviertel Stunde in Wasser gestellt und dann 2–3 Stunden ohne Wasser transportiert wurden, hielten nach einem einfachen, frischen Anschnitt zwei Wochen in der Vase, ohne jede Welkeerscheinung.
Die Transpiration aus den Spaltöffnungen der Blätter verläuft gleichmäßig zyklisch, das bedeutet, sie gleicht sich dem Tag-Nacht-Rhythmus an; am Tag wird mehr Feuchtigkeit abgegeben. Dieser Pflanzenrhythmus kann durch zusätzliches Licht oder Dunkelheit verändert werden, wie die Forschungen von Buys (1976) ergaben. Demnach ist es gut, Schnittblumen zur Verbesserung ihrer Haltbarkeit unmittelbar nach dem Schnitt in einem dunklen, möglichst kühlen Raum für einige Zeit einzustellen, damit eine reichliche Wasseraufnahme bei verminderter Transpiration ermöglicht wird. Nach Buys ist die erste Behandlung nach dem Schnitt die wichtigste, deren Wirkung sich noch nach zehn Tagen positiv oder negativ nachweisen läßt.

Einflüsse auf die Haltbarkeit durch Äthylen und Wasserqualität

Ein großer Feind der Haltbarkeit vieler Blumen ist das Äthylengas, ebenso auch Autoabgase. Äthylengas wird zum Beispiel von Obst, aber auch von verblühenden Blumen oder anwelkenden Pflanzenteilen abgegeben. Auch frische Blumen erzeugen es und geben es in verstärktem Maße nach Gewittern ab. Es ist deshalb gut, nach Gewittern besonders sorgfältig die Räume zu lüften, in denen man Schnittblumen stehen hat.

Einzelne Arten, wie zum Beispiel Löwenmäulchen und Lupinen, neigen in besonderem Maße zur Bildung und Abgabe von Äthylengas. Man sollte sie deshalb nicht in bunten Sträußen verarbeiten.

Die Erkenntnis, daß verblühende oder verwelkende Blumen oder Pflanzenteile sehr viel Äthylengas abgeben, erklärt die Tatsache, daß ein »aufgefrischtes« Gesteck oder ein Strauß, aus dem man zur besseren Optik einige verblühte Blumen herausnimmt und durch frische ersetzt, selten eine lange Lebensdauer hat. Je kleiner der Raum ist, z.B. eine Speisekammer, in der Blumen gemeinsam mit stark Äthylen erzeugenden Früchten oder Pflanzen über Nacht aufbewahrt werden, desto stärker ist der Effekt.

So schön abgeschnittene Blumen und Früchte zusammen aussehen, es ist gut zu wissen, daß sie gegenseitig die Haltbarkeit verkürzen.

Den Begriff der Sympathieblume kennt man schon lange. Er taucht schon in frühen Kräuterbüchern auf. Man weiß aber leider immer noch nicht genau, warum einige Pflanzenarten sich sowohl im Garten wie im Strauß gut miteinander vertragen, andere weniger. Einige dieser Fälle dürften mit der Abgabe von Äthylengas erklärbar sein.

Ein anderes Problem sind frisch geschnittene Narzissen. Schon beim Schneiden merkt man die starke Absonderung des klebrigen Saftes. Stellt man sie sofort mit anderen Blumen, z.B. Tulpen, zusammen (wobei die verschiedenen Tulpensorten sogar unterschiedlich stark reagieren), so verwelken die Tulpen ebenso schnell wie die Narzissen. Stellt man die Narzissen zunächst 24 Stunden allein tief in Wasser und fügt dann in frischem Wasser andere Blumen dazu, so ist der Effekt stark gemindert, d.h. die Tulpen halten normal oder fast normal lang.

Auch die Qualität des verwendeten Leitungswassers spielt eine Rolle. Fluorzusätze vermindern die Haltbarkeit, vor allem z.B. bei *Gerbera*. Einige Züchter setzen sich die Resistenz der *Gerbera* gegen Fluor als Zuchtziel. Ein starker Sauerstoffgehalt des Wassers, wie er durch die Verwendung von Perlatoren, aber auch durch hohen Leitungsdruck gefördert wird, verkürzt ebenfalls das Leben der Schnittblumen. Gegen beides hilft, abgekochtes Wasser zur Füllung der Vasen zu verwenden, oder Wasser, das mindestens 24 Stunden abgestanden ist. Diese Verfahren sind umständlich, aber wenn man seinen Blumen das Optimum an Pflege geben möchte, sollte man darüber Bescheid wissen.

Regenwasser ist häufig so verschmutzt, daß es für Schnittblumen ungeeignet ist.

Aber es gibt beim Verblühen von Schnittblumen auch noch eine andere seltsame Erscheinung: nach den Untersuchungen von Buys (1976) ist vor allem bei Rosen nicht nur die Länge entscheidend, die der Stiel im Wasser steht, sondern vor allem auch die Menge Wasser, in die der Stiel eintaucht. Alle abgeschnittenen Blumen sondern Stoffwechselprodukte aus. Andere Autoren sprechen davon, daß sie das Wasser oder die Nährlösung mit diesen Stoffwechselprodukten stabilisieren. Wird die Konzentration der ausgeschiedenen Stoffwechselprodukte zu hoch, so vergiftet die Blume sich selbst.

Wirkung der Frischhaltemittel

Die verschiedenen Frischhaltemittel haben unterschiedliche Zusammensetzungen. Alle versuchen erstens eine Reinhaltung des Wassers von Bakterien und Pilzen, die die Schnittfläche zusetzen und verkleben würden, und

zweitens eine zusätzliche Ernährung bzw. Ergänzung der abgebauten Stoffwechselprodukte.
Die Verseuchung des Wassers ist auch ohne Frischhaltemittel zu verhindern oder zumindest einzuschränken, wenn man nur einwandfrei saubere Gefäße verwendet, die mit Scheuermittel oder in der Spülmaschine (80 °C) gereinigt wurden, das Wasser täglich wechselt und die Vase dabei heiß ausspült und beachtet, daß keinerlei Laubteile am Stielende verbleiben, soweit diese im Wasser stehen. Das letzte ist immer eine Selbstverständlichkeit, das erste erfordert Zeit und Mühe.
Was man nicht oder nur sehr unvollkommen beherrscht, ist die zusätzliche Ernährung. Darin liegt ein wesentlicher Wirkungsfaktor der Frischhaltemittel. Rosen, mit oder ohne Frischhaltemittel eingestellt, blühen völlig unterschiedlich in Form und Farbe auf. Die in Frischhaltemitteln erblühten gleichen praktisch den an der Pflanze bei günstigem Wetter erblühten Blumen, so daß in jedem Falle die Benutzung von Frischhaltemitteln zu empfehlen ist.
Die Untersuchungen von Sieber, die im Sommer 1970 an verschiedenen Schnittstauden durchgeführt wurden, und die Untersuchungen von Schietinger (1975) an *Cyclamen,* Rosen, Freesien, Nelken, Chrysanthemen ergaben unabhängig voneinander die gute Wirkung von Frischhaltemitteln auf die Blüten- und Knospenentwicklung der geprüften Schnittblumen. Bei einigen Mitteln ergaben sich allerdings nachteilige Erscheinungen auf dem Laub, das wie verbrannt wirkte. Lediglich bei *Cyclamen* kam es bei zwei Produkten zu Schäden an den Blüten.
Aus beiden Untersuchungen geht hervor, daß alle Frischhaltemittel bei verschiedenen Blumenarten völlig unterschiedliche Ergebnisse bringen. Die Sieberschen Untersuchungen bewiesen sogar, daß die Ritterspornsorten 'Perlmutterbaum', 'Gletscherwasser' und 'Berghimmel' stark unterschiedlich auf die einzelnen Produkte reagierten. Im Durchschnitt bewirkten die Frischhaltemittel bei der Sorte 'Perlmutterbaum' eine größere Steigerung der Haltbarkeit als bei 'Gletscherwasser' und 'Berghimmel'. In den Versuchen war bei den in reinem Wasser eingestellten Blumen am vierten Tag der Anteil ansehnlicher Stiele ohne Abrieseln der Blütenblätter praktisch auf Null gesunken. In den Nährlösungen mit Florafrisch und Substralfrisch blieben alle Stiele sieben Tage vollkommen perfekt, blühten auf und eine plötzliche Verschlechterung der Qualität setzte erst am achten Tag ein. Bei Chrysal und Etisso-Blumenfrisch war die Verbesserung der Haltbarkeit ebenfalls bedeutend, doch nicht ganz so stark wie bei den beiden zuerst genannten. Bei den Versuchen mit der *Erigeron*-Hybride 'Försters Liebling' und *Chrysanthemum maximum* 'Harry Pötschke' und *Astilbe thunbergii* waren die Ergebnisse ähnlich. Es zeigte sich jedoch, daß das Mittel Chrysal zwar bei keiner Art das Optimum an Lebensverlängerung bringt, aber die größte Bandbreite besitzt, d.h. für alle geprüften Blumen eine durchschnittlich gute Lebensverlängerung bedeutet und somit für bunte Sträuße am besten geeignet ist. In meinem Betrieb wird aus diesem Grunde Chrysal verwendet. In der Gehölztreiberei und für Flieder eignet sich Mimosa-Chrysal, worauf im Abschnitt über Treibgehölze näher eingegangen wird.
Noch ein für den Blumenfreund wichtiges Ergebnis brachten die Untersuchungen von Sieber. Je besser die Mittel wirkten, je vollkommener die Blumen aufblühten, desto größer war der Verbrauch an Nährlösung. Das bedeutet in der Praxis: hat man gut erblühende Blumen, so muß man besonders oft kontrollieren, daß rechtzeitig Nährlösung nachgefüllt wird. Ein Wechsel der Nährlösung ist nur bei sehr heißem Wetter nach 4–5 Tagen zu empfehlen.
Glasvasen, in denen sich von den Frischhaltemitteln Ränder abgesetzt haben, reinigen sich schnell mit einem chemischen Fensterglasreiniger.

Kochen der Stielenden

Trotz aller Frischhaltemittel gibt es immer noch eine Anzahl Blumen, die zum vorzeitigen oder sogar sofortigen Verwelken in der Vase neigen. Das sind zum einen Blumen mit verhärteten Stielenden, solche, die zu Lufteinschlüssen im Stiel neigen und alle stark milchsafthaltigen Pflanzen wie *Euphorbia,* Glokkenblumen und Mohn. Hier hilft fast immer das Abkochen der Stielenden; es ist dies ein Phänomen, das theoretisch noch nicht hinreichend geklärt ist. Einige Autoren sprechen von einem Aufschließen der Zellen, andere von Verhinderung des Lufteinschlusses in den Gefäßen oder von Gerinnung des Milchsaftes. Den Blumenfreund sollte in diesem Fall die fehlende Theorie nicht stören. Er sollte aus der praktischen Anwendung seinen Nutzen ziehen.

Die Technik ist einfach: man nimmt ein breites Gefäß mit kochendem Wasser, umhüllt die Blumen mit einem Tuch zum Schutz der Blätter vor Verbrennungen und taucht die Stielenden etwa 30 Sekunden lang ein. Bei sehr dünnen Stielen entsprechend kürzer, bei sehr dikken Stielen (Sonnenblumen) entsprechend länger. Anschließend werden die Blumen sofort in kaltes Wasser eingestellt.

Abschließend ist grundsätzlich zu sagen, daß Hygiene von allergrößter Wichtigkeit für die Haltbarkeit von Schnittblumen ist. Alle Gefäße, und zwar vom ersten Einstellen im Garten bis zu der Blumenvase, müssen absolut sauber sein und regelmäßig mit Bürste und Scheuermittel oder in der Spülmaschine gereinigt werden.

Schnitt-Termin

Am besten schneidet man die Blumen am frühen Morgen oder am Abend. Schnitt in großer Tageshitze verkürzt die Lebensdauer, auch Regenwetter ist für viele Blumen mit empfindlichen Blütenblättern, vor allem bei hellen Farbtönen, ungünstig.

Die Farbe Weiß und alle Pastellfarben mit hohem Weißanteil werden in den Zellen der

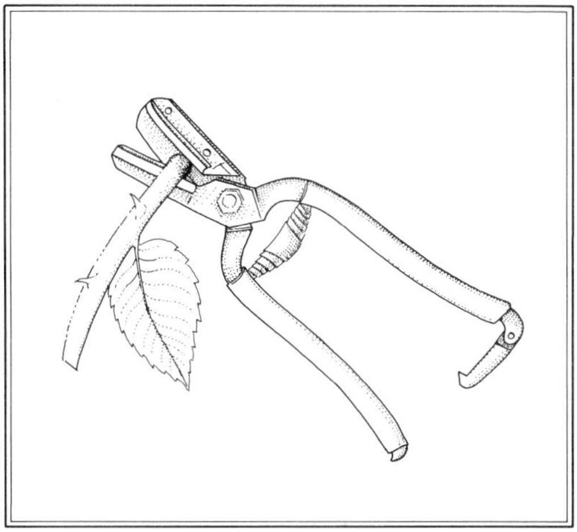

Mit einer Präsentier- oder Rosenschere sind schwache bis mittelstarke Stiele schnell zu schneiden.

Blütenblätter nicht durch Farbstoff gebildet, sondern durch Lufteinschluß. Wird das Blütenblatt gedrückt, was bei erhöhtem Gewicht durch Nässe viel schneller geschieht, so entweicht die Luft, und die Stelle wird braun. Muß man also unbedingt bei Regenwetter schneiden, so faßt oder bündelt man immer nur wenige Blumen locker zusammen und läßt sie vor der weiteren Verarbeitung in einem leicht erwärmten lufttrockenen Raum etwa eine Stunde im Wasser stehen.

Werkzeug

Weichstielige Blumen werden mit einem scharfen Messer geschnitten. Ist der Stiel zu fest, so sollte man, um die Pflanze zu schonen, mit einer Gartenschere schneiden. Sehr praktisch sind für alle mittelstarken Stiele die fast aus der Mode gekommenen kleinen Präsentierscheren, bei denen die Schneidefläche der Schere den Stiel gegen eine erhöhte Backe drückt, so daß man mit der rechten Hand schneiden und die Blume mit der Schere zur linken Hand führen kann, die den Bund der bereits geschnittenen Blumen trägt.

Bei dieser Schere ist es jedoch ganz besonders wichtig, die Stiele vor dem endgültigen Einstellen mit einem langen schrägen Schnitt anzuschneiden, damit alles zerquetschte Gewebe entfernt und eine optimale Wasseraufnahme gewährleistet wird.

Transport

Hat man den Garten nicht direkt am Haus oder ist aus anderen Gründen ein Transport der frisch geschnittenen Blumen notwendig, so müssen diese unbedingt nach dem Schnitt mindestens 30 Minuten im Wasser gestanden haben (s. Seite 18).

Viele, vor allem rispenblütige Blumen wie Rittersporn, *Eremurus* und Gladiolen, wenden wenn sie einige Stunden waagerecht liegen, ihre jüngsten, obersten Sproßteile senkrecht nach oben. Dies zeigt einen der Lebensvorgänge der Pflanze, die Bewegung. Man kann das auch im Garten beobachten, wenn ein Sturm die Pflanzen umgeworfen hat. Der Sproß hat das Bestreben, der Schwerkraft entgegen zu wachsen (negativ geotropisch), im Gegensatz zur Wurzel (positiv geotropisch). Man muß die Blumen also möglichst senkrecht transportieren, sonst hat man nachher u. U. gekrümmte Stiele, die gestalterisch meist schwer zu bewältigen sind.

Anschneiden

Vor dem endgültigen Einstellen in die Vase oder der Verarbeitung in das Gesteck muß man die Stielenden mit einem scharfen Messer lang anschneiden, um eine große Saugfläche für Wasser bzw. Nährlösung zu bieten. Bei Blumen für Bodenvasen sollte die Schnittlänge etwa 10–18 cm betragen, bei kürzeren Stielen entsprechend weniger.

Es ist eine Erfahrung der Praxis, daß alle Verzweigungen, bei Nelkengewächsen die Knoten, offenbar eine Verhärtung des Zellgewebes und dadurch eine Verschlechterung der Möglichkeit der Wasseraufnahme mit sich bringen. Der Anschnitt sollte deshalb niemals unmittelbar unter einem Knoten erfolgen.

Das Aufklopfen der Stielenden, das vielfach propagiert wurde, zerstört zu viele Zellen, die dadurch die Funktion der Wasserführung nicht mehr übernehmen können. Außerdem kommt es an dem zerfaserten Zellgewebe leicht zu Fäulnis, die dann die Wasserführung erst recht behindert.

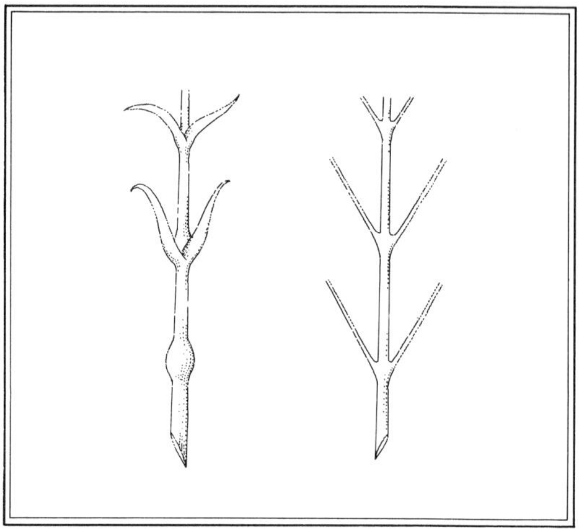

Jede Verzweigung, bei Nelkengewächsen jeder Knoten, bringt aus statischen Gründen eine Verdichtung der Zellen. Die Möglichkeit Wasser anzusaugen, ist an diesen Punkten eingeschränkt. Der Anschnitt sollte immer oberhalb einer Verzweigung oder eines Knotens sitzen, niemals direkt darunter.

Sehr weichstielige Blumen wie Christrosen, Anemonen, *Cyclamen* und Maiglöckchen werden nicht nur angeschnitten, sondern auch seitlich eingeritzt mit einem etwa 2–3 cm langen Impfschnitt in der Nähe des Stielendes.

Bei allem Bemühen um ein möglichst langes Leben der Blumen können aber doch gerade sie ständige Lehrer sein, daß es ein ganz natürlicher Lebensvorgang ist, daß alles was wird, auch vergeht. Manche Blumen verblühen schneller, andere langsamer. Oft sind es die schönsten Blumen, denen nur eine kurze Lebensdauer gegeben ist. Doch wird man gerade dem Schönen die intensivste Erinnerung bewahren.

Gehölze zum Schnitt

Gehölze gehören zum Garten. Der Freund schön gefüllter Blumenvasen wird bemüht sein, seine Gehölze so auszuwählen, daß er im Winter geeignetes immergrünes Laub und Nadelzweige, aber auch ein möglichst reiches Sortiment treibfähiger Blütensträucher und Bäume besitzt. Das kurzsichtige, so oft gegen die schönen Frühlingsblüher gebrauchte Argument, sie blühen eine Woche, und 51 Wochen habe man einen grünen Baum oder ein entlaubtes Gehölz, entfällt damit. Man kann die Blütezeit, besser: die Zeit der intensiven Freude an ihnen, durch geschickte Sortenwahl, das heißt solche, die sich vortreiben oder verfrühen lassen, auf viele Wochen ausdehnen.

Der Entschluß zum Schneiden muß natürlich gefaßt werden, und mancher Liebhaber hat Scheu, er könne durch Schnitt seinen Ziergehölzen schaden. Richtig ausgeführter Schnitt regt aber fast alle Bäume und Sträucher zu erneutem Wachstum an. Man denke an die Obstkulturen, bei denen jährlich kräftige Verjüngungsschnitte bzw. Schnitte, die den Blütenansatz anregen sollen, ausgeführt werden. Auch viele Blütengehölze, z.B. *Prunus × subhirtella* in Formen und *Prunus yedoensis* antworten auf einen jährlich kräftigen aber sinnvoll ausgeführten Schritt mit reichem Wachstum.

Bei starkem Rückschnitt erhalten die Pflanzen intensiven Wuchsdruck. Die Veredlungsunterlagen neigen dann besonders zum Durchtrieb. Wildschosse müssen sorgfältig entfernt werden.

Um richtig schneiden zu können, muß man ein wenig vom Aufbau der Gehölze und ihren verschiedenen Verzweigungssystemen wissen. Wir bezeichnen üblicherweise als Bäume diejenigen Gehölze, die die mittlere Triebknospe bevorzugen, so daß es zu einer durchgehenden Stammbildung kommt. In der Botanik wird das als akrotone Förderung oder Akrotonie bezeichnet. Beim Strauch werden mehrere Triebknospen gleichmäßig als Leitsprosse gefördert, mesotone Förderung oder Mesotonie genannt. Eine Variante des Strauchtypus ist die basitone Förderung oder Basitonie, bei der die Verjüngungstriebe der Strauchbasis entwachsen. Die Zeichnungen zeigen die Möglichkeit eines Verjüngungsschnittes, der zugleich Treibzweige liefert, ohne daß die arteigene Rhythmik der Verzweigung gestört würde. Der Strauch ist in der Lage, sich fortlaufend zu verjüngen und tut dieses auch.

Bei den Bäumen erkennt man deutlich Zweige, die nicht dem Traggerüst angehören, die durch das periphäre Wachstum allmählich in das Kroneninnere geraten und mit der Zeit absterben würden. Diese Zweige sind oft gut mit Blütenknospen besetzt und daher besonders zum Schnitt für die Treiberei geeignet.

In der rein gärtnerischen Nutzung wird häufig schärfer geschnitten; die Schnittverträglichkeit ist bei den Sorten angegeben. Es handelt sich dabei um Erfahrungswerte aus meinem Betrieb. Die Erfahrungen können bei anderen Bodenverhältnissen und anderen Veredlungsunterlagen unterschiedlich sein. Ich bin immer wieder überrascht, wie Gehölze sich trotz oft recht scharfem Schnitt im Laufe einer Vegetationsperiode zu ihrer höchst eigenen, charakteristischen Gestalt zurückentwickeln. Wichtig ist auch hier, daß man die Wuchseigenschaften jeder Art beobachtet und entsprechend schneidet.

Die verschiedenen Wuchsformen der Bäume und Sträucher: links die mesotone Förderung der Triebe bei einem Strauch oder strauchförmigen Baum, schnittgeeignet, in der Mitte die typisch akrotone Förderung eines Baumes, rechts die basitone Förderung eines typischen Strauches, schnittgeeignet.

An jedem entlaubten Baum sind deutlich Äste zu sehen, die nach innen wachsen. Sie bilden in den ersten Jahren meist besonders reich Kurztriebe, die gut mit Blütenknospen besetzt sind. Innerhalb weniger Jahre, wenn die Beschattung im Inneren der Krone zunimmt, sterben solche Zweige jedoch ab.

Erkennen von Schnittzweigen

Wer gute Blütenzweige für die Treiberei ernten will, muß noch mehr beobachten können. Die Gehölze haben verschiedene Triebformen. Es gibt den Langtrieb, der über Längen- bzw. Breitenwachstum entscheidet. Und es gibt die meist im folgenden Jahr an dem Langtrieb sich ausbildenden Kurztriebe, die vorwiegend den Blütenknospenansatz bringen. Bei fast allen Gehölzen kann man bereits im Herbst nach dem Laubfall mit etwas Übung die Blütenknospen von den Blattknospen unterscheiden. Um sich zu kontrollieren, pflücke man einige Knospen, schneide sie mit einem scharfen Messer auf, und man kann mit der Lupe fast immer bereits die Blütenanlage erkennen. Blütenknospen sind immer etwas voller und runder ausgebildet als Blattknospen, die schlanker und spitzer sind. Ein guter Lehrer ist der Flieder, an dem man seine Augen am leichtesten trainieren kann. Für den Schnitt von Treibzweigen sind nur solche geeignet, deren Langtrieb im vergangenen Jahr bereits früh abgeschlossen hat und deren Knospenbesatz möglichst bis in die Triebspitze geht.

Wichtig ist auch die Wuchsform. Zweige mit einer starken Biegung aus der Horizontalen in die Vertikale kippen in der Vase meist nach vorne und sind schwierig einzustellen. Man kann sich oft durch Teilung eines großen Astes helfen.

Boden

Wer aufmerksam durch Gärten und Felder wandert, wird erkennen, daß Obstgehölze (sie sind durchaus zum Vergleich mit Blütengehölzen zu gebrauchen) auf scheinbar mageren, mineralischen Böden zwar nicht so groß werden, aber überreich im Frühling blühen, während Bäume auf schweren fetten Böden sehr wüchsig, aber lange nicht so dicht mit Blüten besetzt sind und daß zudem Äste mit starken Langtrieben bei diesen Bäumen in der Überzahl sind, vor allem in jüngeren Beständen.

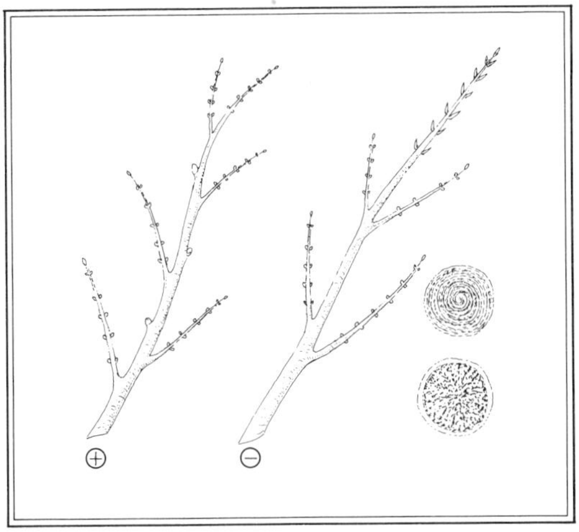

Blütenknospen sind immer runder ausgebildet als Blattknospen. Teilt man zur Kontrolle Fliederknospen mit einem waagrechten Schnitt, so kann man bereits im Herbst die Blütenanlagen erkennen und deutlich von solchen Knospen unterscheiden, in denen nur Blätter vorgebildet sind.

Das Holz speichert die Nährstoffe, die ein Verfrühen und gutes Erblühen ermöglichen. Je größer der Zweig ist, desto besser wird das Treibergebnis sein. Zweckmäßig ist es, einen großen Zweig im ganzen zu treiben und erst vor dem Einstellen in die Vase zu teilen.

Wird eine erwerbsmäßige Anlage von Blütensträuchern für die Treiberei geplant, kann diese ruhig auf einem nicht zu fetten, eher mageren Boden, aufgepflanzt werden, wobei für die Bodenvorbereitung das gleiche gilt wie bereits auf Seite 11 gesagt. Die auf mageren Böden aufgepflanzten Bäume und Sträucher werden oft bereits nach drei bis vier Jahren schnittfähige Treibzweige liefern.

Bei allen frisch gepflanzten Bäumen ist es gut, im ersten Jahr einen Lehmwickel um den Hauptstamm zu legen. Man mischt Lehm und Wasser zu einem zähen Brei, streicht den Stamm damit ein und wickelt mit einer Mullbinde den Lehm ab. Wird im Laufe des ersten Sommers gewässert, gießt man auch immer den umwickelten Stamm gründlich mit. Diese Vorsorge soll das Austrocknen des Holzes in dem Stadium verhindern, in dem noch nicht viele neue Saugwurzeln gebildet sind. Im zweiten Jahr nach der Pflanzung wird der Baum diese zusätzliche Hilfe entbehren können und man entfernt den Lehmwickel.

Schnitt-Termin bei Gehölzen zum Verfrühen

Die Möglichkeit, Treibzweige zu schneiden, hängt nicht nur von dem Ansatz ausreichender Blütenknospen ab, wesentlich ist auch der Wetterverlauf des Winters. Es gibt nur wenige Gehölze, für die der früheste Schnitt-Termin exakt zu bestimmen ist. Die Angaben bei den einzelnen Arten und Sorten sind mittlere Erfahrungswerte.

Für die Treiberei abgeschnittener Zweige ist im Unterschied zu der Ballentreiberei (die aber heute wegen Unwirtschaftlichkeit fast ganz aufgegeben wurde) ein deutlicher Saftanstieg in der Pflanze notwendig. Er zeigt sich in einem Schwellen der Blütenknospen, so daß man hier besser von »verfrühen« als von »treiben« sprechen sollte.

Je zeitiger im Jahr der Schnitt-Termin gewählt wird, desto größer sollte der Ast sein, da das Treibergebnis wesentlich von den im Holz gespeicherten Nährstoffen (Zucker) abhängig ist. Man wird den Zweig entsprechend

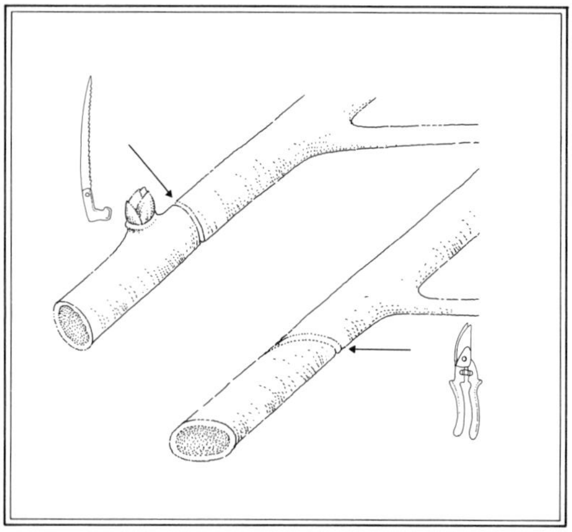

Schnitte mit der Säge sollten möglichst im rechten Winkel erfolgen, damit die Öffnungen der Leitungsbahnen so klein wie möglich bleiben. Mit der Baumschere ist ein schräger Schnitt leichter auszuführen und wird meist weniger Verletzungen der Rinde und des Kambiums bringen.

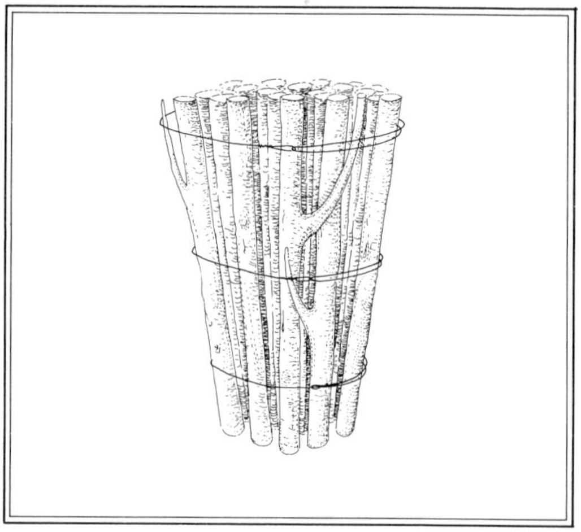

Wesentlich ist, die Zweigenden beim Bündeln in gleicher Höhe anzulegen, damit alle gleichmäßig tief in die Nährlösung eintauchen. Verzweigungen in der Höhe der ersten Bindestelle werden vor dem Bündeln abgeteilt, um die Spannung zu vermindern.

der Zeichnung im ganzen treiben und erst nach dem Treiben zum Einstellen in die Vase teilen, so daß er im Stand eine günstige Form hat.

Die bekanntesten Treibgehölze sind Forsythien. Ihre Zuckerspeicherung im Holz ist so groß, daß sie ohne Zusätze im reinen Wasser, sogar in einem völlig abgedunkelten Raum, treibbar sind. Bis 15. Januar ist allerdings eine Warmwasserbehandlung, wie auf Seite 27 beschrieben, notwendig. Die Forsythie hat den weiteren Vorteil der absoluten Schnittverträglichkeit. Man kann Jahr für Jahr die zweijährigen Ruten schneiden, und es wird erst nach etwa 15–18 Jahren eine Ermüdung der Pflanze auftreten. Doch diese zähe Schnittverträglichkeit haben nur wenige Gehölze. Die meisten wird man mehr schonen.

Werkzeug und Schnitt

Man schneidet mit der scharfen Baumschere, größere Äste mit einer kleinen Baumsäge. Die Schnittstelle soll möglichst immer kurz oberhalb einer schlafenden Knospe liegen, da der Baum meist aus dieser wieder austreibt. Wenn man sägt, so achte man, daß der Ast nicht abreißt und Bast und Kambium mitnimmt. Man sägt deshalb entweder von zwei Seiten an, zuerst von unten, dann von oben, oder man sägt ein und schneidet den letzten Teil mit der Baumschere durch. In jedem Fall ist dafür zu sorgen, daß die Schnittstelle so klein und glatt wie möglich bleibt. Große Wunden schließt man sofort mit Baumteerwachs.

Es ist richtig, die frisch geschnittenen Zweige mit der Baumschere längs einzuspalten, um die Aufnahmefähigkeit für Wasser bzw. Nährlösung zu erhöhen. Schneidet man mehrere Zweige der gleichen Art auf einmal, so ist es einfacher, sie zu bündeln. Wesentlich ist, daß die Stiele in gleicher Höhe enden, um regelmäßige Flüssigkeitsaufnahme zu gewährleisten. Dies ist bei den starren Zweigen viel schwieriger als man denkt. Zuerst wird mit einer Kordel das Bund etwa 20 cm über den Stielenden zusammengezogen und dann mit 2–3 höher gelegten Windungen fest gepackt. Unterschiedliche Sorten sind nicht gut in einem Bund, da sie zu verschiedenen Zeiten in der Treiberei fertig werden und das Aufschneiden und Auseinandernehmen der Bunde immer Blüten kostet.

Treibraum und Nährlösung

Der Treibraum soll hell sein und konstant etwa 20 °C warm. Für Liebhabergärtner ist das Badezimmer sicher am besten geeignet, denn die Luftfeuchtigkeit muß so hoch wie nur irgend möglich gehalten werden. Am besten übersprüht man während der Treibzeit 3–4mal täglich die Zweige mit lauwarmem Wasser. Wie sehr Treibzweige auf Licht reagieren, kann man bei einem Wechsel von trübem zu sonnigem Wetter beobachten. Es kommt dann meist zu einem spontanen Schwellen der Knospen.

Entscheidend für das Treibergebnis ist die exakt zubereitete und möglichst täglich nachgefüllte Nährlösung. Nur ganz wenige Sorten sind mit klarem Wasser zu guten Ergebnissen zu bringen. Am besten geeignet ist das Mittel Mimosa-Chrysal oder man mischt normales weißes Chrysal mit 12–15 g Zucker je Liter Wasser. Mangelnde Sorgfalt bei der Bereitung der Nährlösung wird im Treibergebnis erkennbar.

Die Lösung je 10 Liter Wasser sollte mit 150 g Mimosa-Chrysal oder 150 g normal Chrysal plus 120–135 g Zucker hergestellt werden, wobei man am besten gleich eine etwas größere Menge ansetzt, um ausreichend für die nächsten Tage zum Nachfüllen zu haben. Der Flüssigkeitsbedarf ist am Anfang nicht so hoch, steigt aber mit dem Schwellen der Knospen an. Es vereinfacht das Einstellen der geschnittenen Zweige sehr, wenn man schon vor dem Schneiden die notwendigen Gefäße mit Nährlösung am endgültigen Standort im Treibraum hergerichtet hat.

In der Gehölztreiberei gelten die gleichen Forderungen nach möglichst vollkommener Hygiene wie für den Blumenschnitt. Nach jedem Treiben müssen die Gefäße (Kunststoffeimer, im Idealfall Edelstahlgefäße) mit Bürste, Scheuermittel und heißem Wasser sorgfältig gereinigt werden.

Baden von Gehölzen (Warmwasserbehandlung)

Vor dem 15. Januar geschnittene Zweige erblühen viel gleichmäßiger, wenn sie eine Warmwasserbehandlung als Schock zur Unterbrechung der Winterruhe bekommen. Korrekt kann man nur so behandelte Zweige als getrieben bezeichnen, alles andere ist nur ein Verfrühen. Man gibt, am besten in der Badewanne, ein zwölfstündiges Bad der gesamten Zweige in 28–30 °C warmem Wasser.

Wichtig ist Sorgfalt bei der Bereitung des Bades und dem Einhalten der Badezeit. Nicht vom Wasser umschlossene Zweigteile blühen nicht oder entscheidend schlechter auf. Vor dem Einlegen muß die Temperatur nochmals kontrolliert werden. Erst dann wird Bund für Bund in wechselnder Richtung eingesenkt. Legt man sehr viele Zweige ein, muß ein Aussteigen aus der Wanne verhindert werden. Man beschwert oder verkeilt sie daher. Die Temperatur bleibt länger konstant, wird die Wanne mit Styropor-Platten abgedeckt.

Genau so wichtig wie die exakte Einhaltung der Temperatur, zumindest in den Anfangsstunden, ist die Einhaltung der Badezeit von zwölf Stunden, da kürzere oder längere Badezeiten entscheidend schlechtere Treibergebnisse bis zum Verlust des ganzen Satzes bringen.

Diese Methode, die Pflanzen gewissermaßen gewaltsam aus dem Winterschlaf zu reißen, wurde um die Jahrhundertwende entdeckt und zunächst für die Treiberei von Maiblumen-Rhizomen, später von Ballenflieder, angewandt. Erstmals wurde sie 1905 in »Möllers deutscher Gärtnerzeitung« von Paulig beschrieben, der diese Treiberei in Rußland in der Gärtnerei von Johann Daugull in Dorpat kennengelernt hatte. Etwa in der Mitte der dreißiger Jahre dürfte das Verfahren dann auch für abgeschnittene Zweige bekannt geworden sein. Es wurde zunächst nur für Forsythien verwendet.

Einstellen und Haltbarkeit

Vor dem endgültigen Einstellen in die Vase müssen die Zweige nochmals frisch angeschnitten oder der Spalt durch aufreißen vertieft werden. Das Vasenwasser sollte wieder Mimosa-Chrysal oder Chrysal plus Zucker enthalten. Überraschend ist, daß so vorgetriebene Zweige meist wesentlich haltbarer in der Vase sind als zu natürlichen Blütezeiten geschnittene.

Schnitt von Laubwerk und Koniferen

Einige Sträucher vertragen jährlichen vollkommenen Rückschnitt, wie zum Beispiel Liguster. Allerdings wird dann das Wachstum im folgenden Jahr später einsetzen und auch später abschließen. Alle Immergrünen, die von der Natur eingerichtet sind, das ganze Jahr eine große Assimilationsfläche zu haben, sollten schonend geschnitten werden, z. B. die Lorbeerkirsche, die Ölweide. Nur Buchs verträgt einen kräftigen Rückschnitt.
Etwas komplizierter ist der Schnitt vieler Koniferen, vor allem, wenn man etwas größere Zweige ernten will. Die meisten Koniferen haben eine typisch akrotone Wuchsform (vgl. Seite 23), d.h. es wird bevorzugt die Triebspitze und die vorderste Knospe der Seitentriebe ausgebildet, was den bekannten etagenförmigen Wuchs der Tannen, Fichten, Kiefern, aber auch vieler *Chamaecyparis* und auch der besonders schönen *Chamaecyparis obtusa* 'Crippsii' ergibt. Hier werden einmal vollkommen entfernte Seitenverzweigungen nicht mehr ergänzt, wohl aber die Leittriebe. Diese Koniferen legen aber auch oft, wenn sie ein gewisses Alter erreicht haben, bei den Seitenästen zwei Äste unmittelbar übereinander, so daß man ohne Schaden für den Wuchscharakter einen dieser Äste, sogar den kräftigeren, entfernen kann. Der verbliebene übernimmt die Leitfunktion. Findet man solche Doppeläste nicht, so schneidet man von den größten Ästen die längsten Kurztriebe.

Schnitt-Termin

Während man bei Koniferen selten Welkeerscheinungen beobachten kann (*Chamaecyparis* z.B. lassen sich in vollem Wuchs ohne Bedenken schneiden), so gibt es bei dem Schnitt von Laubwerk vieles zu beachten, um nicht mit ärgerlichen verwelkten Blättern in dem fertigen Strauß kämpfen zu müssen.
Zahlreiches Grün läßt sich ab Februar oder März gut vortreiben. Es ist eine schöne Ergänzung zu allen zarten Frühlingsblumen und getrieben von ausgezeichneter Haltbarkeit in der Vase. Vor allem *Spiraea × arguta* und *Spiraea × vanhouttei,* aber auch *Philadelphus coronarius* 'Aureus' oder *Cornus alba.*
Alles gerade austreibende Grün im sog. Mausohrstadium ist ebenso gut in der Vase haltbar. Das Längenwachstum der Triebe wird in der Vase einsetzen und die Haltbarkeit trotzdem nicht einschränken. Sehr schwierig dagegen ist der Schnitt in allen Stadien, in denen das Längenwachstum der neuen Triebe an der Pflanze begonnen hat, aber noch nicht mit Verholzen abgeschlossen wurde. Die Verdunstung über die Spaltöffnungen der jungen Zweige ist dann so groß, daß es fast immer zur Welke kommt. Etwa ab Juni kann man sich bei den meisten Pflanzen dadurch helfen, daß man die Triebspitze mit 2–3 Blattpaaren ausbricht. Der verbleibende Rest wird fast immer schon groß genug sein, daß er die ihm zugedachte dekorative Aufgabe übernehmen kann. Zu Welkeerscheinungen wird es fast nie kommen. Allerdings ist das Kochen der Stielenden bei vielen Laubgehölzen erforderlich, um ihnen in der Vase eine gute Haltbarkeit zu geben (z.B. *Cotinus coggygria*). Bei der Besprechung der Arten werden diese Hinweise gegeben. Wesentlich für die Haltbarkeit in Gestecken ist auch, daß vor der Verarbeitung die Zweige gut angeschnitten einige Stunden in einem kühlen dunklen Raum tief ins Wasser gestellt werden.

Und ganz nebenbei ein bißchen Blumenbinderei

Gefäße

Es gab einmal eine Zeit, da hießen die Vasen »Blumendienerinnen«. Ich finde den Ausdruck nicht gut gelungen. Immer, wenn zwei Gegensätze in ein polares Spannungsfeld miteinander treten, in diesem Fall gestaltete Form Vase und gewachsene Form Blume, dann müssen die Partner adäquat sein, damit aus der Spannung der Gegensätze eine Harmonie, eine Steigerung entsteht.
Zu einem schönen Strauß gehört einfach eine angemessene Vase. Doch was ist der Blume angemessen, an-gemessen, was paßt? Zunächst von der Größe her: ein drittel Vase, zwei drittel Blumen als Faustregel. Im Gesteck kann sich das Verhältnis verschieben, bis hin zu einer flachen Platte.
Und vom Material: so gut Industrieprodukte gerade in der Porzellan- und Glasindustrie oft gestaltet sind, so steht das Unperfekte eines handgeformten Töpfergefäßes den Blumen meist näher. Aber man kann auch Metallgefäße oder Körbe nehmen.
Körbe können leicht zu Vasen werden, indem man ein Glas, eine alte Konservendose oder einen kleinen Kunststoffeimer einsenkt. Fast in jedem Haushalt finden sich Gefäße der verschiedensten Größe, unter denen man das passende wählt. Wenn es ein wenig kleiner ist als der Korb (bei größeren Körben für Dekorationen kann man mehrere Gefäße einsenken), stopft man die Zwischenräume mit Papier fest aus, damit das fertige Arrangement Halt hat.
Sind die Körbe so locker geflochten, daß man durchsehen kann (bei ostasiatischen Bambuskörben ist das oft der Fall), so muß man zumindest in der äußeren Schicht geknüllte Plastikfolie nehmen, um die Durchsicht auf das Papier zu mindern.

Vasenformen
In jedem Haushalt sammeln sich im Laufe der Jahre Vasen an, mehr oder minder praktische Formen und Farben. Wie man immer wieder feststellen muß: eigentlich viel zu viele und doch nichts Rechtes.
Eines Tages sortiert man alles aus, was doch viel zu selten oder nie benutzt wird, und gibt es zur Tombola oder mit leichtem Unbehagen auf einen Flohmarkt.
Aber was sind nun eigentlich die Kriterien einer guten Vase? Kann man das grundsätzlich sagen? Ich glaube, daß man das Gute besser von der negativen Seite her erläutert.
Ich finde, schlecht sind alle lauten grellen Farben, selbst wenn sie uni sind, weil sie selten zu Blumen passen, und fast immer die Blumen übertönen. Ruhige, dumpfe, erdig-trübe Farben bringen Blumen zum Leuchten.
Floristisch gesehen sind alle bunt bemalten Vasen, mögen sie noch so kostbar sein, schwierig, denn die Malerei tritt fast immer mit den Blumen in Konkurrenz.
Es gibt keramische Gefäße, die vielleicht treffender als keramische Objekte bezeichnet würden, die für Blumen ungeeignet sind. Es ging dem Künstler dabei um die Darstellung einer Form. Trotzdem ergeben in seltenen Fällen gerade solche Vasen überraschend gute Lösungen.
Schlecht sind alle dünnen, hohen, geraden Vasen, denn sie fassen zu wenig Wasser und die Blumen stehen zu steif darin.
Wenig benötigen wird man Vasen mit einem zu langen Hals. Sie sind nur gut für Einzelblumen, bei drei Rosen wird es schon schwierig. Es geht ein großer Lilienstiel, der in sich eine schöne Bewegung hat.
Für die Haltbarkeit von Blumen sind alle Va-

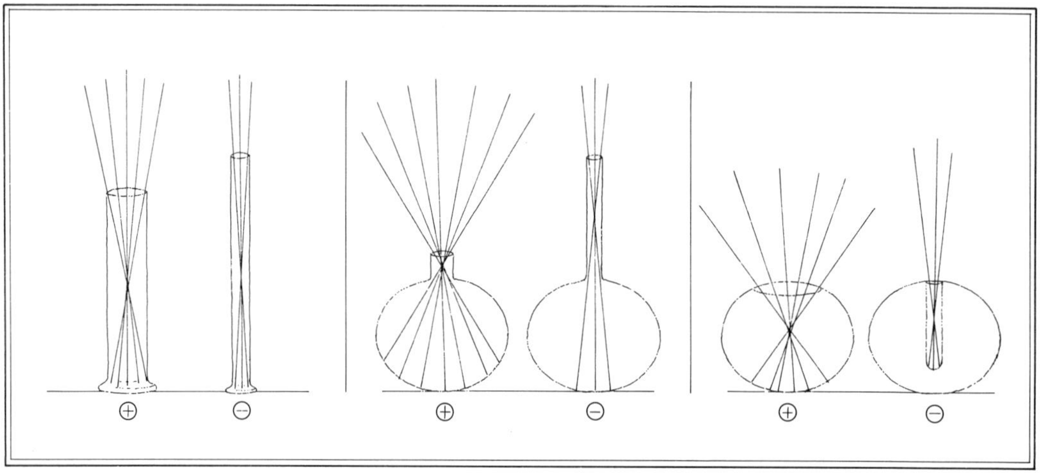

Zu schmale Vasen oder solche mit einem zu langen, schlanken Hals bieten die Blumen selten gut dar. Vasen aus Naturstein oder Glas mit aufgebohrter Öffnung fassen nicht genügend Wasser.

sen aus Naturstein oder Halbedelstein mit einem schmalen aufgebohrten Loch schlecht. Selbst wenn sie von innen mit Lack oder anderen wasserabweisenden Mitteln behandelt sind, nehmen sie doch Wasser auf, und bei der sowieso zu kleinen Wassermenge vertrocknen die Blumen. Es geht nur, wenn sie einen Einsatz, ähnlich einem Orchideenröhrchen, enthalten, aber auch dort muß zweimal täglich Wasser nachgefüllt werden. Nur sehr dünnstielige Blumen, z.B. Staudenwicken, sind für solche Vasen geeignet. Ähnlich ist die Situation bei Glasvasen aus einem dicken Glasbrocken mit einem aufgebohrten Loch.

Grundsortiment

Obgleich jeder Haushalt, jede Wohnung eigene Gesetze hat, gibt es doch ein gewisses Grundsortiment an Vasenformen und Größen, das man besitzen sollte. Wenn man sich dieses neu zusammenstellt, so müßte man im Interesse der Haltbarkeit der Blumen auf ausreichend große Öffnungen achten, damit eine möglichst vollkommene Reinigungsmöglichkeit gegeben ist. Je ruhiger die Vasen in den Farben sind, desto häufiger kann man sie verwenden, desto mehr werden sie die Farbschönheit der Blumen unterstützen. Die Ruhe der Vase sollte die Bewegung der Blume steigern.

Bodenvase

Für einen Haushalt mit normal großen Räumen sollte sie nicht höher als 40 bis höchstens 48 cm sein, so daß Blumen und Zweige von 1,20–1,50 m Länge gut in dieser Vase stehen. Sie sollte möglichst nicht mehr als 10–15 Liter Wasser fassen, damit sie leicht zu leeren und zu reinigen ist. Ist sie größer, geht das Füllen und Entleeren über die körperlichen Kräfte der Hausfrau und man ist dann geneigt, mit Einsätzen zu arbeiten. Diese Einsätze haben viele Nachteile. Erstens kann man nicht wirklich schön Blumen in ihnen einstellen, da sie immer zu schmal und zu kurz sind. Zweitens ist das Fassungsvermögen sehr begrenzt, sowohl für Blumen wie für Wasser. Fast immer wird man in Versuchung geraten, zu viele Blumen zu verarbeiten, um eine optische Harmonie mit der Vase zu erzielen. So bleibt kaum Raum für Wasser oder Nährlösung. Oft vergißt man das rechtzeitige Nachfüllen, oder wenn man pünktlich nachfüllt, wird es bei der verhältnismäßig geringen Flüssigkeitsmenge

dennoch schnell zu Fäulniserscheinungen kommen, die die Lebensdauer der Blumen verkürzen.
Die beste Möglichkeit ist, eine Bodenvase mit 2–3 Maschendrahtballen auszufüllen (s. Seite 48), wobei der unterste Ballen dichter gedrückt werden sollte als die oberen, und dann mit der Gießkanne das Wasser bzw. die Nährlösung einzufüllen.
Sind die Blumen verblüht und man muß die Vase entleeren, lassen sich die Blumen oder Zweige am besten direkt an der Vase mit der Baumschere in einen Foliensack klein schneiden, den man wegtragen kann, ohne die ganze Wohnung zu verschmutzen.
Große Vasen werden am leichtesten mit einem Schlauch entleert. Man benötigt einen etwa 1,20 m langen Schlauch, ein bis zwei leere Eimer je nach Fassungsvermögen der Vase. Sie werden neben die Vase gestellt, der Schlauch an der Wasserleitung mit Wasser ganz vollgefüllt, beide Enden mit den Daumen verschlossen und dann zunächst das eine Ende in die Vase und dann das zweite Ende in den Eimer gehängt. Nach dem physikalischen Gesetz des gleich hohen Wasserstandes wird nun das Wasser mühelos aus der Vase in die Eimer ablaufen, vor allem, wenn sie auf einem Hocker steht. Man muß nur darauf achten, daß der Schlauch in der Vase immer unter dem Wasserspiegel bleibt. Die leere Vase ist nun leicht zu transportieren und zu reinigen.
Für die Bodenvase liefert der Garten im Jahresablauf: Forsythien, verschiedene getriebene Kirschzweige, Zierapfelblüten; Darwintulpen mit einem Zweig rotblättrigen *Prunus* im Austrieb; Rankrosen; Rittersporn und lange Pfingstrosen; *Eremurus* zusammen mit *Achillea* und *Heliopsis;* zuvor schon *Iris barbata,* die hohe Bartiris; Stockrosen in Weiß oder Gelb mit *Alstroemeria aurantiaca;* Artischocken; lange Kugeldisteln und *Phlox;* Sonnenblumen; Rudbeckien; *Veronica virginica; Helenium,* die Sonnenbraut; Chrysanthemen; dann verschiedene beerentragende Gehölze wie Sanddorn, die Zieräpfel, den Feuerdorn,

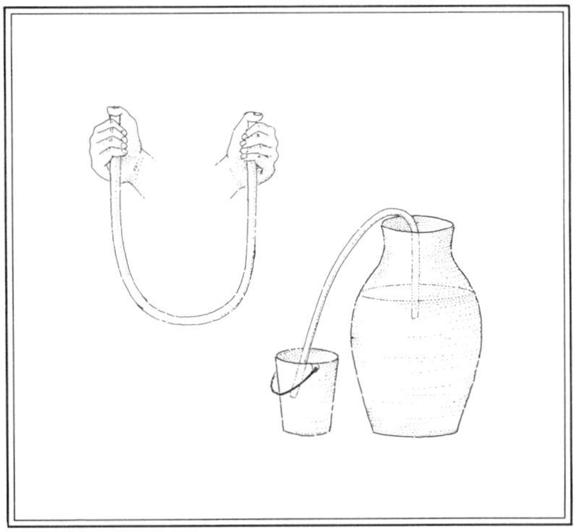

Schwere Bodenvasen entleert man am einfachsten mit einem Schlauch.

Rosenfrüchte oder eine Trockenfüllung aus *Allium christophii* zusammen mit Baumwürger, Statice und *Verbascum,* der Königskerze; eine Adventsfüllung aus Zeder, Korkenzieherhasel und verschiedenen *Ilex;* eine Weihnachtsfüllung mit *Hamamelis* und *Chamaecyparis.*

Offene Vase
Eine Vase, etwa 20 cm hoch, in einer offenen Form, Größe der Öffnung 15–17 cm, eignet sich für dekorative Gestecke auf ein Sideboard zu stellen, in ein Regal oder auf einen Beistelltisch.
Die Jahreszeiten bieten zur Füllung für diese Vase an: Blütenzweige zusammen mit immergrünem Laub, später Tulpen mit Narzissen kombiniert; halblangen Flieder mit Tulpen; den späten Flieder mit Akelei und das rosablütige *Chrysanthemum coccineum* (früher *Pyrethrum*). Oder das weiße Tränende Herz, mit *Doronicum plantagineum* und *Euphorbia epithymoides; Iris*-Barbata-Elatior mit *Spiraea prunifolia* 'Plena' und Moosrosen, dann die späten chinesischen Pfingstrosen mit *Veronica* und *Buddleja alternifolia;* Sommerrittersporn und *Erigeron* mit Schleierkraut;

Rittersporn und blaue Disteln; Alstroemerien mit verschiedenen Lilien; die Marienglockenblumen mit Schleierkraut; eine volle Füllung aller Farben von *Phlox paniculata,* halbrund aufgesteckt; *Kniphofia* mit Schwalbenwurzenzian *(Gentiana asclepiadea)* und Blättern von *Iris variegata;* weiße *Physostegia,* die amerikanische Gelenkblume, mit blauen *Platycodon; Inula orientalis* und verschiedenem gelbblättrigen Laub.

Kugelvase
Eine Kugelvase, eventuell mit einem kleinen Hals für gebundene oder gefaßte Sträuße 18–22 cm hoch, mit einer Öffnung von 7–9 cm auf einem Beistelltisch, passend auf den Flügel, auf den Eßtisch, nicht zur Dekoration bei Mahlzeiten. Für Tulpen, bunte Margariten, Pfingstrosen, Rosen mit Schleierkraut, *Phlox,* Astilben mit Gräsern und großen *Hosta*-Blättern, Astern aller Formen, einen großen Strohblumenstrauß.

Kanne
Eine kleine Kanne, etwa 15–17 cm hoch für Einzelgestalten aus dem Pflanzenreich: einen Blütenzweig mit wenigen immergrünen Blättern, 2–3 ungefüllte Pfingstrosen, einige *Iris sibirica,* Lilien und Gräser, Eisenhut und wenige Rosen, blaue *Eryngium, Liatris* mit *Limonium latifolium, Rudbeckia.*

Becher
Eine offene Becherform, eventuell mit Fuß, für volle runde Gartensträuße auf dem Couchtisch oder einem anderen niederen Tisch. In dieser Vase sollten sich immer alle die kleinen Blumen zusammenfinden, die im Garten blühen und deren Farben in heiterem Kontrast oder in stiller Harmonie stehen.

Schale
Eine Schale für Tischdekoration, der Rand sollte nicht höher als 2 cm sein, um die Blumen in unmittelbaren Kontakt zur Tafel zu halten.

Kleine Vase
Eine kleine Vase für einige Blumen im Schlafzimmer, ein bis zwei *Rhododendron*-Dolden mit Akelei; Tränendes Herz und einige Wildrosen oder auch ein dicker Strauß schöner Primeln; *Astrantia maxima; Lychnis*-Arkwrightii-Hybriden mit Schwalbenwurzenzian; *Heuchera* mit roten Polyantharosen, auch weiße oder gelbe sind schön dazu; die rosa Besenheide *Calluna* 'H.E. Beale' mit einigen kurzgeschnittenen *Aster dumosus,* ein Büschel *Limonium latifolium,* später Christrosen mit *Ilex* und *Hamamelis.*

Tropfenvase
Eine Vase für Blumen, die man mitgebracht bekommt, sollte nicht fehlen. Etwa 27 cm hoch, in Tropfenform mit einer Öffnung von 4–5 cm. Sie ist gut für einige Rosen, einige Nelken, aber auch sehr schön für schlanke Blütenzweige oder Lilien, *Iris,* einen ganz besonders schönen Stiel Rittersporn, drei *Agapanthus* mit Gräsern, die große *Crocosmia masonorum,* einen gewundenen Zweig *Salix sachalinensis* 'Secca' oder ein bis zwei Stiele von einem fruchttragenden Gehölz, zum Beispiel *Rosa moyesii.*

Wie plaziert man Vasen?
Blumen haben die Kraft, die Harmonie eines Raumes sehr zu steigern. Sie sollten deshalb möglichst so plaziert werden, daß sie von allen oder zumindest sehr vielen Blickwinkeln zu sehen sind.
Erwartet man Gäste, erhöht es immer die festliche Stimmung des Beginnes, wenn man schon vor der Haustür oder der Wohnungstür eine große Bodenvase mit einigen langstieligen Blumen oder Zweigen großzügig aufsteckt. Sehr gut sind dafür alle Blütenzweige geeignet, aber auch Rittersporn, *Rudbeckia nitida,* große Sonnenblumen, Zedernzweige und vieles andere mehr.
Wenn die Blumen, möglichst sogar das Gefäß, Farben widerspiegeln, die in ihrer Nähe sind, also Gardinen, ein Bild, eine Tischdecke, Kis-

sen oder auch ein Buch, so entsteht Harmonie. Die Engländer sind Meister in diesem Aufnehmen von Gegebenheiten und Umsetzen in Blumen. Ich sah einmal in Südengland in einem alten Schloß im Stil der Zeit eingerichtet eine Flower Show, gestaltet von den verschiedenen Lady Flower Arrangement Clubs der Umgebung. Jeder Club, dessen Mitglieder aus einer Ortschaft waren, hatte einen Raum gestaltet. Dabei waren Clubs aus Orten mit unter 1500 Einwohnern. Aber ich mußte betroffen gestehen, daß ich so etwas an Schönheit der Gestaltung mit Blumen noch nie gesehen hatte. Jeder Raum war von den Tapeten und Möbeln her in einer anderen Farbe gehalten, und in diese Farbharmonien waren die Blumen eingefügt wie, ja es gibt nur das eine Wort, wie gewachsen.
Arbeitet man den Blumenschmuck nur für die eigene Wohnung, deren Gegebenheiten man genau kennt, so muß es mit einiger Übung möglich sein, die gleiche Wirkung zu erzielen. Man hüte sich nur vor ständigen Wiederholungen der Farbkombination (s. auch Seite 34, Farbenlehre).
Sparsame, linear angeordnete Arrangements wirken dann, wenn viel Ruhe und Luftraum um sie ist. Ist die Wohnung selbst schon lebhaft durch Bücher und Bilder, so sehen dekorativ gestaltete Vasen immer besser aus. Vor unruhigem Hintergrund behaupten sich geschlossene Formen am sichersten.
Man kann sich überlegen, ob man nicht, vergleichbar der Nische des japanischen Wohnhauses, eine Stelle im Raum, die ein günstiger Platz für Blumen ist, mit einer ganz ruhigen Tapete oder Gardine versieht.
Die Vasen dürfen im Sommer nicht so stehen, daß die Sonne die Blumen trifft, selbst wenn es sehr schön aussieht, denn es mindert die Haltbarkeit. Auf der Heizung ist im Winter kein Platz für Schnittblumen.
Kühlen die Räume über Nacht nicht gut ab, kann man, wenn möglich, die Blumen in einen anderen kühlen Raum bringen. Im Freien stehen Schnittblumen nur in windstillen Zeiten gut und an einem Platz, der keinesfalls von der Morgensonne getroffen wird. Gesteckte Arrangements übersprüht man abends und morgens mit einer Blumenspritze.

Aus der Farbenlehre

Farben der Blumen

Ehe man beginnt, mit Blumen zu arbeiten, muß man sie sich genau betrachten. »Sehen ist alles«, hat Goethe gesagt, und viele Maler meinen, das Malen sei gar nicht schwer, wenn man es erst richtig sehen könne. Auch Rilke läßt seinen Malte Laurids Brigge mehrfach sagen: »Ich beginne zu sehen.«
Pflanzen haben zwei hervorragende Eigenschaften, durch die sie sich darstellen: ihre Formen und ihre Farben. Bei der Blüte macht die Farbe allein noch nicht alles aus. Das, was sie ausstrahlt, wird auch wesentlich durch die Oberflächenstruktur des Blütenblattes bestimmt. Vielleicht läßt sich diese Wirkung am besten erklären an dem farblosen Weiß. Die Edelrose 'Pascali' hat etwa den gleichen rahmweißen Blütenfarbton wie der oft als Trockenblume angebaute Korbblütler *Xeranthemum annuum* 'Album' mit einem fast metallischen Glanz auf den Blütenblättern. Die Rose dagegen ist weich und samtig in der Optik ihrer Oberflächenstruktur. Bei gleicher Farbe empfindet man die Rose als hingebend sinnlich, das *Xeranthemum* als frech, fröhlich und ehrlich.
Dieses unfarbige Beispiel zeigt, wie schwer es ist, über Farben zu sprechen, ohne Mißverständnisse aufzubauen. Der Eindruck einer Farbe wird entscheidend geprägt durch die Widerspiegelung des Lichtes auf der Oberfläche der Blütenblätter. Sehr markant sind die »blauen« *Phlox*-Sorten, die aber nie blau sind, sondern im günstigsten Fall lavendelfarbig. Die gleiche *Phlox*-Dolde am gleichen Standort am Morgen, am Mittag und am Abend betrachtet, und zu ihrer Umgebung in Beziehung gesetzt, wird vollkommen ver-

schiedene Farben zeigen. Sie wird am Morgen rosa sein, am Mittag fast himbeerrot und am Abend lavendelblau. Die Oberflächenstruktur ihrer Blütenblätter ist so sensibel für den unterschiedlichen Einfallswinkel der Sonne, auch wenn sie hinter Wolken ist, daß es für unsere Augen zu diesen starken Farbvariationen kommt.

Aber unsere Aufnahmebereitschaft für Farben ist ebenfalls wechselnd und stark von Stimmungen abhängig. Stimmungen können Sympathien und Antipathien zu Farben erzeugen und Farben können Stimmungen positiv oder negativ beeinflussen. In der Yoga Tantrik werden dem Meditierenden von seinem Guru Farben oder Farbkombinationen genannt, auf die er sich konzentrieren muß und die seine innere Stimmungslage wandeln oder steigern sollen.

Interessant ist auch die Farbwirkung von Blumen am Krankenbett. Das leuchtende klare majestätische Rot einer Dahlie oder Amaryllisblüte wird von dem Wiedergenesenden als Kraftquell und Belebung angenommen. Der sehr Kranke, stark Geschwächte wird es nicht als Kraftquell, sondern als laute Störung der von ihm benötigten Stille empfinden. Auf einem Strauß in zarten lachsrosa Tönen mit ganz wenigen Einsprengseln von Rot und Weiß werden seine Augen ausruhen. Er wird das Lachsrosa als sanft, das wenige Weiß als frisch und jung und das wenige Rot als belebend empfinden. Ein ganz weißer Strauß würde ihn erschrecken.

Diese Erkenntnis hat man sich bei der Zusammenstellung des Lüscher-Farbtestes zunutze gemacht. Sein Prinzip beruht im wesentlichen darauf, daß die Testperson Farben als ihr sympathisch oder weniger sympathisch bezeichnet und Farbgruppierungen herstellt.

Wenn man erst einmal begonnen hat, bewußt mit Farben zu arbeiten, so wird man schnell lernen, aus der Farbkombination, die man gerade zusammenstellt, seine eigene Stimmungslage zu ergründen. Man wird oft zu überraschenden Ergebnissen kommen.

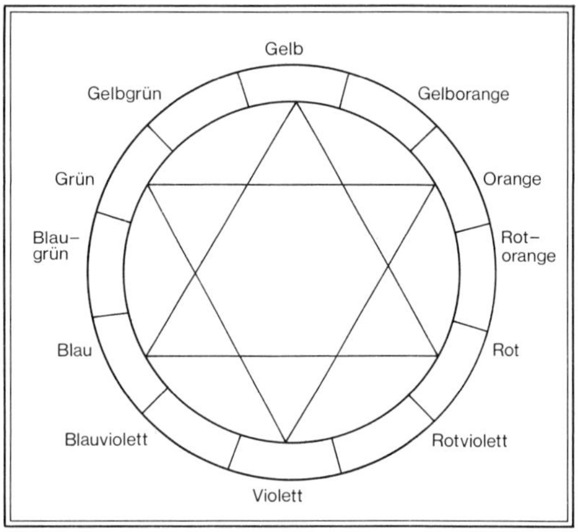

Der Farbkreis zeigt Polarität und Harmonie der Farben an. Er erleichtert die Auswahl.

Farbkreis

Um die Arbeit mit Farben für Innenarchitekten, Textilkünstler und viele andere zu erleichtern, hat man die Symbolik des Farbkreises geschaffen. Wenn man nicht nur vom Gefühl her und vom Gesichtspunkt, was im Garten gerade blüht, die Sträuße zusammenstellen will, so ist es gut, sich wenigstens kurz mit der Theorie der Farbkreissymbolik auseinanderzusetzen.

Die reinen Farben Blau, Rot und Gelb, die nicht durch Mischen mit anderen Farben zu erzeugen sind, werden im gleichschenkligen Dreieck einander gegenübergesetzt und mit einem Kreis verbunden. Zwischen ihnen die sich aus ihrer Mischung ergebenden Zwischentöne Grün, Orange, Violett. Verbindet man diese Zwischentöne durch gerade Linien miteinander, so erhält man wiederum ein gleichschenkliges Dreieck, dessen Spitze nach unten zeigt.

Jeder, der sich ein wenig mit asiatischer Symbolik der Kosmologie beschäftigt, wird verblüfft feststellen, hier eines der Ursymbole vor sich zu haben, in dem der Tantriker die Einheit der Welt darstellt. Das mit der Spitze nach oben weisende Dreieck, das die starken

Grundfarben verbindet, symbolisiert das männliche Prinzip. Das Dreieck, das die Zwischenfarben bildet und dessen Spitze zur Erde geneigt ist, das weibliche Prinzip, die sich durchdringen und von dem All (Kreis) umschlossen werden.

Die Mischfarben enthalten alle Abstufungen vom tiefen Blaugrün über Türkis bis zum hellsten Gelbgrün, von Goldgelb über Orange bis Krapprot und von Purpur bis Violett.

Alle Verbindungen sogenannter Komplementärfarben, das heißt Farben, die sich im Farbkreis genau gegenüberliegen, geben meist schöne, spannungsvolle Farbklänge. Auch hier vergleichbar dem geistigen Polaritätsprinzip oder naturwissenschaftlich, den beiden Polen der Elektrizität plus und minus, zwischen denen sich der Spannungsbogen wölbt. Es ist dies das Prinzip der steigernden Kraft der Gegensätze.

Versucht man einmal andere geometrische Zusammenschlüsse innerhalb des Kreises, also zum Beispiel ein Dreieck mit zwei gleichlangen Schenkeln, so wird man ebenfalls zu guten Lösungen der Farbkombination kommen.

Bei soviel Theorie der Farben und ihrer Beziehungen zueinander ist es vielleicht gut, auch noch einen kurzen Blick in das Reich der Farbsymbolik zu tun: Blau steht für Vergeistigung. Violett für magische Kraft; Rot für das Erregende, den Puls Beschleunigende, die Liebe, aber auch für das warnende Haltsignal; Blaugrün ist die Farbe des Eises, aber auch der Frische; über Gelb sagt Goethe in seiner Farbenlehre: »Gelb ist die Farbe, die der Sonne am nächsten ist.«

Farbklänge

Wesentliche Veränderungen der Farbqualität gehen auch von dem Hintergrund aus, vor dem die Farben stehen. Das hängt nicht nur ausschließlich mit der Widerspiegelung zusammen, z.B. werden weiße, gelbe oder rosa Blumen besonders hübsch vor einer braunen Wand oder Gardine wirken, während rote oder blaue fast vollkommen von der Wand aufgesogen werden. Aber vor einem grünen Hintergrund gleicher Farbwertigkeit werden fast alle Blumen, auch die blauen, gut aussehen. Vor einer hellen Wand sind alle strahlenden leuchtenden Farben schön, während pastellfarbige, vor allem, wenn die gesamte Raumgestaltung sehr hell ist, leicht zu blaß aussehen.

Doch sind in mit Pastelltönen eingerichteten Räumen, vor allem mit Stilmöbeln, zartfarbige Blumen möglich. Allerdings sollte man es sich nicht versagen, eine Spur »Feuer« in den Strauß zu geben; ein paar Einsprengsel tiefer, warmer Töne. Es dürfen dies keine großflächigen Blumen sein. Hübsch zum Beispiel ist in einem Stilzimmer, auf einer Spitzendecke, eine Tischdekoration gearbeitet aus *Phlox drummondii,* dem Sommerphlox (die lachsfarbige Sorte 'Vermiljoen') mit Sonjarosen, Schleierkraut und *Xeranthemum annuum* 'Album'. Dazu einige wenige *Scabiosa atropurpurea* 'Plena' in fast Schwarzrot an die Basis des Gesteckes gezogen. Schlanke Kerzen in dem Farbton der Skabiosen vervollkommnen den harmonischen Eindruck. Als Laub ist um diese Jahreszeit *Epimedium,* die Elfenblume, sehr gut dazu und einige Zweige *Hebe pinguifolia* oder Ranken der graublättrigen *Rosa glauca.* Das Gefäß, das die Steckbasis trägt, bleibt praktisch unsichtbar. Am praktischsten ist ein Glas – oder Kristallteller in Kompottschalengröße.

Veränderungen der Farbqualität kann man auch durch Gefäße hervorrufen. Ein pinkfarbiger Strauß wird in einer graulavendelfarbigen Glasvase immer gut aussehen und in seiner Eigenart zu einer ruhigen Wirkung kommen. In der gleichen Vase ist auch ein leuchtend orangefarbener Strauß möglich, wenn er einige violette Töne enthält, z.B. *Calendula,* die Ringelblume mit *Campanula glomerata,* der knäulblütigen Glockenblume. Der Farbton der Vase wird bei dem leuchtenden orangevioletten Strauß aber viel mehr nach Grau hin wirken, während sein Lavendel erst bei

dem pinkrosa Strauß zur Geltung kommt. Die gleiche Vase kann also bei verschiedenen Blumenfarben selbst unterschiedliche Farbtendenzen zeigen. Das ist vor allem bei Mischfarben klar beweisbar.
Es gibt Farben, die bei Kunstlicht besonders schön wirken, wie fast alle Rosa-, Lachs- und Rottöne und andere, die durch Kunstlicht so verändert werden, daß sie die Leuchtkraft, besonders aus der Ferne verlieren wie Blau und Violett. Blau sollte immer reichlich helle Farben in der Nachbarschaft haben. Man kann sich auch helfen, indem man eine zusätzliche Lichtquelle (Kerze) einarbeitet, oder, etwa für ein Fest, eine Dekoration in einem Wandleuchter anbringt. Am besten aber ist ein Punktstrahler, der Leben in das Gesteck bringt. Hat man öfter Einladungen und Feste, so lohnt es sich, ein oder zwei kleine Strahler für diese Zwecke bereit zu halten.

Verbindungsfarben
In der Chemie kennt man die Katalysatoren. Die Alchimisten glaubten als Katalysator den Tau des Himmels nutzen zu können (sie sammelten ihn von dem Alchimistenkraut: *Alchemilla mollis*). Auch bei Farben gibt es solche, die in der Lage sind, sonst unharmonische Farbtöne zu verbinden, um ihre Vereinigung im Strauß oder Gesteck zu ermöglichen, ja schön erscheinen zu lassen. Es sind dies Blau, Weiß und Braun. In beschränktem Umfang auch Grün. Ein Strauß in Gelb und Rosa wird selten schön aussehen, doch fügt man einiges Blau hinzu, so kommt es zu einer heiteren, fröhlichen Harmonie, wenn das Gelb nicht zu dunkel ist. Dunkles Gelb kann mit sattem Rosa und Blau kombiniert werden.
Ein Strauß in den Grundfarben Blau und Rot wird immer richtig, bei Kunstlicht aber leicht ein bißchen zu schwer sein. Fügt man jedoch etwas Weiß hinzu, so ist er sofort von heiterer Frische.
Dicht beieinanderstehende Farben können oft durch eine kleine Beigabe von Weiß in ihrer Wirkung gesteigert werden. Im Sommer bietet sich das Schleierkraut als idealer Verbinder an.
Die Farbe Braun ist als Blume außerordentlich selten, wir finden sie eigentlich nur im Herbst bei *Helianthus annuus,* der Sonnenblume, dann bei *Rudbeckia hirta* und verschiedenen *Helenium* sowie natürlich bei Fruchtständen und Trockenblumen. Vor allem bei *Hydrangea aspera.* Man sollte es wirklich versuchen, wie gut diese Farbtöne mit allen anderen Farben zusammenklingen.

Leuchtfarben
Es gibt dezente und ruhige Farben, aber auch solche von großer Leuchtkraft, deren Strahlwirkung so stark ist, daß sie für unser Auge die eigene Form vergrößern. Am stärksten ist dies bei Weiß der Fall, vor allem, wenn es in einen starken Farbkontrast gesetzt wird, also gegen Rot oder gegen dunkles Blau oder Braun. Als Testversuch betrachte man sich einen Strauß aus zehn roten und zehn weißen Nelken. Auf den ersten Blick wird man vermuten, daß es mehr weiße Nelken als rote seien. Damit er farblich ausgewogen ist, das heißt der Eindruck halb und halb entsteht, müßte er tatsächlich aus elf roten und neun weißen Nelken gebunden werden.
Gibt man in einen Strauß oder ein Gesteck wenige Blumen einer Leuchtfarbe (Rot bis Orange oder Weiß, zum Teil auch Gelb), so muß man bei der Gruppierung darauf achten, daß auf jeden Fall in der Mitte die Leuchtfarben verdichtet werden, so daß die sammelnde Funktion der Mitte erhalten bleibt, damit das Auge von den Strahlen zur Mitte gezogen wird und von da betrachtend ausschweift. Ein solches Blumenarrangement hat eine wichtige Voraussetzung, als schönes Ganzes empfunden zu werden und nicht optisch auseinanderzufallen.
Wichtig ist im bunten Strauß oder Gesteck, einer Farbe die Leitfunktion zu geben, die sie entweder aufgrund ihrer Leuchtkraft oder der Größe ihrer Blumen übernimmt. Und es gilt hier genau wie in der Formenlehre das Ge-

setz der Malerei, das Unbedeutende neben das Bedeutende zu setzen, da es dadurch zu einer Steigerung kommt.

Harmonie gleicher Töne

Sträuße Ton in Ton können von großer Aussagekraft sein, selbst dann oder oft sogar gerade dann, wenn sie sehr zart sind, also weiß, crème, gelb. So z.B. *Phlox drummondii,* Sorte 'Isabelline', Blüten von *Alchemilla mollis,* gelbe Rosen, Schleierkraut und Laub von gelbgrünen *Hosta.* Oder ein Strauß in rosa Blüten mit *Kalmia latifolia* und *Lathyrus latifolius* 'Albus' (die Staudenwicke), der kleinen Rose 'Pompon de Bourgogne' und blauen *Hosta*-Blättern.

Solche Sträuße erhalten ihren Reiz ganz einfach aus dem unterschiedlichen Helligkeitswert der gleichen Farbe. Sind sie für sehr zartfarbige Räume bestimmt, so ist es gut, ein paar kleine kräftige Farbtöne zuzumischen. Bei dem gelben Strauß einige *Sanvitalia procumbens,* der etwa daumennagelgroßen Sonnenblume mit ca. 15–20 cm langem Stiel, die man am besten zu kleinen Sträußen vereinigt. Bei dem rosa Strauß lassen sich einige kräftige pinkfarbige *Ixia* beimischen.

Farbwertigkeit verschiedener Formen

Betrachtet man bewußt Rittersporn verschiedener Farben, z.B. reinweiß, das heißt weiß mit weißer Biene, weiß mit schwarzer Biene, hellblau mit weißer Biene, hellblau mit schwarzer Biene, tiefviolett mit weißer Biene, tiefviolett mit schwarzer Biene, so wird man feststellen, daß diese völlig verschiedene Empfindungen wachrufen. Der reinweiße Rittersporn gibt ein Gefühl äußerster Zartheit und Zerbrechlichkeit; der hellblaue mit weißer Biene den Eindruck schöner, heiterer, klarer Kraft; der dunkelviolette mit schwarzer Biene den saugender Tiefe und Leidenschaft.

Aber noch etwas anderes ist aus den Rispen zu lernen: der Unterschied der Farbwertigkeit bei verschiedenen Formen. Stellt man sich die Farbmasse einer Rittersspornrispe in einer einzelnen runden Blüte zusammengefaßt vor, so wäre es keine Blüte mehr für einen Strauß, es wäre ein eigener Strauß. Die gleiche Farbmenge in einer Rispe oder in einer runden Form (Korbblütler) geben vollkommen unterschiedliche Eindrücke.

Man kann bei gleicher Farbe oder Farbwertigkeit einige runde Formen der Basis mit Rispen gleichen Tons vollkommen aufheben, das heißt ausbalancieren, obwohl die Farbmasse der Rispen im Grunde die größere ist.

Aus der Formenlehre

»Blumen sind die schönen Worte und Hieroglyphen der Natur, mit denen sie uns andeutet, wie lieb sie uns hat.« (Goethe)

Sie sind die Hieroglyphen der Natur, die schwer entzifferbare Schrift schöner Form, in die man sich versenken muß in dem Versuch, sie zu enträtseln. Alle Fachbücher, alle Hobbybücher, die sich mit diesem Thema beschäftigen, können nur Anregungen geben, Techniken lehren, Wege aufzeigen, die jeder für sich verwerten, die jeder allein gehen muß. Wer versucht, sklavisch das nachzuahmen, was in Bildern dargestellt ist, der geht am Ziel vorbei. Gerade in der Formenlehre sind alles mehr oder minder Vereinbarungen der Fachleute, wie man es machen kann, nicht, wie man es machen muß. Blumenstellen sollte für jeden die schöne Freiheit beinhalten, das zu tun, was er möchte. Ein Fachbuch kann nur technische Hilfe geben und Kenntnisse vermitteln. Am besten ist es vielleicht, ganz spielerisch zu beginnen, einige wenige Blumen im Garten zu schneiden, sie vor sich auf den Tisch zu legen, nacheinander, Stiel für Stiel in die Hand zu nehmen und intensiv zu betrachten. Man sieht erstaunt, daß kein Stiel, keine Blume der anderen gleicht. Jede hat, vom Wuchsmittelpunkt der Pflanze ausgehend, sich ihren eigenen Weg zum Licht gesucht.

So ist schon ein wichtiger Gestaltungsgedanke geformt: der Wuchsmittelpunkt oder die

Blumen erblühen in verschiedenen Formen. In der Floristik bezeichnet man die aufstrebenden Rispen als Herrschaftsformen, die Prächtigen als Geltungsformen und Massenblüher als Gemeinschaftsformen.

Basis, der zentrale, der zentrische Punkt, aus dem heraus Strauß oder Gesteck sich optisch entwickelt.

Kehrt man mit dieser Erkenntnis in den Garten zurück und steht vor seinem Staudenbeet, so wird man sehen, daß hier noch mehr zu lernen ist. Einige Blumen ziehen unmittelbar durch ihre Größe unser Auge an. Andere stehen dazwischen und steigern mit ihrer Farbenpracht nur noch die der zuerst entdeckten. Und dann sind da noch die vielen Polsterstauden oder auch die Kissenastern, jene unermüdlichen Massenblüher, die einfach zum Gartenbild gehören.

In der Floristik nennt man das Herrschaftsformen, Geltungsformen und Gemeinschaftsformen. Zu den Herrschaftsformen zählen natürlich alle himmelstürmenden großen Rispenblüher, *Eremurus,* Rittersporn, *Verbascum,* die Königskerze, *Aruncus sylvester, Veratrum,* Eisenhut, aber auch Gladiolen und natürlich Lilien. Blütenzweige sind ebenfalls hier einzuordnen.

Geltungsformen finden sich bei Paeonien, *Phlox,* den großen Staudenmargeriten, dem Gartenmohn, *Agapanthus,* Alstroemerien, *Eryngium,* den Disteln, den großblütigen *Hosta plantaginea.*

Typische Vertreter der Gemeinschaftsformen bilden Maiglöckchen, verschiedene Glockenblumen, rosa Margeriten, gelbe *Doronicum,* alle Primeln, die *Trollius,* die Bartnelken und *Alchemilla mollis, Erigeron* und das Schleierkraut, die Kornblumen, *Ageratum,* und viele andere.

Es scheint so, als wenn die Stiellänge im Garten schon eine gewisse Vorentscheidung trifft, aber die Dahlie zum Beispiel ist meist ein hoher Strauch, und doch würde niemand sie den Herrschaftsformen, höchstens den Geltungsformen, zurechnen.

Es wurde schon zur Einleitung dieses Kapitels gesagt: Es sind nur Vereinbarungen, großflächige Einteilungen, über die man in den Grenzgebieten immer so oder so entscheiden kann. Das Gesetz geht im Grunde allein von der Pflanze aus. Sie muß intensiv betrachtet werden. Man muß erspüren, wie sie zu verarbeiten ist. Ein gutes Gesteck im linearen oder dekorativen Stil (s. Seite 51) sollte möglichst alle drei Formen, die Herrschaftsformen, die Geltungsformen und die Gemeinschaftsformen vereinigen. Die Formbinderei ist am schönsten und am typischsten, wenn sie sich aus den Gemeinschaftsformen mischt.

Alle Stiele brauchen das Blattwerk als Begleiter, als Vollender ihrer Form.

Diese begriffliche Einteilung sagt auch etwas über die Stellung im Gesteck oder Strauß. Wer fände es logisch, eine Gemeinschaftsform über einer Herrschaftsform anzuordnen, Rittersporn kurz zu schneiden und *Helenium* über ihn hinaus zu stecken oder Lilien den Stiel zu rauben und aus den Blüten die Steckbasis zu bilden? Aber ich finde gar nichts dabei, zum Beispiel *Limonium, Ageratum* oder Sommerphlox kurz zu schneiden für die Basis, den Wuchsmittelpunkt, aus dem das Gesteck sich entwickelt.

Vielleicht hilft die Erinnerung an ein anderes Gesetz des Pflanzenwuchses auch bei der Gestaltung, das Gesetz des negativen und positiven Geotropismus (vgl. Seite 22). Ein gutes dekoratives Gesteck sollte beide Elemente zum Ausdruck bringen – das Wegwenden der Pflanze von der Anziehungskraft der Erde, das ihr das wuchshaft Aufstrebende zum Himmel gibt – und die positive Geotropie, die Hinwendung zum Erdmittelpunkt, die Bewegung, die die Wurzel vollzieht.

Im Gesteck wird die Bewegung zum Himmel hin von einer Gegenbewegung zur Erde beantwortet werden, als ausgleichende Kraft. Diese Aufgabe können sowohl waagerechte, besser noch mit einer gewissen Erdneigung gewachsene Zweige übernehmen, wie man sie zum Beispiel bei Azaleen und *Rhododendron* findet. Aber auch die zarten Seitentriebe von *Prunus subhirtella* und *Prunus*-Hybride 'Accolade' eignen sich hierzu oder alles Rankenwerk wie Efeu, *Euonymus fortunei* var. *radicans,* Baumwürger und Blattranken von *Clematis,* natürlich auch mit Fruchtständen.

Das bisher über Gesteckformen Gesagte (das bis zu einem gewissen Grad auch für den dekorativ gebundenen Strauß zutrifft) zusammengefaßt, bringt mit der Beachtung des Wuchsmittelpunktes der unterschiedlichen Pflanzenformen und des Geotropismus schon eine ganze Menge festlegender Gestaltungselemente.

Entschieden wird über das Gelingen oder Mißlingen aber bereits weitgehend bei der Auswahl der Blumen und Gefäße. Wem es gelingt, gegensätzliche Formen und Farben in seinem Garten zu finden, die sich im Dreiklang mit der Vase zu einer spannungsvollen Harmonie vereinen, der hat entscheidende Voraussetzungen erfüllt.

Wählt man Blumen aus, so prüfe man, ob das Ganze mehr ist als die Summe seiner Teile.

Schön sind immer Rittersporn und Pfingstrosen oder Rittersporn und Rosen (vor allem, wenn noch ein großes flächiges Blatt dazutritt), aber Pfingstrosen und Rosen würden nur in seltenen Fällen als schön empfunden. Sie stehen sich zu nahe.

Es ist wesentlich im Strauß oder Gesteck, Farben und Formen zu gruppieren, aber nicht zu isolieren. Beides muß miteinander verflochten werden, damit ein harmonisches Ganzes entsteht.

In größeren Gestecken, in denen man mit vielen Blumen arbeitet, ist es wichtig, zu Gruppierungen zu kommen, und zwar sowohl in Formen wie in Farben. Farbflecke sollen aber niemals fest und kompakt sein, sondern lokker ausschwingen in die anderen Nachbarfarben hinein und sich in kleinen Gruppen auslaufend wiederholen.

Die gleichen Gesetze gelten auch für Formgruppierungen. Die verschiedenen Formen sollen leicht ineinander hinein spielen, aber so, daß Haupt- und Nebengruppen deutlich sichtbar werden. Das Gesteck oder der Strauß gewinnen dadurch an klarer Aussage.

Auch für diese Gruppierungen gelten die Gesetze der Harmonie des Ganzen. Um diese zu prüfen, trete man einen Schritt zurück und schließt die Augen so weit, daß man gerade eben noch durch die Wimpern sieht. So werden die kleinen Details fast unsichtbar, und die großen Formen und Farbgruppierungen deutlich, und man kann ihr Verhältnis zueinander werten.

Ein weiteres wichtiges Moment der Gestaltung ist der Luftraum, das heißt die Leere, mit der man die einzelne Blüte umgibt, damit sie ihre ganz persönliche Aura entfalten kann. Alles zu dicht Gedrängte, zu voll Gestopfte entpersönlicht die einzelne Pflanze, die bestenfalls ihr Blumengesicht, aber nichts mehr von ihrem Wuchscharakter zeigen kann.

Alle Formen der Natur sind bewegt, wirken lebendig. Es gibt zwar eine ganze Reihe Pflanzen, deren Hauptachsen waagerecht stehen wie bei vielen Tannen und Fichten, bei *Cornus controversa* und manchen anderen, aber es gibt keine Pflanze, deren Habitus an eine stehende Scheibe erinnert. So sollte jeder Strauß, jedes Gesteck, Tiefe haben, das heißt einen entweder runden oder dreieckigen Grundriß in der Aufsicht.

Die dadurch entstehende Räumlichkeit gibt dem Auge die Möglichkeit, zu wandern; vom Wuchsmittelpunkt ausgehend nach der Höhe, der seitlichen Ausbreitung und der Tiefe. Auch hier kann man sich die Wuchsformen der Stauden zum Vorbild nehmen.

Verschiedene Arten Blumen zu ordnen

Im Laufe der letzten vierzig Jahre haben sich verschiedene Stile des Blumenarrangements in Deutschland herauskristallisiert, andere sind völlig verschwunden, ohne daß man sie vermißt. So steckte man früher die Blumenköpfe auf eine aus Moos und Draht geformte Unterlage. An der Riviera sieht man gelegentlich noch einen Blumencorso auf diese Art geschmückt. Das floristische Lehrbuch von Louise Riss (1893) bildete zahlreiche Dekorationen auf dieser Basis ab, die dann noch mit anderen Blumen locker wuchshaft ausgarniert wurden. Vor einigen Jahren arbeiteten griechische Floristen auf einem internationalen Treffen von Berufskollegen einen Stuhl, ganz aus weißen Nelken gesteckt, als Beispiel einer Blumenspende für eine Beerdigung: Symbol eines Sitzplatzes für den Toten.

Auch das floristische Gesetz, nur die in natürlicher Pflanzengesellschaft zusammenlebenden Pflanzen in der Vase zu vereinen, wird kaum noch beachtet. Wenn Farbe und Form harmonieren, scheut man sich nicht, Steppenpflanzen mit Wasserpflanzen in einem Arrangement zu zeigen, denn auch in der Natur finden sich die Mitglieder einer Art den verschiedensten Lebensverhältnissen angepaßt, wie zum Beispiel die *Iris,* die sowohl als Wasserpflanze wie als Bewohnerin trockener Steppen vorkommt.

Man kann heute drei Stilrichtungen des Blumenarrangements unterscheiden:

1. Die sparsam wuchshaft linear gestalteten Gestecke. Wenige Blumen, oft trockenes Material, von trockenen Zweigen bis zu Eisenfeilspänen, eingearbeitet. Dieser Stil ist bis zu einem gewissen Grade von Ikebana und anderen japanischen Entwicklungen beeinflußt. Er ist graphisch oder rhythmisch bewegt.
2. Das dekorative Gesteck aus vielen Blumen in farblich harmonischer oder auch raffiniert verfremdeter Zusammenstellung. Es wird auf eine gewisse Fernwirkung berechnet und soll sich in seiner farblichen und stilistischen Gestaltung immer an der Umgebung orientieren, für die es gedacht ist. Die Stiele oder ein Teil der Stiele sollen wie in einer bunten Staudenrabatte sichtbar sein und aus einer verdichteten Basis erwachsen. Man denke zum Beispiel an einen Frühlingsgarten mit Primeln und Vergißmeinnicht, Tulpen und einem schlanken Blütenbaum darüber.
3. Formbinderei, malerische Reflexe. Das klassische Beispiel der Formbinderei ist der Biedermeierstrauß. Die Stiele sind nicht oder fast nicht sichtbar, der Habitus der Pflanze nicht erkennbar. Wichtig ist allein das Ineinanderfließen der Farben und Formen der Blüten und des begleitenden Laubwerks. Man kann dies im Unterschied zu dem graphisch-linearen Stil als den malerischen Stil der Floristik bezeichnen. Die Linie tritt fast völlig hinter der Farbe zurück.

Was paßt wo?

Bevor man sich für einen Stil entscheidet und ihn zu üben beginnt, muß man sich genau die Verhältnisse der eigenen Wohnung betrachten und erfühlen, was hineinpaßt.

Der graphisch-lineare Stil ist passend in allen Räumen mit ganz ruhigen, oder auch klar leuchtenden Farben. Entscheidend ist eine gewisse distanzierte Kühle, Strenge und Leere, die diese Wohnung ausstrahlen muß, etwas von der Sachlichkeit unserer Zeit.

Das lineare Arrangement braucht viel Luftraum um sich, um seine Schönheit zur Wirkung zu bringen. Es ist eigenwillig, autoritär und verlangt die Unterordnung der Umgebung. Kommt es in einen heiteren gefüllten Raum mit Büchern, Bildern, kuscheligen Polstermöbeln und Kissen, wird es sich dem Betrachter versagen, dessen Konzentration auf die Linien und sparsamen Farbsetzungen gestört würde.

Das lineare Arrangement wird selten von gefühlsbetonten Menschen bevorzugt werden. Es ist ein rein intellektueller Stil.

Der dekorative Stil ist gerade dabei, der Stil der zweiten Hälfte der siebziger Jahre zu werden. Man liebt wieder mehr Wärme um sich, eine gewisse Üppigkeit, und selbst wer sich von der Nostalgie noch gar nicht erfaßt glaubt, wird die reichere Farbigkeit und Bewegtheit bevorzugen. Dekorativ gesteckte oder gebundene Arrangements, die sehr viel mehr Blumen erfordern, sind trotzdem leichter zu arbeiten, da ihre natürliche Heiterkeit eine starke erotische Strahlkraft besitzt. Kleine Fehler in der Gestaltung können leichter übersehen werden als bei dem linearen Gesteck, das absolut perfekt in seiner kühl distanzierten Strenge sein muß.

Die Formbinderei hat etwas Ländlich-fröhliches, etwas von der Ausstrahlung junger Bauernmädchen auf den Gemälden des 19. Jahrhunderts, es sei denn, daß die Blumen pastellfarbig sind. Ihre Regelmäßigkeit, die aber niemals flach wie geklebt sein darf, sondern in einer leichten Abstufung der Höhen und Tiefen, gibt ihr etwas von der ruhigen Verläßlichkeit, wie alle runden Formen sie aussagen.

Sie ist nicht nur gut in allen rustikalen Räumen, sondern vor allem auch da, wo die Bewegtheit des Interieurs oder der Menschen, die darin leben, nach Ruhe verlangt. Besonders aber vor stark gemusterten Tapeten, in etwas üppig ausgestatteten Räumen mit viel Verspieltheit, die durch die scheinbar strengen Kreis- und Kegelformen der Blumensträuße ruhende Pole erhalten.

Technik des Blumenbindens und Blumensteckens

Gutes Handwerkszeug ist wichtig. Es ist ärgerlich, wenn die Baumschere nicht schneidet, weil zu oft Blumendraht damit geschnitten wurde. Wenn man sich wirklich intensiv mit Schnittblumen beschäftigen will, so hält man am besten in einem Kasten alles Werkzeug und Steckhilfsmittel zusammen und hütet diesen Kasten vor anderen hobbysüchtigen Familienmitgliedern. Dieser Floristik-Kasten sollte enthalten:

- Aus dem Samenfachgeschäft eine gute Baumschere, ein scharfes Messer.
- Aus einem Eisenwarenfachgeschäft einen Seitenschneider zum Durchtrennen der Drähte, etwa 1–2 m^2 Maschendraht, meist unter der Bezeichnung Hasendraht oder Hühnerdraht erhältlich, mit einer Maschenweite von 3–5 cm.
- Aus einem Blumengeschäft eine Anzahl Steckdrähte, und zwar die mit der Bezeichnung 6er, 7er, 9er, 12er, 14er und 16er, etwas Silberdraht, eine Rolle Wickeldraht, einige Meter selbstklebendes, hellgrünes Kautschukband, Kneti, Steckmassenhalter, einige Steckigel – auch Fakirbetten oder Kenzane genannt – verschiedener Größe (wobei die größten und die kleinsten am häufigsten gebraucht werden). Sehr praktisch sind die Mond-Sonne-Formen, bei denen man den einen Igel als Gegengewicht

Das Drahten weichstieliger Blumen. Der Draht muß dicht um den Stiel geführt werden.

Hohlstielige Blüten werden von innen gestützt. Draht im Stielende verbessert die Haltbarkeit im Gesteck.

dem anderen umgekehrt aufsteckt. Diese Steckigel sollen einen möglichst engen Nagelstand haben und eine Nagellänge von 1,5–3 cm, um auch dünnstieligen Blumen einen guten Halt zu geben. Dann 1–2 große Ziegel Steckmasse Oasis oder Big-Mosy, Stanniolfolie.

– Von einem Spaziergang bringt man sich einen Beutel kleiner Flußkiesel mit.

Steckdraht

Es wurde gesagt, daß man sich die Blumen sehr genau betrachten soll, bevor mit der Arbeit begonnen wird, um sie gemäß ihrer Wuchsrichtung zu verarbeiten. Es gehört zum Stolz des Gärtners, nach einiger Schulung seiner Augen bereits die Blumen in den benötigten Wuchsrichtungen schneiden zu können. Trotzdem gibt es Fälle, in denen Korrekturen notwendig sind, um ein Optimum zu erreichen. Für diese Momente hält man sich immer eine kleine Menge Blumensteckdraht in Reserve. Die wichtigste Stärke dürfte 0,08–0,1 cm (genannt 8er- oder 10er-Steckdraht) für kleine weiche Blumen und Trockenblumen sein, und 12er bis 14er zur Stützung großer, schwerer Stiele.

Sommerastern zum Beispiel wachsen selten mit dem Blütenkopf zum Himmel, meist sind sie seitlich geneigt. Im dichten, bunten Strauß, wie auf Seite 60 beschrieben, kämen sie so aber nicht zur Wirkung. Man nimmt daher einen 8er-Steckdraht, sticht ihn flach von hinten in den Blütenboden hinein, biegt den Draht vorsichtig an den Stiel heran, wobei der Blütenkopf sich aufrichtet, und führt den Draht in großen Windungen, aber fest mit dem Daumen an den Stiel gepreßt, nach unten.

Die Arbeit ist nur dann gut ausgeführt, wenn der Draht sich wirklich um den Stiel schmiegt, fast, als sei er ein Teil davon. Es sieht weder gut aus noch ist es praktisch, wenn er absteht. Ranken oder weiche Äste, die aus dem Gesteck oder Strauß schwungvoll herausfließen, sind immer schön. Leider kann man sie selten so schneiden, daß sich die Ästchen in den gewünschten Schwung einfügen. Hier benötigt man Draht, um die Stielenden in der gewünschten Richtung zu fixieren. Für dünnstielige Äste ist ein 10er-Draht richtig. Ein Drahtende wird zu einer 7–10 cm langen, U-förmigen Schlaufe umgebogen. Man sucht die Stelle des Zweiges aus, die man zu biegen wünscht, legt darauf die U-förmige Drahtschlaufe und preßt beides zwischen Daumen und Zeigefinger der linken Hand fest aufeinander. Die rechte Hand greift das überstehende lange Drahtende und führt es in gestreckten Windungen um den Stiel und das kürzere Drahtende. Sitzen die Drahtwindungen fest an, so wie man es schon bei den Astern geübt hat, kann man nun vorsichtig zwischen beiden Händen den Stiel oder das Ästchen in die gewünschte Form biegen, hierbei sollen sich die Daumennägel berühren, um ein Brechen des Stieles zu vermeiden. Der Draht muß nicht bis an das Stielende reichen, es genügt, wenn er an der Stelle geführt wird, die man zu biegen wünscht. Bei stärkeren Ästen, z. B. *Prunus* oder *Cornus alba,* muß man entsprechend dickeren Draht nehmen und sehr langsam und vorsichtig biegen.

Einige hohlstielige Pflanzen knicken leicht unter den schweren Blütenköpfen ab, z. B. *Tagetes,* Ranunkeln, vor allem die dicken persischen Ranunkeln, aber auch Zinnien und andere. Bei ihnen kann man, ohne daß die Haltbarkeit leidet, eine drittel bis eine halbe Länge eines 6er- oder 8er-Blumendrahtes von oben durch den Blütenkopf stecken.

Einige weichstielige Blumen halten sehr schlecht in Steckmasse: Christrosen, Anemonen und andere. Muß man sie aus irgendwelchen Gründen doch in Steckmasse verarbeiten, so ist es für sie eine kleine, aber wirklich nur eine kleine Lebensverlängerung, wenn man ca. 3 cm lange Stück 10er-Steckdraht schneidet und sie von unten in das Stielende einschiebt.

Die erklärende Theorie, die Albert Eurich hierfür gibt, ist die, daß der Draht rostet und das Wasser an dem Rost hochsteigt bis in die Zonen, die in der Lage sind, es weiter zu führen.

Praktisch ganz unerläßlich ist der Draht beim Arbeiten mit Trockenblumen. Ihre natürlichen Stiele werden bei dem Trocknungsvorgang so mürbe, daß wirklich schöne Gestecke und Sträuße nicht mehr herzustellen sind. Man erntet also zweckmäßigerweise gleich nur die Blütenköpfe, wie im Kapitel Trockensträuße beschrieben, drahtet sie sofort nach der Ernte (da geht es schnell und fast ohne Bruch) und trocknet dann erst die fertig gedrahteten Blüten. Für fast alle wird 7er- bis 8er-Draht ausreichen. Für die kleinen *Helipterum roseum* ist 6er-Draht am besten. Man biegt einen Haken am Draht, dessen Schlaufe nicht größer als 3–4 mm sein sollte. Wichtig ist, daß es gelingt, den Draht zu einem wirklich regelmäßigen U zu formen, bei dem die beiden Drahtteile parallel laufen. Biegt man zu stark zusammen, zerschneidet man den Blütenboden. Bleibt die Schlaufe offen, liegt sie sichtbar auf. Nun nimmt man ein Blüten-

Der Daumen der linken Hand preßt die Drahtgabel auf den Ast, die rechte Hand führt das längere Drahtende in gestreckten Windungen um den Ast und kurzen Draht. Dann kann man vorsichtig an dieser Stelle biegen.

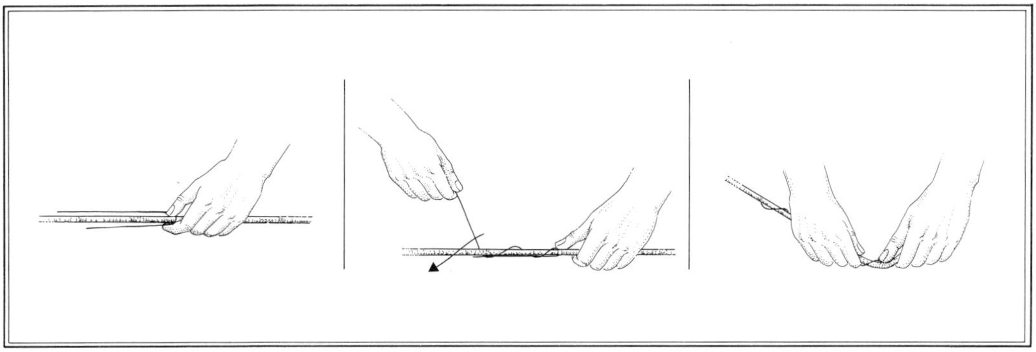

Beim Drahten von Strohblumen muß die Drahtschlaufe genau parallel U-förmig gebogen werden.

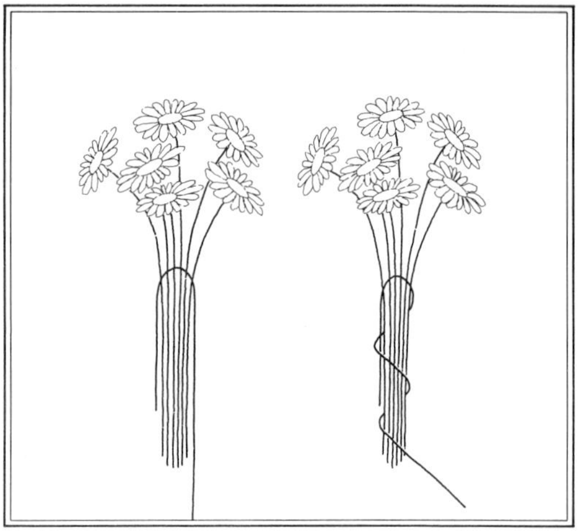

Kleine Strohblumen werden in Büscheln an eine Gabel angedrahtet und dann getrocknet.

köpfchen, legt es auf die leicht gespreizten Zeige- und Mittelfinger der linken Hand, sticht mit dem Drahtende von oben durch die Mitte des Blütenbodens, faßt mit der rechten Hand nach unten nach und zieht den Draht völlig durch bis die kleine U-Schlaufe sich sanft in den Blütenboden eingesenkt hat und unsichtbar ist.

Eine andere Technik des Andrahtens für Trockenblumen, die man bei allen doldenförmig blühenden benötigt, also zum Beispiel bei *Ammobium alatum,* ist das Andrahten an eine Gabel. Es ähnelt sehr dem bereits beschriebenen Andrahten, z. B. von Efeuranken. Man biegt eine 5 cm lange Gabel aus 8er-Draht, faßt mit der linken Hand ein Büschel leicht angetrockneter *Ammobium alatum,* schiebt die Drahtgabel über die Stiele, preßt mit dem Daumen Draht und Stiele fest aufeinander und dreht mit der rechten Hand in schnellen Windungen den Draht fest um die Stiele und das zweite Gabelende, so daß es gut und stramm sitzt. Wird bei dem Nachtrocknen durch weiteren Wasserverlust das Bündel etwas locker, so braucht man es vor der Verarbeitung nur vorsichtig zwischen beide Hände zu nehmen und eine ganz leichte Drehung auszuführen. Es wird sofort wieder fest sitzen. Ist der Draht im Strauß zu kurz, verlängert man das Bündel nochmals mit 12er-Draht.

Steckmasse

Steckmasse aus Kunststoff gibt es unter dem Namen Oasis, Mosy, Big-Mosy usw. im Handel. Es arbeitet sich sehr einfach damit, aber nicht alle Blumen halten gleich gut darin, vor allem dann, wenn sie nicht tief genug eingesteckt sind.

Will man kontrollieren, ob man tief genug gesteckt hat, so versucht man, die bereits verarbeiteten Stiele wieder herauszuziehen. Sie müssen einen kräftigen Widerstand bieten und nur schwer herauszunehmen sein.

In transparentem Glas sieht Steckmasse unschön aus. Eine gewisse Abhilfe bietet das Auslegen des Glases mit Aluminiumfolie, in die man die Steckmasse einsetzt, oder das Ausfüllen offener Zwischenräume zwischen Steckmasse und Glas mit Kieselsteinen.

Am wichtigsten ist Steckmasse für Tischdekorationen und in breiten Vasen, vor allem auch für Gefäße mit abgerundeten Wandungen, in denen Maschendraht abrutschen würde. Bei

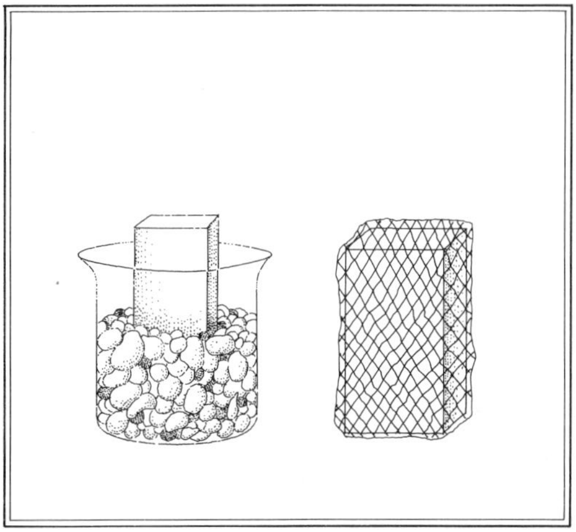

Steckmasse wird mit Flußkieseln verdeckt. Ein Drahtgeflecht festigt sie für schwere Blumen.

Die Ecken der Steckmasse werden abgeschnitten, da sie unnötig Abdeckmaterial erfordern.

Füllungen großer Vasen kann Steckmasse auch in Kombination mit Maschendraht verwendet werden.

Will man stärkere Zweige in Steckmasse halten, umhüllt man den Block mit Maschendraht, das heißt, man wickelt ihn in Maschendraht ein und verschränkt die Drahtenden miteinander, um ein Ausbrechen der Steckmasse unter dem Gewicht der Zweige zu verhindern.

Die Steckmasse wird trocken annähernd auf die richtige Größe zugeschnitten und dann erst eingeweicht. Hierzu legt man sie auf Wasser, bis sie eingesunken ist. Dann ist sie vollkommen mit Wasser durchtränkt. Drückt man sie unter Wasser, um eine schnellere Wasseraufnahme zu erreichen, so kann, ist die obere Schicht erst einmal benetzt, die Luft nicht mehr entweichen. Der Block bleibt innen trocken und die Blumen welken. Ist man sehr eilig, kann man den Block mehrfach mit dickem Steckdraht ganz durchstoßen, so daß Kanäle für Luft und Wasser entstehen. Das Mittel hilft aber nicht immer.

Die Reserve an Steckmasse hält man immer trocken, da das zweite Einweichen niemals so gut durchfeuchtet. Es ist nicht zu empfehlen, Steckmasse zweimal zu verwenden. Sie enthält zwar in gewisser Menge Bakterizide und Fungizide, trotzdem kommt es, vor allem bei heißem Wetter, zu einer Infektion, die die Haltbarkeit des Gesteckes mindern würde und das wäre im Vergleich zum Preis der Steckmasse zu teuer bezahlt.

Die durchfeuchtete Steckmasse wird so in das Gefäß eingebracht, daß sie das Gefäß nicht ganz ausfüllt. An zwei Seiten muß reichlich Platz für Wasser zum Nachfüllen bleiben. Die Steckmasse soll 2–4 cm, je nach der Größe des Gefäßes, über den oberen Gefäßrand hinausragen. Das erleichtert später das seitliche Einstecken und man kann das Arrangement besser gestalten.

Die vier äußersten Spitzen werden zu einem Oktaeder zurechtgeschnitten. Sie würden doch den Blumen keinen Halt geben können und unnötige Blattmasse zum Abdecken erfordern.

Man umhüllt den Block mit Maschendraht, wenn man starke Zweige, oder zum Beispiel auch Gladiolen, stecken will. In einer Vase genügt es, ein Stück in der Breite des Blockes über die Oberkante zu biegen, so daß der Draht seitlich gut übergreift und sich in der

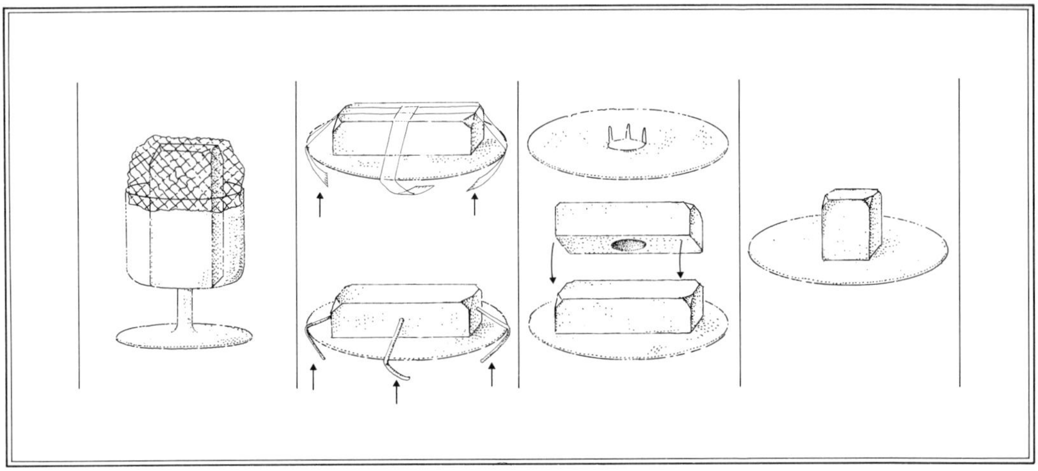

Oft genügt es, über die Oberkante der Steckmasse ein Stück Maschendraht zu schlagen und in der Vase festzuklemmen. Es gibt verschiedene Möglichkeiten, Steckmasse auf flachen Schalen zu fixieren. Für kleinere Arbeiten, bei denen die Basis zierlich wirken soll, schneidet man die Steckmasse als Würfel, um in jedem Fall den Blumen genügend Halt und Chance zur Wasseraufnahme bieten. Zu große Steckmasseblocks wirken leicht plump.

Vase festklemmt. Will man Steckmasse auf einer flachen Schale oder einer Platte verarbeiten, ist sie zu fixieren, damit sie bei der Arbeit nicht den Gegendruck der linken Hand erfordert. Es gibt hierfür drei Möglichkeiten:

1. Mit Tesafilm. Man überspannt den Block kreuzweise mit Tesafilm, so daß dieser über den Rand der Schale hinausreicht, biegt ihn um die Kante und klebt ihn auf der Rückseite an.
2. Mit Draht. Man umwickelt Blumendraht mit Kautschuk, schiebt ihn kreuzweise durch den Steckblock und biegt ihn um den Schalenrand. Das Umwickeln mit Kautschuk verhindert ein Verkratzen des Gefäßes oder eine Beschädigung durch Rost.
3. Mit einem Steckmassehalter. Er wird mit etwas Oasis-Fixkleber fest auf den Grund der Schale aufgedrückt. Aus dem Boden der Steckmasse schneidet man eine kleine Höhlung heraus, damit der Halter tief in die Steckmasse eindringen kann und sie tatsächlich auf dem Grund der Schale aufsitzt. Dies ist vor allem bei sehr flachen Schalen von großer Wichtigkeit, um die Wasseraufnahme der Steckmasse zu gewährleisten. In kostbaren Schalen ist das Ankleben nicht zu empfehlen, da der Kleber sich schlecht wieder entfernen läßt.

Werden keine Kerzen in die Tischdekoration eingearbeitet, so schneidet man die Steckmasse höher als breit, damit die Stiele möglichst tief eingeschoben werden können. Es ist eine Sache der Erfahrung, die Steckmasse in der richtigen Größe vorzubereiten. Ihre Grundfläche soll immer so klein wie gerade noch möglich sein, da zu große Steckmasse zu viel Abdeckmaterial erfordert und unelegant aussieht. Ist die Steckmasse zu klein, kann man die Stiele nicht tief genug einschieben, und es besteht außerdem die Gefahr, daß die Basis zerbricht.

Auch ohne zusätzliche Wasserzufuhr halten Blumen in einem vollgesogenen Block etwa 12–18 Stunden. So kann man Tischdekorationen z. B. auf Spiegel aufarbeiten oder direkt auf einen Glastisch legen. Man erhöht die Haltbarkeit, wenn man die Verdunstung der Steckmasse herabsetzt, indem man sie mit Sphagnum (Sumpfmoos) oder mit einer

Kunststoffolie umwickelt. Im letzten Fall muß man allerdings für jeden Stiel mit einem spitzen Messer vorstechen.
Da während des Steckens immer Wasser aus dem Block herausgedrückt wird, darf man eine solche Dekoration nicht an ihrem endgültigen Platz arbeiten, sondern legt erst das fertige Arrangement auf die Platte. Dann fließt kein Wasser mehr aus. Gestaltungsbeispiele s. Seite 54.
Will man das Gesteck länger erhalten, legt man es 1–2mal täglich in einen tiefen Teller mit Wasser, damit es sich wieder vollsaugt. In diesem Falle darf die Folie nur die drei oberen Seiten umhüllen.

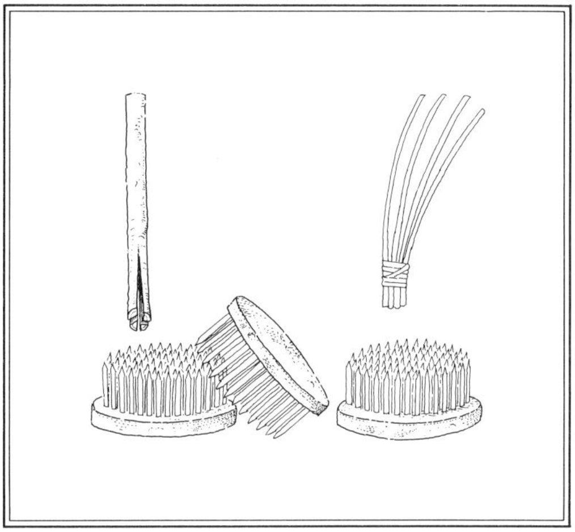

Gehölze sollten vor der Verarbeitung im Steckigel mehrfach eingespalten, zu dünne Stiele mit einem feinen Blumendraht (»Silberdraht«) zu einem Tüffchen zusammengefaßt werden.

Steckigel

Der Steckigel, auch Fakirbett oder Kenzan genannt, ist das klassische japanische Steckhilfsmittel für leichte, wuchshafte Gestecke auf Schalen, aber er bietet auch eine sehr gute Möglichkeit, Blumen in Vasen mit großen Öffnungen schön und natürlich zu ordnen. In den Blumengeschäften werden Steckigel kaum noch verwendet, da mit ihnen hergestellte Arrangements fast nicht transportfähig sind. Auch wenn man die Igel mit Klebwachs fixiert, fallen sie zu leicht um, vor allem, wenn man Zweige verarbeitet. Im Privathaushalt entfällt das Transportproblem. Trotzdem ist es besonders bei Schalen gut, die Igel mit Oasis-Kleber zu fixieren. Will man Zweige mitverarbeiten, so nimmt man den Igel recht groß, am besten einen Sonne-Mond-Igel, und hängt den Mond umgekehrt ein. Das Holz der Zweige schiebt sich nur schwer in die Messingnägel. Es nützt wenig, den Zweig anzuspitzen und ihn in den Igel zu pressen. Meist hält er zwar, aber wenn man das Gesteck auflöst wird man sehen, daß die Messingnägel völlig verbogen sind und der Steckigel unbrauchbar wurde.
Besser ist es, das Stielende für senkrecht stehende Zweige mit einem scharfen Messer oder eine Baumschere schachbrettartig dicht einzuspalten, so daß die Nägel direkt eindringen können und der Zweig Halt findet, ohne den Igel zu zerstören.
Schrägstehende Zweige schneidet man ganz flach ab und kerbt sie an der dicken Holzseite ein. Am besten drückt man den Zweig ganz langsam auf die Nägel, möglichst mit einem Werkzeug (Zange oder kleinem Hammer) damit man sich nicht die Hände verletzt.
Will man sehr dünne Stiele in den Igel stecken und die Nägel stehen zu weit, so muß man sie künstlich verdicken. Es wird oft empfohlen, abgeschnittene dicke, krautige, ca. 2 cm lange Stielenden mit den zu dünnen Blumenstielen zu durchstechen oder den Blumenstiel mit etwas Papier zu umwickeln.
Vom Standpunkt der Haltbarkeit aus ist aber beides nicht zu empfehlen. Sowohl Papier wie das krautige Stielende faulen und es kommt zu Verunreinigungen des Wassers, noch dazu in unmittelbarer Nähe der aufsaugenden Zellen. Beide Techniken stammen aus dem Ikebana, bei dem die Haltbarkeit des fertigen Gesteckes nicht zu den wesentlichen Gesichtspunkten gehört. Besser ist es, in der Art der Straußbinderei (s. Seite 44) kleine Tüffchen

mehrerer Blumen zu fassen und mit einem halben Silberdraht zusammenzuheften.
Kerzen sollte man in Steckmasse verarbeiten, sie sind auf Steckigeln zu kompliziert zu befestigen.
Man kann Igel auch in Kombination mit Maschendraht verwenden, zum Beispiel in Schalen mit runden Wandungen, in denen der Draht allein keinen Halt findet. Wenn man hier den Igel fixiert und den zusammengedrückten Draht darin verankert, wird man keine Schwierigkeiten haben.

Maschendraht
Ein sehr wichtiges Hilfsmittel ist Maschendraht in feiner Stärke, Maschenweite etwa 3–5 cm. Er ist preiswert, kann immer wieder verwendet werden und ist hygienisch. Die Blumen halten, wenn tief genug eingesteckt, in der klaren Nährlösung am besten.
Man schneidet sich ein quadratisches Stück etwa in der 4–5fachen Größe des Vasendurchmessers zurecht, knüllt es locker zusammen, so daß es sich über den Vasenrand noch leicht kuppelförmig hinauswölbt. Es wird fixiert durch zwei mit Kautschuk umwickelte Steckdrähte, die man kreuzweise durch den Maschendraht schiebt und über den Vasenrand zurückbiegt. In das sich verschränkende Maschendrahtgitter kann man nun sehr gut hineinstecken, aber es gehört eine gewisse Erfahrung dazu, das Gitter in der richtigen Dichte zu haben. Ist es zu eng gefaltet, findet man schon bald keinen Platz mehr, die Blumenstiele tief genug einzustecken. Ist es zu locker, finden die Stiele nicht genügend Halt.
Bei Gefäßen mit einer breiten Öffnung kann man Maschendraht und Steckmasse gut kombinieren. Die Steckmasse stellt man in die Mitte oder an die Stelle, an der der Schwerpunkt des Gesteckes liegen soll, und füllt die Zwischenräume bis zu den Gefäßwandungen locker mit geknülltem Maschendraht aus.
Für eine Bodenvase wird man mehr als das Vierfache des Vasendurchmessers an Maschendraht benötigen. Günstiger als ein großes Stück, das schwierig zu handhaben ist, sind 2–3 Bälle aus Maschendraht, die übereinandergeschoben werden.

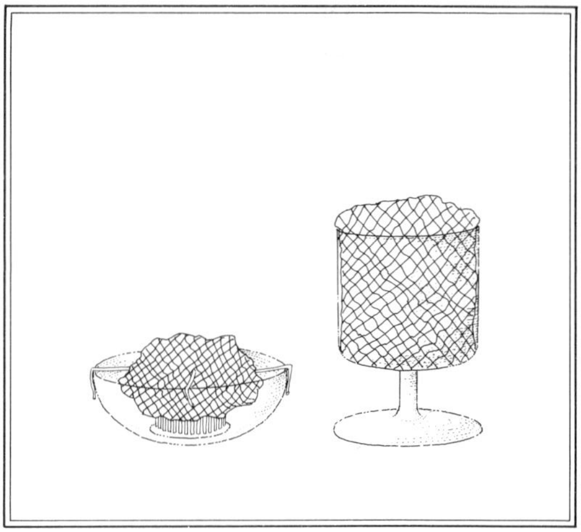

Eine Möglichkeit, dekorative Gestecke in flachen Schalen zu fertigen, gibt die Kombination von Steckigel und Maschendraht. In breiten Gefäßen ist zu einer Kugel geformter Maschendraht, der leicht über den Rand hinausragt, eine ideale Steckhilfe.

Muß man die Blumenstiele verlängern, um mit der Füllung der Bodenvase eine besonders dekorative Wirkung zu erzielen, so nimmt man vier Tonkin-Stäbe, bindet sie mit Wickeldraht an die vier Ecken des Steckmassenblokkes und umhüllt den Block zusätzlich mit Maschendraht. Die Länge der Tonkingstäbe schneidet man so zurecht, daß die eine Schmalseite der Steckmasse etwa 4–5 cm tief im Vasenwasser bzw. der Nährlösung sitzt. So kann die Steckmasse Flüssigkeit nachziehen und die Größe des Arrangements wird entscheidend gesteigert. Der Schwerpunkt der Vasenfüllung liegt nun nicht direkt über dem Vasenrand, sondern 15–18 cm höher.
Hat man bei einer durchsichtigen Vase Schwierigkeiten, die optisch nötige Höhe zu gewinnen, weil die Stiele nicht lang genug sind, so besorgt man sich aus einem Hobby-Laden große Glasbrocken, die man vorsichtig auf den Boden der Vase senkt. Erst in das

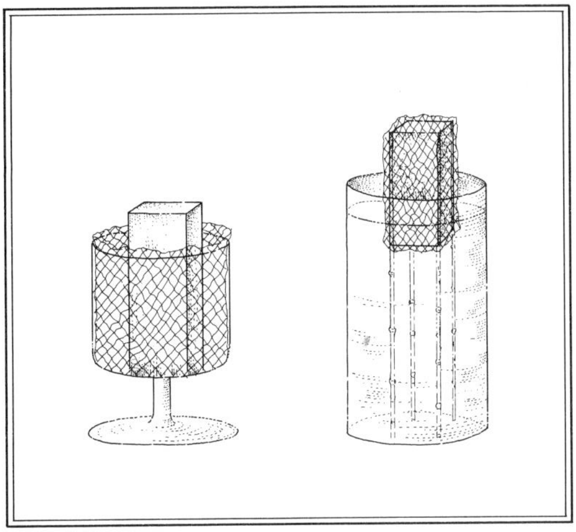

Eine Kombination von Steckmasse und feinem Maschendraht ist in nicht transparenten Gefäßen sehr zweckmäßig.
Die Füllung einer Bodenvase kann sehr viel dekorativer wirken, wenn man den Schwerpunkt erhöht, indem man einen Steckmasseblock mit Bambusstäben verlängert.

obere Drittel der Vase legt man Maschendraht zum Stecken. Große Flußkiesel sind auch möglich. Notfalls hilft eine dicke transparente Polyäthylenfolie. Würde man den Maschendraht bis nach unten schieben, so würde seine technische Optik schlecht zu den gewachsenen Blumen passen. Im oberen Drittel der Vase wird er jedoch meist von Laub und überhängenden Ranken verdeckt oder zumindest verschleiert.

Dekorative Gestecke

Ist das alles bedacht, die Blumen und das Gefäß mit der Steckbasis vorbereitet, Frischhaltemittel und ein Teil Wasser eingefüllt, so kann man mit der eigentlichen Arbeit, die nach so viel Vorbereitung der kleinste Teil ist, beginnen. Es arbeitet sich gut in der Küche oder einem anderen, leicht zu reinigenden Raum, denn Abfälle, zertretene Blumenblätter und ein wenig verschüttetes Wasser wird es immer geben.

Wenn man im Wohnraum arbeitet, weil die fertigen Gestecke zu schwer zu tragen wären, legt man sich ein großes Tuch, besser eine Plastikfolie, unter den Arbeitsplatz.

Die ersten Handgriffe erfordern die größte Überwindung und sind doch die leichtesten. So wie im Frühling zuerst das Grün über der Erde erscheint, deckt man zunächst die Steckbasis *locker* mit Blättern ab. Das Wort »lokker« ist hier das Schlüsselwort. Die Blätter sollen nicht nur so nebeneinanderstehen, daß für die Blumenstiele genügend Platz frei bleibt, sie sollen auch in leichter Staffelung übereinander die optische Basis des Gesteckes bilden, ohne flach und gepflastert auszusehen, obwohl sie an mehreren Stellen dicht auf der Steckbasis aufliegen müssen. Wenn ihre Stiellänge es erlaubt, ist es gut, sie auch bereits nach den Seiten ausschwingen zu lassen.

Nun kann mit der Selbstkontrolle begonnen werden. Sind die Stiele tief genug eingesteckt? Man versucht, ein Blatt wieder herauszunehmen. Kommt es leicht und gut zurück, so ist es schlecht gesteckt. Entweder war es nicht tief genug eingeschoben oder man hat den Stiel zu kurz abgeschnitten. Beides sind typische Anfangsfehler.

Richtig ist es, wenn das Stielende nicht nur in die Steckmasse eingeschoben, sondern noch ein- bis zweimal nachgeschoben wird, bis es auf Widerstand stößt. Entsprechend ausreichend lang muß auch der Stiel geschnitten sein. Versucht man nun, eine so gesteckte Blume oder ein Blatt wieder herauszunehmen, muß man schon verhältnismäßig fest daran ziehen. Allein eine derart tief eingesteckte Blume hat eine gute Chance, in der Steckmasse zu halten.

Am einfachsten werden nun die Ranken zugefügt, die die Bewegung zur Erde hin übernehmen sollen. Wenn die übliche Wuchsform der Ranken auch auf dem Boden kriechend ist, so heben sie ihre Triebspitzen meist von der Erde weg etwas der Sonne zu. Das ist eine schöne Gestik, die eine gute, fast tänzerische Bewegung in das Gesteck bringt. Steckt man in

Steckmasse, die einige Zentimeter über dem Gefäßrand hinausragt (s. Seite 45), so ist das Einfügen dieser Ranken keine Schwierigkeit. Steckt man in Maschendraht, wird es in den meisten Fällen notwendig sein, das Stielende der Ranken so zu biegen, daß sie ausreichend tief ins Wasser kommen. Oft werden die Ranken schon verholzt sein, so daß man mit einem 10er-Blumendraht eine Gabel anlegt (s. Seite 43) und ca. 15 cm hoch drahtet. Dann kann man leicht das Stielende in jede gewünschte Richtung biegen.

Vor dem Einstecken sollte man sich die Ranke noch einmal genau betrachten. Sie hat sich im Garten nach ihrer Lage und Möglichkeit entfaltet, ist gewachsen und hat ihre Blätter dem Licht zugewandt. Man wird Ranken finden, die besser auf der rechten Seite, und solche, die besser auf der linken Seite des Gesteckes stehen werden. Aus dem Zentrum der Basis, direkt auf den Betrachter zu, kommen immer besser zwei schlanke, auseinanderlaufende Ranken, als eine zu dicke gerade.

Ist das Arrangement bisher gut gemacht, so gewinnt man fast den Eindruck, alles sei schon fertig. Das Gesteck ist hübsch anzuschauen, obwohl noch alle Blumen fehlen.

In den seltensten Fällen besteht aber ein Gesteck nur aus Blättern, so daß jetzt die Blumen eingefügt werden, die die Basis bilden sollen. In der Farbenlehre wurde gesagt, daß dunkle Farben schwer, helle Farben leicht aussehen. In den Schwerpunkt sollten auf jeden Fall dunkle Farben, um seine sammelnde Kraft zu verstärken. Arbeitet man jedoch ein großes Gesteck, das eine Fernwirkung haben soll, so sieht eine zu dunkle Steckbasis leicht wie ein Loch aus. In diesem Fall schiebt man einige sehr kleine, helle Blumen dazwischen, die wie die Sterne am Himmel das Gefühl von Tiefe vermitteln. Für die Basis sind alle runden Formen, die Ruhe ausstrahlen, geeignet. Auch dann, wenn man sie aus mehreren kleinen Blumen zusammensetzt (Sträußchen von Veilchen, Sanvitalien). Im Sommer arbeitet es sich am einfachsten mit *Tagetes* (evtl. stützen, s. Seite 42), Ringelblumen, aufgeblühten Rosen oder den Rosetten der *Sempervivum* (Hauswurz), von denen es viele gute neue Sorten gibt.

Einige Blumen müssen hierfür ganz kurz geschnitten werden, so daß sie mit ihrem Blütenboden fest auf der Steckmasse aufsitzen, also nur etwa 3 cm Stiel behalten. Aber es ist wichtig, von der gleichen Blumensorte einige Blüten in kurzer, harmonischer Staffelung über diesen tiefsten Basispunkt zu stecken.

Soll das Gesteck eine einseitige Betonung erhalten, so wird die Basis vorwiegend nach vorne, leicht aus der Mitte genommen, gesteckt, in verkleinerter Form aber auch auf der Rückseite wiederholt.

Über diese Basis stellt man die Blumen der mittleren und seitlichen Region aus den Geltungsformen, um zum Schluß dann die Herrschaftsformen dem Gesteck einzufügen.

So zumindest sagt es die Theorie. In der Praxis wird die Arbeit oft anders aussehen. Will man zum Beispiel einen stark verzweigten Blütenzweig verarbeiten (obwohl zu bedenken ist, daß Gehölze in Steckmasse schlecht aufblühen – bei Lilien ist es das gleiche), so muß man diesen Zweig oder die Zweige direkt, nachdem man die Basis angelegt hat, stecken. Derartige Zweige sind so beherrschend und zugleich starr in ihrer Linienführung, daß die übrigen Blumen diesen Linien folgen oder ihnen zugeordnet werden müssen. Beide Möglichkeiten, den Linien zu folgen oder die Blumen in die Zwischenräume einzuordnen, wer-

A. Zunächst wird die Steckbasis mit Laub und kurzen Blumen sauber abgedeckt.

B. Dann fügt man Farne oder Ranken an.

C. Die Höhe des Gesteckes wird durch Herrschaftsformen wie Laubzweige, Gräser oder schlanke Rispen bestimmt.

D. In einem dekorativen Gesteck werden die Blumen regelmäßig eingefügt.

E. Die Gemeinschaftsformen binden optisch und vollenden die Harmonie.

F. Mit den gleichen Blumen kann ein Gesteck ein völlig anderes Aussehen erhalten, wenn streng gruppiert wird.

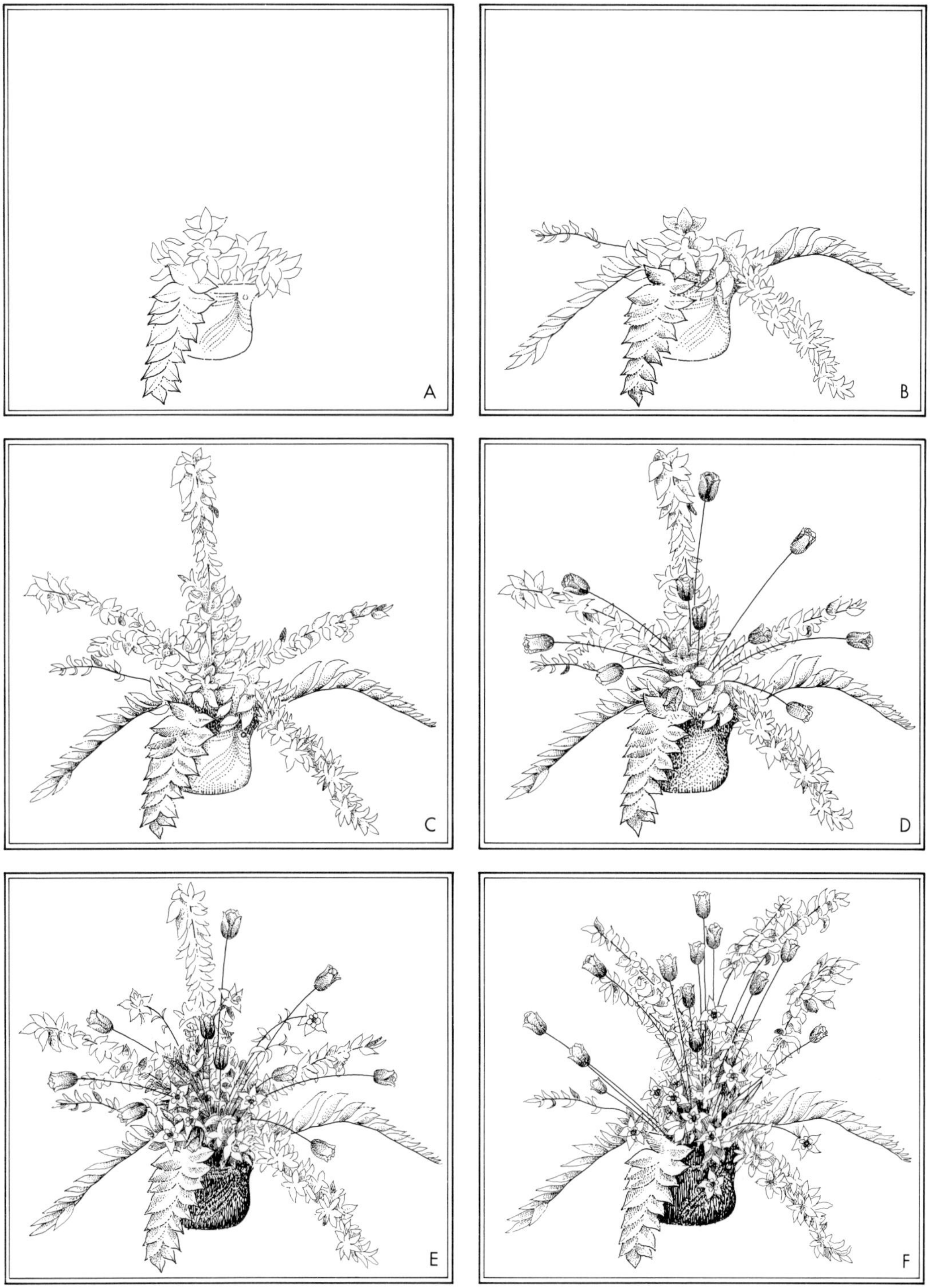
A
B
C
D
E
F

den zu verschiedenen Ergebnissen führen, von denen beide auf ihre Weise richtig sind. Es ist die ganz persönliche Entscheidung des Gestaltenden, welchen Weg er gehen möchte.
Als kleiner Hinweis dies: Folgt man mit den Blumen den Linien der Zweige, so wird es immer zu einer strengeren, gestraffteren Form kommen; ordnet man die Blumen zwischen die Zweige (so wie sie wahrscheinlich auch im Garten ihren Weg zum Licht suchen würden), wird der Eindruck dekorativer, heiterer sein. Man erzielt mit der gleichen Anzahl Blumen einen fülligeren Effekt.
Werden die Blumen in die Zwischenräume der Zweige geordnet, so darf man trotzdem die Freiräume nicht vergessen, die gerade ein Blüten- oder Fruchtzweig braucht, um seine volle Wirkung zu entfalten.
Verarbeitet man alle Blumen in der Länge, in der sie gewachsen sind, wird das Gesteck zwar üppig, aber selten schön aussehen. Steckt man nur einzelne Blumen in der vollen Länge und die Menge jeder Sorte in einer gestaffelten Höhe, wird leichter eine optische Harmonie der Formen zu erzielen sein.
Die leichten, verbindenden Blumen wie *Crocosmia masonorum,* oder im Frühling *Scilla hispanica,* gehören natürlich dazu, aber sie dürfen niemals so gesetzt werden, daß ihre Anzahl überwiegt. Das Gesteck würde dann unruhig.
Es ist wichtig, dem Gesteck eine gewisse Breite zu geben, die etwa die Hälfte der Höhe ausmachen sollte. Da die Steckmasse Wasser zieht und leitet, kann man ohne Besorgnis waagerecht in die über den Gefäßrand hinausreichende Steckmasse einstecken, der Blüten- oder Blattstiel muß nur tief genug eingeschoben werden.
Diese technische Möglichkeit, Blumen in jeder Richtung festzuhalten, in der sie in die Steckmasse gesteckt werden und sie noch dazu mit Wasser zu versorgen, hat natürlich eine große Verführungskraft. Aber noch lange nicht alles, was technisch möglich ist, ist schön. Gerade am Beginn sollte man versuchen, sich an den Wuchsformen der Pflanze zu orientieren. Gut ist es in jedem Falle, Blütenstände so zu verarbeiten, wie sie wachsen, das heißt nickende oder hängende Blüten wie Fuchsien in ihrer hängenden Form zu verwenden und nicht ein Tüffchen umgekehrter Fuchsienblüten zur Steckbasis machen.
Ist das Arrangement fertig und steht an dem ihm zugedachten Platz, so wird das Gefäß mit Wasser randvoll aufgefüllt.

Tischdekorationen

Eine der reizvollsten Möglichkeiten, Blumen aus dem Garten zu präsentieren, ist die Tischdekoration. Vielfältig sind die Formen, in denen der Schmuck mit Blumen gearbeitet werden kann. Grundsätzlich ist zu unterscheiden zwischen einem Schmuck für einen Tisch, an dem man sich gegenübersitzt und miteinander sprechen möchte oder einem nur einseitig besetzten Tisch in U-Form zum Beispiel oder Dekorationen für ein kaltes oder warmes Buffet.
Die Blumen sollen schmücken und nicht stören. Das engt die Gestaltung ein auf Zweckmäßigkeit. An ihre Haltbarkeit werden ganz andere Anforderungen gestellt als bei einem normalen Raumschmuck. Länger als zwölf Stunden müssen sie in keinem Fall frisch aussehen. Daher können andere Techniken, aber auch Blumen verwendet werden. Solche die man sonst nicht schneiden würde, zum Beispiel die elegant überhängenden, nach Honig duftenden, zartlila *Buddleja alternifolia* zusammen mit offenen und knospigen Moosrosen. Beide haben normalerweise für ein Gesteck keine ausreichende Lebensdauer.
Mehr noch als anderer Blumenschmuck aber hat sich eine Tischdekoration nach den gegebenen Raumverhältnissen zu richten: der Farbe der Tischdecke, Art und Dekor des Geschirrs.
Wenn man in Steckmasse arbeitet, sind Kerzen schnell und einfach einzustecken. Auf ihre

Eine Tischdekoration für ein größeres Fest oder kaltes Buffet ist wirkungsvoller, wenn die Höhen gestaffelt werden. Flache Gestecke und hohe Pokale wechseln einander in strengem Rhythmus ab.

stimulierende Wirkung sollte man nicht verzichten.

Bei einer Tischdekoration für einen an beiden Seiten besetzten Tisch ist die längste Blume nicht höher als 25–30 cm zu stecken. Nur allerfeinste Gräser und Kerzen dürfen dieses Maß überragen.

Man legt die Steckmasse entweder auf eine Spiegelplatte oder auf eine möglichst flache Schale, damit die Blumen optischen Kontakt zur Tischplatte bekommen.

Bei einem rechteckigen Tisch bleibt die Chance, die eine Schmalseite unbesetzt zu lassen und hier eine üppige Dekoration, eventuell in einem hohen Stilglas mit abfließenden Ranken und Bändern, anzuordnen. Auf diese Weise gewinnt man auch in der Tischmitte Stellfläche für die Selbstbedienung der Gäste.

Ist der Tisch nur einseitig besetzt, kann die Dekoration höher sein, da die Perspektiven sich verändern und der Sprachkontakt zu einem Gegenüber nicht gegeben ist.

Das Beispiel zeigt, wie der Blumenschmuck sich wandeln muß in den Zeiten sich wandelnder Festsitten.

Gut sind für eine solche Tafel höhere Gefäße (Sektkelche) in Abwechslung mit flach auf dem Tisch liegenden Teilen, so daß ein Rhythmus entsteht. Selbstverständlich sollte man die Gläser vorher mit Stanniol auslegen (s. Seite 44).

Wird der Tisch ganz für Speisen benötigt, ist oft ein Beitisch in der Nähe, der von möglichst vielen Plätzen aus sichtbar ist. Auf ihn läßt sich ein großzügiges Steckarrangement stellen, am besten in ein höheres Gefäß, z. B. der nicht benutzten Suppenterrine des Geschirrs.

Gibt man öfter Einladungen, zu denen man ein Buffet zur Selbstbedienung aufbaut, lohnt die Anschaffung eines oder mehrerer sog. Television-Gläser. Es sind große Trinkgläser für den Boden, ca. 60 cm hoch, ursprünglich entworfen für gehfaule Dauerfernseher. Den Schwerpunkt der Blumendekoration sollte man weit über die Speisen, aber genau in die Blickhöhe der Gäste bringen. Vielleicht leiht ein Antiquitätengeschäft auch einen Porzellanmohren aus, der eigentlich ein Tablett für Visitenkarten tragen sollte, genau so gern aber eine üppig gefüllte Blumenschale präsentiert.

Alle diese Dekorationen müssen sowohl nach unten wie nach oben gearbeitet werden. Alle weichen, rankenhaft wachsenden Pflanzen-

teile sind fast unentbehrlich hierfür: *Spiraea × arguta* (auch nicht blühend), *Rosa hugonis, Laburnum × watereri* 'Vossii', *Buddleja alternifolia.* Auch andere nichtblühende Rosenranken sind geeignet, genau so natürlich Efeu, der Baumwürger und weiche Zedernäste. Ohne solche fallenden Formen wird ein derartiges Gesteck selten gelingen.
Die Auswahl der Blumen für Tafelschmuck ist so groß wie die Möglichkeit, Feste zu feiern, Freunde bei sich zu sehen. Sie wird sich immer nach dem Anlaß richten und zu einem Gartenfest ganz anders sein als zur Verlobung der Tochter oder Omas achtzigstem Geburtstag. Während man zum Gartenfest versucht, in lauten, starken Farbkontrasten zu arbeiten, wird man bei einer Verlobung die stille Harmonie der gleichen Töne in Variationen bevorzugen. Zu einem achtzigsten Geburtstag dagegen sollte man nicht mit Farben sparen und mehr durcheinandermischen, als man es sonst täte. In achtzig Jahren hat ein Leben auch viel bereit gehabt an Verschiedenem, das sich schließlich doch zu einer großen Einheit formte. Wenn man die Verbindungsfarben Weiß und Blau, Grün und Braun nicht vergißt, sondern reichlich verwendet, so kann man an einem solchen Tag wirklich alle Blumen des Gartens vereinen.
Der technische Arbeitsablauf für Tafelschmuck ist im Grunde der gleiche wie für Gestecke auf Seite 50 beschrieben. Ein Steckmasseblock für eine längliche Tischdekoration für 6–8 Personen, mit 2 Kerzen eingearbeitet, sollte nicht größer als etwa 15 cm sein. Die Steckmasse wird zunächst locker, aber sauber mit Blättern abgedeckt. Vor allem sind die Seitenansichten, die später genau vor den Augen der Gäste sind, besonders sorgfältig zu behandeln. Dann werden die Kerzen eingesteckt. Fast immer wird man schlanke, hohe Kerzen bevorzugen. Sie werden an ihrem unteren Ende mit einem scharfen Messer vorsichtig zugespitzt. Matte Kerzen sind empfindlich gegen Anfassen. Wenn man nicht aus Gewohnheit mit Gummihandschuhen arbeitet, umhüllt man die Kerzen während des Einsteckens besser mit einem weichen Tuch oder Seidenpapier.
Beim Einstecken in Steckmasse muß man sorgfältig darauf achten, daß die Kerzen gerade und parallel stehen, wenn man nicht verschobene Gruppierungen bevorzugt. Dies erfordert aber einen größeren Steckmasseblock. Für einen sehr schmalen Tisch arbeitet man besser mit nur einer Reihe Kerzen.
Der Betrachter wird die Auswahl der Blumen dann am geglücktesten finden, wenn sich verschiedene Formen und Farben mischen, also zum Beispiel zartgelbe Zweige von *Rosa hugonis* mit erblühten und knospigen gelben Rosen, dazu *Scilla hispanica* in zartblau mit gelbem Laub von *Sambucus racemosa* 'Plumosa-Aurea'. Diese Dekoration paßt auf eine zartblaue Decke, die im Idealfall genau den Farbton der *Scilla hispanica* haben könnte, mit einem rahmgelben Teeservice.
Oder man arbeitet ein Gesteck aus der klarblauen Rittersporn-Sorte 'Völkerfrieden' (diese Sorte hat besonders kleine zierliche Rispen; sonst sind beim Rittersporn besser die Seitentriebe zu Tischdekorationen geeignet) mit großblumigen weißen Margeriten, blauen Kornblumen und grünen Efeuranken, auf einem blauen Tischtuch mit einem Zwiebelmustergeschirr gedeckt. Bei dieser Zusammenstellung ist es wichtig zu versuchen, unterschiedlich große Margeriten (evtl. Seitentriebe) zu schneiden, da die einheitlich großen zu plakativ wirken würden.
Hat man zu den im Garten gerade blühenden Blumen kein farbig passendes Tischtuch, so kann man sich mit ca. 20–25 cm breiten Bändern (in größeren Blumengeschäften gibt es eine reiche Farbauswahl von Kranzbändern), helfen, die man einfach oder doppelt über die Tischmitte laufen läßt und darauf die Blumendekoration stellt.
Für das blauweiße Gesteck zu dem Zwiebelmustergeschirr muß man für einen Tischschmuck für 6–8 Personen etwa folgende Blumen und Blätter rechnen:

10 kleine Stiele Rittersporn
6 größere Margeriten
10 kleinere Margeriten
15–20 Kornblumen
8 große Efeublätter
6 unterschiedlich lange Efeuranken mit möglichst kleinen Blättern.

Der gebundene Strauß

Alle Gestaltung mit Blumen ist der Mode unterworfen, drückt Zeitgefühl aus. Der Zeitgeist wird sichtbar gemacht. So wie auch die Einstellung eines Menschen zu Blumen, Pflanzen und Tieren etwas aussagt über sein Lebensgefühl, so macht die Art, wie er mit diesen Partnern umgeht, wie er sie zu ordnen und in sein Leben einzuordnen sucht, vieles deutlich.

Sicher ist der Strauß, der Buschen Blumen, die allerfrüheste Form, in der der Mensch Blumen, die er gesammelt hatte, mit sich trug und sie jemandem gab – als Opfer an die Götter und Herren, als Freundesgabe, als Sympathiezeichen.

Vielfältig hat sich die Technik, einen Strauß zu binden, im Laufe der Jahrtausende gewandelt. Aus Ägypten kennt man die Darstellung von Stabsträußen, bei denen Blumen mit Pflanzenbast in regelmäßiger Ordnung an einen Stab gebunden wurden, der mehrere Meter lang sein konnte.

Auf Bildern des Mittelalters bis hin in die Renaissance sieht man das lockere Einstellen weniger Blumen in eine Vase.

Die Blumen in den üppigen barocken Sträußen der holländischen Maler haben fast nie gleichzeitig geblüht. Bei genauer Betrachtung entdeckt man, daß sie oft mehrere Jahreszeiten vereinen. Die Meister machten sich Aquarellskizzen der Blüten und setzten diese dann auf einem Ölbild nach ihrem Formgefühl zu einem Blumenstück zusammen, wobei die Aquarellvorlagen sogar unter den Meistern ausgetauscht wurden.

Der Biedermeierstrauß, der ängstlich Blumenkopf an Blumenkopf drängt, der keine Möglichkeit läßt, die individuelle Gebärde einer Pflanzengestalt zu zeigen, entsprach dem gleichmachenden Zeitgeist des Biedermeier, bei dem aller Zierrat entfernt, es aber keineswegs dadurch zu einer natürlichen Gestaltung kam. Die Blumenbinderei erforderte so viel Draht wie nie zuvor, um die Blumen in die gewünschte Form zu pressen und zu halten. Noch 1893 beschreibt Louise Riss in ihrem Buch »Die Blumenbindekunst«, wie in Gärtnereien Drahtgestelle in vielen Größen vorrätig waren, in die die Blumen gehängt wurden, um den Sträußen die gewünschte Tellerform zu geben – oft bis zum Durchmesser eines Wagenrades. In dem gleichen Buch, in dem der Begriff »Natürlichkeit« zu den Schlüsselworten gehört, beschreibt die Autorin, wie man die Blumen schön locker im Strauß stellt, indem man reichlich Moos zwischen die Stiele faßt.

Die von uns jetzt geübte Technik des spiralförmigen Anlegens der Stiele, die unten beschrieben wird, ist offenbar eine Entdeckung unserer Zeit, ebenso die heutige Art, Blumen zu stecken. Diese wurde allerdings wesentlich durch die Begegnung mit dem japanischen Ikebana gefördert. Darstellungen von gesteckten Blumenkörbchen finden sich jedoch bereits auf Mosaiken der frühen römischen Kaiserzeit.

Die Gestaltungsprinzipien des Straußes ähneln denen der Gestecke in vielem. Fast immer wird bei einem Strauß eine größere Üppigkeit erwartet, während das Gesteck mehr zur graphischen Gestaltung reizt, obwohl beide Techniken beide Formen zulassen.

Der Strauß, wenn er richtig gebunden und eingestellt ist, hat gegenüber dem Gesteck meist den Vorteil der besseren Haltbarkeit. Er ist, wenn man erst die Technik beherrscht, viel schneller herzustellen, oft schon während des Schneidens im Garten.

Wenn man ihn Freunden schenken will, ist er einfach zu transportieren und zu überreichen.

In dem typischen Strauß wird die Form bei aller Bewegtheit geschlossener wirken als im Gesteck. Selten werden heute Sträuße nur aus einer Blumensorte gebunden. Immer erfolgt eine Bereicherung durch fremdes Laub. Doch schon auf Seite 39 wurde gesagt, daß jedes Zuordnen immer eine Steigerung sein muß. Wenn es nicht gelingt, für eine Blume einen Partner zu finden, so sollte man sich lieber an ihr allein erfreuen. Gruppierungen sind im Strauß noch wichtiger als im Gesteck, vor allem dann, wenn er sehr bunt und groß ist, das heißt aus vielen verschiedenen Farben und Formen zusammengestellt ist.

Der Strauß sollte möglichst nie so eng gebunden sein, daß die Blumen Kopf an Kopf liegen und der Eindruck des persönlichen Habitus der Pflanzen zugunsten der rein malerischen Wirkung unterdrückt wird. Wie schade ist es, wenn man bei Rosen die Kelchblätter nicht sehen kann.

Es gibt verschiedene Stile und Möglichkeiten, einen Strauß zu binden – die Technik jedoch ist immer die gleiche. Sie muß erlernt und wieder und wieder geübt werden, wenn man wirklich schöne Sträuße binden möchte. Die Kenntnis dieser Technik erleichtert es auch, drei oder fünf Blumen so in die Vase zu stellen, daß sie ihre Schönheit voll zeigen.

Legt man die Stiele einfach parallel zueinander und stellt die Blumen so in ein Gefäß, werden sie, gleich ob es viele oder wenige sind, immer steif aussehen.

Beginnt man jedoch, sich mit drei Blumen mit dem spiralförmigen Fassen zu üben, so ergibt sich sofort ein ganz anderes Bild. Die Technik kann mit wenigen Grashalmen oder alten Stielen trainiert werden, bis sie zum selbstverständlichen Handgriff wird, der die Grundlage jedes gut gebundenen Straußes ist.

Zum Üben ist es gut, etwas rauhe, aber weiche Stiele, möglichst mit Blättern zu nehmen: im Frühling Tulpen, aber keine Narzissen oder Freesien; im Sommer *Rudbeckia* und frische Gräser, aber keine abgedornten Rosen; im Herbst Astern.

In die linke Hand nimmt man zwischen Daumen einerseits und Zeige- und Mittelfinger andrerseits in gerader Linie einen Blumenstiel, davor wird schräg von links oben nach rechts unten zeigend ein zweiter Stiel geschoben und mit dem Daumen festgeklemmt. Ringfinger und kleiner Finger geben einen sanften Gegendruck von hinten. Die rechte Hand nimmt nun einen dritten Blumenstiel und schiebt ihn von rechts schräg zu den beiden anderen Stielen, so daß die Linie des dritten Stieles von rechts oben nach links unten zeigt. Auf diese Weise entsteht ein Quirl, der immer beibehalten werden muß, ganz gleich, wie viele Stiele in den Strauß geordnet werden. Können die drei Finger der linken Hand den Strauß nicht mehr halten, wird zunächst der Ringfinger und, falls notwendig, auch der kleine Finger um den Strauß gelegt. Aber nur sehr große Sträuße werden in der vollen Hand gebunden und der Anfänger versucht sich besser zunächst mit wenigen Stielen.

Wie bei einem Wirbel spreizen sich nun die Stielenden auseinander. Will man die so gefaßten Blumen in eine Vase stellen, ist es notwendig, mit der rechten Hand die Stielenden ein wenig zusammenzupressen, damit die Stiele gut in die Vase eingeführt werden können. Dieser Strauß, auch wenn er nur aus drei Stielen besteht, wird immer schön in der Vase

A. Ein Strauß wird mit zwei Blumen begonnen, die man schräg übereinander in die linke Hand legt.

B. Die dritte Blume wird in der Gegenrichtung quirlförmig eingefügt.

C. Wird der Strauß voller, faßt ihn die ganze Hand.

D. Verlegt man die Höhe des Kreuzungspunktes, so fallen die Blumen entweder lockerer auseinander oder stehen dichter zusammen.

E. Schematische Darstellung, wie die Stiele in einem guten Strauß stehen sollen.

F. Der Bastfaden wird von unten zwischen Hand und Strauß eingefügt.

G. Die Bindestelle muß exakt am Kreuzungspunkt sitzen.

H. Die Stiele werden kuppelförmig geschnitten, damit der Strauß in der Vase gut sitzt.

I. Einen richtig gebundenen Strauß kann man an einem Stiel tragen, ohne daß sich die Ordnung zerstört.

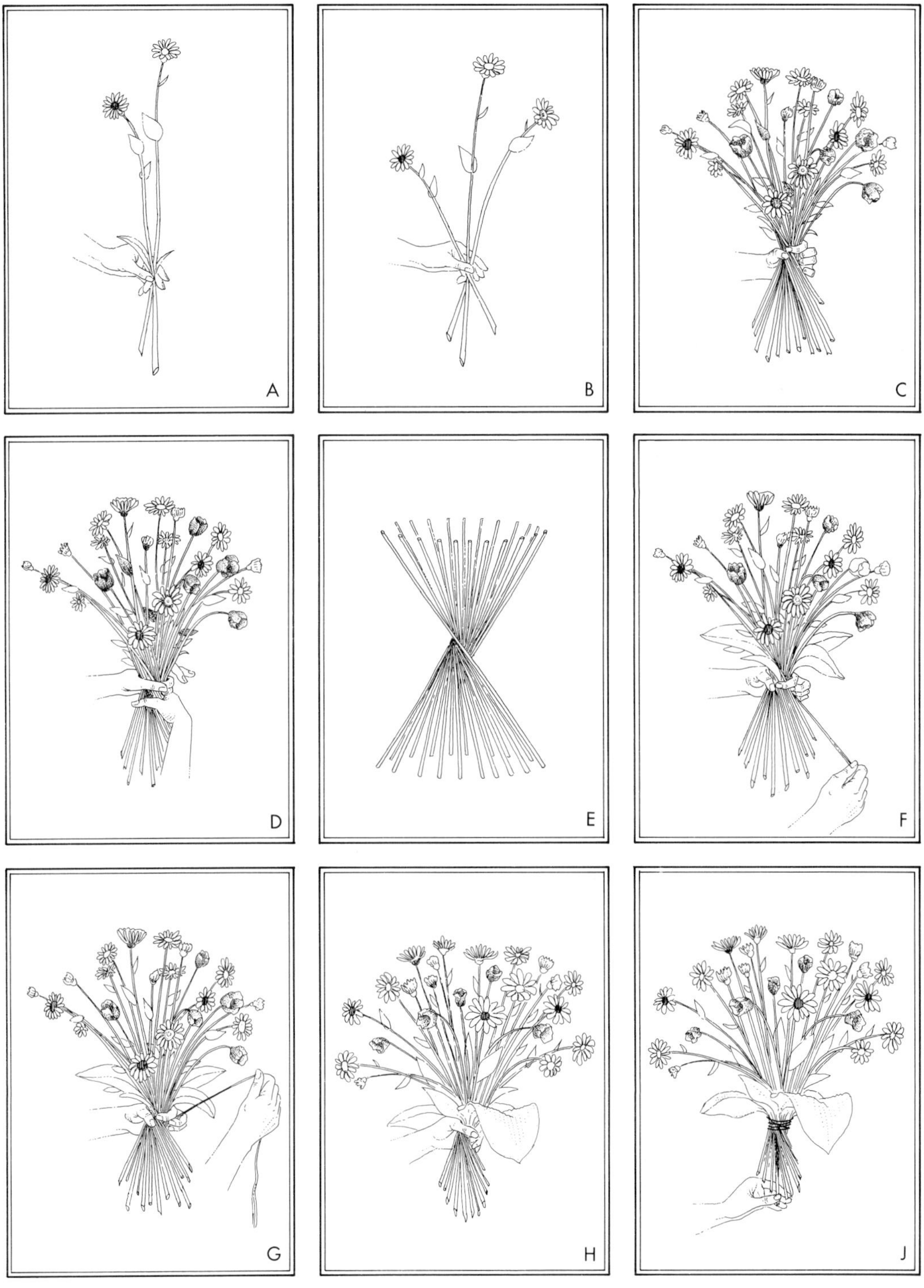
A
B
C
D
E
F
G
H
J

aussehen, natürlich unter der selbstverständlichen Voraussetzung, daß die Vase paßt. Ein solcher Strauß hat aber noch viele andere Vorteile: man kann jederzeit eine Blume hinzufügen, wenn es in dem gleichen quirligen Rhythmus geschieht oder auch herausziehen, ohne daß der Strauß zusammenfällt.

Möchte man die Blumenköpfe ein wenig enger beieinanderstehen haben, faßt man mit der rechten Hand unmittelbar unter die linke Hand, hält so den Strauß und schiebt die linke Hand an den Stielen entlang einige Zentimeter höher, bis die Blütenköpfe die gewünschte Dichte erreicht haben.

Soll der Strauß lockerer und weiter auseinanderfallen, ist der Vorgang genau umgekehrt. Die rechte Hand faßt oberhalb der linken Hand zu, so daß die linke Hand einige Zentimeter nach unten greifen kann.

Sind die Stiele korrekt quirlig angelegt, was man durch einen Blick von unten in den Strauß hinein kontrollieren kann, so sind alle diese Korrekturen möglich, ohne daß die Ordnung im Strauß leidet.

Wesentlich ist, daß man schon beim ersten Üben jede Blume, die man anlegt, anschaut und so in den Strauß fügt, wie sie gewachsen ist. Bereits auf Seite 37 wurde erläutert, daß sich jede Blume, von ihrem Wuchsmittelpunkt ausgehend, ihren ganz speziellen Weg zum Licht sucht. Selbst eintriebige Rispenblüten, wie zum Beispiel Fingerhut, sind fast nie kerzengerade, sondern immer in irgendeiner Form bewegt. Diese Eigenbewegung der Blume gilt es, im Strauß zu zeigen. Sie ist, wenn man nicht Draht verwendet, ununterdrückbar. Nutzt man sie bei der Gestaltung aus, ist eine der zahlreichen Voraussetzungen erfüllt, daß dieser Strauß schön wird; mißachtet man sie, mißlingt er bestimmt. Legt man die Blumen nach ihrer Wuchsform an, entsteht eine solche Harmonie, daß sie dem Betrachter überhaupt nicht bewußt wird.

Nur selten wird ein Haushalt einen solchen Vorrat an Vasen haben, daß alle in dieser Art gefaßten Sträuße immer gut stehen. Häufig

Die Blüten wirken am besten, wenn man sie in der Richtung anlegt, in der sie gewachsen sind.

sind die Öffnungen der Gefäße zu weit, die Sträuße fallen auseinander und haben in der Mitte ein Loch. Um solchen Mißerfolgen vorzubeugen, sollte man auch die Technik des Bindens erlernen, damit man die Sträuße gebunden ins Wasser stellen kann. Man kann dann auch einen selbstgebundenen Strauß aus dem eigenen Garten verschenken.

Die Technik des Bindens beginnt dort, wo wir den Strauß, quirlig angelegt, fest gefaßt in der linken Hand halten. In die rechte Hand nimmt man nun einen nicht zu schmalen Naturbastfaden (für kleine Sträuße darf er auch nicht zu breit sein), läßt ein Ende überhängen, damit zum Schluß genügend Bast zum Zubinden bleibt, klemmt diesen Bastfaden zwischen Daumen und Strauß fest und läßt ihn in Rechtswindungen zwischen Strauß und Hand vorsichtig von unten nach oben um den Strauß laufen.

Die ersten beiden Windungen werden nur recht locker um den Strauß gelegt, erst mit der dritten und vierten Windung wird fest angezogen, um ein Einschneiden des Bastes in die Stiele zu vermeiden. Nach etwa fünf Windungen kann man den Strauß ablegen, am besten auf die Tischkante, und die beiden Enden ver-

Es gibt die vier verschiedenen Grundformen, Blumen zu einem Strauß zu ordnen: den natürlichen Strauß, den Biedermeierstrauß, den dekorativen Strauß, den graphischen Strauß.

knoten. Eine exakte Bindestelle, die immer an dem engsten Punkt des Straußes sitzen muß, sollte möglichst schmal, etwa einen Zentimeter breit sein. Einen richtig gebundenen Strauß kann man an einem einzelnen Stielende anfassen und tragen, ohne daß er sich in seiner Ordnung bewegt.

Damit die gewünschte Festigkeit erreicht wird, muß man darauf achten, daß nur glatte Stiele in der Höhe des Quirl-Kreuzes liegen. Alle Verzweigungen, alle Knoten bei Nelkengewächsen, in der Höhe der Bindestelle, stören die Festigkeit.

Nun schneidet man die Stielenden gleichmäßig. Soll der Strauß gebunden ins Wasser gestellt werden, schneidet man sie in eine halbrunde Form, da ein solcher Strauß in fast allen Vasen schöner stehen wird, als wenn er absolut gerade abgeschnitten ist. Das erste Abschneiden geschieht am schnellsten und am zweckmäßigsten mit der Baumschere. Es ist aber notwendig, alle welkeempfindlichen Blumen wie Flieder, Chrysanthemen, Rosen oder Rittersporne noch einmal mit dem Messer nachzuschneiden oder, falls das bei Gehölzen Schwierigkeiten bereitet, mit der Baumschere einzuspalten.

Auch hier sei bei der Auswahl der Vase an das Gesetz, ein drittel Vase, zwei drittel Blumen oberhalb der Vase, erinnert. Die Bindestelle soll also immer zwischen dem ersten und dem zweiten Drittel der Gesamthöhe des Straußes sitzen.

Ähnlich der Kompositionsvariabilität in der Musik gibt es ungezählte Möglichkeiten, einen Strauß zusammenzustellen. Ganz abgesehen davon, daß man sich danach richten muß, was der Garten jahreszeitlich anbietet, ist es auch von wesentlicher Bedeutung, an welchem Platz der Wohnung die Blumen stehen sollen, für welche Straußform man sich entscheidet. Auch die vorhandenen Vasen sollten bedacht werden, ehe man im Garten mit dem Blumenschnitt beginnt. So schön es ist, aus einem üppig blühenden Garten Blumen zu schneiden, sollte man selbstdiszipliniert nicht mehr schneiden, als man wirklich braucht. Beim Schnitt achte man auf den für die jeweilige Sorte erforderlichen Reifegrad, will man nicht Enttäuschungen mit der Haltbarkeit in der Vase erleben.

Bei allen Abwandlungsmöglichkeiten und Zwischenstufen gibt es vier grundsätzliche Straußtypen:

1. Der rundgebundene oder gefaßte, lockere Strauß. Er ist für einen Beistelltisch, einen Flügel, einen Schreibtisch oder eine größere Kommode bestimmt. Seine Grundform ist in jeder Beziehung rund. Er kann aus verschiedenen Blumen der Geltungsformen, eventuell zusammen mit Gemeinschaftsformen, gebunden werden. Seltener wird man wenige Herrschaftsformen beifügen, zum Beispiel Pfingstrosen und einige Rittersporne mit Spiräen gebunden.
2. Der kurze, volle, runde Strauß. Er ist der dichteste und kommt einem Biedermeierstrauß am nächsten. Ideal steht er auf einem niederen Couchtisch. Sein Profil ist das einer Halbkugel. Mit der Vase bildet er eine Dreiviertel- bis Vollkugel. Entgegen dem klassischen Biedermeierstrauß ist er aufgelockert durch Gräser, im Sommer Schleierkraut, und mit Blättern (*Hosta* oder Farn), eingefaßt. Er sollte möglichst nur aus Blumen der Gemeinschaftsformen gebunden werden.
3. Der aufrecht gebundene Strauß. Er findet seinen Standort in der Nähe einer Wand und zeigt daher dem Betrachter nur eine Ansicht, obwohl auch eine Ausarbeitung zur Wand hin erfolgt. Seine Grundform ist tropfenförmig. Es ist der Strauß, zu dessen Verwirklichung möglichst alle drei Blumentypen (s. Seite 38, Formenlehre) vorhanden sein sollten: Herrschaftsformen, Geltungsformen, Gemeinschaftsformen.
4. Der lineare Strauß graphischer Wirkung. Er benötigt, um zur Wirkung zu gelangen, immer einen ruhigen Hintergrund. Er wird aus wenigen Zweigen, Blumen und Blättern gebunden und kommt optisch einem Gesteck im Ikebana-Stil am nächsten.

Der lockere runde Strauß

Dieser Strauß ist am leichtesten zu binden, und an ihm sollte man sich am Anfang immer wieder üben. Sein Prinzip ist bereits mit drei Blumen und einigen Blättern zu verwirklichen. Dabei ist das ganz kleine Gebinde, wie zum Beispiel Schneeglöckchen mit Winterheide, oder im Sommer Sanvitalien, ebenso schwierig zu verwirklichen wie das ganz große – schwere Blütenzweige mit Darwin-Tulpen oder herbstlichem Eisenhut *(Aconitum × arendsii)* mit Dahlien oder Chrysanthemen.

Beginnt man seine Studien im Wonnemonat Mai, so ist das langstielige gelbe *Doronicum plantagineum* ideal. Die Stiele sind fein behaart und leicht kantig, so finden sie gut Halt aneinander. Man könnte sie zusammenbinden mit weißer Akelei, wobei die Akelei in ihrer zierlichen Blütenform etwas höher gesetzt werden muß als das ruhige runde *Doronicum.* Hat man *Polygonatum commutatum,* das Salomonssiegel, an einem Schattenplatz in seinem Garten, legt man ihn mit seinen überhängenden Rispen außen um den Strauß, um ihm eine schöne Form zu geben. Das Rahmweiß seiner Blüten wird das grünliche Weiß der Akelei wieder aufnehmen. Für diesen Strauß wird man die Blätter an dem Salomonssiegel belassen, da sie mit ihrer großen Grünfläche Ruhe bringen, die er als Gegensatz zu den lockeren Formen der Akelei unbedingt braucht und die die Korbblüten der *Doronicum* allein nicht geben können.

Beim Anlegen der Blumen in den Quirl denke man daran, daß der Strauß nicht nur rund in seinem Grundriß werden soll, sondern daß auch sein Profil sich kuppelförmig aufwölben muß, wenn er wirklich gut aussehen soll. Man achte nicht nur auf eine Höhenabstufung innerhalb der einzelnen Blütenarten, alle Blumen müssen auch zur Mitte des Straußes hin höher angelegt werden. Ist der Strauß quirlig gefaßt, so ist jede Höhenkorrektur ohne weiteres möglich, ehe man ihn zubindet.

Bevor man bindet, wird der Strauß noch einmal sorgfältig von allen Seiten betrachtet, da sich oft während des Anlegens die eine oder andere Blüte leicht verschiebt.

Wesentlich ist das Verhältnis der Anzahl der Blumenstiele zueinander. Die bewegten Akelei, die verzweigt sind und in diesem Strauß die Rolle der Herrschaftsform übernehmen, müssen gegenüber den *Doronicum,* die einstielig, ruhig und flächig wirken, in der Minderzahl sein, etwa im Verhältnis 3 : 6 : 1, das heißt etwa drei Akelei, sechs *Doronicum* und dazu ein Salomonssiegel bilden eine Einheit, die je nach der gewünschten Straußgröße vervielfacht wird.

Die Vase für einen solchen Strauß kann kugelig, halbkugelig oder tropfenförmig sein. Auch ein gerades Stangenglas ist zu verwenden, wenn man genügend weiche, das heißt geneigte Formen, einbinden kann.

Der kurze volle Strauß

Beherrscht man die Technik des lockeren Straußes, wird der kurze volle Strauß kaum Schwierigkeiten bereiten. Seine Hauptzeit ist der Sommer, der mit seinem üppigen Blühen reichlich die für diesen Strauß idealen Gemeinschaftsformen liefert. Seine Hauptwirkung liegt in der harmonischen Farbverteilung und der ruhigen Form. So muß man besonders auf gute Farbauswahl und Gruppierung achten. Es wurde schon mehrfach gesagt: die Farben sollen in den Raum eingepaßt sein, ohne darin unterzugehen. Hat man zum Beispiel einen Glastisch, der vor einer auberginefarbenen Sitzgruppe auf einem olivfarbenen Spannteppich steht, so ist sowohl eine rosa-lila Kombination wie auch eine gelb-violette oder warmrote bis tiefviolette, sowie auch ein freches orange-lila Arrangement möglich. Entscheidend ist, daß die Aubergine-Farbe der Sitzgruppe in den Strauß aufgenommen wird. Im Frühling kann man das mit Tulpen erreichen, im Mai mit *Campanula glomerata,* dann mit *Phlox drummondii* 'Violacea' und später mit Astern.

Diesen Trägern des Farbtons violett-lila kann man nun je nach Stimmungslagen und vorhandenen Blumen eine andere Farbkombination beifügen. Man hüte sich davor, das ganze Jahr in der gleichen Farbrichtung zu bleiben. Selbst Blumen verlieren von ihrer Lebendigkeit und erstarren zur Dekoration.

Der Strauß wird genau wie die anderen Sträuße quirlförmig angelegt. Man kann ihn sowohl mit der hintersten Blume beginnen und auf sich zu fassen, als auch die Mittelblume zu Anfang nehmen und den Strauß während des Fassens drehen, indem man ihn kurz in die rechte Hand gibt und ihn dann weiter dreht und zurück in die linke Hand nimmt. Dieser Strauß sollte in seiner Form unbedingt regelmäßig rund und schön gewölbt, nicht spitz in seiner Profilansicht sein.

Die Vase bereitet kaum Schwierigkeiten: eine kleine geöffnete Kugelform paßt ebenso wie jedes Whiskyglas oder ein Becher.

Der aufrechte Strauß

Fühlt man sich schon einigermaßen sicher in der Gestaltung der runden Sträuße, sollte man sich ruhig einmal an einen aufrechten Strauß wagen. Ist man erst perfekt, wird man ihn so eben beim Schneiden im Garten binden können.

Ein solcher Strauß soll bei aller Fülle niemals so viele Blumen enthalten, daß nicht ein großer Teil Stiele, zumindest im Ansatz, sichtbar ist. Man beginnt ihn fast immer mit den Herrschaftsformen – »Der König geht voran«. Seine Gestalt bestimmt Art und Stand der anderen Blumen. Im Frühling werden die »Könige« zumeist Blütenzweige sein. Eine Grundregel ist zu beachten: zwei leichtere Zweige sind im Strauß meist besser zur Wirkung zu bringen als ein großer schwerer. Ein solcher Zweig sollte lieber einzeln, das heißt nur in Begleitung von etwas Wintergrün, eingestellt werden.

Man sucht zunächst einen Punkt, an dem die beiden Zweige sich formal gut zueinander stellen und auch an dem gedachten Bindepunkt gut Halt aneinander finden. Ist dieser Halt nur schwer zu bekommen, so kann man zwischen die holzigen Stiele ein bis zwei Blätter legen, nicht zu viele, denn sie faulen, verderben das Wasser und mindern die Haltbarkeit. Am besten bindet man die beiden Äste jetzt schon mit etwas Bast vor. In diesem Falle

ist entlang der Äste oft eine etwa 5–10 cm lange Bindestelle günstig, um der Vereinigung Halt zu geben. In dieses, auch statisch nun gesicherte Grundgerüst des Straußes werden die anderen Blumen quirlförmig eingelegt. Es ist selbstverständlich, daß ein so schwerer Strauß nur mit der vollen Hand zu binden ist. Man legt stufenförmig von oben nach unten, von innen nach außen an.
Der Strauß muß sich deutlich nach unten verbreitern, um in der Vase zu wirken. Im Frühling wird man einige locker gewachsene oder geschickt für diesen Zweck zurechtgeschnittene Zweige haben. Aber auch wintergrüne Farne oder Bergenienblätter, Ginster oder bogig überhängende *Spiraea × vanhouttei* sind gut geeignet.
Bedeutend schwieriger ist in einem aufrecht gebundenen Strauß die Verteilung der Farben und Formen, das Wechselspiel der Kräfte miteinander. Daß die Herrschaftsformen die Führung übernehmen müssen, wurde gesagt. Es müßten dann in Abstufung nach unten die Geltungsformen folgen. Der Wuchsmittelpunkt oder die Basis, die bei einem solchen Strauß unerläßlich ist, wird durch die Gemeinschaftsformen gebildet. Doch soll jede Farbe möglichst nicht nur in einer Zone des Straußes erscheinen – er würde dann wie eine quergestreifte Staatsflagge wirken – sondern die Farben müssen mehr noch als die Formen ineinanderspielen und in verschiedenen Zonen des Straußes in unterschiedlicher Verdichtung wiederkehren.
Außer der guten Verteilung der Farben und Formen erfordern solche Sträuße noch ein anderes technisches Geschick: ihre Statik – das heißt, sie so zu binden, daß sie leicht und einfach in eine Blumenvase einzustellen sind – ist nicht so einfach wie bei runden Formen. Gerade die Herrschaftsformen stellen durch ihre Länge und das dadurch bedingte Gewicht meist besondere Ansprüche: einmal an die Standfestigkeit der Vase, zum anderen aber auch an die Geschicklichkeit des Straußbinders. Fast bei allen Anfängern kann man be-

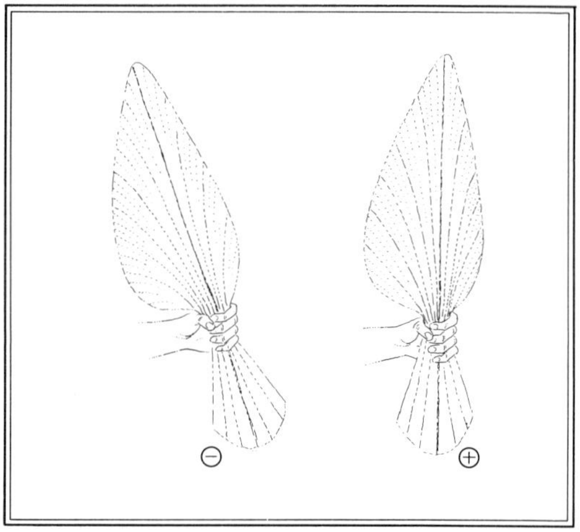

Wenn der Strauß später in der Vase gut stehen soll, darf die Hand nicht zum Körper hin geneigt werden. Die Hauptachse des Straußes muß während der Arbeit immer senkrecht bleiben.

obachten, wie sich unwillkürlich unter dem Druck des Gewichtes der Strauß auf den Bindenden zuneigt, das heißt, die Achse des Straußes eine falsche Richtung erhält. Die Mittelachse des Straußes muß senkrecht stehen, also auch senkrecht durch die Hand laufen. Sobald die linke Hand, die den Strauß hält, nur etwas zum Körper hin geneigt wird, erhält der Strauß eine falsche Form und wird niemals richtig in der Vase stehen.
Auch die Vasen sind nicht so einfach zu wählen wie für einen runden Strauß. Von der guten Standfestigkeit wurde schon gesprochen. Als Form haben sich becherförmige, leicht nach oben ausschwingende Vasen, unter Umständen sogar mit einem Fuß als ebenso praktisch erwiesen wie gestreckte bis eiförmige Kugeln mit ausreichend großen Öffnungen. Oft werden solche Sträuße in Bodenvasen gestellt, aber dahin gehören sie nicht. Ein Strauß, der proportionsmäßig in eine Bodenvase paßt, ist kaum von einem kräftigen Mann zu binden. Die Bodenvase muß, wenn sie gut gefüllt sein soll, gesteckt werden, am besten in Draht. Zum Einstellen in die Vase

müssen die Stielenden mit der rechten Hand zusammengepreßt werden, während die linke Hand den Strauß langsam in die Öffnung führt. Ist die Öffnung wesentlich größer als die Bindestelle und der Strauß steht nicht in der richtigen Achse, so klemmt man etwas Maschendraht rund um die Bindestelle oder an die Seite, an der er erforderlich ist.

Der lineare Strauß

Trotz der wenigen Blumen und Blätter erfordert seine Herstellung das meiste technische Können, die beste Einfühlung in die Pflanzengestalt und das sicherste Proportionsgefühl. Da aber gerade das Schwierige oft am meisten reizt, wird bestimmt jeder wirklich Begeisterte sich an solchen Sträußen versuchen. Es wurde schon gesagt, daß die linearen Sträuße dem Gesteck, und zwar dem japanisch beeinflußten, am nächsten kommen. Ihr Vorteil gegenüber dem Gesteck liegt in der besseren Haltbarkeit in der Vase, in der leichteren Transportierbarkeit auch innerhalb der eigenen Wohnung, und in der Möglichkeit, sie schnell anzufertigen, weil weit weniger Hilfsmittel notwendig sind.

Skurrile Zweige, krumme Staudenstiele (sonst der Schrecken der Gärtner), aber auch wenige edle *Iris* oder Lilien mit entsprechendem Blattwerk sind notwendig. Man wird diesen Straußstil, wenn man ihm nicht aus innerer Einstellung zuneigt, immer dann wählen, wenn man Einzelblumen in ihrem Gesamthabitus zeigen möchte. So muß die Zuordnung anderer Pflanzenteile sehr sparsam bleiben, nur eventuell die Farbe der Blüte in irgendeiner Form wieder aufnehmen, zum Beispiel zu gelben Lilien ein gelblaubiges Gehölz. Als Waldrandblumen vertragen sich die Lilien sehr gut mit Koniferen, also unter Umständen zwei bis höchstens drei Zweige von *Chamaecyparis obtusa* 'Crippsii' oder bei einem kleineren Exemplar *Chamaecyparis obtusa* 'Nana Aurea'. Auch ein wenig trockenes Holz wirkt zu Lilien immer schön. Man wird es meist nicht in den Strauß binden, sondern eventuell die Blütenstiele damit in der Vase festklemmen, es somit als Schmuckteil und technische Hilfe verwenden.

Oder man wählt eine rotbraune Barbata-*Iris* mit einigen Blattstutzen von *Cotinus coggygria* oder auch ein bis zwei besonders schöne Pfingstrosen mit *Cornus alba,* der besonders bei älteren Exemplaren, die nicht regelmäßig scharf zurückgeschnitten werden, zu sehr bizarren Astformen neigt. Im allerersten Frühling nimmt man einige Kleinzweige von *Cornus mas* mit den ersten *Eranthis hyemalis* gewissermaßen als Miniaturmalerei zur Saisoneröffnung.

Leider ist es am schwierigsten, für solche Sträuße Vasen zu finden, in denen sie optisch und statisch gut stehen und nicht zu viele Hilfsmittel erfordern. Taschenförmige, flachovale Vasen sind am besten geeignet. Mit einigen Kieselsteinen, die fast immer besser Halt geben als die glatten Glaskugeln, klemmt man den Strauß seitlich in einer Ecke fest. Bei Keramikvasen geht es am schnellsten mit Maschendraht.

Wenn der Strauß richtig in der Vase sitzt und das Gefäß am endgültigen Stand steht, wird mit einer Kanne Wasser randvoll aufgefüllt. Das Frischhaltemittel wurde zuvor, bereits für die gesamte Vasenfüllung berechnet, zugesetzt.

Blütenzweige – das Frühlingsversprechen mitten im Winter

Es wagt's der alte Apfelbaum
Herz, wag's auch du.
Novalis

Dieses Buch wird geschrieben in einer Zeit, in der die meisten Arbeitsräume air-conditioned sind, viele Wohnhäuser hervorragend isoliert. Es braucht niemand im Winter richtig zu frieren. Selbst im heißesten Sommer sind viele Wohnungen noch ein angenehmer Aufenthaltsort. Aber wir Mitteleuropäer müssen uns doch bewußt bleiben, daß unsere Physis, aber auch unsere Psyche seit undenklichen Zeiten darauf eingestellt sind, mit dem Wechsel der Jahreszeiten zu leben.
Wer einen Garten hat, ist diesem Wandel näher als ein Großstädter in einem Betonturm. Der Gärtner sollte versuchen, diesen Rhythmus mit seinen Blumensträußen und Gestekken auch in die Wohnung zu holen.
Natürlich ist ein »Blick über den Zaun« zur nächsten Jahreszeit hin immer reizvoll: Blütenzweige im Winter; im Mai die Fülle, die schon ein Aufsteigen zur Jahreshöhe anzeigt; Herbsttöne mitten im Sommer und das Stillewerden und fast völlige Weglassen von Farben im November und Dezember.
Bei aller Heiterkeit, die manche Blütenzweige ausstrahlen, sollte das gesamte Arrangement aber doch immer ein ganz klein wenig verhalten sein. Es wäre falsch, schon jetzt die Üppigkeit anzustreben, die nur der Sommer bieten kann.
Von Gemmen, die fast viertausend Jahre alt sind, kennt man Darstellungen, Gehölze im Wasser zum Grünen oder Blühen zu bringen. Es waren Symbole des immerwährenden Lebens (Gemmensammlung Wien). Doch gewiß hat sich keine Zeit vor der unseren so intensiv mit dem Verfrühen von Gehölzen beschäftigt. Unsere Kenntnisse, aber auch unsere technischen Hilfsmittel haben sich erweitert.
Dennoch wird selbst der erfahrenste Gehölztreiber immer wieder Überraschungen und Enttäuschungen erleben. Jedes Jahr bringt variable Ergebnisse. Diese sind nicht nur von der eigenen Geschicklichkeit und Sorgfalt, sondern auch vom Wetterverlauf des Vorjahres und des Winters abhängig.
Um eine gute Wirkung in der Vase zu erreichen, ist es besser, jeweils nur eine Sorte Blütenzweige in Kombination mit immergrünem Laub oder Koniferen einzustellen. Verschiedene Arten gemeinsam sehen leicht wie »Gestrüpp« aus. Eine Ausnahme sind nur die vollen Formen verfrühter Rhododendren, die zu allen leichten Zweigen gute Ergänzungen geben.
Bei einigen Sorten wird besonders darauf hingewiesen, daß die zugfreien Zweige in Vasen einen ruhigen Stand benötigen, um lange zu halten. Fast kann man dies für alle getriebenen Blütengehölze fordern. Offenbar ist die Aufhängung der Blütenblätter so labil, daß die geringste Erschütterung sie aus ihrer Verankerung löst.
Die Vasen müssen so plaziert werden und so standfest sein, daß auch temperamentvolle Familienmitglieder sie nicht umreißen können.
Alle getriebenen oder verfrühten Gehölze können erst dann aus dem möglichst luftfeuchten Treibraum in die zentralgeheizte Wohnung gestellt werden, wenn die Blüten Farbe zeigen. Sie müssen nochmals angeschnitten oder nachgespalten und in frische Mimosa-Chrysal-Lösung eingestellt werden.
Für alle Blütengehölze ist es besser, Maschendraht statt Steckmasse als Hilfsmittel zu nehmen.

Alnus incana 'Aurea', Golderle

Wie ein grüner Jadegürtel schlingt sich das Verbreitungsgebiet der Erlen rund um die Erde, etwa zwischen dem 40. und 80. Breitengrad. Von den vielen Arten und Sorten ist für die Floristik die Golderle am besten zu verwenden. Da es sich um einen stark wachsenden Baum handelt (er kann bis zu 20 m hoch werden), sollte man ihn nur in größeren Gärten anpflanzen. Besondere Ansprüche an den Boden stellt er nicht und ist sehr krankheitsresistent.

Seine Schönheit wird vor allem nach dem Laubfall und im Winter deutlich. Die jungen Zweige sind dann gelborange gefärbt und mit orangeroten, hängenden, männlichen Kätzchen und den braunen Früchten des Vorjahres besetzt. Auch ungetrieben geben sie bereits einen sehr schönen Vasenschmuck. Ihren vollen Reiz zeigen sie allerdings erst, wenn sie sich öffnen und der gelbe Blütenstaub aus den orangefarbenen Kätzchen quillt.

Der Baum braucht einige Jahre des Heranwachsens, bis er reichlich besetzte Zweige liefert. Dann allerdings kann man Jahr für Jahr große Mengen schneiden. Ähnlich den Birken, zu deren Familie auch die Erle gehört, ist die Schnittverträglichkeit ausgezeichnet. Ab Anfang oder Mitte Dezember kann mit der sicheren Gewißheit des Erblühens geschnitten werden. Oft ist der Baum schon Ende Januar im Garten in vollem Flor.

Eine Warmwasserbehandlung ist nicht erforderlich. Die Zweige werden in reinem Wasser ohne Zusätze sofort im Zimmer eingestellt.

Größere Äste bilden allein oder zusammen mit wintergrünen Blättern einen graphisch guten Schmuck der Bodenvase. Gekaufte Tulpen oder Narzissen werden durch wenige Zweige *Alnus* noch schöner zur Wirkung kommen.

Amelanchier, Felsenbirne

Die intensive Begegnung mit den Amelanchien hat uns Nordamerika beschert. Obwohl es auch eine einheimische Art und wenige asiatische gibt, kommen über 25 Arten, worunter die bekanntesten *Amelanchier lamarkkii* (syn. *A. canadensis*) und *Amelanchier laevis* sind, aus der Neuen Welt.

Ihre Anspruchslosigkeit, ihr reiches Blühen auch schon als junge Pflanze am vorjährigen Holz bis in die Triebspitzen und ihr verhältnismäßig kleiner Gesamthabitus ließen *Amelanchier* zu einem Modebaum unserer Zeit werden. Auf vielen einander folgenden Gartenschauen der sechziger und siebziger Jahre mußte man den Eindruck gewinnen, daß die Felsenbirnen die einzigen den Gartengestaltern noch bekannten Blütengehölze des Frühlings sind.

Sie werden in diesem Buch nur erwähnt, um zu sagen, daß ihre feinen, elegant geschwungenen, mit weißen Blütentrauben reich besetzten Zweige leider kaum den Schnitt und die Treiberei (die schwierig ist) lohnen. Die Haltbarkeit in der Vase ist unbefriedigend. Wenn man Ziergehölze pflanzt, um auch Zweige als Schnittblumen zu verwenden, sollte man auf den Anbau von *Amelanchier* verzichten.

Camellia, winterharte Kamelien

Viele werden es für verwegen halten, *Camellia japonica* 'Rustica Plena' in einem Schnittblumenbuch überhaupt erwähnt zu finden, aber diese Zweifler haben weder den Anbau von Freiland-Kamelien noch deren Treiberei je selbst versucht. Sie sind weniger heikel in ihrer Winterhärte als z.B. *Rhododendron* × *praecox* 'Tessa', der mir direkt neben einer *Camellia* erfror.

Vor reichlich zwanzig Jahren wurden sie im japanischen Bergland gefunden. Dort überstehen sie (allerdings bei hoher winterlicher Luftfeuchtigkeit) Kältegrade von minus 20 °C. Die Japaner nennen sie Schnee-Kamelie. Mittlerweile gibt es durch Kreuzung die sog. Effendee-Hybriden, eine Reihe Sorten, die sich im Frankfurter Raum als völlig winterhart erwiesen haben. In kalten Jahren gab es lediglich einen Verlust der Blütenknospen,

① *Rhododendron williamsianum,* ② *Rhododendron catawbiense,* ③ *Pachysandra terminalis* 'Variegata', ④ *Berberis veitchii,* ⑤ *Chaenomeles*-Hybride 'Nivalis'. Keramikvase von E. Heise, gebundener Strauß von Gerd Klein.

nicht aber der ganzen Pflanze. Da die Kamelien mit ihrem glänzend immergrünen Laub das ganze Jahr eine echte Gartenzierde sind, wird man nach einem ungünstigen Winter auf die Blüte verzichten können.
Ist das Klima strenger, schützt man die jungen Pflanzen in den ersten 2–3 Jahren mit einer mit Styropor ausgeschlagenen Kiste, die man in Frostperioden über die Pflanze stülpt, bei Tauwetter aufdeckt.
Wichtig ist es, den Standort sorgfältig auszuwählen. Wie alle Wintergrünen sind Kamelien empfindlich gegen morgendliche Sonnenbestrahlung. Die Ostseite eines Hauses sollte man meiden. Am günstigsten ist der Innenhof eines Atrium-Hauses oder ein Platz vor großen bodentiefen Fenstern nach Westen, deren Wärmeabstahlung in den Frostnächten wie eine eigene Heizung wirkt.
In milden Wintern habe ich vor einem Westfenster bereits am 30. Januar die ersten offenen Blüten im Freien geschnitten.
Die Erde soll ein Gemisch sein aus Kiefernnadeln, Torf und humosem Gartenboden, besser noch Komposterde, also ein lockeres, durchlässiges, aber doch Feuchtigkeit haltendes Substrat.
Gefährlich ist stehende Nässe für alle Kamelien, ganz gleich, ob die Pflanzen im Freien oder im Zimmer leben. Hat man einen schweren, bindigen, verdichteten Boden, so muß man unbedingt vor dem Pflanzen eine gründliche Lockerung des Untergrunds durchführen. Am besten vermischt man die Erde in 40–60 cm Tiefe mit Steinen aus einem vulkanischen Gebirge, die man sich aus den Ferien oder von einem Sonntagsausflug mitbringt und füllt darüber das Pflanzensubstrat.
Eine gut ernährte Kamelie wächst schneller und setzt reichlich Blütenknospen an. Eine überdüngte Pflanze jedoch, deren Holz nicht ausreifen konnte, ist viel frostgefährdeter. Bewährt hat sich vor dem Austrieb mit Rhodohum eine 2 cm starke Abdeckung zu geben oder einen handelsüblichen Rhododendrondünger, möglichst in Wasser aufgelöst, um Kali und Phosphorsäure in die tieferen Wurzelbereiche zu bringen, zu gießen.
Die edle *Camellia*-Effendee-Hybride 'Rosea Plena' wächst stark (Jahreszuwachs einer eingewurzelten Pflanze etwa 40–50 cm) in lockerem, schön bewegtem Habitus. Der Blütenknospenbesatz ist in den ersten Jahren nach der Pflanzung spärlich. Auch noch nach etwa zehn Jahren hat sie je Triebspitze selten mehr als drei bis fünf Knospen. Sie ist aber diejenige, die am frühesten im Jahr die Knospen öffnet und von der man lange, elegante Zweige schneiden kann. Die Blüte ähnelt in ihrer Form und Farbe stark der ausschließlich zur Zimmerkultur vermehrten *Camellia* 'Chandleri Elegans'.
In leuchtendem Rot blüht die *Camellia*-Effendee-Sorte 'Direktor Moerlands'. Sie hat bereits als junge Pflanze guten Blütenbesatz. Nach einem warmen Sommer haben zehnjährige Exemplare bis zu zwölf Knospen je Triebspitze.
Ihr Jahreszuwachs ist deutlich geringer als bei der vorgenannten Sorte, durchschnittlich etwa 20–40 cm bei eingewachsenen Pflanzen. Der Habitus ist geschlossen, die Blätter, die etwa zwei Jahre an der Pflanze bleiben, sind größer und dunkler als bei 'Rosea Plena'.
Eine »Unart« beider Sorten ist, daß die verblühten Blumen nicht abgestoßen werden, sondern an der Pflanze bleiben, so daß man sich zur Blütezeit jeden zweiten Tag die Mühe machen muß, die braun gewordenen Blumen auszubrechen. Aber die Schönheit, die von den blühenden Pflanzen ausgeht, lohnt die kleine Mühe.
Camellia 'Angustifolia' blüht reich, auch schon in der Jugend, scheint mir aber in der Winterhärte nicht so voll zu befriedigen und krankheitsanfälliger zu sein als die beiden zuerst beschriebenen Sorten.
Alle diese Sorten sind gut im Wasser zu verfrühen, wenn man Mimosa-Chrysal zusetzt. Die Knospen sollten bereits deutlich schwellen, möglichst sogar einen Hauch Farbe erkennen lassen, bevor geschnitten wird.

Bei den beiden erstgenannten Sorten kann man von etwas älteren Pflanzen gut einige bis zu 80 cm lange Äste im Jahr ernten. Diese längeren Zweige halten durch die im Holz angereicherten Nährstoffe wesentlich länger in der Vase als kurzgeschnittene Zweige und erblühen mit fast allen Blumen.

Wie man in Italien in den hundertjährigen, auf Form geschnittenen Kamelienhecken sehen kann, vertragen sie den Schnitt, ohne an ihrer Gesundheit oder Wuchsfreudigkeit Schaden zu nehmen.

Camellia sasanqua, die im November-Dezember blühende Wildform, die selbst in englischen Katalogen als nur bedingt winterhart bezeichnet wird, ist bei mir von einer solchen Wüchsigkeit, daß ich sie als regelmäßigen winterlichen Schnittgrünlieferanten für das Blumengeschäft benutze, damit sie sich nicht zu einer »Landplage« entwickelt. Ihre kleinen, geheimnisvoll asiatisch duftenden Blumen, die regelmäßig mit den Novembernebeln erscheinen, erinnern an die Blüten des Apfelbaumes, halten aber im Zimmer leider überhaupt nicht. Doch es gibt kein nobleres Grün in winterlichen Blumensträußen und das frühlingshafte Blühen in einer Zeit, da alles zu vergehen scheint, ist von einem ganz besonderen Zauber.

In ungünstigen Jahren können Kamelien im Freiland von einem Pilz befallen werden. Das Schadbild ist ein kreisrunder brauner Fleck auf dem Blatt. Wenn man keine Bekämpfung durchführt, erscheinen gleiche runde Flecken auf den Zweigen, meist den jüngeren Trieben, und es kommt zu einem Absterben dieser Triebe. Man muß bei Befall sofort z. B. mit Du Pont Benomyl spritzen und die Spritzung nach etwa 14 Tagen wiederholen.

Kamelienblüten sollten nur für kurzfristige Dekorationen in Steckmasse verarbeitet werden.

Als Partner ist *Viburnum × bodnantense* möglich, besser aber noch sind die zierlichen Zweige von *Abeliophyllum distichum* oder Schneeglöckchen.

Chaenomeles-Hybriden, Zierquitten

Wenn man nach den in der Vase haltbarsten Blütengehölzen gefragt wird, so gibt es nur eine Antwort: *Chaenomeles.* Die japanischen Zierquitten, die im vergangenen Jahrhundert eine so große Rolle in der Gartenkultur spielten (die Firma Simon Louis Frères, Metz, führt bereits 1869 vierzig Sorten in ihrem Katalog), sind den heutigen Gartengestaltern etwas aus dem Gesichtsfeld geraten und die Nomenklatur etwas durcheinander.

Vor allem die *Chaenomeles × superba*-Sorten *(Chaenomeles japonica × Ch. speciosa)* haben fast alle einen sparrigen, stark bedornten Wuchs. Das Schneiden von Blüten zweigen oder ein Rückschnitt zu groß gewordener Sträucher ist nicht immer die reine Wonne. Hat man die Zweige nach 10–14 Tagen Treibzeit in der Vase stehen, ist der Anblick der schalenförmigen fünfblättrigen Blüten an dem bizarren Holz so einmalig, die Haltbarkeit so gut, daß alle Mühe vergessen, alle Sorgfalt, die man ihnen mehr als anderen Gehölzen beim Schnitt und beim Verfrühen zuwenden muß, eine Selbstverständlichkeit sind.

Das Problem der Treibfähigkeit zu Weihnachten ist gelöst, wenn man 15 g Mimosa-Chrysal oder 15 g normal Chrysal mit 15 g Zucker gemischt, je Liter Wasser zusetzt. Ein Wechsel der Lösung ist während der Treibzeit nicht notwendig, eine frisch angesetzte Lösung für die Vase in der Wohnung selbstverständlich. Man kann die Zweige ins Zimmer nehmen, wenn die Blütenblätter deutlich ausgefärbt sind und kurz vor der Entfaltung stehen. Warmwasserbehandlung ist nicht erforderlich, jedoch sollte man nur Zweige schneiden, bei denen die einzelnen Blütenknospen bereits sichtbar sind. Die Dauer der Treibzeit ist ganz von dem Knospenstadium abhängig und schwankt zwischen 1–3 Wochen.

Die Schwierigkeiten beim Schnitt liegen in dem sehr leichten Abstoßen der Blütenknospen bei ungeschickter Berührung (der Fachmann nennt das »Abrollen«) und in der Auswahl der wirklich gut mit Knospen besetzten Zweige. Der Verlauf der sehr ineinander verwachsenen Äste ist schwer zu verfolgen. Oft glaubt man, einen besonders guten Zweig gefunden zu haben und muß dann, wenn er geschnitten ist, entdecken, daß die ganze obere Zweighälfte ohne Blütenbesatz ist. Man muß sich Zeit nehmen für den Schnitt und in voller Konzentration den Ast betrachten, ehe man sich entschließt, ihn zu schneiden. Da die Blütenknospen vorwiegend am alten Holz sitzen, gibt auch meist die Holzfärbung einen Hinweis auf die Schnittfähigkeit. Zweige, die bis zur Spitze hinein recht dunkel gefärbtes Holz haben, werden fast immer gut besetzt sein. Zweige, die einen starken Längenzuwachs im vergangenen Sommer erzielten, haben helleres Holz und fast immer wenig oder keine Blüten.

Gegen das Abrollen der Blütenknospen hilft nur Achtsamkeit beim Schnitt und in allen Phasen des Aufblühens. Jede Berührung kostet Knospen.

Durch die starke Bewehrung der Triebe neigen *Chaenomeles* dazu, sich selbst aus dem Treibgefäß herauszuziehen. Es ist deshalb wichtig, sofort beim Schnitt alle Seitentriebe und Dornen bis auf eine Höhe von 20–30 cm zu entfernen, damit sie tief eingestellt werden können. Schneidet man mehrere Zweige, so legt man vorsichtig die Stielenden in der gleichen Höhe zusammen und bindet mit Wickeldraht oder Drahtkordel zuerst ca. 10–20 cm über dem Stielende und dann ein zweites Mal in halber Höhe der Stiellänge. Auf diese Weise kann man die Zweige leichter einstellen. Man hat während der Treibzeit weniger Schwierigkeiten und der Blütenknospenbesatz wird geschont.

An den Boden stellen *Chaenomeles* keine besonderen Ansprüche. Sie lieben bzw. tolerieren fast alle Kalk. Hat man eine stark saure Bodenreaktion, sollte man nur die von K. Verboom, Boskoop, gezüchteten Sorten 'Hollandia', 'Vesuvio', 'Ätna', 'Firedance' anpflanzen. Alle haben breitsparrigen Wuchs und leuchtend rote Blüten, zur normalen Blütezeit, getrieben blühen sie lachsfarbig. Auf normalen bis kalkreichen Böden sind empfehlenswert: 'Nivalis', reinweiß; 'Spitfire', leuchtend rot mit schlanken aufrechten Trieben, aber etwas blühfaul oder schnittunverträglich; die alte Sorte 'Boule de Feu', lachsorange, als ältere Pflanze sehr reich blühend, aber auch sehr groß; 'Knap Hill Scarlet', leuchtend rot, starkwachsend, großblumig; 'Crimson and Gold', orangerot, reichblühend; 'Pink Lady', zartrosa.

Nach meinen Beobachtungen ist bei den einzelnen Sorten der Blütenknospenbesatz jahrweise unterschiedlich, so daß ein *Chaenomeles*-Freund besser verschiedene Sorten anbaut. Für Erwerbsgärtner bietet die Zierpflanzenabteilung der Versuchsanstalt Friesdorf eine Reihe Klone an, die sich durch schlanken Wuchs und leichtere Schnittfähigkeit der Bodenschößlinge auszeichnen.

Der Standort sollte immer so sonnig wie möglich sein. Obwohl *Chaenomeles* auch auf ärmsten Böden gedeihen (fast könnte man sie den Pioniergehölzen zuordnen) ist der Blütenknospenbesatz auf reichlich mit Kali und Phosphor gedüngten Böden ein vielfacher, die Treibfähigkeit besser.

Der optische Reiz getriebener *Chaenomeles*-Zweige liegt in dem Kontrast des braunen, etwas rauhen Holzes und der klaren Reinheit der pastellfarbigen oder weißen Blüten. Auch die feurigroten japanischen Quitten haben verfrüht die zarten Farben des allerersten Frühlings. Dieser Reiz kann durch die richtige Vase noch gesteigert werden. Glasvasen sind in ihrer Transparenz weniger geeignet. Bemalte Porzellanvasen stören. Am schönsten sind Keramikgefäße, die eine gute Standfestigkeit haben sollten, denn die ausladenden Zweige sind in ihrer Statik kompliziert. Da *Chaenomeles* getrieben ganz blattlos blühen (was einen Teil ihrer Schönheit ausmacht), ist es ratsam, über den Vasenrand als optischen Schwerpunkt ein bis zwei Blattrosetten von *Rhododendron* zu setzen.

In Steckmasse blühen sie, wie fast alle Blütengehölze, schlecht auf. Maschendraht ist als Steckhilfe besser.
Will man ein mehr füllig dekoratives Arrangement arbeiten, so kauft man sich in einem Blumenladen farblich passende Tulpen (gut zu *Chaenomeles* ist die Farbe der Sorte 'Apricot Beauty') und orange *Gerbera.*
Benötigt man zu den oft waagerecht betonten Wuchsformen der japanischen Quitten rein senkrechte Linien, so ist die wintergrüne *Berberis veitchii* gut dafür geeignet, die, wenn sie regelmäßig geschnitten wird, starke lange Jahresschößlinge wie Pfeile zum Himmel treibt; oder die wintergrünen Blätter von *Yucca filamentosa.*

Cornus, Hartriegel, Kornelkirsche
Ehe die Forsythie in den letzten Jahren des vergangenen Jahrhunderts Europa erreichte, war der einheimische *Cornus mas* das beliebteste Frühlingsgehölz. Zusammen mit den Haselkätzchen, oft schon Ende Februar, zeigen seine Blüten den Beginn des Vorfrühlings an. Der stark wachsende, bis 5 m hohe und breite Strauch, ist gut schnittverträglich und wurde früher auch oft für formal geschnittene Hecken verwandt. Goethe liebte diesen Frühlingsboten sehr. Er ließ sich in dem Garten bei seinem Haus am Frauenplan in Weimar eine Hecke zur Begrenzung des Mittelweges pflanzen, und bis in sein letztes Lebensjahr hinein ging er in ihrem Schatten spazieren.
Die champagnergrünen Blütchen erscheinen in kleinen Dolden vor den Blättern. Sie sind lange nicht so attraktiv wie die Forsythien, aber gerade in ihrer stillen Verhaltenheit liegt in den ersten beiden Monaten des Jahres ein Reiz. Die Haltbarkeit im Wasser ist sehr gut. Die Treibzeit, gemessen an der frühen natürlichen Blüte, überraschend lang mit 10–12 Tagen im Januar. Eine Warmwasserbehandlung ist nicht erforderlich.
Diese einheimische Kornelkirsche *Cornus mas,* die fast ausschließlich von den Baumschulen angeboten wird, hat im frühen Herbst rote Früchte. *Cornus officinalis,* die ostasiatische Kornelkirsche, die unserer einheimischen zum Verwechseln ähnlich sieht, aber noch acht Tage vor ihr blüht, hat im Herbst fast schwarze Früchte. Dieser Unterschied der Früchte ist fast die einzige Möglichkeit, die beiden Arten zu unterscheiden.
Wenn *Cornus mas* nicht regelmäßig geschnitten wird, entwickelt er ungewöhnlich bizarr geformte, schlanke Zweige, die oft in die reine Horizontale gehen. Gut geeignet für alle, die gern im Stil des Ikebana arbeiten. Wird *Cornus mas* regelmäßig geschnitten, so geht der Durchtrieb stark und kräftig in die Senkrechte.
Man kann an einer einige Jahre alten Pflanze sowohl allerliebst geformte und gut besetzte kleinste Zweige wie große Äste für die Bodenvase schneiden.
Die Ansprüche an die Bodenqualität sind bescheiden, der Platzbedarf groß. In einem sehr kleinen Hausgarten sollte man Kornelkirschen nicht pflanzen, doch jeder größere Garten müßte diese anspruchslose krankheitsresistente Pflanze zu seinem Bestand zählen. Die Büsche erreichen ein hohes Alter.
In der Vase oder Steckschale kann man kleine Zweige der Kornelkirsche gut kombinieren mit den ersten frühen Narzissen, Sorte 'February Gold', mit den letzten Christrosen oder auch *Eranthis,* deren Farbton sie teilen. Als Laub: Blätter von *Pachysandra terminalis* oder *Hebe buxifolia,* wintergrüne Azaleen oder auch der gelben *Chamaecyparis obtusa* 'Crippsii', diese aber nur sparsam verwendet. Große Zweige für Bodenvasen sollten mit *Ilex aquifolium* oder der großblättrigen Lorbeerkirsche *Prunus laurocerasus* 'Schipkaensis Macrophylla' ergänzt werden.
Cornus mas wird seit alter Zeit kultiviert. Wenn man ihn schneidet, so weiß man, daß er seinen Namen Hartriegel zu recht trägt. Homer berichtet, das trojanische Pferd sei aus *Cornus*-Holz gebaut worden.
In Südeuropa werden die säuerlichen Früchte als Obst genossen, in Rußland sogar in der

Konservenindustrie verwendet. Eine delikate Limonade (Scherbet) bereitet man in der Türkei aus ihnen.

Corylopsis, Scheinhasel

Zu den Blütensträuchern des kleinen Gartens gehört *Corylopsis pauciflora.* Fein und zierlich verzweigt, wächst sie bis 1,50 m hoch. Durch die fast waagerechte Stellung ihrer Ästchen wird sie an ihr zusagenden Plätzen oft ebenso breit. Die kleinen hellgelben Blütenglocken, die in kurzen Trauben sitzen, erscheinen bereits im März und geben zusammen mit den frühen Wildtulpen, ersten Narzissen und *Scilla* schöne reinfarbige Gartenbilder.

Die Treibfähigkeit ist nicht so gut, wie vielleicht vermutet. Vor Ende Februar-Anfang März sollte man von dem schwachen Wachser keine Zweige schneiden. Trotzdem halten die verfrühten Scheinhasel wesentlich besser im Wasser als die zur natürlichen Blütezeit geschnitten. Sie werden zum Verfrühen ca. 8 Tage in Mimosa-Chrysal eingestellt.

Corylopsis pauciflora ist gut in der Hand von Blumenfreunden, die gerne als Miniaturisten arbeiten. Die Zartheit der kleinen Ästchen braucht eine geübte Hand und ein sicheres Proportionsgefühl. Am besten kommen sie in flachen oder halbhohen Schalen gesteckt (Nagelbetten und Draht sind besser als Steckmasse) zur Geltung. Wenige Blätter, z.B. einige Stutzen *Rhododendron williamsianum* oder *Pachysandra terminalis* zum Abdecken der Steckbasis, einige Narzissen und ein Tuff blauer *Scilla,* alles ganz wuchshaft angeordnet, können so bezaubern, daß die Erinnerung daran noch lange in den Gartensommer nachklingt.

Corylopsis willmottiae ist ein kräftigerer Wachser, der Habitus aufrecht bis 3 m hoch, die Blüten gleicher Farbe erscheinen etwa zwei Wochen später und sind wesentlich größer als bei *Corylopsis pauciflora.* Aber wie so oft, die Größe allein macht es nicht. *Corylopsis willmottiae* hat lange nicht den Charme, die Grazie, kaum jemand wird sie so in sein Herz schließen wie *Corylopsis pauciflora.* Es scheint mir auch so, als ob diese Art nicht so schnittverträglich sei wie die zuerst beschriebene.

Von *Corylopsis* aus der Familie der Hamamelidaceen gibt es etwa 20 Arten. Alle sind in Japan, China und dem Himalaja zuhause. Sie lieben einen nahrhaften warmen Boden, der gut durchlässig sein sollte. Halbschatten wird toleriert, doch ist der Blütenansatz in voller Sonne viel besser.

Forsythia, Forsythie

Das »Allerweltsgehölz«, eigentlich die Pflanze, die die Idee der Treiberei von Blütenzweigen in Wasser populär gemacht hat, ist die Forsythie. Sie speichert starke Nährstoffreserven, vor allem Zucker, im Holz, so daß sie leicht treibbar ist. Durch die basitone Förderung ihres Wachstums ist sie ideal zum Schnitt geeignet und verträgt ihn ohne Nachteile. Zu Alterungserscheinungen kommt es nach etwa zwanzig Jahren, und zwar sowohl bei geschnittenen wie bei nichtgeschnittenen Pflanzen.

Nach wie vor beste Sorten von *Forsythia × intermedia* sind die hellgelbe 'Spring Glory' und die etwas später zu treibende butterblumengelbe 'Lynwood Gold', die 1935 in einem Landhausgarten in Irlands Norden gefunden wurde.

Die beste Wirkung im Garten hat man, wenn regelmäßig die zweijährigen Ruten zur Winterzeit für die Treiberei oder unmittelbar nach der Blüte geschnitten werden. Auch das einjährige Holz gut ernährter Pflanzen setzt Blüten an, aber nicht in so reichem Maße. Die geraden Ruten sind viel zu steif und langweilig für die Vase, sehen aber zur natürlichen Blütezeit zwischen Narzissen und Tulpen immer wunderschön aus, wenn man zwei bis drei verzweigte zweijährige Triebe dabei stehenläßt.

Die Forsythie beansprucht im Garten mindestens 2 m^2. Nur gut belichtete Pflanzen entwickeln schöne Äste und setzen üppig Knospen an. An die Qualität des Bodens stellen Forsythien keine Ansprüche; fast kann man sie den Pioniergehölzen zurechnen. Es ist möglich, daß in extrem kalten Wintern Blütenknospen, manchmal auch die Triebspitzen, erfrieren. Die zweite Düngung sollte, wie bei fast allen Gehölzen, nicht später als Ende Mai gegeben werden.

Um blühende Forsythien zu Weihnachten zu haben, schneidet man am 14., spätestens 15. Dezember, die Zweige. Es ist notwendig, den Zweigen, die zwischen dem 14. Dezember und 15. Januar geschnitten werden, eine Warmwasserbehandlung, wie auf Seite 27 beschrieben, zu geben. Nach dem 15. Januar ist eine Warmwasserbehandlung von negativem Einfluß auf das Treibergebnis. Die Haltbarkeit getriebener Zweige in der Vase ist etwa zehn Tage. Die Wirkung ist noch attraktiver, wenn immergrünes Laub zugestellt wird.

Magnolia, Magnolie

Magnolien gehören zu den wenigen voreiszeitlichen Relikten der Pflanzenwelt. Sie stehen ganz am Anfang eines langen Evolutionsweges. Das vorige Jahrhundert hat vor allem *Magnolia* × *soulangiana* geliebt, die 1820 in der Nähe von Paris entstand. Wie alt dieser Blütenbaum werden kann und welch vollkommene Schönheit er gerade im Alter entwickelt, kann man vor Bürgerhäusern des 19. Jahrhunderts oder auch in den Gärten französischer Schlösser studieren.

Unsere Zeit mit den meist nur kleinen Hausgärten bevorzugt die schwach wachsende *Magnolia stellata* oder *Magnolia kobus* 'Loebneri'.

Beide sind schöne Blütengehölze, meist Anfang bis Mitte April erblühend, aber sie entbehren ganz die fremde, etwas abweisende Majestät der *Magnolia* × *soulangiana*.

Es gibt auch eine tief dunkelrote Sorte, als *Magnolia* × *soulangiana* 'Nigra' in den Katalogen geführt; richtig gehört 'Nigra' aber zu *Magnolia liliiflora*. Leider hält sie nicht im Wasser. Die sehr schöne *Magnolia* × *soulangiana* 'Lennei Alba', reinweiß, bringt keinen regelmäßigen jährlichen Blütenansatz. Sicher blüht die mehr aufrecht wachsende *Magnolia* × *soulangiana* 'Alba Superba'.

Alle Magnolien brauchen einen lehmigen tiefgründigen Boden mit reichlichem Humusanteil bei leicht saurer Bodenreaktion. In trockenen Sommern muß zusätzlich gewässert werden. Magnolien wurzeln sehr flach. Man sollte nie in ihrer Umgebung den Boden umgraben, sondern besser mit einer reichlichen Laub- oder Torfdecke versehen. In ihrer Heimat China und Mittelamerika wachsen sie in großen Wäldern in der Gesellschaft anderer Laubgehölze. Sofern man von der Optik her Magnolien als Solitärgehölze stellen möchte, so empfiehlt Krüssmann doch, sie in Gemeinschaft mit anderen Laubbäumen anzupflanzen, wahrscheinlich des Windschutzes wegen. Die Winterhärte der besprochenen Magnolien ist ausgezeichnet. Gefährdung besteht nur durch Spätfröste, die in ungünstigen Jahren die Blüten beschädigen. Aber der Eindruck eines voll blühenden Magnolienbaums ist so intensiv, daß man ihn nicht mehr vergißt, wenn man ihn nur einen Tag in seiner vollen Schönheit sehen konnte.

Sowohl *Magnolia soulangiana* wie *Magnolia stellata* sind gut in Mimosa-Chrysal ab Anfang Februar treibbar. Die Treibzeit dauert etwa 14 Tage und verkürzt sich, je mehr sich die natürliche Blütezeit nähert.

Während der Treibzeit muß man sehr achtsam mit den Zweigen umgehen, da die Knospen sich leicht abstoßen und jede Druckstelle an den Blüten braune Flecke hinterläßt.

Die Schnittverträglichkeit der Bäume ist gut. Sie reagieren jedoch mit starkem Längenwachstum und vermindertem Blütenansatz. Niemand wird so edlen Gehölzen über Gebühr Eingriffe in ihre Substanz zumuten. Auch ein kleiner Zweig mit wenigen Knospen sieht schon wunderschön in der Vase aus. Meist, vor allem bei älteren Bäumen, ist die Linie der Zweige von so vollkommener

① *Hedera colchica,* ② *Primula vulgaris* 'Premiere 72', ③ *Narcissus* 'Tete a Tete', ④ *Galanthus nivalis* 'Simplex', ⑤ *Hebe buxifolia,* ⑥ *Spiraea × arguta,* verfrüht. Taschenförmige Keramikvase von Juscha Schneider-Döring. In Steckmasse gestaltet von Annemarie Hagen.

Schönheit, daß man mit anderen Blumen oder Grün sehr sparsam umgehen kann, wenn man nicht sogar ganz darauf verzichtet.
Am besten kommen Magnolien in ruhigen, zurückhaltenden Keramikvasen zur Geltung, die sich allein durch Proportion und Glasur auszeichnen.

Malus, Zieräpfel
Wenn das große Blühen der Bäume sich schon seinem Ende zuneigt, beginnt die Zeit der Zieräpfel. Zum Verfrühen sind sie weniger geeignet, da die Treibzeit im Wasser wesentlich länger dauert als die der Zierkirschen.
Der Reiz der Zieräpfel liegt in ihrem zweimaligen Schmuckwert im Jahreslauf: zur Blütezeit und später durch ihre oft sehr hübschen kirsch- bis aprikosengroßen Früchte, die ein attraktiver Vasenschmuck für viele Herbstwochen sein können. Bei einigen Sorten prangen sie am Baum bis weit in den Dezember hinein.
Unter den vielen *Malus*-Hybriden gibt es Sorten, die stark wachsen und durchaus die Größe eines Apfelbaumes erreichen, und andere mit sehr schwachem, manchmal säulenförmigem Wuchs, ideal für kleine Gärten. Allen voran die strauchförmige, meist als schlanke Säule wachsende Sorte 'Van Eseltine'. Sie blüht in schönstem Rosa halbgefüllt, die Knospe deutlich dunkler als die voll erblühte Blume. Die großen Blüten stehen den japanischen Blütenkirschen nicht an Schönheit nach. Im Herbst schmückt sich der Strauch mit mittelgroßen, blattkugeligen, gelben Früchten mit roten Bäckchen. Wenn man bescheiden ist in seinen Ernteansprüchen und im Frühling und Herbst jeweils nur einige Zweige entnimmt, dann scheint mir dies der wertvollste Zierapfel zu sein, vor allem für kleinere Hausgärten.
Will man mehr als einen Zierapfel pflanzen, so ist für einen kleinen Garten die Züchtung 'Profusion' (als *Malus × moerlandsii* in den Katalogen zu finden) eine wichtige Sorte. Die anfangs dunkelroten Blüten werden im Erblühen heller, ohne verwaschen auszusehen, und halten von allen Zieräpfeln am besten im Wasser. Der Baum wird 3–4 m hoch, aufrecht im Wuchs mit elegant aus geschlossener Kegelform ausschwingenden Einzelzweigen. Man kann ab Ende Januar Treibversuche machen.
Wichtiger noch als die einfache weiße Frühlingsblüte, so schön sie auch ist, ist der herbstliche Fruchtbehang bei 'Golden Hornet' *(Malus zumi)*. Die kleinen kugeligen bis eiförmigen Früchte hängen schön goldgelb bis nach Weihnachten am Baum und werden nur an sehr wenigen Orten von Vögeln gefressen. Man kann die Zweige gut in weihnachtlichen Vasenfüllungen verarbeiten, mit Zedern, oder auch zu dem satten Grün der Schwarzwaldtanne, Kiefern oder der Eiben. Die Haltbarkeit beträgt, je nach dem Reifegrad, etwa 2–3 Wochen im geheizten Raum.
Schneidet man noch vor dem Blattfall, sollte man bei allen *Malus* die Blätter entfernen, da sie schnell unschön werden. Ein Zusatz von Mimosa-Chrysal verlängert die Lebensdauer in der Vase. Die Sorte 'Golden Hornet' erhielt in England mehrere Qualitätsauszeichnungen.
Ähnlich lange hält im Herbst 'Wintergold' *(Malus sieboldii)* die gelben Früchte. Der kleine aufrechte, etwas starre Baum, blüht weiß aus einer rosa Knospe, etwa zur Mitte der Malus-Blütezeit. Die Früchte sind 1–1,5 cm dick im vollen Behang, allerdings mit dem fast bei allen Äpfeln üblichen Zweijahres-Turnus.
Ein ziemlich regelmäßiger Blüher und Fruchtbringer ist 'Professor Sprenger' *(Malus zumi)*. Er wächst verhältnismäßig stark etwa 4–5 m hoch und breit, ist also nur für größere Gärten geeignet. In der Blüte unterscheidet er sich wenig von den anderen *Malus zumi*-Sorten. Seine Früchte sind orangerot und reifen früh. Sie hängen zwar auch lange am Baum, verbräunen aber doch nach einigen Wochen, so daß sie dann als Vasenschmuck ungeeignet werden. Aber in der zweiten Septemberhälfte

und in den ersten Oktoberwochen können sie zusammen mit Chrysanthemen und Herbstastern den ganzen Glanz des scheidenden Sommers ins Zimmer holen.
Da die Zweige durch den starken Fruchtbehang ein großes Gewicht haben, sind selbstverständlich nur gut standfeste Vasen geeignet. Bei allen Fruchtzweigen sollte man unbedingt schon vor dem Schnitt sich genau die Wuchsform ansehen und so aussuchen, daß sie statisch gut in der Vase stehen werden.
Plutarch nennt den Apfel die einzige Baumfrucht, welche alle Schönheit in sich vereine. Sein Äußeres sei so reinlich, daß er den Händen des ihn Angreifenden einen Wohlgeruch mitteile. Er besitze zugleich auch einen sehr lieblichen Geschmack und sei sowohl für das Auge wie für die Nase höchst angenehm. Er ergötze alle Sinne. Ob es diese Eigenschaften sind, daß der Apfel bei allen Völkern, die ihn kannten, ein Liebessymbol, und zwar in erster Linie ein Symbol weiblicher Verführungskunst war? Seit Evas Zeiten sind es immer die Frauen, die den Männern die Äpfel reichen. In einem viel geübten Volksbrauch bewerfen die Frauen die Männer, oder besser den Mann ihrer Wahl, mit Äpfeln. In einer etwas gemilderten Form werden Äpfel zum gemeinsamen Verzehr angeboten.
Wenn tausend Auserwählte der Palastwachen der persischen Könige auf ihren Lanzen goldene Äpfel trugen, so ist das nur oberflächlich betrachtet ein anderer Symbolkreis. In Wirklichkeit liegt in der damit betonten Männlichkeit eine Kraftdemonstration. Alexander der Große war von dieser Sitte so begeistert, daß er es sofort in seinem Heer kopierte. Daß die goldenen Äpfel der ewigen Jugend bei vielen Völkern im Götterhimmel wuchsen, daß im Paradies der Apfelbaum stand, daß das Paradies der Kelten Avalon, das Apfelland hieß, meint alles nur das gleiche.
Ob der Reichsapfel der deutschen Kaiser und Könige ein Sonnensymbol, ein Abzeichen der Welt, durch seine runde Form ein Symbol der Ordnung (in diesem Fall im Staate) oder eben auch ein Symbol des männlichen Sieges ist, wage ich nicht zu entscheiden.
Und wenn man zum Schluß nach dem doch rein männlichen »Adamsapfel« fragt, so bekommt man von den Symbolforschern nur die Antwort, daß es ein Stück von Evas Apfel ist, das dem ertappten Adam vor Schreck im Halse steckenblieb.

Prunus

Prunus dulcis, Mandelbaum

Um Mißverständnisse zu vermeiden: Mit dem »Mandelbäumchen« *(Prunus triloba)* bestehen zwar gewisse verwandtschaftliche Beziehungen, optisch aber unterscheiden sich beide grundlegend. Der echte Mandelbaum strahlt Ruhe und starke Kraft aus. Das schwachwachsende Mandelbäumchen mit seinen dicht gefüllten, süß-rosa Blüten wirkt immer wie eben frisch aus Seidenpapier ausgeschnitten.
Die echte Mandel wird kaum in Mitteleuropa angebaut, da sie in unseren Breitengraden nur selten Früchte ansetzt. Dabei übersieht man ganz die Schönheit ihrer großen klaren, weißrosa Blüten und ihren stolzen Wuchscharakter. Als starker Wachser ist die echte Mandel für kleine Gärten nicht geeignet.
Die frühe Blüte (etwa zusammen mit *Prunus* 'Fudan Sakura') macht sie zu einem wichtigen Frühlingsboten. Sie ist leicht und schnell treibbar. Die Haltbarkeit getriebener Zweige im Wasser ist nur bis etwa Ende Februar befriedigend.
Der Baum produziert vorwiegend starre, etwas grob verzweigte Äste, die ihn in erster Linie für größere Dekorationen geeignet machen. Durch seine kurze Treibzeit (Mitte Februar 3–4 Tage) ist man mit ihm gut gerüstet für kurzfristig angemeldete Gäste. Für seine floristische Verarbeitung gilt das auf Seite 83 Gesagte.
Besser als Sämlinge sind die Sorten 'Dürkheimer Prachtmandel', zartrosa blühend, mit fast 40 mm großen Blüten oder die etwas

① *Crocus tomasinianus,* ② *Primula vulgaris* 'Ernst Benary Schaumischung', ③ *Hebe pinguifolia,* ④ *Prunus serrulata* 'Accolade', verfrüht. In Steckmasse gearbeitet in einem Fußglas von Erwin Eisch. Gestaltung Annemarie Hagen.

schwächer wachsende Sorte 'Friesdorf 1', die als junger Baum auch am einjährigen Holz bereits reichlich Blüten ansetzt.
Alle echten Mandeln vertragen den Rückschnitt gut. Die Bäume erreichen ein Durchschnittsalter von 20–25 Jahren. Gegen Krankheiten und Schädlinge sind sie viel resistenter als die nahe verwandten Pfirsiche.

Prunus persica, Zierpfirsiche

Die schönen Zierpfirsiche sind fast ganz aus den Sortimenten der Baumschulen verschwunden. Vielleicht liegt es daran, daß die Bäume kein so hohes Alter erreichen wie andere Blütenbäume des Frühlings.
Gummifluß, Zweigdürre und Kräuselkrankheit machen den Pfirsichen leider oft zu schaffen. Es wird empfohlen, sie vorbeugend mit einem Mischfungizid in den ersten Märztagen zu spritzen, was man aber nicht als ein Allheilmittel betrachten darf.
Meist versagen vor allem die reizvollen gefüllten Formen in der Treiberei, auch bei Zusatz von Mimosa-Chrysal. Man kann sie lediglich um 1–2 Wochen verfrühen, was manchmal auch wichtig sein kann.
Trotz all der Nachteile, die am Beginn der Betrachtung stehen, sollte der Liebhaber von blühenden Gehölzen doch entschlossen sein, einen Versuch mit Zierpfirsichen zu wagen. Das etwas Artifizielle, ist in mancher Umgebung von großem Reiz.
Die bekanntesten (und daher auch am leichtesten zu beschaffenden Sorten) sind 'Clara Meyer' (gelegentlich auch 'Klara Meyer' geschrieben), dunkelrosa, stark gefüllt, spät; 'Iceberg', reinweiß gefüllt, mittelfrüh; 'Windle Weeping', die romantische Hängeform, dunkelrosa, früh, dicht gefüllte Blumen, die zum Herbst große, köstliche, eßbare Pfirsiche bringt und die sich in jeden kleinen Garten einfügt.
Alle Pfirsiche gedeihen am besten auf trockenen, steinigen Plätzen, die warm und voll sonnig sind. In nassen kalten Lagen sollte man darauf verzichten, sie anzupflanzen.
Dem Vasenwasser ist immer Mimosa-Chrysal zuzusetzen und dem Strauß ein ganz ruhiger, von Zugluft geschützter Standort zu geben. Alle Zierpfirsiche beginnen schon schnell nach dem Erblühen auszufallen, wenn sie geschüttelt werden oder Zugluft bekommen. Sie halten aber, vor allem verfrüht, recht gut in der Vase, wenn sie ganz ruhig stehen.
Die beiden frech pinkrosa Sorten 'Clara Meyer' und 'Windle Weeping' passen im Strauß und im Garten am besten zu allen lila Tönen und zu weiß, also zu Tulpen verschiedener violetter Nuancen, zum Beispiel 'Prince Charles', 'First Lady', aber natürlich auch zum ersten Flieder 'Mirabeau'. Die Vasen dürfen nicht zu herb und rustikal sein, sie müssen möglichst die etwas verfeinerte Künstlichkeit aufnehmen, die Prunus persica ausstrahlt. Es ist absolut der Moment, die selten benutzte Jugendstilvase aus dem Schrank zu nehmen, vielleicht auch eine alte Silberkanne oder ein ruhiges weißes Porzellangefäß.

Prunus, Blütenkirschen

Im April und in den ersten Maitagen, wenn die Zierkirschen blühen, hat die Luft oft eine besonders würzige Klarheit, einen Erdgeruch voll Hoffnung auf ein neues Gartenjahr, der die Menschen unruhig macht und Sehnsüchte weckt. Es sind Tage, die sich vergleichbar im Jahreslauf nicht wiederholen.
Gerade viele Zierkirschen sind besonders gut geeignet, bereits im tiefsten Winter die Wohnung in reinsten Frühling zu verzaubern. Am besten treibbar ist die den japanischen Kirschen zugeordnete Sorte 'Fudan Sakura'. Die große englische Baumschule Hillier bezeichnet sie in ihrem »Manual Book of Trees and Shrubs« als einzige besonders gut zum Schnitt und zur Innendekoration geeignete Kirschenart.
Bereits zusammen mit Forsythien kann sie ab 14. Dezember geschnitten werden. Sie muß die gleiche Warmwasserbehandlung erhalten und wird dann zwischen den Jahren bzw. zum

Neujahrstag voll erblüht sein. Man sollte etwa bis 10. Januar nur größere Zweige schneiden, da in ihnen bessere Kraftreserven angelegt sind. Die Blüten kommen in großer Fülle, sind ungefüllt, etwa 3–4 cm im Durchmesser, weiß, im Verblühen rosa. Die Verzweigung des Baumes ist gut, der jährliche Zuwachs reichlich, die Kronenform kugelig. Der Baum erreicht eine Höhe von 3–5 m, ein Alter von 15–25 Jahren. Die erste Ernte ist im dritten Jahr möglich. Die Pflanzweite ist am besten 3,5 × 3,5 m. 'Fudan Sakura' ist mit jedem Boden einverstanden.

In sehr milden Wintern kann die Blüte gelegentlich, ähnlich der Sorte *Prunus subhirtella* 'Autumnalis', bereits im Dezember beginnen und sich über den ganzen Winter hinziehen. An milden Tagen werden sich immer einige Blüten öffnen. So hübsch das im Garten aussieht, die Zweige sind in solchen Jahren für die Treiberei ungeeignet, da sie vollkommen unregelmäßig in der Vase aufblühen.

Die Sorte ist etwas anfällig gegen den Pilz *Monilia,* der die auch bei Sauerkirschen auftretende Zweigdürre verursacht. Den Obstbauern wird regelmäßiger Schnitt der Sauerkirschen empfohlen, um die Monilia-Krankheit nicht aufkommen zu lassen. Auch nach meinen Erfahrungen bleiben regelmäßig geschnittene Bäume von 'Fudan Sakura' viel gesünder als nicht geschnittene. Man kann hier also nicht nur von einer guten Schnittverträglichkeit, sondern geradezu von einer Notwendigkeit sprechen, einige Wochen lang im Winter seine Vasen mit 'Fudan Sakura' zu füllen. Die Haltbarkeit in der Vase ist wie bei fast allen Zierkirschen nicht erstklassig; getrieben jedoch wesentlich besser als zur natürlichen Blütezeit: etwa 8–10 Tage. Man holt sie ins Zimmer, wenn die Knospen Farbe zeigen.

Die Treibdauer beträgt im Dezember und Januar 10–14 Tage, verkürzt sich im Februar bereits auf eine Woche.

Die Sorte, die in Europa fast vergessen ist, wird nur von wenigen Baumschulen angeboten. Nach meiner Kenntnis bieten sie zur Zeit die Fa. Hillier and Sons, Winchester, England, und Dr. Simon, Marktheidenfeld, an.

Prunus 'Accolade' ging aus einer Kreuzung von *Prunus sargentii* × *Prunus subhirtella* Anfang der fünfziger Jahre in der Knap Hill Nursery, Woking, England, hervor, und ist weit mehr als die Addition der Schönheit beider Elternteile. Hier war jenes Züchterglück beteiligt, das die guten Eigenschaften sich steigern läßt. Die schlanken, zierlichen Zweige, die in großer Menge Jahr für Jahr zuwachsen, hängen graziös über und sind besetzt mit gezähnten, lachsrosa, halbgefüllten Blüten in dicken Büscheln. Jede Blüte hat etwa 2,5 cm Durchmesser. Die Wuchsform des Baumes ist aufrecht und zugleich breit, da er unbedingt acroton einen Leittrieb bevorzugt, von diesem ausgehend aber die Äste fast waagerecht zur Seite schwingt. Er hat etwas Tänzerisches, da der leichteste Wind die dünnen Zweige bewegt. Man kann schon im dritten oder vierten Jahr beginnen, an den jungen Bäumen kleinere Zweige zu schneiden. Der Vollertrag setzt etwa im fünften Jahr ein. Die Lebensdauer des bis zu 5 m hohen Baumes ist 20–25 Jahre. Während der eine Elternteil *Prunus sargentii* so gut wie gar keinen regelmäßigen Schnitt verträgt, hat 'Accolade' die ausgezeichnete Schnittverträglichkeit von *Prunus subhirtella* geerbt – leider auch deren Anfälligkeit gegen *Monilia.* Aber auch für 'Accolade' trifft das zum Schnitt Gesagte zu. Von dem Elternteil *Prunus sargentii* stammt die vorzügliche Winterhärte der Blütenknospen.

Nach dem 15. Januar geschnittene Zweige, die keine Warmwasserbehandlung benötigen, blühen in Mimosa-Chrysal in schönem Rosa auf, wenn sie einen hellen Stand haben. Früher geschnittene und gebadete Zweige haben vor allem in trüben Wintern keine gute Farbe. Durchschnittliche Treibdauer ist 10–12 Tage; die Haltbarkeit ist bei getriebenen Zweigen etwa eine Woche, zur natürlichen Blütezeit 4–5 Tage bei ruhigem Stand.

Wenn sich jemand beruflich mit dem Anbau von Blütengehölzen zum Schnitt beschäftigen will, dürften 'Fudan Sakura' und 'Accolade' die beiden wichtigsten Sorten sein. Da jedoch jeder Winter anders verläuft und andere Anforderungen und Möglichkeiten bringt, sollte man immer ein breites Sortenspektrum aufpflanzen.

Prunus × yedoensis beansprucht viel Raum und kann nur in größeren Anlagen gepflanzt werden. Seine Höhe ist 12–15 m, der Wuchs sparrig und der jährliche Zuwachs enorm, die Schnittverträglichkeit gut. Die schlanken, nur wenig verzweigten Triebe, sind in erster Linie für Bodenvasen, große Dekorationen und größere Sträuße geeignet. So groß der Platzbedarf der Art im Garten ist, so angenehm ist er im Treibraum, da man die Zweige bequem zu schlanken Bündeln schnüren kann.

Die ungefüllten weißen, etwa 3 cm großen Blüten, erscheinen in großer Fülle früh, zwar nach 'Fudan Sakura', aber lange vor der Sorte 'Kanzan'. Durch die reiche Blüte ist diese Hybride unbekannten Ursprungs eine der schönsten japanischen Kirschen. Die berühmten 800 Kirschbäume, die der Oberbürgermeister von Tokio 1912 der Stadt Washington als Friedensgabe schenkte, waren *Prunus × yedoensis*. Die Schnittverträglichkeit ist gut. Die Bäume erreichen ein hohes Alter, wie man in Washington sehen kann.

Etwa im ersten Januardrittel ist *Prunus × yedoensis* zuerst treibbar. Die Treibzeit in Mimosa-Chrysal in einem hellen Raum beträgt dann etwa 16–18 Tage und verkürzt sich, je näher die normale Blütezeit kommt. Die Haltbarkeit in der Vase ist etwa gleich mit 'Fudan Sakura', die einzelne Blüte etwas kleiner. *Prunus × yedoensis* ist ein gesunder robuster Baum, der neben *Prunus sargentii* die einzige Blütenkirsche war, deren Blütenanlagen in dem Eiswinter 1956/57 in Frankfurt nicht erfroren.

Prunus serrulata 'Shirotae' (syn. 'Mount Fuyi'), eine weiße gefüllte Traumkirsche, ist eine der frühesten, treibbaren, halbgefüllten Sorten. Die Haltbarkeit im Wasser ist besser als bei allen anderen *Prunus serrulata*-Sorten. Leider ist aber die Schnittverträglichkeit sehr schlecht. Der breitkronige, fast schirmförmig wachsende Baum ist äußerst schnittunverträglich. Wenn man ihn um seiner Schönheit willen liebt und anpflanzt, sollte man ihm jährlich nicht mehr als 1–2 Zweige nehmen.

Prunus 'Shimidsu Sakura' ist 'Shirotae' sehr ähnlich, aber laut Krüssmann und englischen Katalogen ein schlechter Wachser. Bei mir stürmt er jedoch (offenbar aufgrund der Unterlage oder einer Falschlieferung) in den Himmel und ist von weit besserer Schnittverträglichkeit als 'Shirotae'. Die Haltbarkeit im Wasser ist gut. Die rosa Knospen öffnen sich zu reinweißen, gefüllten Blüten. Getrieben sind die Blütenstiele etwa 4–5 cm lang. Zur natürlichen Blütezeit stören die dann bis zu 12 cm langen Blütenstiele oft etwas das Bild in der Vase. Man sollte mit dem Verfrühen nicht vor Ende Februar, in späten Jahren Anfang März beginnen.

Prunus serrulata 'Kanzan' (von den Baumschulen oft fälschlich als 'Hisakura' angeboten), die am meisten verbreitete bonbonrosa gefüllte Blütenkirsche, ist an ihrem wenig schönen, für sie charakterischen V-förmigem Wuchs zu jeder Jahreszeit sofort zu erkennen. Die starken, etwas zu dicken Zweige sind fast nur für große Vasen geeignet. Die Schnittverträglichkeit der meisten Exemplare ist gut. Ich habe einen über vierzig Jahre alten Baum, der Jahr für Jahr große Mengen Zweige liefert und trotz häufigen Kappens der Krone etwa 8 m hoch ist.

Mit dem Treiben sollte man, je nach Wetterverlauf, möglichst nicht vor Anfang bis Mitte März beginnen.

Prunus serrulata 'Kiku-Shidare Sakura' ist eine Hängeform, in den Blüten etwa 'Kanzan' ähnlich, jedoch etwas kleiner und stärker gezähnt. Die natürliche Blütezeit ist etwa eine Woche vor 'Kanzan'. Die schlanken, bogig überhängenden Zweige stehen schön in der Vase, wenn man sie nicht zu lang schneidet. Die Schnittverträglichkeit ist sehr gut, besser als bei vielen anderen *Prunus serrulata*-Sor-

ten. Die Treibfähigkeit beginnt etwa zwei bis drei Wochen vor der Sorte Kanzan.
Prunus serrulata 'Ojochin' ist ein starker, etwas grober Wachser. Die sehr großen einfachen Blüten sind von zartestem Rosa, fast schon weiß, ein interessanter Kontrast zu dem schweren, etwas derben Holz. Der ca. 7 m hohe Baum ist nur für größere Anlagen geeignet, es sei denn, man wählt ihn sich zum Hausbaum.
Auch im allerkleinsten Garten unterzubringen ist *Prunus serrulata* 'Amanogawa'. Der reichen Fülle der Blüten und der Wuchsform verdankt diese Sorte ihren Namen (Amanogawa heißt auf deutsch Milchstraße). Wer Blütenkirschen liebt und wem es genügt, jährlich 1–2 schlanke Zweige für eine Vasenfüllung zu schneiden, der sollte diesen *Prunus* mit seinem überaus schmalen, säulenförmigen Wuchs pflanzen.
Der jährlich geringe Zuwachs bildet sich vorwiegend im Längstrieb aus. Ein fast zwanzigjähriger Baum hat kaum mehr als 1 m Kronendurchmesser, aber eine Höhe von etwa 5 m. Die Blüten sind einfach bis halb gefüllt, groß, von zartem Rosa; ungewöhnlicherweise stehen die Blüten auf aufrechten Stielen und haben einen sanften Duft. Die Sorte ist ab Anfang März treibbar, die natürliche Blütezeit später als 'Kanzan'. Für einen erwerbsmäßigen Anbau ist sie ohne jede Bedeutung.
Für Liebhaber von Wildpflanzen ist *Prunus subhirtella* mit seinen Formen eine schöne Bereicherung. Die Art heißt in ihrer Heimat Japan 'Schneekirsche' und bedeckt mit ihrem Wildwuchs ganze Berghänge. Die Haltbarkeit der getriebenen Zweige ist verhältnismäßig kurz, etwas besser bei der gefüllten Form *Prunus subhirtella* 'Plena'. Als schönste Form gilt *Prunus subhirtella* 'Fukubana', tiefrosa. Die überreich an den zierlichen Zweigen erscheinenden Blüten sind besonders geeignet für Tischdekorationen oder kleine Sträuße, aber auch ein großer Ast kann einen ganzen Raum verzaubern. Die einfache Form ist in durchschnittlichen Wintern ab Anfang Februar treibbar. Die gefüllte Form etwa 14 Tage später. Es gibt jedoch Jahre, in denen die gefüllte Form in der Treiberei versagt, ohne daß ich eine Erklärung dafür geben kann.
Es gehört Geduld und ein großes Grundstück dazu, wenn die gefüllte Vogelkirsche *Prunus avium* 'Plena' gepflanzt wird. Viele Jahre dauert es, bis sie wirklich voll bis in die Spitzen der sparrigen Langtriebe blüht; dann allerdings ist das reine Weiß in dem frischen klaren Grün des jungen Laubes ein frech-fröhlicher Anblick, sowohl am Baum wie in der Blumenvase. Die Wüchsigkeit und Gesundheit übertrifft alle Anderen. In günstigen Fällen kann der Baum bis zu 30 m hoch werden. Im Erwerbsanbau muß man bereit sein, erst nach 10–12 Jahren mit dem Schnitt zu beginnen. Zweige jüngerer Bäume mit etwa 60 cm langen blütenlosen Triebspitzen sehen wenig ansprechend in der Vase aus. Treibfähig sind sie ab Mitte Februar, eventuell (in späten Wintern) Anfang März.
Alle Kirschen gedeihen fast auf jedem Boden in sonniger Lage. Magere, steinige Böden werden genauso akzeptiert wie schwerer Lehm. Eine normale bis leicht saure Bodenreaktion wird bevorzugt, jedoch auch Kalk toleriert.
Floristisch sollte man in der Vase, wenn man auf andere Blumen verzichtet – die der Garten im Januar bis März kaum in so reicher Zahl liefern kann, daß sie in eine Proportion zu den Zweigen kämen – den getriebenen Zweigen immer wintergrünes Laubwerk zuordnen. Sehr gut ist *Rhododendron* geeignet, vor allem, wenn man die Äste so geschickt aussucht, daß sie sich horizontal über den Vasenrand legen. Auch der großblättrige *Prunus laurocerasus* 'Schipkaensis Macrophylla' ist möglich. Zu kleinen feinen Zweigen kann man die *Berberis veitchii* nehmen. Das Grün nimmt den Blütenkirschen das Künstliche, das ihnen gelegentlich anhaftet.
Optisch schwere, etwas erdige Gefäße sind meist besser geeignet als Glas, obwohl ein weißer Kirschblütenzweig in einem transpa-

renten Glaszylinder sehr gut aussehen kann. Da die Zweige of sparrig sind, was ja gerade einen Teil ihrer Schönheit ausmacht, muß man unbedingt, vor allem an unruhigen Plätzen, auf eine gute Standfestigkeit der Vase achten. Geeignet sind alle tropfenförmigen Vasen mit einer tiefen Schwerpunktlage.

Alle wissen von der großen Verehrung der Kirschblüte in Japan, von dem hohen Symbolwert, aber diese Verehrung exakt begründen, den Symbolgehalt erklären konnte mir bisher niemand. Man spricht davon, daß die Sterilität der japanischen Kirsche (die sie gar nicht hat) sie zum Symbol mache für ein Blühen um ihrer selbst willen, also ohne Sinnlichkeit. Zum Jahresbeginn schenkt man in Japan Kiefernzweige und Kirschblüten als Zeichen der Einheit von Beständigkeit und Vergänglichkeit.

Eine für Europäer ganz überraschende Deutung* ist die Kirschblüte als Symbol des Rittertums. »So wie die Kirsche eine kurze Zeit der festlichen Blüte hat und ihre Blütenblätter dann leicht und ohne Klage löst, so muß auch der Abschied des Ritters vom Leben sein, wenn seine Zeit gekommen ist.«

Es ist dies ein interessantes Beispiel für die Polarität des japanischen Lebensgefühls, die äußerste Zartheit mit kriegerischer Kraft verbindet und die sich auch in der Gabe von Kiefer- und Kirschblüte äußert.

Rhododendron, winterharte Azaleen

Wer einmal alte Rhododendron-Büsche blühend erlebte, sei es in einem der berühmten Rhododendron-Parks von Bremen, in Linswege/Oldenburg, in den Wisley-Gardens der British Royal Horticultural Society oder in einem großen Privatgarten, der wird als Gartenliebhaber infiziert sein für sein Leben mit dem Bazillus, der da heißt: Liebe zu Rhododendron und Azaleen. Es kann nicht die Aufgabe dieses Buches sein, eine ausführliche Kulturanweisung für diese majestätischen Gäste unserer Gärten zu geben und ein breites Sortenspektrum zu beschreiben. Es kann nur anregen, sich mit dem Thema zu befassen.

Die Rhododendron und Azaleen, die beide zur Gattung *Rhododendron* gehören, wollen eine saure Bodenreaktion, obwohl es glücklicherweise auch einige gibt, die einen gewissen Kalkgehalt des Bodens tolerieren. Bei hoher Luftfeuchtigkeit entwickeln sich die meisten, vor allem die großblättrigen Arten der *Rhododendron* Asiens und Nordamerikas besser. So ist es fast immer günstiger, sie in den Halbschatten als in die volle Sonne zu pflanzen, die nur die hochgebirgsbewohnenden, kleinblättrigen Arten lieben.

Vor dem Pflanzen muß der Boden 50 : 50 mit angefeuchtetem Torf gemischt werden. Kiefernadelspreu entspricht dem Naturstandort und kann reichlich untergemengt und zum Abdecken verwendet werden. Auch das Gras vom Rasenschnitt gibt eine ideale Mulchdekke, die lange die Feuchtigkeit hält.

Rhododendron und Azaleen gehören zu den ballenhaltenden Pflanzen, d.h. sie entwickeln ein verhältnismäßig dichtes Netz feiner Faserwurzeln, das die Erde zwischen sich festhält. Dies erlaubt, auch alte Pflanzen zu versetzen ohne sie zu schädigen. Fast immer wird man die jungen Pflanzen zu dicht benachbaren. Nach einigen Jahren sollte man sie auseinanderpflanzen, denn die schönsten Gartenbilder entstehen auf die Dauer, wenn jeder Busch seinen eigenen Wachshabitus entwickeln kann, und nicht alles zu einem bunten Blumenkuchen verbackt.

Rhododendron

Bei den Rhododendron tolerieren alle Abkömmlinge der nordamerikanischen Art *Rhododendron catawbiense* etwas Kalk im Boden, aber auch volle Sonne und die verschmutzte Luft der Großstädte. Der Anfänger sollte sich zunächst auf diese relativ unkomplizierten Hybriden konzentrieren. Die bedeutenden Rhododendron-Züchter Seidel und A. u. H. Waterer haben vorwiegend mit

* Hans Schwalbe: Japan. Prestel Verlag, 1974.

Rhododendron catawbiense gearbeitet. Sind sie als Züchter in einem Katalog genannt, so kann man mit einiger Sicherheit gute Winterhärte, Kalktoleranz und Robustheit voraussetzen. Einige Sorten: 'Bibber' (Seidel 1900), karminrot; 'Allah' (Seidel 1926), zart lilarosa, spät; 'Catawbiense Grandiflorum' (A. Waterer), eine Auslese aus dem Typ; 'Roseum Elegans' (A. Waterer), zartrosa, spät; 'Granat' (Seidel 1916), karminrot; 'Lee's Dark Purple' (Lee, vor 1851 eingeführt), eine tief purpurviolette Catawbiense-Hybride von ganz ungewöhnlicher Farbe.

Alle diese Hybriden halten auch geschnitten ausgezeichnet in der Vase. 'Catawbiense Grandiflorum' vor allem ist einige Wochen in Mimosa-Chrysal zu verfrühen. Oft erblühen als Schnittgrün geschnittene Zweige, die mit ihrem lederharten Laub eine winterliche Vasenfüllung überdauern.

Wenn die Pflanzen eingewurzelt sind, kann man ohne Bedenken Laub und blühende Stutzen von ihnen schneiden. Nach zehn Jahren liefern sie mannshohe Äste für Bodenvasen, wenn ihnen der Standort einigermaßen zusagt. Die Haltbarkeit der erblühten Zweige in Wasser, besser noch in Mimosa-Chrysal, ist 10–14 Tage. In Steckmasse sollten sie nur verarbeitet werden, wenn sie bereits voll erblüht sind.

Azaleen

Die winterharten Azaleen sind viel seltener in den Gärten und Parks zu sehen als die immergrünen Rhododendron, obwohl es auch bei ihnen Sorten gibt, die an Gartentüchtigkeit dem besten Rhododendron nicht nachstehen. Die Standortansprüche sind sehr ähnlich. Auch die Azaleen wollen eine saure Bodenreaktion und halbschattigen Stand in nicht zu trockener Luft.

Die härtesten, für Anfänger am meisten zu empfehlenden Sorten sind: 'Coccinea Speciosa', spätblühend, leuchtend orange, kleinblumig, schon als junge Pflanze sehr reich blühend; der etagenförmige Wuchs mit den schirmförmig ausgebreiteten Ästen gibt dieser Sorte einen besonderen Reiz, vor allem im Alter. Dreißigjährige Exemplare sind 4 m hoch und ebenso breit, von großer Majestät. Diese Sorte ist schon sehr alt. Sie wurde von Sénéclause vor 1846 gezüchtet. 1969 zeichnete sie die British Royal Horticultural Society mit einem Award of Great Merit aus.

In unserer Zeit hat vor allem die Knap Hill Nursery in Woking, England, viele neue Hybriden gezüchtet. Diese Sorten haben große geöffnete Blüten in vielblumigen Dolden. Besonders empfehlenswert sind: 'Harvest Moon' (Knap Hill 1938), hellgelb mit hellem Fleck, duftend; 'Hotspur' (Knap Hill), in einem flammend rotorange, starkwachsend, 1934 mit einem Award of Merit ausgezeichnet; 'Klondyke' (Knap Hill 1947), leuchtendes goldorange, spät; 'Strawberry Ice', in verschiedenen Rosa-Tönen mit Gelb; die letzte Sorte ist sehr bunt, trifft nicht jeden Geschmack; sie wurde 1947 von Knap Hill in den Handel gegeben; 'Tay', weithin leuchtend goldgelb, 1959 von Knap Hill eingeführt, in interessantem Wuchshabitus (für mich überhaupt die schönste dieser Art), ist leider nur schwer erhältlich.

Alle diese Azaleen sind gut schnittverträglich. Unter Umständen wachsen die Veredelungsunterlagen durch. Man muß sie sofort entfernen, damit die Sorte nicht davon überwachsen wird.

Geschnitten wird, wenn die Knospen Farbe zeigen. Man stellt möglichst in Mimosa-Chrysal oder in normales Chrysal ein. Die Haltbarkeit in der Vase ist etwas kürzer als bei Rhododendron. Wie bei allen blühenden Gehölzen ist es nicht empfehlenswert, sie in Steckmasse zu verarbeiten, es sei denn voll erblüht für kurzfristige Dekorationen.

Die großen ruhigen Farbflächen, die sowohl Azaleen wie Rhododendron ergeben, müssen floristisch aufgelockert werden durch schlanke, leichte Formen. *Allium jesdianum* (syn. *A. rosenbachianum*) ist für größere Sträuße ideal, natürlich auch alle Tulpen, vor

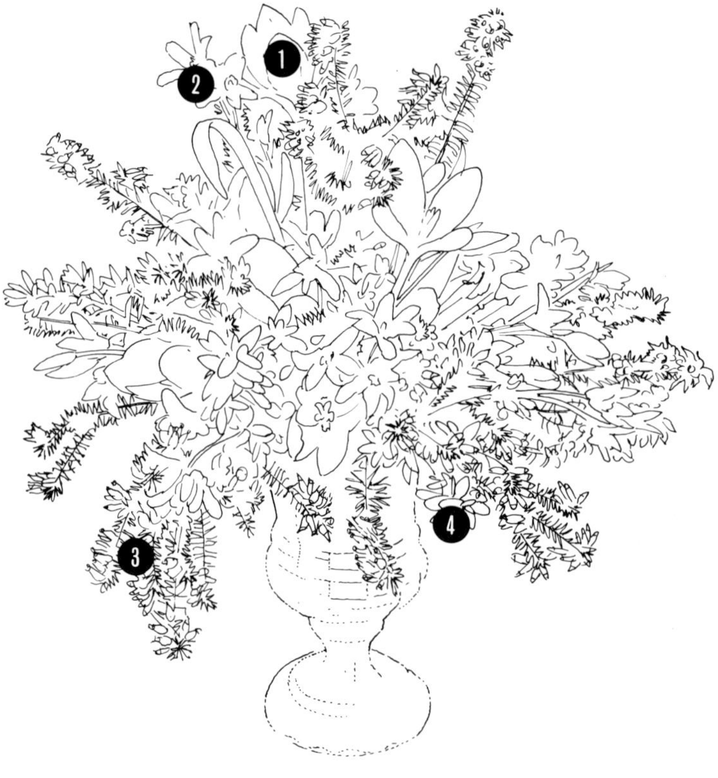

① *Crocus tomasinianus,* ② *Chionodoxa luciliae* 'Pink Giant', ③ *Erica carnea,* ④ *Hebe pinguifolia.* Gebundener Strauß in einem thüringischen Glasgefäß des 19. Jahrhunderts. Floristische Arbeit Annemarie Hagen.

allem die späten Breeder-Tulpen werden um diese Zeit noch blühen und mit ihren bräunlichen Farbtönen gute Partner sein. Immer aber müssen die Azaleen oder die Rhododendron den Hauptakzent setzen. Die übrigen Blumen sollten zurückhaltende Begleiter sein.

Salix, Kätzchenweide

Bei uns sind die zarten Kätzchenweiden eigenartigerweise ein Ostersymbol, obwohl, besonders nach milden Wintern, zu Ostern die Kätzchen fast immer längst verblüht sind. Fast alle Kätzchenweiden wachsen stark und sind nur durch regelmäßigen Rückschnitt in Grenzen zu halten, entweder sofort nach der Blüte oder ab November. Sie vertragen Verjüngungsschnitte, d. h. einige starke Äste können kurz über dem Boden vollkommen entfernt werden. Aber es gibt auch winzige, kriechende Kätzchenweiden, z. B. *Salix polaris,* die nur 3–5 cm hoch wird, und alle Zwischenformen, man muß sie nur zu finden wissen. Natürlich liefern die kleiner bleibenden Pflanzen lange nicht so viele Schnittstiele, aber für einen Privathaushalt immer eine ausreichende Menge.

Salix hastata 'Wehrhahnii' wurde um 1930 im Engadin entdeckt. Die Pflanzen werden etwa 1,50 m hoch, sind dicht verzweigt und reich mit goldgelben, später goldbraun werdenden Kätzchen besetzt. Der angenehme Wuchshabitus macht diese Kätzchenweide auch für den kleinsten Garten geeignet und liefert doch reichlich Zweige für mittlere Vasen und Gestecke, weniger für Bodenvasen. Wer gerne Blumenarrangements im Ikebana-Stil arbeitet, sollte auf diese Kätzchenweide nicht verzichten.

Halbkugelig bis 2 m breit und 2 m hoch, wächst die aus Japan stammende *Salix melanostachys* mit schwarzen Kätzchen an rötlichem Holz. Die Kätzchen werden getrieben purpurrot. Leider ist der Knospenbesatz nicht jedes Jahr so reichlich, wie man es sich wünscht, und sicher wäre hier eine gute Aufgabe für Züchter, denn das apart gefärbte Kätzchen ist floristisch ein Leckerbissen. Es eignet sich hervorragend zu allen zarten, hellen Frühlingsblumen, und seine ungewöhnliche Farbe bringt Spannung in jeden Strauß.

Ebenfalls noch zu den klein bleibenden Kätzchenweiden zählt *Salix irrorata,* die etwa 3 m hoch wird, aber leider bis zu 5 m breit. Die kurzen Kätzchentriebe sind zierlich gewachsen und reichlich besetzt. Die Art bietet Jahr für Jahr die Möglichkeit, eine große Anzahl Stiele auch für Bodenvasen zu schneiden.

Wirklich nur für große Anlagen geeignet ist die bekannte männliche Form von *Salix caprea* (in den Baumschulen »Salix caprea mas«), die stark wächst und regelmäßig eine übergroße Anzahl mit dicken Palmkätzchen besetzte Schnittstiele liefert.

Eine der allerschönsten Kätzchenweiden, *Salix acutifolia* 'Pendulifolia', wurde bereits 1912 aus China an die Baumschule Späth in Berlin gesandt, aber erst 1939 von ihr in den Handel gegeben. Leider braucht auch dieser hohe Strauch viel Lebensraum und ist für kleinere Gärten ungeeignet. An seinen elegant überhängenden Zweigen trägt er im Winterausgang lange, schlanke Kätzchen. Seine eigentliche Schönheit entfaltet der Strauch aber erst in der Vase, genau gesagt, in der trockenen Luft unserer zentralgeheizten Räume. Dann überzieht sich das blaubraune Holz mit einem weißen Reif, und die lachsfarbig austreibenden Kätzchen stehen dazu in reiner Harmonie. Wer regelmäßig große Bodenvasen zu füllen hat, sollte versuchen, eine Gartenecke für sie zu reservieren.

Wenn man als Schwerpunkt in die Bodenvase einige Zweige Rhododendron stellt, aus denen 'Pendulifolia'-Kätzchen herausragen, so wird man eine wochenlang haltbare und attraktive Dekoration haben.

Ein Unikum unter den Kätzchenweiden ist die Drachenweide, *Salix sachalinensis* 'Secca' (syn. 'Sekka'), in den Baumschulen Salix 'Setsuka', die erst Mitte dieses Jahrhunderts aus Japan eingeführt wurde. Viele ihrer Zweigenden sind stark verbändert und gleich Bischofsstäben gekrümmt. Für Liebhaber von originellen und bizarren Wuchsformen ist diese Sorte, die etwa 2,50 m hoch, aber bis zu 4 m breit wächst, eine große Bereicherung. Leider ist *Salix sachalinensis* 'Secca' krankheitsanfällig und nicht so einfach in der Kultur wie die bisher beschriebenen Sorten. Beim Kauf sollte man unbedingt darauf achten, nur gesunde Exemplare, d. h. solche ohne an Gallapfel erinnernde Zweigverdickungen zu erhalten.

'Secca' ist sehr gut geeignet für weihnachtliche Dekorationen und Sträuße, wenn man die verbänderten Zweige vergoldet oder versilbert. Zum Grün der Koniferen bilden sie einen interessanten Kontrast.

Die anderen beschriebenen Kätzchenweiden sind anspruchslos an den Boden. Obwohl die Pflanzen im Wildwuchs meist an feuchteren Stellen vorkommen, gedeihen sie in fast jeder Erde, sogar auf steinigen Böden.

Gärtnerisch ist es üblich, die geraden, unverzweigten Jahrestriebe zu schneiden, doch sind bei fast allen Kätzchenweiden die zweijährigen an den Kurztrieben besetzten Ruten floristisch viel schöner zu verarbeiten. Sie können das ganze Gerüst eines Straußes bilden, in das man die übrigen Blumen einfügt.

Blumen im Mai, dem »Mozart des Kalenders«

Im Galarock des heiteren Verschwenders,
ein Blumenzepter in der schmalen Hand,
fährt nun der Mai, der Mozart des Kalenders,
aus seiner Kutsche grüßend, über Land.
Erich Kästner

Die heitere Verschwendungssucht dieses Monats, den man so oft Wonnemonat nennt, dieses Bild gilt es einzufangen und auszudrükken in Sträußen und Gestecken. Sie können jetzt gar nicht dekorativ genug sein. Die Farben haben noch die Süße des Frühlings, wenn auch mit den Mollis-Hybriden der Azaleen und den Rhododendron schon kräftigere Töne angeschlagen werden. Um die Mitte des Monats blühen die ersten Rosen, die hohen Bartiris setzen Signale.

An den ersten schwülwarmen Tagen des Jahres, die meist der Mai beschert, wachsen Pilze und Bakterien im Vasenwasser besonders schnell. Die Gefäße müssen deshalb sorgfältig gereinigt, sämtliche Laubteile von den Stielen entfernt und alle Blumen lang angeschnitten werden. Ebenso wie sensible Menschen Schwierigkeiten haben können mit der Umstellung auf sommerliche Temperaturen, haben es auch die Schnittblumen an solchen Tagen schwerer.

Im Garten bringt der Monat einen reichen Arbeitssegen. Das erste Unkraut muß gehackt, die Pflanzen auf Schädlinge oder Pilzerkrankungen beobachtet und wenn notwendig, gespritzt werden. Vieles wird um diese Zeit ausgesät oder gepflanzt.

Gehölze

Cytisus × praecox, Elfenbeinginster

Die beste Pflanzzeit für diese Frühlingsschönheit ist der März. Da *Cytisus × praecox* nicht sehr gut anwächst, ist es wichtig, nur junge, in Töpfen gezogene Pflanzen zu kaufen, auch wenn man glaubt, auf die begehrte Blüte einige Jahre länger warten zu müssen.

Seine Lieblingsplätze findet man in voller Sonne auf leichten, sandigen Böden mit saurer Bodenreaktion. Aber er gedeiht auch gut in mittelschwerem Gartenboden und entgegen aller Literatur toleriert er sogar Kalk. Viel feindlicher sind ihm Hasen und Kaninchen, für die er offenbar ein besonderer Leckerbissen ist. Wer seinen Garten nicht frei von diesen zwar lustigen, aber doch unerwünschten Besuchern halten kann, kommt nicht umhin, einen feinen Maschendraht um die jungen Pflanzen zu legen. Exemplare, die älter als ca. 10 Jahre sind, werden nach meiner Erfahrung nicht mehr von Kaninchen verbissen.

Das Ginstersortiment hat sich durch Züchtung im letzten Jahrzehnt stark vergrößert, aber fast alle Züchtungen sind zweifarbig, das heißt mit unterschiedlicher Färbung von Fahne, Flügel und Schiffchen. Das mag für viele gärtnerische Aufgabenstellungen von Reiz sein, floristisch ist die einfarbig oder annähernd einfarbig rahmweiße Blüte von *Cytisus × praecox* am besten.

Die Blüten des bis 1,50 m hoch und breit werdenden Ginsters erscheinen im ersten Maidrittel, pünktlich zur Hochblütezeit der Gärten, zusammen mit den späten stolzen Darwin-Tulpen, Flieder und den letzten japanischen Blütenkirschen. In der Zeit also, in der es ein leichtes ist, jene vollen, üppigen Sträuße zu binden, deren barocker Prachtentfaltung der Ginster mit seinen elegant geschwungenen Rispen den letzten Charme gibt.

Den Schnitt verträgt er willig, solange dieser Schnitt nicht zu weit ins alte Holz eingreift. In kalten, nassen Lagen hat er mit dem Wachstum und vor allem mit dem Überwintern einige Schwierigkeiten. In diesen Fällen ist es gut, den Boden rund um den Ginsterbusch im Herbst reichlich mit Kiefernnadeln abzustreuen und diese Streu mit einer leichten Fichtenreiserdecke zu halten. In extrem gefährdeten Lagen, in denen man doch auf den Ginster nicht verzichten will, umsteckt man die Pflanze zusätzlich noch lose mit Fichtenreisern und umzieht das Ganze mit einer Kordel, damit der Wind es nicht zerstört. Einpakken in Folie oder anderes luftundurchlässiges Packmaterial hat sich nicht bewährt.

Ein Verfrühen in Nährsalzlösung ist nur um wenige Tage möglich. Die Haltbarkeit des Ginsters im Wasser ist wie bei fast allen Leguminosen beschränkt.

Laburnum × watereri 'Vossii', Goldregen

Rinde, Fruchtschoten und Samen sind stark giftig. Es ist besser, ihn nicht anzupflanzen, wenn regelmäßig kleine Kinder im Garten spielen. Ich habe als Ausweg gefunden, ihn hochstämmig zu ziehen. Zur Blütezeit ist es besonders hübsch, unter einem Goldregenbaum sitzen zu können, gleich einer Goldmarie im Märchen.

Statistiken erweisen, daß Vergiftungen noch vor einhundert Jahren zu dreiviertel durch Pflanzengifte hervorgerufen wurden. In unserem industriellen Zeitalter sind jedoch die Pflanzengifte mit nicht mehr als 10% an den Vergiftungsfällen beteiligt. In dem Zusammenhang ist auch interessant, daß Raucher das Gift des *Laburnum* fast ohne jede Reaktion vertragen, Nichtraucher, vor allem Kinder, mit heftigem Erbrechen, Durchfall und Atemstörungen reagieren können.

Die Sorte 'Vossii' hat 50 cm lange Blütentrauben und blüht sehr reich, wenn sie auf einer ihr zusagenden Unterlage veredelt wurde. Der Naturstandort ist auf Kalkhängen in voller Sonne und dort entwickelt der Goldregen auch den üppigsten Blütenbesatz. Er toleriert auch einen halbschattigen Standort.

Wie alle Schmetterlingsblütler hält der Goldregen nur verhältnismäßig kurz im Wasser. Eine gewisse Hilfe ist das Kochen der Stielenden und ein Zusatz von Mimosa-Chrysal. Junge, durchgetriebene Äste, die keinen Blütenknospenbesatz haben, werden entfernt, um die Verdunstungsfläche zu vermindern.

Der strauchförmige Baum wird, auch wenn er als Hochstamm gezogen wird, bis etwa 5 m hoch und etwa 2,50 m breit. Für ganz kleine Hausgärten ist er nicht geeignet.

Den Schnitt verträgt der Goldregen nach meiner Erfahrung ohne Einschränkung seiner Wuchskraft und Blühwilligkeit.

Paeonia suffruticosa, Strauchpäonie

Die Strauchpäonien sind vielleicht das Nobelste, das China unseren Gärten schenkte, aber wie es manchmal mit Geschenken ist, sie werden gar nicht gebührend beachtet.

In China ist die züchterische Bearbeitung über ein Jahrtausend alt.

Werkmeister (1976) berichtet, daß in der Sung-Dynastie (900–1279 n. Chr.) eine einzige Pflanze der Sorte Yao's gelber 5000 Geldstücke kostete. Obwohl uns eine Relation dazu fehlt, beeindruckt doch die Zahl. Aus dieser Zeit gibt es beschreibende und illustrierte Literatur. Der Dichter Ouyang Hsiu (1007–1072 n. Chr.) schrieb ein Buch über die *Paeonia moutan* (der alte Name der Strauchpäonie) von Loyang.

In Deutschland hat die Firma Goos und Koenemann sich in den ersten vierzig Jahren dieses Jahrhunderts mit der Neuzüchtung von Strauchpäonien beschäftigt. In Amerika gibt es schon lange eine Päonien-Gesellschaft, die sich um die Bereinigung der Nomenklatur verdient macht, zugleich auch alle Bemühungen um Neuzüchtungen fördert.

Als elitäre Pflanzengestalten benötigen die Strauchpäonien viel freien Raum. Sie können bis 1,80 m hoch und breit werden. Auch im Winter sind ihre verholzten Zweige durch ihre interessante Linienführung und die dikken Knospen angenehm anzuschauen.

Am besten wirken sie frei in eine große Rasenfläche gestellt, oder auf der Südseite einer Koniferenhecke.
Sie tolerieren viele Formen des Bodens. Unmöglich für sie ist jedoch stehende Nässe. Es ist richtig, eine 50 × 50 cm große Pflanzgrube auszuheben und eine gründliche Tiefenlockerung durchzuführen. Dann wird eine Dränageschicht eingebracht, darauf kommt humose Gartenerde. Meist werden die Strauchpäonien auf die Rhizome von *Paeonia officinalis* oder *Paeonia lactiflora* veredelt. Diese Veredelungsstelle soll 8–10 cm hoch mit Erde bedeckt sein, damit das Rhizom abstirbt und sich das Edelreis bewurzelt. Die beste Pflanzzeit ist im August und September.
Die Amerikaner meinen, Strauchpäonien seien Pflanzen für faule Gärtnersleute, weil sie nicht viel Pflege benötigen. Man darf aber nicht übersehen, daß sie vor allem in dichten Böden und bei nicht gut durchlüftetem Standplatz zu Pilzerkrankungen neigen, vor allem in feuchten Jahren. Die Knospen gehen nicht auf oder ganze Pflanzenteile sterben plötzlich ab. In diesen Fällen muß der erkrankte Zweig sofort bis weit zurück in das gesunde Holz ausgeschnitten werden (nicht kompostieren). Man spritzt anschließend 2–3mal z.B. mit Du Pont Benomyl. Am besten wiederholt man im folgenden Frühling die Spritzung vorbeugend.
Die Blüte beginnt in Deutschland durchschnittlich um den 10. bis 15. Mai, also lange vor den *Paeonia*-Lactiflora-Sorten. Die Blüten in klassischer Päonien-Form sind bedeutend größer als die aller anderen Pfingstrosen. Sie können ungefüllt, halbgefüllt oder auch dicht gefüllt sein in Farben von Weiß, über alle rosa Töne bis zu tiefem Purpurviolett. Durch die Einkreuzung von *Paeonia lutea* in *Paeonia suffruticosa* sind nun auch gelbe Farbtöne in der Skala.
Empfehlenswerte Sorten sind: 'Codaishu' (auch 'Godaishu' geschrieben), sehr groß, weiß, gefüllt, mit einem gelben Schein in der Mitte; 'Jitsugetsunishiki', dicht gefüllt, leuchtend samtrot; 'Kinko', gelb, die japanische goldene Kaiserpäonie; 'Gesekai', »die Welt des Mondes«, rahmweiß, gefüllt; 'Rubin', rot, halbgefüllt.
Floristisch sind die distinguierten Blüten nicht so leicht zu handhaben. Vielleicht ist es am besten, eine einzelne Blüte in eine flache Schale zu legen. Ihre Ausstrahlung an Duft und Schönheit ist so stark, daß man in ihrer Nähe andere Blumen nicht vermißt.
Die gefüllten Sorten, die hier genannt wurden, sind bedeutend haltbarer in der Vase als die ungefüllten Formen, die abgeschnitten schnell ihre Blütenblätter zurückschlagen.

Parkrosen

In einer Zeit, in der alle klassischen Frühlingszweige verblüht sind, zum Rittersporn noch ein weiter Weg ist, da geht man suchend durch seinen Garten, um etwas Haltbares für die Bodenvase zu schneiden. Dann beginnt die Saison der Parkrosen.
Ganz unbegreiflicherweise werden sie fast nie als Schnittblumen genutzt, dabei ist ihre Haltbarkeit in Chrysal eine Woche und mehr (je nach Schnittreife und Wetterverlauf) und ihr Dekorationswert größer als der vieler anderer langstieliger Blumen dieser Zeit. Allerdings ist der Platzbedarf im Garten groß, etwa 2 × 2 m in voller Sonne (im Halbschatten oder Schatten ist der Knospenbesatz nicht befriedigend).
Da Parkrosen die besten Blüten am zweijährigen Holz bringen, wird das Auslichten älterer Triebe nach der Blüte empfohlen. Unbesorgt um den Bestand der Pflanze kann man es bereits 2–3 Wochen zuvor beginnen und Zweige ins Haus holen.
Den Reigen eröffnet Mitte Mai *Rosa hugonis*, das chinesische Goldröschen, wirklich ein »Gold-Röschen«. Zwei bis drei Tage später folgt mit der Blüte die Tochter 'Canary Bird', die aber von deutschen Baumschulen nur selten angeboten wird. Die Blüten sind etwa 30% größer und die Farbe intensiv zitronengelb. Beide haben ungefüllte schalenförmige

Blüten, *Rosa hugonis* hat etwa 5 cm im Durchmesser, die in dichter Kette kurzgestielt dem Zweig aufsitzen. Die Blätter sind zierlich fiedrig, das Holz voller kleiner Stacheln, so daß es nötig ist, beim Schnitt Handschuhe zu tragen. Art und Sorte werden etwa 2 m hoch. Man schneidet, wenn die Blütenblätter Farbe zeigen und sich deutlich zu einer schönen kleinen Rosenknospe geformt haben, entfernt im unteren Drittel Blätter und Stacheln und stellt in Chrysal-Lösung ein, nachdem man den Stiel lang angeschnitten hat. *Rosa hugonis* ist ideal in Sträußen und Gestecken, zusammen mit violetten *Allium jesdianum* oder Rhododendronblüten, den letzten Breeder-Tulpen, immer wird man sie so verarbeiten, daß ihre elegant ausschwingenden Linien voll sichtbar sind. In der Bodenvase ist es am schönsten, nur 2–3 Zweige davon ohne andere Blumen einzustellen.

Rosa moyesii 'Nevada', eine zartgelbe, fast weiße, halbgefüllte Rose, ist die nächste in der Blütezeit, allerdings dicht gefolgt von den Sorten 'Maigold' und 'Maiwunder'. 'Maigold' wächst stärker als 'Maiwunder'. Da beide sich in ihren Edelrosen gleichen, goldgelben, stark duftenden großen Blüten ähnlich sind, dürfte letztlich die Gartengröße die Entscheidung bestimmen, für welche der beiden Sorten man sich entscheidet.

Mit ihnen zusammen oder kurz danach blühen die Kinder der *Rosa pimpinellifolia* (syn. *R. spinosissima*): 'Frühlingsgold', hellgelb mit ungefüllten großen, stark duftenden Blumen; die Sorte wird bis 3 m hoch und breit; 'Frühlingsmorgen', die einzige rosa Sorte dieser Zeit, ungefüllt, sehr reich blühend. Die letzte Sorte ist bescheidener in ihrem Platzbedarf. Sie wird nur 1,50 m hoch, und ihr Durchmesser ist etwa ebenso groß.

Alle diese Rosen fallen nicht unter die Rubrik der dauerblühenden Parkrosen. Sie blühen einmal, aber dann wirklich voll und üppig und sind für den Schnitt deshalb besser geeignet als die dauerblühenden, die ihr Feuerwerk verzögert abbrennen.

In dieser Gruppe soll auch noch an die *Rosa centifolia* 'Muscosa' erinnert werden, die mit ihrem kräftigen Centifolien-Duft und ihrer romantischen Schönheit unvergeßliche Sträuße ermöglicht. Das leuchtende Rosa dieser echten Moosrose hat eine interessante Schwester in reinem Lila, die Sorte 'William Lobb'. Dieser Farbton, der allen nicht ausgesprochenen Rosenspezialisten vollkommen neu in unserer Zeit in den Rosenblüten schien, ist doch schon sehr alt ('William Lobb' wurde 1855 von Laffay in den Handel gegeben).

Wie alle stark gefüllten Rosen darf man die Moosrosen nicht zu knospig schneiden, weil sie im Wasser schlecht aufblühen. Ein Zusatz von Chrysal zum Vasenwasser sollte für Rosen immer selbstverständlich sein.

Die Moosrosen stehen gut zusammen mit den letzten blauen *Scilla hispanica* (syn. *S. campanulata*) oder dem ersten Rittersporn mit *Buddleja alternifolia* oder den Maimargeriten in Rosa oder Weiß und dem graublauen Laub von *Rosa glauca* (syn. *Rosa rubrifolia*). Die Haltbarkeit aller Moosrosen im Wasser ist leider nicht sehr lang.

Im zeitigen Frühjahr müssen die alten Triebe der Moosrosen ausgeschnitten werden. Es bleiben nur die jungen Schosse stehen, die man auf etwa 1 m über dem Boden einkürzt, um starke Seitentriebe mit kräftigen Blütenstielen zu erzielen. Der Platzbedarf ist dann kaum größer als bei einer stark wachsenden Polyantharose, also etwa 60 × 60 cm.

Ab Mitte Mai blüht noch eine kleine, fast vergessene Rose, *Rosa gallica* 'Pompon de Bourgogne'. Sie wurde vor 1836 in Dijon gefunden. Ihre Blüten in zartem Bonbonrosa sind dicht gefüllt, flach und so groß wie ein Zwei-Mark-Stück. Der Habitus ist ähnlich wie bei *Rosa centifolia* 'Muscosa', der Moosbesatz nicht so stark. Alles an dieser Pflanze ist aber zierlicher und kleiner. Die Höhe des kugeligen Busches erreicht 60 cm.

Man erntet entweder die 10–12 cm langen Blütentriebe, wenn die Blumen kurz vor dem Aufbrechen sind, oder den ganzen bodenlan-

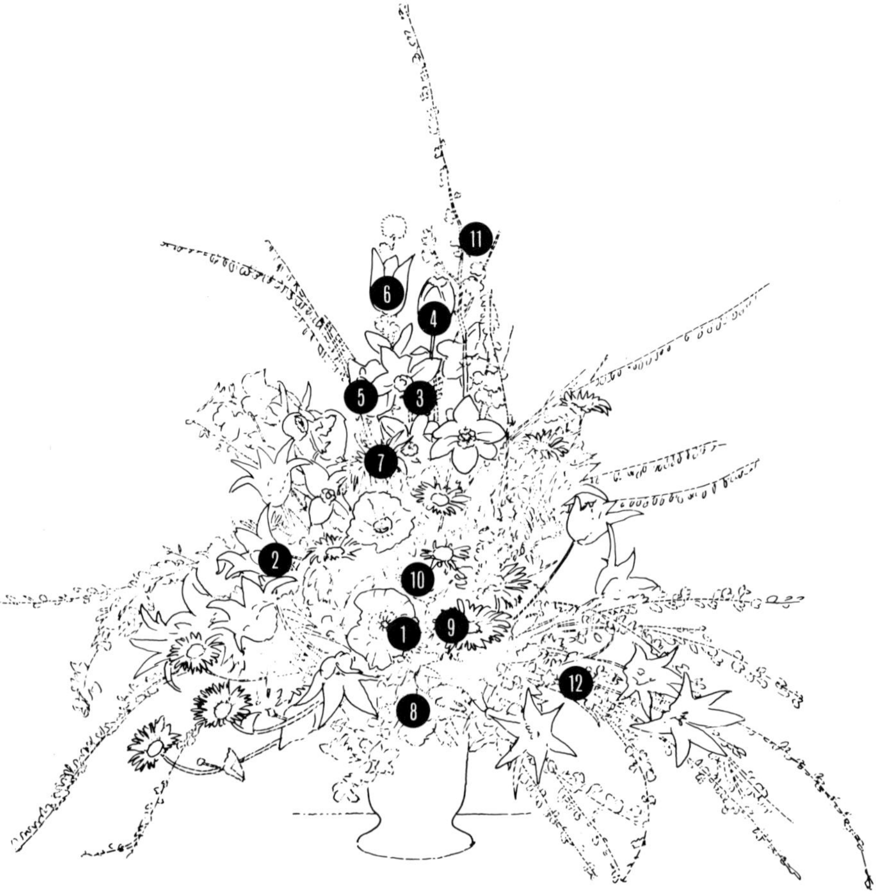

① *Papaver nudicaule,* ② Lilienblütige Tulpe 'West Point'. ③ *Narcissus poeticus* 'Pheasant's Eye', ④ Ideal-Darwin-Tulpe 'King's Ramson', ⑤ Darwin-Tulpe 'Sweet Harmony', ⑥ Lilienblütige Tulpe 'White Triumphator', ⑦ *Sambucus racemosa* 'Plumosa Aurea', ⑧ *Ribes sanguineum* 'Brocklebankii', ⑨ *Doronicum plantagineum* 'Excelsum', ⑩ *Euphorbia epithymoides* (syn. *E. polychroma*), ⑪ *Ulmus minor* 'Wredei', ⑫ *Cytisus* × *praecox*. Ein von Kirsten Harders gebundener Strauß in einem alten persischen Bronzemörser.

gen Trieb, wenn die ersten Rosenblüten sich entfalten. Die kurzen Triebe sind nur für Miniatursträuße im Sinne eines Veilchenstraußes, als Basis bei Tischdekorationen und Gestecken verwendbar. Die verzweigten Langtriebe geben duftige Sträuße zusammen mit *Campanula glomerata* 'Mrs. Elliot', den rosa Maimargeriten *(Chrysanthemum coccineum)* und weißem Tränenden Herz (*Dicentra spectabilis* 'Alba'). Die Vasen für solche extravaganten Sträuße sollten leicht und elegant wirken.
Obwohl es in jedem größeren Rosenkatalog nachzulesen ist, einige ganz kurze Pflanzhinweise: Beste Pflanzzeit ist der Herbst, aber auch Frühjahrspflanzung ist möglich. Die Veredlungsstelle muß 3–4 cm unter der Erdoberfläche liegen. Unbedingt nach dem Pflanzen bis zum starken Durchtrieb um die Pflanzen Erde oder Kompost anhäufen, um das Austrocknen des Holzes zu verhindern, bis die Wurzeln eingewachsen sind und genügend Feuchtigkeit nachziehen können. In trockenen Jahren reichlich wässern. Park- und Moosrosen dürfen nach der Pflanzung fast oder gar nicht zurückgeschnitten werden.
Zur Bekämpfung von Mehltau, Sternrußtau und Rost hat sich das Rosenspritzmittel der BASF oder Benomyl bewährt, gegen Läuse und Zikaden Metasystox oder das wenig giftige Parexan.

Polyantharosen und Strauchrosen
Es ist sehr verwunderlich, daß Polyantharosen und die ihnen oft sehr nahe stehenden Strauchrosen (z.B. die Sorte 'Schneewittchen') in der Literatur als nicht zum Schnitt geeignet gelten. Entscheidend ist, die richtige Reife des Blütenstandes zum Schnitt zu erfassen und die unreifen Knospen auszubrechen. In der gärtnerischen Rosenkultur werden alle Nebenknospen der Edelrosen ausgebrochen, um größere Blüten und gerade Stiele zu erhalten. Bei Polyantha- und Strauchrosen muß genau umgekehrt verfahren werden. Die Hauptknospe wird ausgebrochen bzw. der Stiel erst dann geschnitten, wenn eine größere Anzahl Nebenknospen erblüht sind. Die dann meist schon verblühte Hauptknospe wird entfernt. Alle noch nicht Farbe zeigenden Nebenknospen müssen ebenfalls entfernt werden, um die Verdunstung herabzusetzen. Ein so behandelter Rosenstiel wird, gut angeschnitten in Chrysal-Lösung gestellt, eine Woche in der Vase halten.
Schalenförmige oder auch halb gefüllte Blüten, die einen gewissen Wildrosencharakter haben, sind für die satten Hochsommersträuße meist schöner als die dicht gefüllten Edelrosen gleicher Sorten.
Für empfehlenswert halte ich: 'Orangeade' (McGredy 1959), leuchtend orange, schalenförmige Blüten auf manchmal etwas zu kräftigen Stielen, glänzend dunkelgrünes Laub, 80 cm bis 1 m hoch; 'Sarabande' (Meilland 1957), geranienrot, schwach gefüllte schalenförmige Blüte, sehr großes hellgrünes Laub, 50–60 cm hoch; 'Schneewittchen' (Kordes 1958), 1–1,50 m hoch, reinweiß, lockere Dolden, halbgefüllte Blüten über hellgrünem Laub auf schlanken Stielen; 'Shalom' (D.T. Poulsen 1972), ziegelrot, stark gefüllte, duftende Blume; der mächtige, bis 2 m hohe Strauch in geschlossener Wuchsform blüht sehr reich; offenbar gibt es zwei Sorten dieses Namens, Krüssmann nennt eine rosa Teehybridrose von Leenders 1970 gezüchtet, ebenso; 'Lichtkönigin Lucia' (Kordes 1966), ebenfalls eine Strauchrose, etwa 2 m hoch, leuchtend gelb, sehr reich und langblühend. Die beiden letzten Rosen eignen sich für Bodenvasen oder sehr große Sträuße. Der Platzbedarf im Garten in voller Sonne ist für diese beiden Sorten vergleichbar etwa dem eines Forsythienbusches.

Syringa-Vulgaris-Hybriden, Flieder
Die Belle Epoque liebte den Flieder. Ein fester Bestandteil der Gärten jener Zeit war eine Fliederhecke, von denen einige die Stürme zweier Weltkriege überdauert haben und jetzt noch jeden Frühling blühen. 1850 kannte

man schon 25 verschiedene Züchtungen des Gartenflieders, aber Lemoine, der fleißige Gärtner aus Nancy, brachte zusammen mit seinem Sohn allein 214 eigene Neuzüchtungen in den Handel. Nach ihm haben Holländer, Deutsche und Amerikaner den Flieder züchterisch bearbeitet, aber den Erfolg Lemoines konnte niemand wiederholen.
In unserer Zeit besteht das größte Interesse an Flieder in den USA. Dort sind Sammlungen aller bekannten Sorten aufgepflanzt und werden regelmäßig bewertet.
Der Nachfrage entsprechend sind die Sortimente der deutschen Baumschulen klein, aber was ist ein Frühling ohne den Duft des Flieders? Wird im Garten etwas gestohlen, so ist es mit Sicherheit blühender Flieder. Die Gartengestalter könnten daran die Beliebtheit erkennen. »Modern ist doch immer das, was Menschen lieben, so sehr, daß sie dafür zum Dieb werden können.«
Zuallererst im April blüht 'Mirabeau', eine Züchtung von Lemoine, 1911 in den Handel gegeben, mit zart lilarosa Blüten, die in gutem Kontrast zu den dunklen Knospen stehen. 'Mirabeau' bringt, wenn regelmäßig geschnitten, lange, schlanke Stiele und blüht pünktlich jedes Jahr, auch nach einem nassen Sommer. Die einzelnen Rispen sind mittelgroß. Diese Sorte ist einige Tage zu verfrühen. Man schneidet in diesem Fall, wenn die Rispe etwa 8–10 cm lang ist, und stellt die Stiele mit einem langen Anschnitt in Mimosa-Chrysal bei der Temperatur von 20–22 °C auf. Häufiges Übersprühen fördert den Durchtrieb. Die Sorte 'Mirabeau' hat in der amerikanischen Fliederbewertung drei Sterne, das heißt, sie wird als hohe Qualität bewertet.
In die Liste der frühblühenden Flieder gehören noch die Sorten 'Catinat' und 'Clarke's Giant'. Beide gehen auf Kreuzungen von Lemoine zurück, die er mit *Syringa vulgaris* und *Syringa hyacinthiflora* durchführte. *Syringa hyacinthiflora* brachte die Frühblütigkeit ein. 'Catinat' ist eine Züchtung von Lemoine jr. und wurde von ihm 1923 in den Handel gegeben; 'Clarke's Giant' dagegen eine Züchtung von W. B. Clarke, USA, die 1948 in den Handel gegeben wurde. Diese Sorte erzielte aber bereits 1958 in England den Award of Merit. Beide sind rosamauve in der Knospe und öffnen sich zu mehr lilablauen Blüten. 'Clarke's Giant' ist großblumiger, hat riesige Rispen bis zu 30 cm Länge. Die Sorte 'Catinat' ist etwas kleinblumiger mit einem sehr lockeren Rispenaufbau, die aber in vielen Etagen übereinandergestellt werden. 'Clarke's Giant' ist in der Jugend ein fauler Blüher. Erst nach etwa 10 Jahren hat er sich so weit entwickelt, zu einem jährlichen regelmäßigen Knospenansatz zu kommen.
'Cristophe Colomb' ist ebenfalls eine Züchtung von Lemoine, 1905 eingeführt. Die Sorte hat lange, schlanke Rispen, meist in doppelten Paaren, zartlila sehr große Blüten, oft in einem zweijährigen Turnus.
Sehr üppig ist 'Maréchal Foch', auch aus der Züchterhand Lemoines. Die Sorte wurde 1914 zuerst verkauft und ist vielleicht der großblumigste Flieder überhaupt. Die kraftvoll gebauten lockeren Rispen stehen oft in vielen Etagen übereinander. Der Farbton spielt von karminrosa bis malvenlila.
Die sehr häufig in deutschen Baumschulkatalogen geführte Sorte 'Ruhm von Horstenstein', von Wilke 1921 in den Handel gebracht, wächst gut und blüht willig. Die lilaroten Blütenrispen sind fast ebenso dunkel wie bei 'Andenken an L. Späth' und 'Löbnerii'. Diese Farbe wurde lange Zeit sehr von den Gärtnern bevorzugt, ist aber floristisch nicht so ideal, da sie bei Licht zu dunkel wirkt und ein großer Strauß allein aus diesen Farben ohne Wirkung bleibt. Man muß, wenn man eine dieser Fliedersorten in seinem Garten hat, sehr viele helle Blumen, z. B. späte japanische Kirschen oder Zieräpfel in Weiß oder Hellrosa, rosa Tulpen und helles, austreibendes Grün *(Spiraea)* dazubinden. Auch eine kräftigere Farbkombination mit orange Breeder-Tulpen, *Doronicum* (der gelben »Margerite« des April) und weißem Elfenbeinginster

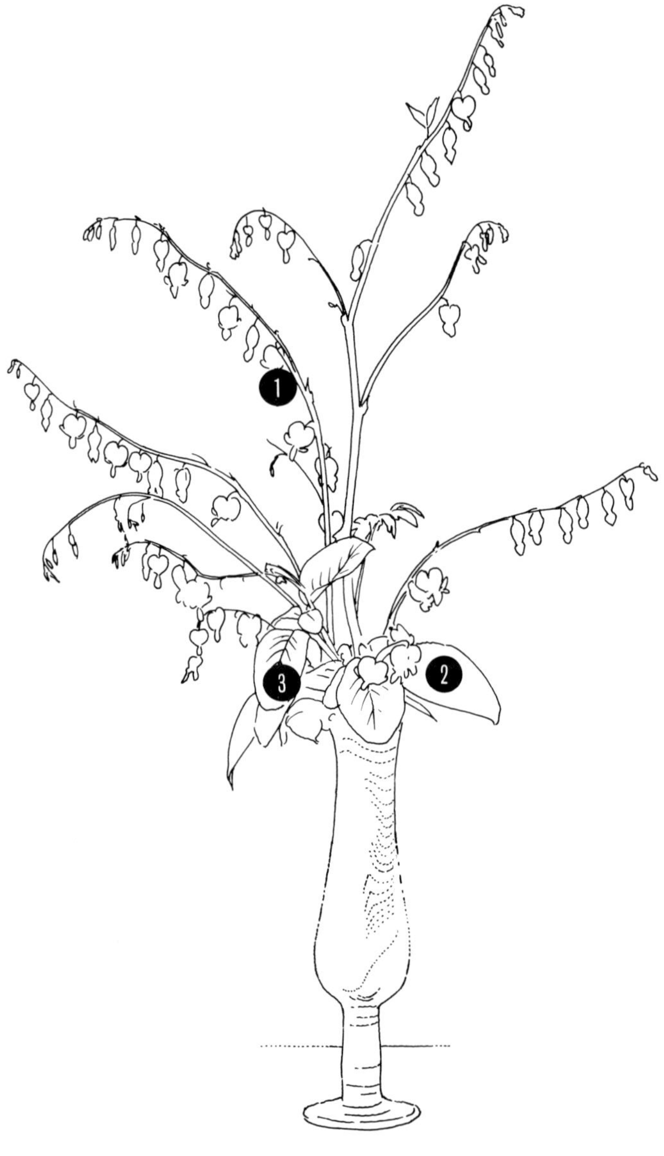

① *Dicentra spectabilis* 'Alba', ② *Hosta sieboldiana,* ③ *Fittonia* (nicht winterhart). Von Kirsten Harders gebundener Strauß in einer Glasvase von Erwin Eisch.

mit gelbem Laub von *Ulmus minor* 'Wredei' ist wirkungsvoll.
Weißer Flieder ist zum Schnittblumenanbau im Freien wenig geeignet, da Regen und Wind die Blüten schnell braun werden lassen.
Freilandflieder ist ausgezeichnet in der Vase haltbar, wenn man sofort bei der Ernte *alles* Laub entfernt, lang anschneidet und in Mimosa-Chrysal oder zumindest in normales Chrysal (falls viele andere weichstielige Blumen in dem Strauß sind) einstellt. Geschnitten wird, wenn etwa 10–20% der Rispe erblüht ist, der Rest geht dann in der Vase gut auf.
Aller Flieder ist einige Tage zu verfrühen, wie bei der Sorte 'Mirabeau' beschrieben. In diesem Falle braucht das Laub nicht entfernt zu werden, da das in der Lösung gewachsene Laub keine Welkeneigung hat.
Den meisten mißfällt der Flieder ohne jedes eigene Grün. Es ist aber, wenn man nicht in Mimosa-Chrysal aufblühen läßt, eine Voraussetzung der Haltbarkeit in der Vase. Durch geschickte floristische Verarbeitung ist dieser kalte Eindruck des braunen Holzes zu verdecken. Alles gerade austreibende Grün, das noch nicht mit dem Längenwachstum begonnen hat, kann beigefügt werden, *Spiraea, Prunus cerasifera* oder *Viburnum.*
Im einseitigen Strauß wird der Flieder abgestuft angelegt, so daß die vorderen Dolden die Stiele der hinteren Dolden verdecken. Dazwischen wird bereits Grün eingebunden. Die Stiele der vorderen Dolden werden hinter Tulpen oder anderen Blumen unsichtbar. Als Abschluß ist Elfenbeinginster mit seinen weichen Linien, die die Strenge des Fliederstieles aufheben, am besten.
Bindet man einen runden Fliederstrauß, der meist nicht so langstielig sein wird, so legt man auch hier im Wechsel Flieder, Grün und andere Blumen an. Die schönste Form wird der Strauß haben, wenn man zum äußeren Abschluß Ginster- oder Efeuranken, vielleicht auch beides, anlegt, die weich über den Vasenrand, am besten einer Kugelvase, fallen.
Fliedersorten werden in den Baumschulen auf Fliederwildlinge veredelt. Diese Veredlungsunterlagen neigen dazu, durch Bodentriebe lästig zu werden. Entfernt man diese Wildlinge (wie bei Rosen) nicht sorgfältig jedes Jahr, so kann die Sorte überwuchert werden. Diese Arbeit ist zu vermeiden oder zu vermindern, wenn man bei der Neupflanzung von Flieder die Pflanzgrube so tief aushebt, daß die Veredlungsstelle etwa 25–30 cm tief unter die Erde kommt. Die Sorte bewurzelt sich dann, und der Wildling stirbt ab oder ist zumindest in der Kraft des Durchtriebes sehr geschwächt. So gepflanzter Flieder wird in den ersten Jahren nicht schnellwüchsig sein, da er mit der Wurzelumstellung beschäftigt ist. Später jedoch übertrifft er an Gesundheit und Wuchskraft alle auf herkömmliche Art gepflanzten Büsche.
Flieder gedeiht in jedem guten Gartenboden. Der Standort sollte jedoch nicht feucht und kühl sein, dann werden schlecht Knospen angesetzt. Ideal sind Plätze, die seinem Wildstandort entsprechen, sonnige, steinige Hänge mit einer guten Humusauflage.
Gedüngt wird am besten sofort nach der Blüte mit einem Volldünger und eventuell ein zweites Mal Kali und Phosphorsäurereich kurz vor Ende des Triebabschlusses im Juni. Wichtig ist, dem Flieder einen nicht zu dichten Stand zu geben, mindestens 2 × 2 m, damit die Sonne den Boden gut durchdringen kann – ein warmer Boden fördert den Knospenansatz.
Gelegentlich wird Flieder von einer gefährlichen Pilzerkrankung befallen, der Fliederseuche. Ist der Mai schwül-warm, greift sie besonders schnell um sich. Man erkennt den Schaden zunächst an verkrüppelten Blättern, die vor allem von den Blatträndern her schwarzbraun eintrocknen, ähnlich Tabak. In einer späteren Phase werden ganze Stengelteile, dann die gesamte Pflanze, davon ergriffen. Beim ersten Auftreten spritzt man z. B. mit Du Pont Benomyl oder Solparen und wiederholt die Spritzung zweimal im Abstand von 14 Tagen. Die Pflanzen gesunden völlig.

Plagt einen der Ehrgeiz, lange, schlanke Blütentriebe zu erzielen, so muß der blühende Flieder Jahr für Jahr geschnitten werden. Bei Stielen, die nur Blatttriebe bringen, werden alle Seitentriebe bis auf das kräftigste Paar entfernt. Der so entstehende Gabelflieder blüht mit größter Wahrscheinlichkeit im folgenden Jahr.

Der berufliche Anbauer von Freilandflieder wird immer mehrere Sorten pflanzen. Die Saison des Freilandflieders ist kurz, der Knospenbesatz jahrweise unterschiedlich.

Die sommerblühenden Flieder *Syringa reflexa, Syringa × swegiflexa* und *Syringa sweginzowii,* die vor allem in den USA zur Zeit züchterisch bearbeitet werden, sind von großem Zierwert für den Garten. Bei kühlem Wetter halten sie in der Vase, wenn man das Grün entfernt. Doch in einem normalen Sommer sind sie nur für kurzfristige Dekorationen brauchbar.

Stauden

Aquilegia-Hybriden, Akelei

Die schönen, seit vielen Jahrhunderten in den Gärten heimischen Akeleien sind nur noch selten in ihren reinen Wildformen zu kaufen. Sie sind auf der nördlichen Halbkugel heimisch, sowohl in Nordamerika, in Deutschland, wie auch in China und Japan. Man zählt von Akelei etwa 120 Arten und als Kuriosum einen Gattungsbastard, die aus der Kreuzung von *Clematis montana* mit Akelei entstandene *Aquilegia × clematiflora* (syn. *Clemaquilegia*). Diese Pflanze ist aber nur in der beschreibenden Literatur, nicht in den Baumschulen zu finden.

So wüchsig und verwilderungsfreudig diese Hahnenfußgewächse mit ihren nickenden, meist langgespornten Blüten und den glokkenförmigen gerippten Fruchtständen sind, so werden die einzelnen Pflanzen doch selten alt. Wenn man die zierenden Samenstände nicht an den Pflanzen beläßt, so daß sie sich von selbst weitervermehren und durch den ganzen Garten wandern ohne lästig zu werden, muß man alle paar Jahre neue Akelei zukaufen oder aussäen.

Es gibt die verschiedensten Wuchshöhen, von etwa 10 cm bis zu 1 m. Vor allem in den letzten dreißig Jahren sind durch Züchtungen neue großblumige Hybriden entstanden, die aber durch die Einkreuzung von *Aquilegia caerulea* und *Aquilegia chrysantha* in kalten Lagen eine leichte Reisigdecke als Winterschutz benötigen.

Für die floristische Verwendung sind die reinfarbigen Akelei schöner als die, bei denen Hüllblätter und Honigblätter unterschiedliche Farbtöne haben, weil die graphisch sehr gelöste Blütenform dann besser zur Wirkung kommt. Hat man zweifarbige Akelei im Garten, so wirkt es gut, eine der beiden Farben als Grundfarbe des Straußes oder des Gesteckes zu wählen.

Akelei sind ideal zu allen schweren, geschlossenen Blütenformen, die sie auflockern und umspielen: also zu Flieder, Rhododendron, Azaleen, aber auch noch zartere Blumen sind dazu möglich, also Maiblumen oder *Scilla hispanica* (syn. *S. campanulata*), zu denen die Akeleien den dunklen Klang geben.

Am willigsten wachsen sie in gut humosen Böden im Streuschatten. Ihr Platzbedarf im Garten ist je nach Wuchshöhe 30 × 30 bis 40 × 40 cm.

Will man das frühzeitige Vergilben des Laubes verhindern, muß man nach der Blüte zweimal mit einem Mischfungizid spritzen. Bei zu engem Stand und zu feuchten Sommern ist sonst unter Umständen der ganze Bestand gefährdet.

Der richtige Schnitt-Termin ist, wenn die erste Knospe am Stiel sich gerade öffnet. So geschnittene Akelei blühen im Strauß oder in der Steckmasse weiter auf und halten etwa fünf bis sieben Tage, je nach Wetterlage.

Auf Tafelmalereien der Renaissance erscheinen häufig die zierlichen Akelei mit ein bis zwei Stielen in graziösen, meist transparenten

Vasen. Fast immer sind drei oder sieben Blüten geöffnet. Die alten Meister malten im 15. Jahrhundert mit absoluter botanischer Exaktheit die Blüten und Pflanzen. Es war dies nicht nur eine Befriedigung des erwachenden naturwissenschaftlichen Interesses im Humanismus. Hinter der vordergründigen Deutlichkeit stand der Symbolwert, den die Betrachter in dieser Zeit wohl zu lesen verstanden.

Die landschaftlichen Namen für Akelei »Fünf Vögel Zsamm«, »Taubenblume«, »Tauberl« weisen in die Richtung der Darstellung des heiligen Geistes als Taube. Hier tritt in Marien- und Christusdarstellungen das Pflanzensymbol für das Tiersymbol ein.

Es gibt auch eine zweite Deutungsmöglichkeit. Der botanische Name *Aquilegia* heißt auf deutsch Wassersammlerin. Wasser ist immer Symbol des ewigen Lebens, aber auch des Bewußtseins und der Seele. Die Darstellung der Akelei auf den Tafelmalereien kann auch gedeutet werden, daß das bewußte Leben in Christi ein ewiges Leben verheißt.

Allium, Zierlauch

Die frühen Lauche blühen im Mai und Juni. In der Edda wird Lauch als die erste und vornehmste aller Pflanzen bezeichnet. In der Völuspá, dem germanischen Schöpfungsgedicht, heißt es: »Sonne von Süden schien auf die Felsen und auf dem Grunde ergrünte grüner Lauch.«

Karl Foerster überschrieb vor mehr als fünfzig Jahren ein Kapitel eines Buches »Erlauchte Lauche«, und einige solche »erlauchte« Prachtgestalten sind wirklich in dieser großen Familie zu finden, aber auch der Knoblauch, der Schnittlauch unserer Küchengärten, winzige, nur 15 cm hohe Blüher der Steingärten sowie andere, die auswuchern und fast lästig werden können.

Zur floristischen Verarbeitung sind vor allem einige wegen ihrer klaren Farben und ihrer graphisch interessanten Gestalt geeignet. Den lästigen Knoblauchduft empfindet man nur, wenn man die Pflanzen berührt. Vor allem zerquetschte Pflanzenteile haben einen unangenehmen Geruch.

Den Reigen der floristisch gut brauchbaren Lauchgewächse eröffnet Mitte Mai das aus den hohen Himalajasteppen stammende *Allium jesdianum* (syn. *A. rosenbachianum*). Seine Blüten sind in lilarosa, ballförmige Dolden auf schlanken, glatten, 1 m langen Stielen. An Plätzen, die ihm zusagen, bleibt es viele Jahre blühwillig und vermehrt sich, ohne lästig zu werden. Es gehört in große dekorative Sträuße, zum letzten Flieder, zu späten Darwin-Tulpen, aber auch schon zu frühen Pfingstrosen und *Buddleja alternifolia,* Rhododendronblüten und den rosa Maimargeriten, vielleicht auch zur chinesischen Goldrose, *Rosa hugonis.*

Eine Vorliebe für etwas feuchtere halbschattige, aber auch sonnige Gartenplätze hat das sehr wüchsige *Allium moly,* von dem man Jahr für Jahr große Mengen 25–35 cm lange goldgelbe Blütendolden ernten kann. Bis zu 40 Blüten sind in einer schönen, gleichhochästigen Dolde angeordnet. Nach seinem Habitus ist es vor allem für kleine volle, runde Sträuße und als Tischdekoration geeignet. Man wird es wohl kaum zu den »erlauchten« Lauchen rechnen. Es gehört gestalterisch nicht zu den Herrschaftsformen, sondern ist ein typischer Vertreter der Gemeinschaftsform. Mit *Euphorbia epithymoides* (syn. *E. polychroma*) und *Doronicum plantagineum* 'Excelsum' kann man schöne Sträuße in verschiedenen Gelbtönen binden, vielleicht mit einigen grünweißen Akeleien aufgelockert und gelbgrünen *Hosta* abgeschlossen. Oder man gibt als Partner violette Töne, die ersten *Campanula glomerata* 'Mrs. Elliot' und blaue Akelei.

Immer wird das *Allium* mit seiner hervorragenden Haltbarkeit die anderen Blumen überdauern, aber man darf sich von dieser guten Haltbarkeit nicht zu der Sorglosigkeit hinreißen lassen, das Wasser nicht regelmäßig zu wechseln. Bei warmem Wetter wird es in zwei

Tagen höchst unangenehm duften. Diese Gefahr besteht für alle *Allium*-Arten, aber der Duft ist so umwerfend, daß es ein Fehler ist, den man nur einmal begeht.
Anfang Juni erblüht der dekorative Paukenschlägerlauch, *Allium christophii* (syn. *A. albopilosum*). Seine etwa 40–60 cm langen Stiele tragen riesige, metallisch glänzende Sternkugeln als Blütenbälle, die einen Durchmesser bis zu 20 cm erreichen. An diesen Lauch wird Karl Foerster wohl bei seinem Wortspiel gedacht haben. Er ist so beherrschend in seiner Form, daß floristisch ein bis zwei Blütenstiele fast immer ausreichend sind. Er gehört in graphisch betonte Gestecke oder Sträuße.
Aber auch als Trockenblume ist *Allium christophii* sehr gut zu verwenden. Am besten schiebt man vor dem Trocknen einen starken 12er- bis 14er-Blumendraht durch den ganzen Stiel bis in den Blütenkopf und trocknet dann hängend, um ein Abbrechen der trockenen Blütenkugel oder ein Knicken der Stiele zu vermeiden. Die meisten Dolden behalten auch im getrockneten Zustand eine leichte lila Tönung.
Die beschriebenen drei *Allium*-Arten sind einfach in Pflege und Kultur, bescheiden in den Bodenansprüchen, sowohl an die Qualität wie an den Platz. *Allium jesdianum* und *Allium christophii* bevorzugen sonnige, trockene Lagen. Im Garten pflanzt man die Zwiebeln in kleine Horste zusammen, etwa 10–15 cm tief. *Allium moly* wird 7–8 cm tief gelegt.
Alle *Allium*-Arten sind daran kenntlich, daß ihre Blütendolden vor dem Erblühen eine kleine Zipfelmütze tragen. Eine andere Gemeinsamkeit ist, daß das Laub noch oder schon während der Blüte einzieht. Deshalb ist ihr bester Gartenplatz zwischen herbstblühenden Stauden oder Polsterstauden, die die Freifläche im Laufe des Sommers zuwachsen. Geschnitten wird, wenn die ersten Blüten der Dolden offen sind. Ein Zusatz von Frischhaltemitteln ist nicht erforderlich, ist aber auch nicht schädlich.

Aster, frühe Astern

Im großen Reich der Astern zählt man allein über 250 Arten der Staudenaster. Der Flor beginnt bereits im Mai mit den kleinen Alpenastern, *Aster alpinus*. Sie lieben trockene steinige Hänge und halten in schweren, lehmigen Gartenböden nicht allzu lange aus. Die bekanntesten Sorten sind die rosa 'Güte', die dunkelblaue 'Treue' und der dunkelviolette 'Ruhm'. Alle werden etwa 20 cm hoch und sind in der Vase ausdauernde, anspruchslose Schnittblumen. Da die Blütezeit etwa in die der viel reicher blühenden *Erigeron* fällt, wird ihnen von diesen oft »die Schau gestohlen«, obwohl ihre Blüten viel edler und ihre Proportionen schöner sind.
Ihnen folgen zeitlich die Astern der Gruppe *Aster tongolensis,* die ihre Heimat im Himalaja hat, und *Aster farreri* aus Tibet bis Westchina. Beide werden etwa 40 cm hoch und sind gut zum Schnitt geeignet. Sie lieben frischen Boden und müssen alle 3–4 Jahre verpflanzt werden. Aus diesen Wildformen sind Gartenhybriden entstanden. Als beste gelten: *Aster tongolensis* 'Sternschnuppe', dunkel lavendelfarbig mit verzweigten Stielen; 'Wartburgstern', lila; *Aster farreri* 'Berggarten', hellila mit orangegelber Blütenscheibe.
Alle Astern schneidet man, wenn der zweite Ring der Staubgefäße geöffnet ist. Astern sind den Gemeinschaftsformen zuzurechnen und werden am häufigsten in der Basis von Gestecken oder Sträußen verarbeitet, oder in vollen runden Sträußen der Formbinderei.
Der Platzbedarf im Garten ist etwa 20 × 20 cm. Verpflanzen sollte man möglichst nur im Frühjahr, da alle Herbstpflanzungen Ausfälle bringen. Eine leichte Kompostaufschüttung im Herbst wird dankbar angenommen.

Camassia quamash, Präriekerze

Nur wenige kennen diese frühblühenden edlen Liliengewächse aus Nordamerika, von denen nur fünf Arten im Handel sind. Als härteste hat sich die Anfang Mai zart graublau blühende *Camassia quamash* (syn. *Ca-*

massia esculenta) erwiesen, die viele Jahre an einem ruhigen sonnigen, bis halbschattigen Gartenplatz aushält und sich willig vermehrt. In sehr kalten Lagen sollte sie einen leichten Winterschutz bekommen.

Alle Camassien wachsen in ihrer Heimat auf feuchten Präriewiesen, die im Sommer austrocknen. Die Pflanze zieht bereits im Frühsommer, ähnlich den *Allium,* ihre oberirdischen Sproßteile in die Zwiebel zurück.

Die rispigen, fast blattlosen Blütenschäfte der *Camassia quamash* werden 50–70 cm hoch und sind stark negativ geotropisch (s. Seite 22); sie sollten daher möglichst nicht lange liegen. Im Gesteck muß man sich damit abfinden, daß alle waagerecht eingesteckten Stiele in Kürze mit der Spitze senkrecht zum Himmel wachsen. Die einzelne Blüte blüht nicht sehr lange. Da aber der Schaft mit zahlreichen Einzelblüten besetzt ist, ist die Blütedauer in der Vase ausreichend. Ihre zarte rauchige Farbe, ihr nobler Habitus macht sie zu einer schönen Schnittblume, die sich in vielen Sträußen und Gestecken gut einpaßt.

Campanula glomerata, Knäuelglockenblume

Mitte Mai, wenn fast alle Farben noch die zarte Süße des Frühlings haben, beginnt *Campanula glomerata* 'Mrs. Elliot' in einem so theatralischen Purpurviolett zu blühen, daß der Anblick einem fast den Atem raubt. Die Sorte ist nur durch Teilung zu vermehren und wünscht einen lehmig-humosen Gartenboden. Auch bei bester Behandlung wächst sie schwach.

Wenn man wirklich gute Schnittstiele erzielen will, muß man unbedingt durch ein Nelkennetz wachsen lassen oder aufbinden, da 'Mrs. Elliot' leider überhaupt nicht standfest ist. Der zweite Nachteil, der sie für einen beruflichen Anbau fast ungeeignet macht, ist ihre Welkeneigung bei Hitze. Sie ist eine der Schnittblumen, die total versagen, wenn sie nicht sofort nach dem Schnitt in Wasser eingestellt werden. Bei richtiger Behandlung halten die Blumen eine Woche.

Aber *Campanula glomerata* 'Mrs. Elliot' ist so schön und interessant durch die glühende Farbe der zu einer Kugel zusammengenommenen Glockenblüten, daß es lohnt, die erforderliche zusätzliche Hilfe zu geben. Geschnitten wird, wenn 2–3 Blüten des Knäuels geöffnet sind. Einen Nachflor im August erzielt man durch Nachdüngen und regelmäßiges Wässern.

Im Anschluß an 'Mrs. Elliot' und in fast ebenso schöner Farbe blüht reich, standfest und wüchsig *Campanula glomerata* 'Dahurica'. Die Sorte fällt treu aus dem Samen, braucht kein Netz, hat aber die gleichen Ansprüche nach dem Schnitt, das heißt sofort in sauberes Wasser einstellen.

Campanula glomerata 'Schneehäschen' hat viele kleine weiße Blüten, in mehreren Knäueln etagenförmig um den Stiel verteilt. Die Sorte wird 40–45 cm hoch und liefert, mit dem Schwerpunkt im Juni, fast den ganzen Sommer Schnittstiele für kleine, bunte Sträuße. Die Haltbarkeit im Wasser ist von allen *Campanula glomerata* die beste.

Vier Reihen auf ein Normalbeet sind richtig, oder 25 × 30 cm Pflanzweite. Die unter *Campanula glomerata* zusammengefaßten Sorten vertragen volle Sonne und ein gewisses Maß an Trockenheit.

Wegen des großen Wasserbedarfs der Schnittblumen sind sie in Steckmasse ungeeignet. Am besten faßt man sie mit anderen Frühlingsblumen zu romantischen kleinen Sträussen zusammen. *Doronicum plantagineum* 'Excelsum' und *Euphorbia epithymoides* (syn. *E. polychroma*) oder mit Moosrosen und den rosa Maimargeriten *(Chrysanthemum coccineum).* Die knäuelförmigen Glockenblumen sollten immer etwas höher gestellt werden als die übrigen Blumen, damit sie eine Leitfunktion übernehmen. Wenn man *Gypsophila elegans* früh genug ausgesät hat, fängt es um diese Zeit schon an zu blühen und wird eine liebliche Ergänzung sein. Die Blätter der Funkien sind bereits genug ausgereift, den Abschluß zu bilden.

Centranthus ruber, Spornblume

Centranthus ruber wächst im südlichen Europa, schon in Burgund, wild. Er liebt vor allem kalkige Schotterböden, die warm und trocken sind. Die kleinen Blüten stehen in einer dichten Trugdolde über dem blaugrünen Laub.

Bei uns wird am meisten die scharlachrote, eigentlich am wenigsten schöne Sorte 'Coccineus' kultiviert. Sehr viel besser floristisch verwendbar ist die weiße Sorte 'Albiflorus'. Ganz ungenannt in unseren Staudenbüchern und Katalogen bleiben die romantisch schönen zartrosa Farbtöne, über die die Art verfügt und die in feiner Harmonie mit den blaugrünen übrigen Pflanzenteilen stehen. In Burgund sind viele alte Mauern und Straßengräben damit bewachsen, und bei einer Wein- und Kunstreise sollte man mit einer kleinen Schaufel diese Schätze heben.

Die Pflanze benötigt im Garten etwa 35 × 35 cm. Geschnitten wird, wenn die Dolde fast ganz geöffnet ist. *Centranthus ruber* ist ein idealer Füller für bunte Sträuße. Meist blüht er vor dem einjährigen Schleierkraut und ist wie dieses zu verwenden.

Chrysanthemum coccineum
Rosa Maimargerite

Die rosa bis rote Frühlingsmargerite hieß früher *Pyrethrum roseum,* und es gibt leider keinen eingängigen deutschen Namen für sie. Sie neigt zu üppigem Längenwachstum, so daß man die Pflanzen im Garten sorgfältig aufbinden muß, wenn man schöne gerade Stiele ernten will. Dafür ist sie so blühwillig, daß man mit wenigen Pflanzen viele Vasen mit Blumen füllen kann. Sie ist das, was ein Gärtner einen Massenblüher nennt, aber der gleichmachende Begriff »Masse« ist doch falsch hier. Denn wenn auch Massen von Blumen erscheinen, so wird es doch schwer sein, zwei Blumen zu finden, die sich völlig gleichen.

Die rosa Maimargerite wächst in jedem Gartenboden und stellt an Pflege und Düngung keine besonderen Ansprüche. Wenn man sie alle zwei Jahre nach der Blüte teilt und verpflanzt, werden die Stiele nicht so lang, und es gibt nicht so viel Arbeit mit dem Aufbinden. Notwendig ist das Verpflanzen erst nach 4–5 Jahren, da erst dann die Blühwilligkeit nachläßt. Der Platzbedarf ist etwa 40 × 40 cm in voller Sonne oder leichtem Streuschatten.

Die ausgezeichnete Haltbarkeit in der Vase (selbst bei heißem Wetter) machen *Chrysanthemum coccineum* zu einer idealen Schnittblume. Das zierliche Laub muß sofort bei der Ernte entfernt werden. Es fault sehr schnell im Vasenwasser und setzt die Haltbarkeit erheblich herab. Der richtige Schnittermin ist erreicht, wenn im Blütenkorb zwei Reihen Staubgefäße geöffnet sind. Die gute Haltbarkeit wird durch Chrysal im Wasser noch erhöht.

Die rosa Maimargerite gehört eindeutig zu den Gemeinschaftsformen. So schön ihre zarten Sternblüten allein in einer Vase auch sein können, ist sie doch ein guter Begleiter eines Straußes von Pfingstrosen, ergänzt mit *Allium jesdianum* und blauen *Hosta*-Blättern.

Die schon fünfzig Jahre alte rosa Sorte 'Eileen May Robinson' ist noch immer eine der besten trotz vieler neuer Züchtungen. Es gibt rote Töne weich wie Samt, aber leider werden sie oft an den warmen Frühsommertagen von Thripsen (Blasenfüßen) entdeckt. Die knapp 2 mm langen schlanken Schadinsekten, mit bloßem Auge erkennbar, sitzen auf der Rückseite der Blüten und saugen den Zellsaft der Blütenblätter, so daß Verkrüppelungen und Verfärbungen entstehen. Wenn man nicht mit Insektiziden 2–3mal spritzen will, pflanzt man am besten nur die rosa Form auf, die nicht so stark befallen wird.

Aus *Chrysanthemum coccineum* und anderen *Chrysanthemum*-Arten wird das bekannte Pyrethrum (nach der früher so genannten Gattung), eines der wichtigsten pflanzlichen Insektizide, gewonnen. Die Blüten wurden schon Anfang des 19. Jahrhunderts zu dem »dalmatinischen Insektenpulver« verarbeitet und gegen Hausungeziefer verwendet. Wirkstoff ist das Pyrethrin.

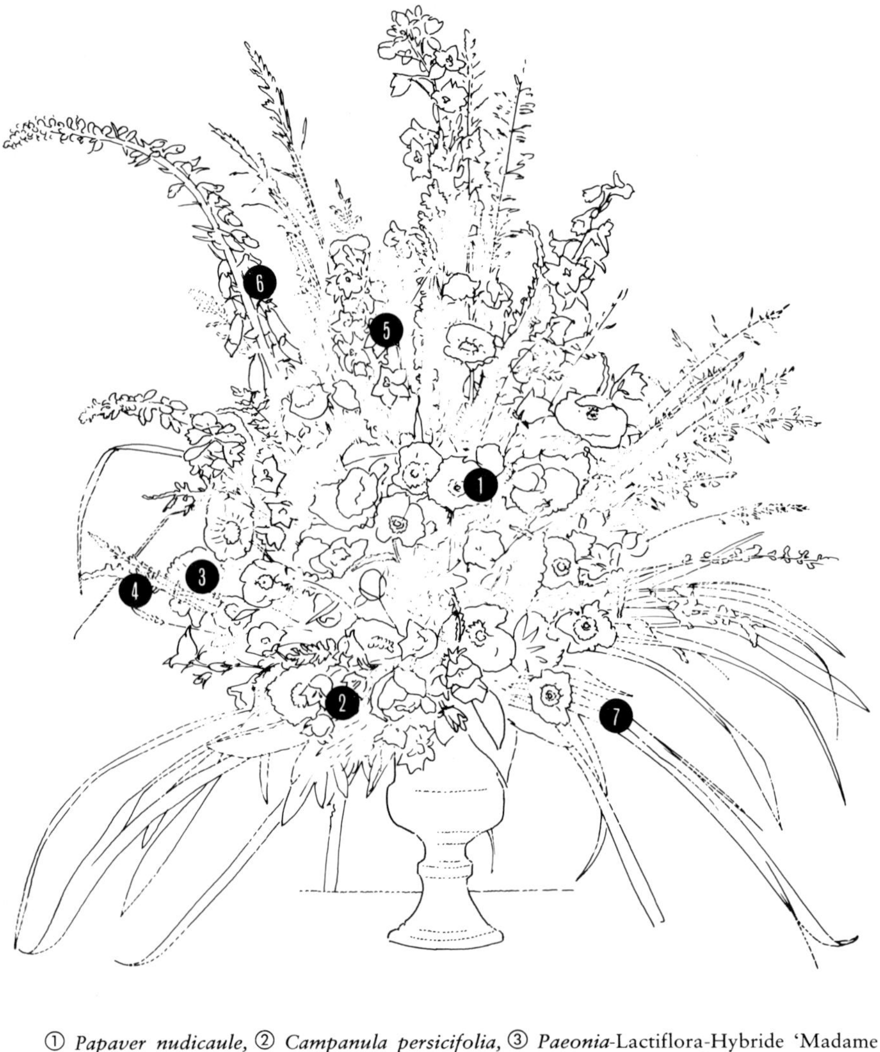

① *Papaver nudicaule*, ② *Campanula persicifolia*, ③ *Paeonia*-Lactiflora-Hybride 'Madame Eduard Doriat', ④ *Salvia × superba* 'Mainacht', ⑤ *Delphinium*-Hybride, ⑥ *Digitalis purpurea* 'Alba', ⑦ *Hemerocallis*-Laub, Wildgräser. Gebundener Strauß von Kirsten Harders in einem persischen Messingpokal.

Convallaria majalis, Maiglöckchen

Das Maiglöckchen der deutschen Wälder, das schon vor vielen Jahrhunderten in die Gärten einzog, hat bisher an dem Höhenflug der gärtnerischen Züchtung, bei dem alles größer und größer wird, noch nicht teilgenommen. Lediglich ein rosa Maiglöckchen erscheint in den Katalogen, ohne aber rechte Begeisterung und Verbreitung zu finden. Dreizehn Glöckchen je Stiel zählte man schon zu Goethes Zeiten als Maximum, und viel mehr (in seltenen Fällen 15) schafft man auch heute noch nicht.

Überhaupt ist dieser bescheidene Besiedler selbst dunkler Schattenplätze, der kaum einem Baumdruck weicht, überraschend selten geworden in den Gärten. Eine Erklärung gibt es fast nicht dafür, es sei denn die des Modegeschmackes.

Die gärtnerische Kultur ist überaus einfach, wenn man nematodenfreien Boden hat und nematodenfreie Rhizome erhält. Ist man sich im Unklaren über die Gesundheit des Bodens, hat aber nicht die Möglichkeit, ihn in einem Pflanzenschutzamt untersuchen zu lassen, so sollte man im Sommer vor der herbstlichen Pflanzung eine prophylaktische Bekämpfung durchführen, indem man mit der Gießkannenbrause 0,1% (1 ml/10 l Wasser) Nemaphos zweimal im Abstand von 14 Tagen ausgießt. Nur bei windstillem Wetter und mit Gummihandschuhen arbeiten. Erst vier Wochen später kann gepflanzt werden. Auch Basamid ist zur Vorbehandlung geeignet.

Eine biologische Bekämpfung ist ebenfalls möglich, bei starkem Befall aber nicht immer ausreichend. Man streut Rizinus-Schrot (im Samenhandel erhältlich) aus, etwa 50 g je m^2 und arbeitet ihn mit der Grabgabel ein. Dann werden einen Sommer lang hohe *Tagetes* an die Stelle gepflanzt, die allerdings an einem Schattenplatz nicht reich blühen werden. Im Herbst wird nochmals Rizinus-Schrot eingearbeitet, und dann können die Maiblumen-Rhizome gelegt werden. Rizinus-Schrot kann auch in vorhandene Bestände ausgestreut werden, am besten im Herbst beim Einziehen des Laubes und ein zweites Mal im Frühling vor dem Austrieb.

Um diese Zeit gibt man zusätzlich eine Volldüngung und deckt den Boden ca. 2 cm hoch mit Torf oder Kompost ab.

Gepflanzt wird nicht zu eng (etwa 15 × 15 cm), denn Maiglöckchen sind in humosem Boden sehr vermehrungsfreudig. In wenigen Jahren ist die Fläche so geschlossen, daß keinerlei Unkraut mehr aufkommen kann. Die Keimspitze des Rhizoms sollte 3–4 cm hoch mit Erde bedeckt sein. Anfang Mai, wenn die Blütenstiele erscheinen, ist der Platz durch seinen zarten Duft oft mit geschlossenen Augen zu finden.

Schneiden darf man nicht zu früh, mindestens zwei Drittel der Rispe sollten voll geöffnet sein. Bei trockenem Wetter wartet man ruhig das Öffnen des zweitobersten Glöckchens ab, ehe man den schlanken, kantigen Stiel mit einem kurzen trockenen Ruck zupft. In ein sauberes Gefäß mit frischem Wasser in der Nähe des Beetes werden die Stiele locker eingestellt. Bei feuchtem Wetter muß man besonders sorgfältig für eine gute Durchlüftung und möglichst schnelle Trocknung sorgen, die Maiblumen werden sonst braun. Der Wasserstand darf nur so hoch sein, daß er das unterste Glöckchen nicht erreicht.

Floristisch gibt es ungezählte Möglichkeiten, Maiglöckchen wirkungsvoll zu verarbeiten. Immer wird eine Ausstrahlung zarter Schönheit von ihnen ausgehen. Maiglöckchen sprechen das Gefühl an.

Sie halten im Wasser genau so gut wie in Steckmasse, wenn man sorgfältig anschneidet und zusätzlich mit einem spitzen Messer einritzt (s. Seite 22). Vor dem Stecken sollten sie einige Stunden gründlich Wasser gezogen haben. Dieses Wässern alleine, bevor man sie mit anderen Blumen zusammenbringt, ist in jedem Falle zu empfehlen, um die Wirkung des in hoher Dosierung in den Maiblumen vorhandenen Giftes Convallarin und Convallamarin herabzusetzen.

Am schnellsten ist ein hübscher kleiner Strauß gefertigt, indem man 10 oder 15 Stiele Maiglöckchen wohl verteilt durch einen voll erblühten Rhododendronstutzen fädelt. Man kann ein solches Sträußchen zu einer Einladung mitnehmen oder als kleinen Tischschmuck verwenden. Aber auch zusammen mit den später blühenden Aurikeln und den ersten Rosen 'Pompon de Bourgogne', mit dem Frühlingsenzian *(Gentiana acaulis)* oder *Rhododendron molle* (syn. *Azalea mollis*) und einigen *Hosta*-Blättern ist schnell ein kleiner Strauß gezaubert.

Dicentra spectabilis, Tränendes Herz

Fast jeder kennt die in anmutigen überhängenden Trauben zweifarbig rosa-weiß blühenden Tränenden Herzen der Bauerngärten. Sie blühen ab Mitte Mai und gehören so zu den am frühesten blühenden Stauden. Viele Jahre waren sie die beliebtesten Stauden, das heißt diejenigen, von denen die größten Stückzahlen gezogen und verkauft wurden. Fast unbekannt blieb dabei die edle, reinweiße Form *Dicentra spectabilis* 'Alba', die gleich ihrer rosa Schwester eine vorzüglich haltbare Schnittblume ist, wenn man sofort bei der Ernte viele der zarten gefiederten Laubblätter entfernt, um die Verdunstung herabzusetzen.

In lichtem Streuschatten in frischem, humosem Lehmboden, aber ohne stehende Nässe, werden die Pflanzen sehr alt. Heute kann man sich nur schwer vorstellen, daß sie erst seit etwas mehr als einem Jahrhundert in Europa bekannt sind, so »altmodisch« erscheint uns die Pflanze. Mit ihrem Aussehen trifft sie genau unsere wiederentdeckten romantischen Gefühle.

Ein französischer Jesuit sandte etwa 1740 zuerst Herbarmaterial aus China an Linné. Die Jesuiten gaben auch die ersten Schilderungen chinesischer Landschaftsgärten. 1810 oder 1816 wurden Pflanzen aus China oder Sibirien nach England gebracht. Aber man wußte noch zu wenig über ihre Lebensansprüche oder sie waren durch die lange Reise zu sehr entkräftet – die wenigen Pflanzen gingen wieder ein.

1846 sandte der Pflanzensammler Fortune, im Dienste der British Royal Horticultural Society, dem unsere Gärten viele asiatische Schätze verdanken, von der chinesischen Insel Kushan aus dem Grotto Garden des Ferienhauses eines chinesischen Mandarins *Dicentra spectabilis*. Sie wuchsen und wurden die Stammeltern aller in Europa zu findenden Tränenden Herzen. Fortune erkannte nicht, daß die Pflanzen nur als Gartenpflanzen von den Gärtnern der Mandarine gezogen wurden, daß sich ihre Heimat aber in Japan und Sibirien befindet.

Dicentra gehören zu den wenigen schlecht anpassungsfähigen Stauden. Versagt man ihnen den lichten Halbschatten und gibt ihnen sehr trockene, voll sonnige Standorte, so werden die Pflanzen kümmern. Der etwa 80 cm hohe Busch zieht nach der Blüte, spätestens im Juli, seine oberirdischen Sproßteile ein, also früher, als andere Stauden dies tun. Den herbstlichen Eindruck der Blätter kann man vertuschen, wenn man sie in den Hintergrund einer Staudenrabatte pflanzt, so daß sie von den Sommerstauden verdeckt werden. Der Platzbedarf beträgt etwa 70 × 70 cm. Die beste Pflanzzeit ist das zeitige Frühjahr oder unmittelbar beim Einziehen der Blätter, da in beiden Zeiten die Pflanze mit der Bildung neuer Wurzeln beschäftigt ist.

Samen setzen die Tränenden Herzen in Europa selten an, denn sie können, bedingt durch den Bau ihrer Blüten, nur durch zwei besonders langrüsselige Bienenarten befruchtet werden, die aber kaum bei uns vorkommen.

Die Blütenstiele werden geschnitten, wenn die Traube zu zwei Dritteln geöffnet ist. Beim Schneiden soll man der Pflanze immer noch reichlich Blattmasse belassen, damit die Assimilation nicht zu stark gestört wird. Es bleibt immer die Wahl, wenige Blütenstiele in voller Länge für große Sträuße und Gestecke oder viele mit kürzeren Stielen zu schneiden.

① *Rosa* 'Nevada', ② *Paeonia peregrina* 'China Rose'. Von Anneliese Würschinger in einen alten peruanischen Wasserkrug gesteckt.

So schön 1–2 der lockeren, zarten Trauben allein in einem Glas wirken, sie sind darüber hinaus, vor allem die reinweiße Form, passende Begleiter zu den meisten anderen Blumen der Jahreszeit. Die Haltbarkeit in Steckmasse ist ausreichend gut. Von einer Tischdekoration, in der sparsam *Dicentra spectabilis* 'Alba' verarbeitet wurden, zusammen mit *Euphorbia epithymoides, Doronicum plantaginum* 'Excelsum' auf einer grüngelben Decke zu weißem Porzellan, werden die Gäste noch lange sprechen.

Die ungewöhnliche Form der Blüten macht die Tränenden Herzen immer schon zu »Conversation Pieces« (d.h. in einer Gesellschaft, in der sie auftauchten, waren sie Gesprächsthema). Den viktorianischen Juwelieren dienten sie oft als Vorlage für Schmuck. Verschiedene Länder gaben ihnen die unterschiedlichsten Namen. In England nennt man sie »Chinaman's Breeches« (chinesische Reithosen) oder »Our Lady in a Boat« (unsere Dame im Schiffchen). Den lustigsten Namen haben sie in Dänemark. Dort heißen sie »Leutnantsherzen«, denn wenn man die Blüten öffnet, so findet man darin eine »Champagnerflasche« oder eine »Tänzerin«, je nach dem Entwicklungsstadium der Blüte.

Dictamnus albus
Diptam oder Brennender Busch

Eine sehr edle Wildstaude, weit verbreitet von Westeuropa über den Himalaja, Nordchina bis Indien. Sie liebt trockene, alkalische Böden, auch auf Basalt ist sie zuhause. Sie wächst langsam, blüht erst im dritten Jahr nach der Aussaat zum erstenmal, kann dafür aber auch lange am gleichen Platz stehen. Dieses Ruhige, Gelassene ihres Wesens läßt sie den Schnitt, vor allem, wenn er zu sehr ihre Substanz angreift, nicht gut vertragen. Man muß achtsam schneiden und immer noch eine reichliche Laubtracht zurücklassen.

Am schönsten ist die weiße Form *Dictamnus albus* 'Albiflorus' in Blumensträußen, obwohl die Varietät *Dictamnus albus* var. *caucasicus* größere Blüten hat und stärker, etwa bis 1 m hoch, wächst.

Der Platzbedarf im Garten ist etwa 60 × 60 cm. Einzelstellung steht dem Diptam besser an als eine zu eng bepflanzte Rabatte. Er sollte daher auch im Strauß oder Gesteck so verarbeitet werden, daß seiner Gestalt genügend Freiraum bleibt.

Neben den schönen Blüten geht auch eine große Faszination von dem starken Zitronen-Vanille-Duft aus, den der »Brennende Busch« verströmt. Die ganze Pflanze, vor allem auch der Fruchtstand, der sehr gut in der Trockenbinderei zu verarbeiten ist, ist mit unzähligen, kleinen Duftdrüsen besetzt, die bei großer Hitze ein ätherisches Öl abgeben, das der Pflanze als Verdunstungsschutz dient. In warmen Juninächten kann man das Glück haben, daß man diese austretenden Öle mit einem Streichholz entzünden kann, so daß der Diptam kurze Zeit in einer Feurigen Aura steht, was ihm den deutschen Namen »Brennender Busch« eingetragen hat. Goethe war von diesem Phänomen begeistert und hat es bei jeder sich bietenden Gelegenheit seinen Freunden vorgeführt.

Diese Eigenart ließ manchen Aberglauben an die Pflanze knüpfen. Man schrieb ihr wundersame Kräfte zu. Hieronymus Bock schreibt: »Etlich melden, der Dictam ziehe alle eingeschlossenen Pfeyl, Dorn und Spreissen heraus.« Er wuchs auch in dem sagenumwobenen scharf bewachten Garten der Zauberin Hekate.

Doronicum, Gemswurz

Ein wenig später als das bekannte aprilblühende, 30–40 cm hohe *Doronicum orientale* (syn. *D. caucasicum*) blüht *Doronicum plantagineum* 'Excelsum', die gelbe Maimargerite. Die Pflanze bildet 80–90 cm hohe Stiele über einer grundständigen Rosette herzförmiger Blätter, die in ihrem Hellgrün zum Teil auch den behaarten Stiel besetzen. In dem leuchtend gelben Blütenkorb haben Zungen- und Röhrenblüten fast den gleichen Farbton.

Doronicum orientale hat trotz guter Haltbarkeit im Wasser wenig Sinn in einer floristischen Verwendung, denn die schnell gewachsenen Stiele haben abgeschnitten nicht genug Festigkeit, um wirklich schöne Sträuße und Gestecke mit ihnen arbeiten zu können. Bei *Doronicum plantagineum* 'Excelsum' dagegen wachsen die Stiele straff aus der Vase, wenn sie sich nach zahlreichen Bewegungen dem neuen Standort angepaßt haben. Auch die Zungenblüten stehen schön gerade, sie klappen nur unmittelbar nach dem Schnitt etwas zurück, möglicherweise in Folge einer enzymatischen Veränderung (s. Seite 17), richten sich aber bald in der Vase wieder auf.

Beide *Doronicum* lieben Sonne bis leichten Halbschatten und einen lehmig-humosen Boden mit ausreichender Feuchtigkeit. Der Platzbedarf ist ca. 30 × 30 cm.

Mit dem Dünger sollte man sparsam umgehen. 30–40 g Volldünger, also etwa die Hälfte einer Normaldüngung, im zeitigen Frühjahr gegeben, reichen aus. Eine Überdüngung fördert den Mehltau, der *Doronicum* manchmal im hohen Sommer befällt. Herrscht ein das Pilzwachstum begünstigendes Wetter, werden sicherlich die Lilien, die *Hosta* und die Rosen gespritzt werden, und man sollte dabei auch an die *Doronicum* denken.

Nach 3–4 Jahren beginnen Blütengröße und Stiellänge nachzulassen. Dann ist es Zeit, die Pflanzen nach der Blüte aufzunehmen, zu teilen, und an einem anderen Platz aufzupflanzen.

Geschnitten werden die Blütenstiele wie bei fast allen Korbblütlern, wenn zwei Ringe der Röhrenblüten geöffnet sind. *Doronicum* hält im Wasser länger als in Steckmasse. Vor allem für runde Frühlingssträuße, zusammen mit dunkelviolettem Flieder und Elfenbeinginster, aber auch den späten hohen Breeder-Tulpen ist *Doronicum* immer eine gute Ergänzung. Im Kontrast zu besonders dunklen oder reinweißen Blumen leuchten seine gelben Blütensterne am besten auf.

Da man die gelbe Maimargerite floristisch unbedingt den Gemeinschaftsformen zuordnen muß, kann man sie gut in dekorativen Sträußen oder Gestecken in einer Gruppe verwenden, die die Basis bildet. Eine wesentliche Verlängerung der Haltbarkeit durch Chrysal konnte ich nicht feststellen.

Euphorbia epithymoides
Gelbe Frühlingswolfsmilch

Wer würde bei der ersten Betrachtung denken, daß dieser gelbe Langblüher des Frühlingsgartens ein Verwandter des Weihnachtssterns ist, welcher zur Winterzeit mit seinem glühenden Rot die Blumengeschäfte belebt? Aber die Gattung *Euphorbia* ist außerordentlich formenreich und umfaßt über 1600 Arten bis zu Säulenkakteen und großen tropischen Bäumen.

Bei allen ist die Blüte unscheinbar. Die Signalwirkung für die Insekten übernehmen die leuchtend gefärbten Hochblätter. Allen Euphorbien ist außerdem gemeinsam, daß sie einen klebrigen Milchsaft ausscheiden, der mehr oder minder giftig ist. Sehr allergieempfindliche Menschen sollten sie nur mit Handschuhen schneiden und möglichst bald die Stielenden kochen. Nur der Milchsaft wirkt Allergieauslösend, daher haben die gebrühten Stiele in der floristischen Weiterverarbeitung praktisch keine Wirkung mehr auf die Haut.

Euphorbie epithymoides (syn. *E. polychroma*) hält ausgezeichnet im Wasser und in Steckmasse. In den Ansprüchen an Boden und Lage ist sie bescheiden und auf das äußerste anpassungsfähig. Ein Teilen und Verpflanzen ist alle fünf Jahre nötig. Als Pflanzweite braucht man etwa 20 × 20 cm.

Geschnitten wird, wenn die Hochblätter deutlich gelb durchgefärbt sind. Da die Pflanze sich erneut bestockt, kann man bedenkenlos die ganze Stielmenge mit einem Schnitt ernten.

Verarbeitet man die Frühlingswolfsmilch in Gestecken oder Sträußen, so muß man beachten, daß die Stiele im Vasenwasser stark weiterwachsen, so daß es nötig wird, sie nach

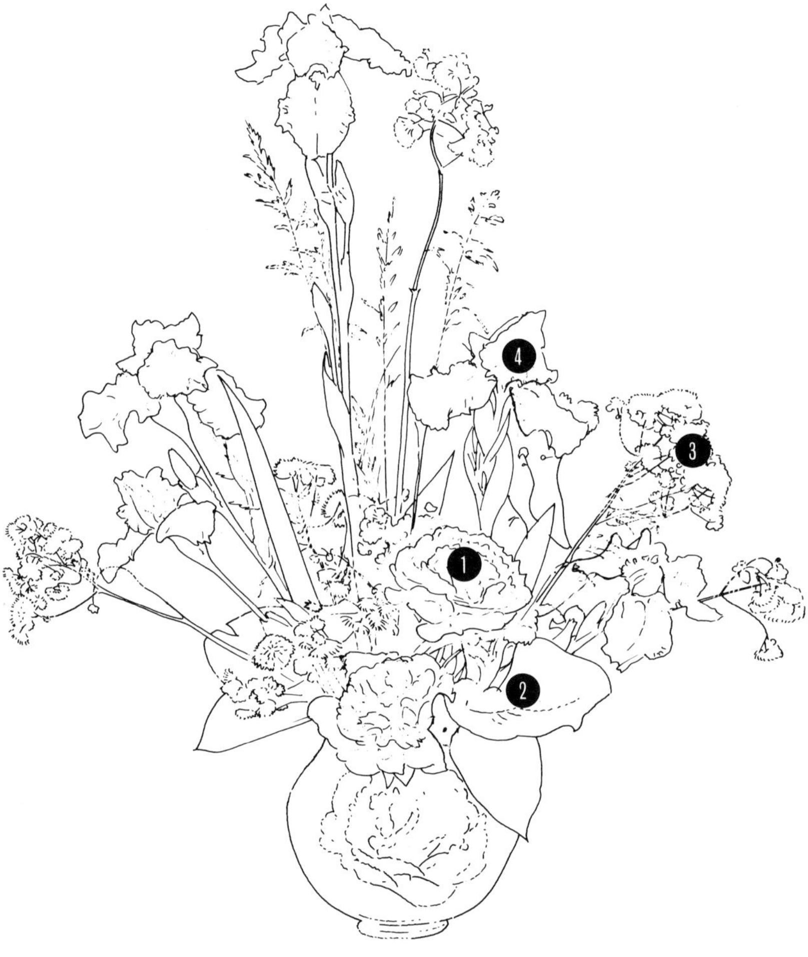

① *Paeonia*-Lactiflora-Hybride 'Sarah Bernhardt', ② *Hosta sieboldiana* 'Elegans', ③ *Thalictrum aquilegifolium,* ④ *Iris*-Barbata-Elatior 'Rippling Waters'. Annemarie Hagen steckte die Blumen in ein Nagelbett. Die Glasvase ist von Erwin Eisch.

einigen Tagen herauszunehmen, einzukürzen und wieder zu stecken, um dem Gebinde die volle Harmonie zu erhalten. Wenn man nicht einen ganzen Busch in ein breites Gefäß setzen mag, sind sie auch sehr schön für kleine volle, runde Sträuße. Ihr grünliches Gelb paßt sich vielen Farben gut an, sowohl Violett wie Rosa, wie natürlich allen anderen gelben Farbtönen.

Gleich *Doronicum plantagineum* 'Excelsum' auch mit ihm zusammen, ist *Euphorbia epithymoides* geeignet, die Basis in dekorativen Gestecken und Sträußen zu bilden. Ein besonders geeignetes Laub kann man von *Ribes sanguineum* 'Brocklebankii' dazu schneiden. Die Harmonie wird vollkommener sein, wenn man die unscheinbaren rosa Blüten von *Ribes* entfernt.

Euphorbia myrsinitis, die walzenförmige Wolfsmilch, ist genau wie *Euphorbia marginata,* die eine prächtige Zeichnung der weißgrünen Hochblätter hat, floristisch sehr gut zu verwenden. Beide rufen aber so starke Allergien hervor, daß ich den Anbau leider nicht empfehlen kann.

Iris-Barbata-Elatior-Gruppe
Hohe Bartiris

Könige wählten sie sich zu ihrer Wappenblume, Prinzessinnen ließen sie sich mit gesponnenem Gold auf ihre Hochzeitsgewänder stikken – den Bürgern Amerikas war es vorbehalten, die züchterischen Möglichkeiten zu begreifen, die in dieser Pflanzengattung steckten. Die ersten waren Privatleute, echte Liebhabergärtner, die versuchten, durch Kreuzung neue Farben, größere Blüten und eine bessere Textur, das heißt Festigkeit des Blütenblattgewebes, zu erzielen.

Vor etwa 60 Jahren begann diese züchterische Bewegung, vielleicht angeregt durch die Vorliebe vieler Jugendstilkünstler für diese Blume. In diesen 60 Jahren wurde in vielen Teilen der Welt ganz intensiv an der Verbesserung vor allem der Hohen Bartiris (*Iris germanica*) gearbeitet. Es entstanden über 35 000 Sorten, zu denen jährlich neue kommen. Ähnliche Fortschritte wurden in diesem Jahrhundert nur bei der Orchideenzüchtung erzielt.

Erfreulicherweise haben die meisten neuen Züchtungen auch die schlechte Eigenschaft verloren, aus der Blüte zu tropfen und so Flekken auf Tischtüchern und Möbeln zu hinterlassen. Welche die »beste« Iris ist, kann man nicht sagen. Man kann sich nur seine eigenen Lieblinge wählen und diesen Lieblingen einige Jahre treu bleiben. Der meine ist 'Rippling Waters', 1961 bei Orbille Fay entstanden. Ich muß die Sorte mit allen ihren Schwächen akzeptieren, wie das bei Lieblingen der Fall ist. Ihr hauchzartes Blau schimmert trotz der großen Festigkeit des Blütenblattes so verwehend, daß man glauben könnte, es sei der Morgenhimmel, aus dem die Göttin Iris als Botin der olympischen Herrscher herniederstieg. Bei dieser Reise trug die Dame eine Robe aus Tautropfen, in denen sich das Licht der Sonne spiegelte, und auch davon ist etwas in dem Blühen dieser Sorte.

Ihr gärtnerischer Nachteil ist ihr floristischer Vorteil. Die Stiele werden in feuchtwarmen Sommern sehr lang, bis zu 1,40 m, und fallen, wenn die Blüten schwer werden, bei Regenwetter manchmal um. Da Iris aber immer knospig geschnitten werden, dann, wenn die erste Blütenknospe sich gerade aus ihrer feinen grausilbrigen Hülle erhebt, wird ihr der Regensturm nur selten den Stiel beugen.

Die Haltbarkeit im Wasser ist erstklassig, nur müssen die verblühten Blüten (jede Blüte hat eine Lebensdauer von 2–3 Tagen) ausgebrochen werden. Dann kann man an einem gut verzweigten Stiel bis zu 12 Tagen Freude in der Vase haben. Iris gehören zu den Blumen, deren Leben durch den Schnitt nicht verkürzt wird.

Karl Foerster schrieb zu seiner Zeit: »Ein Garten ohne *Phlox* ist ein Irrtum.« In unserer Zeit muß man dies von einem Garten ohne *Iris* sagen.

Die Sonne und Trockenheit liebende Hohe Iris, die ihre Reserven in den fleischigen Wurzelrhizomen speichert, ist bescheiden in ihren Pflegeansprüchen im Garten. Wichtig ist der richtige Standort, der kaum trocken genug sein kann. Wenn man nicht im Weinbergklima wohnt, was der Hohen Iris am liebsten ist, so ist ein Platz an der Südwand des Hauses, in feuchten Lagen auf einem etwas erhöhten, gut dränierten Beet richtig. Gepflanzt werden soll in der Zeit zwischen dem Ende der Blüte und August. Auch beim Pflanzen im eigenen Garten kürzt man das Laub auf etwa 20 cm Höhe ein, um die Verdunstung zu vermindern. Der Boden, der sandig bis lehmig sein sollte, muß gründlich gelockert werden. Das Rhizom wird so in die Erde gebettet, daß seine Oberfläche nicht voll bedeckt wird. Die Erde wird vorsichtig zu den Wurzeln beigedrückt, ohne sie festzustampfen. Das Problem der Iris-Pflanzung ist, daß sie locker und doch fest erfolgen muß. Am besten bindet man die Pflanze an einen kleinen Stab an, damit der nächste Gewittersturm sie nicht von den neu gebildeten Wurzeln abreißt. Nach einem gründlichen Angießen sollte sparsam gewässert werden, um das neue Wurzelwachstum anzuregen.

Wenn nach 4–6 Jahren Irispflanzen weniger Blütenstiele bringen, sollte man sie aufnehmen, teilen und an einen anderen Platz pflanzen. Der Platzbedarf einer ausgewachsenen Hohen Bartiris ist etwa 70 × 70 cm.

In feuchten Sommern können vor allem bei ungünstigen Standorten Iris von allerlei Pilzen befallen werden. In solchen Jahren empfiehlt es sich, nach der Blüte ein bis zweimal mit einem Mischfungizid zu spritzen. Alles vergilbte Laub muß im Herbst und im Frühjahr sorgfältig entfernt werden.

Iris blühen auch in Steckmasse auf, aber die kleinere Basis eines Nagelbettes wird ihrem gesamten Habitus mehr gerecht. Einige Stiele in einer flachen Glasschale mit Kieselsteinen, die Basis mit großblättrigen *Hosta* abgedeckt, können von vollkommener Schönheit sein. Bringt man sie mit anderen Blumen zusammen in ein Gesteck oder in einen Strauß, so müssen diese zwar edel sein, sich aber immer der majestätischen Irisgestalt unterordnen.

Iris sibirica

Die graziöse Schwester der Hohen Bartiris blüht Anfang Juni. Ihre Verbreitungsgebiete sind feuchte Wiesen europäischer Mittelgebirge bis nach Sibirien. Das schilfartige feine Laub bleibt bis lange in den Herbst hinein grün und ist floristisch fast genauso gut brauchbar wie die Blüten. Auch die Fruchtstände sind grün oder getrocknet vielfach zu verwenden.

Es ist empfehlenswerter, eine der neuen Züchtungen zu pflanzen, als die Wildform. Die Stiele sind besser verzweigt und haben mehr und größere Blüten. Die Sorte 'My Love' bringt in einem hellen Blau große gut geformte Blumen. Nach dem Schnitt treibt die Pflanze einen zweiten Satz Blütenstiele. 'White Swirl' ist rahmweiß mit fast waagrecht stehenden Hängeblättern. 'Caesar's Brother' hat große nachtviolette Blüten auf gut verzweigten Stielen, blüht arm, 'Caesar' dagegen reich. In wenigen Jahren wird ein völlig neues Sortiment in den Katalogen sein.

Die schlanken, etwa 1,20 m langen Blütenstiele sind zierliche Partner zu allen vollen runden Formen der ersten Juniwoche, zu Pfingstrosen ebenso wie zu späten *Rhododendron.* Ein runder, lockerer Strauß, gemischt mit der rosa Maimargerite, *Chrysanthemum coccineum,* muß im Verhältnis 1 : 2, das heißt etwa 10 *Iris sibirica* zusammen mit mindestens 20 *Chrysanthemum coccineum* gebunden werden. Optischen Halt und Ruhe bekommt der Strauß durch einige große Blaublatt-*Hosta,* die zum Abschluß rundum angelegt werden.

Die Haltbarkeit im Wasser ist etwa eine Woche.

Im Garten beanspruchen die sibirischen Iris wenig Pflege, wenn der Standort im Frühling nicht zu trocken ist. Aus diesem Grunde ist ihnen Lehmboden lieber als Sandboden. Auch die abgeblühte Pflanze ist ein angenehmer

Anblick. In den ersten zwei Jahren wächst sie langsam, später beansprucht sie einen Raum von etwa 70 × 70 cm.

Paeonia, Pfingstrosen

Die Prachtstauden der Mai-Juni-Wende sind die Pfingstrosen. Pünktlich zu den Festtagen blühen allerdings meist nur die frühen Bauern-Pfingstrosen, *Paeonia officinalis,* deren Heimat sich in Mittel- und Südeuropa befindet. Zum Schnitt ist diese Form nicht sehr gut geeignet. Die Pflanzen werden nur 40–50 cm hoch, und wenn man schonend schneidet, das heißt zwei Blätter zum Leben übrigläßt, steht die Länge des Stieles in keinem Verhältnis zur Blütengröße. Oft werden die schweren Blütenköpfe nicht in guter Haltung getragen, so daß sie in einem gestalteten Blumengebinde schwierig zu verarbeiten sind. Die Haltbarkeit im Wasser ist auch geringer als die der späteren Paeonien.

Ein pünktlicher Pfingstblüher ist fast alljährlich die zu der Gruppe *Paeonia peregrina* (syn. *P. lobata*) gehörende Sorte 'China-Rose'. Auf 1 m langen, kräftigen Stielen stehen die schalenförmig rosaroten ungefüllten Blüten mit ihrem Kranz gelber Staubgefäße. Die Sorte ist sehr wüchsig, die Farbe von einmaliger Schönheit.

Paeonia-Lactiflora-Hybriden, die asiatischen Pfingstrosen, haben in ihren Kulturformen den Höhepunkt ihres Blühens etwa am 5. Juni. Von ihnen gibt es ungezählte Gartenformen, die aber nicht mehr alle in Kultur sind. Der französische Gärtner Lemoine, der auch 214 neue Fliedersorten züchtete, hat sich in Europa um die Züchtung sehr verdient gemacht. In der ersten Hälfte unseres Jahrhunderts war die Firma Goos & Koenemann, Niederwalluf, erfolgreich in der Züchtung tätig. Heute entstehen neue Sorten bei amerikanischen Züchtern, die aber bei uns noch nicht ausreichend bekannt und erprobt sind.

Will man mehrere Päonien pflanzen, so achte man darauf, solche mit früher, später und mittlerer Blütezeit zu kaufen, um einen möglichst langen Flor im Garten zu genießen. Aus dem großen Sortiment seien einige genannt, die mir empfehlenswert erscheinen.

Weiß

'Jan van Leeuwen', ungefüllt, eine strahlende Schönheit in Rahmweiß mit leuchtend gelben Staubgefäßen, sehr gesund und wüchsig; 'Straßburg', früh bis mittelfrüh, gefüllt, mit zartrosa Hauch im Erblühen, schön geformte, mittelgroße Blumen, gut standfest; 'Festiva Maxima', mittelfrüh, mit einer kleinen roten Zeichnung an der Außenseite der Knospe und gelegentlich im Blütenblatt, sehr langstielig, gut schnittverträglich, die Blüte ist elegant geformt; 'Madame Claude Taine', mittel, sehr großblumig, in edelster Harmonie des Aufbaues von Stiel, Blatt und Blüte; 'Marie Lemoine', spät, mittlere Stiellänge, sehr schöne Blüte, die aber bei ungünstiger Witterung schlecht aufblüht. In der Vase hält sie nur 2–3 Tage. Besser ist die fast unbekannte 'Madame Eduard Doriat'.

Rosa

'Murillo', mittelfrüh, ungefüllt, sehr zartfarbige, fast transparente Blütenblätter über hellgelben Staubgefäßen; 'L'Etincelante', mittel bis spät, ungefüllte, schalenförmige Blüten in leuchtendem Rosa zum Rand der Blütenblätter heller werdend, halbhoch; 'Mons. Jules Elle', früh bis mittelfrüh, gefüllt, kräftiges Rosa, schöner Blütenbau; 'Lady Alexander Duff', mittel, zartrosa, oft nur halb gefüllt, aber immer sehr schön in der großen noblen Blüte auf langem Stiel; 'Sarah Bernhardt', mittel bis spät, strahlendes Rosa, gut gefüllt, schön geformte Blüte auf 80 cm hohen Stielen.

Rot

'Heimburg', mittelfrüh, kirschrot; 'Bunker Hill', gefüllt, dunkles Pink in Weinrot übergehend, ein starker Wachser, mittlere Blütezeit; 'F. Koppius', purpur von großer Leuchtkraft und guter Fernwirkung, eine gesunde, wüchsige Sorte, langstielig, spät; 'Philippe Rivoir', mittlere Blütezeit, ein tiefes, fast schwarzes Rot von starker Intensität, die Blumen sind teilweise nur halb gefüllt, doch die gelben Staubgefäße steigern die ungewöhnliche Farbe noch in der Wirkung; die halbhohe Sorte ist nicht sehr wuchskräftig und darf nicht zu scharf geschnitten werden.

Päonien, vor allem 'China Rose' und die Lactiflora-Hybriden, benötigen viel Platz, fast einen Quadratmeter. Der beste Standort ist in voller Sonne auf einem nährstoffreichen Lehmboden.

Pfingstrosen blühen erst im dritten Jahr nach der Pflanzung voll, können aber zehn Jahre und länger am gleichen Platz stehen. Beim Pflanzen, am besten Anfang September, sollen die Augen nur 3–5 cm unter der Oberfläche liegen; tiefer gepflanzt blühen Päonien schlecht. Gedüngt wird im zeitigen Frühjahr mit einem nicht zu stickstoffreichen Volldünger.

In feuchten Jahren können Päonien von dem Pilz *Botrytis* befallen werden. Die Knospen gehen dann nicht auf und schimmeln, das Laub bekommt schwarze Flecke, oft fault der Stengel am Grund ab. Tritt diese Erkrankung auf, so spritzt man 2–3mal z.B. mit Du Pont Benomyl und wiederholt im folgenden Frühjahr beim Austrieb der Päonien die Spritzung vorbeugend.

Alle Pfingstrosen können knospig geschnitten werden, aber erst dann, wenn von der Sorte eine Blume erblüht ist und die Knospe weich unter dem Druck der Hand reagiert. Hart geschnittene Knospen blühen im Wasser nicht oder nicht gut auf. Wichtig beim Schnitt ist, der Pflanze genügend Assimilationsmöglichkeiten zu lassen. Man kann entweder einige Stiele in voller Länge bis zum Boden schneiden oder muß je Trieb zwei Blätter stehen lassen, wenn man alle Blumen ernten will. Die Blüten werden größer, wenn man im zeitigen Frühjahr die Seitenknospen ausbricht.

So schön eine einzelne Pfingstrose in einer Vase ist, ihre üppige Schönheit führt doch dazu, sie in großzügig gearbeiteten Gebinden zu zeigen. Die runde Form der Blüte ist ein guter Kontrast zu allen Rispen, zu Rittersporn, Glockenblumen, *Buddleja alternifolia* und Tränendem Herz. Begleiter dazu sind rosa Maimargeriten, *Chrysanthemum coccineum,* und das einjährige Schleierkraut, *Gypsophila elegans.*

Die Gefäße müssen gut standfest sein und viel Wasser fassen, denn Pfingstrosen werden im Erblühen sehr schwer und haben einen großen Flüssigkeitsverbrauch.

Als alte Kulturpflanzen sind Päonien natürlich von Geschichten, Hoffnungen und Deutungen umgeben. Um Mitternacht bei abnehmendem Mond ausgegraben, öffnet die Wurzel Schlösser und Türen und führt so als »Springwurzel« zu geheimen Schätzen.

Der Beiname *officinalis* deutet schon ihre vielfache medizinische Verwendung an, aber auch *Paeonia* weist in diese Richtung. Die Pflanze erhielt ihren Namen nach Paian, dem griechischen Gott der Heilkunst, der mit ihr Pluto, den Herrn der Unterwelt (aber auch der Fruchtbarkeit) von seinen Wunden heilte.

Plinius schreibt, die Päonie schütze vor den Neckereien der Faune im Schlaf und Mattioli empfiehlt, sie kleinen Kindern gegen böse Träume ins Bett zu legen. In Asien sind sie nicht nur kaiserliches Symbol, sondern als Rose ohne Dornen die Blume der Frauen. Noch heute ist es eine Liebeserklärung, wenn ein Asiate sagt: »Du bist eine Päonie.«

Amitaba, die Erscheinung des liebenden, mitleidsvollen Buddha, wird meist mit Päonien in den Händen dargestellt, und auch auf christlichen Tafelmalereien wird sie gelegentlich statt der Rose als Sinnbild Marias verwandt.

Primula × pubescens, Gartenaurikel

Von den vielen Primeln ist *Primula × pubescens* die romantischste und zum Schnitt am besten geeignete Form. Ihre Blütendolden erscheinen Ende April bis Mitte Mai zusammen mit Vergißmeinnicht. Zwischen 1750 und 1850 waren sie die Modeblumen neben den

Nelken, aber Jahrzehnte zuvor schon durften die Aurikeln fast auf keinem der Blumenstükke der holländischen Blumenmaler fehlen. Im 19. Jahrhundert wurden eigene Feste und Ausstellungen zu ihren Ehren veranstaltet. Man traf sich in ganz Europa in Aurikel-Clubs, und es gibt aus dieser Zeit eine ganze Reihe schön kolorierter Bücher, die der Aurikel gewidmet sind. Nur in England, dessen Klima allen Primeln besonders günstig ist, gehören die Aurikeln heute noch zu den beliebten Frühlingsblühern. Dort existiert auch noch die National Auricula Society mit regelmäßigen jährlichen Ausstellungen und Prämierungen. Diese Gesellschaft führt verschiedene Klassen der Aurikeln, aber ich glaube, man sollte sich als nicht ganz spezieller »Aurikel-Fan« ganz einfach an diesen schönen Blüten mit ihrer samtigen Oberfläche erfreuen, ohne nun absolut das letzte Reglement für sie zu kennen.

Aurikeln wollen einen lichten Schattenstand auf humosen, nicht zu trockenen Boden, aber ohne stehende Nässe. Um schöne Blütenstiele zu erreichen, muß im zeitigen Frühjahr gedüngt werden, besser mit einem organischen denn mit einem anorganischen Dünger. Da Aurikel stark zur »Stammbildung« neigen und dann leicht umfallen, was krumme Stiele gibt, versorgt man die Pflanzen bis zum Beginn der Blattrosette im Frühling nach der Düngung mit Torf, Kompost oder humusreicher Erde. Diese Einschüttung kann natürlich auch im Herbst erfolgen.

Geschnitten wird, wenn die Hälfte der Blütendolde geöffnet ist. Die Haltbarkeit in der Vase ist etwa fünf Tage, die Verarbeitung in Steckmasse nicht unbedingt zu empfehlen. Möchte man sie in einer Tischdekoration mitverwenden, so läßt man sie vor dem Stecken mindestens so 6–8 Stunden Wasser ziehen. Eine Verbesserung der Haltbarkeit durch die Verwendung von Frischhaltemitteln konnte ich nicht feststellen. In Biedermeiersträußen, zusammen mit anderen kleinen Frühlingsblumen, sind sie am allerschönsten.

Das allergieauslösende Primulin enthält diese Art nicht; es kommt lediglich in der Becherprimel *(Primula obconica)* vor.

Scilla hispanica, Blaustern

Mitte Mai erscheinen die schlanken, etwa 30 cm hohen Blütenschäfte der in Portugal und Spanien heimischen glockenblütigen *Scilla hispanica* in Weiß, Rosa und verschiedenen Blautönen. Viele Jahre halten sie an einem Platz aus und entwickeln sich auch in den Randzonen vor Bäumen und Sträuchern zu stattlichen Horsten.

Es gibt kleinblumige, absolut winterharte Sorten und einen zweiten Typ, im gesamten Habitus größer, der aber in sehr kalten Lagen einen leichten Winterschutz braucht. Trotzdem lohnt es, diesen Winterschutz zu geben und nur die neue großblumige Rasse anzubauen, da sie bedeutend schöner ist.

'Myosotis' blüht sehr früh in hellblau; 'Blue Giant' folgt mit mittelblauen Blumen; 'Queen of the Sphinx', starkwachsend, rosa; ebenso wüchsig 'White Triumphator', reinweiß; am großblumigsten ist die Sorte 'Excelsior', blau, spätblühend.

Scilla hispanica ist eine der wenigen Zwiebelblumen, die einen frischen, fast feuchten Boden bevorzugt. Die großen Zwiebeln werden etwa 15 cm tief im Herbst gepflanzt.

Die Haltbarkeit in Wasser wie in Steckmasse ist gut. Man erntet, wenn die ersten Glocken sich öffnen. Die Pflanze verträgt es, daß man die Stiele zupft, das heißt mit einem kurzen, trockenen Ruck ausreißt. So gewinnt man etwa einen 10–12 cm längeren Stiel als beim Schnitt, den man allerdings wieder etwas einkürzen sollte, da er in seinem unteren weißen Stengelteil schlecht zur Wasseraufnahme geeignet ist.

Floristisch sind *Scilla hispanica* vielfältig zu verwenden: in Sträußen zusammen mit dem Islandmohn, und Trollblumen; in Tischdekorationen mit Azaleen oder Rhododendronblüten; in Gestecken mit *Rosa hugonis* und gelben Maimargeriten (*Doronicum plantagi-*

neum 'Excelsum'). Als Laub empfehlen sich *Hosta*-Blätter. In günstigen Jahren setzen *Scilla* reichlich und regelmäßig Samen an. Diese Stiele sind sehr gut in Trockensträußen und Gestecken zu gebrauchen, wenn sie kurz vor der Samenreife geerntet und hängend getrocknet werden. Zur Adventszeit kann man sie, mit Gold- oder Silberbronze besprühen.

Trollius-Hybriden, Trollblume

An feuchten, etwas frischen Gartenplätzen gedeihen die Trollblumen aus der Familie der Hahnenfußgewächse am besten. Ihre gelborange kugeligen Blütenköpfe stehen auf langen, mehrfach verzweigten Stielen. Auf manchen Waldwiesen der deutschen Mittelgebirge und Alpen kann man sie noch wild finden. Da sie immer seltener werden, wurden sie unter Naturschutz gestellt.

Besser als die Wildart bewähren sich die Gartensorten. Die Staudensichtung hat aus dem großen Sortiment folgende Sorten mit drei Sternen ausgezeichnet: 'Goldquelle', gelborange, 70 cm hoch; 'Orange Globe', orangegelb, 90 cm hoch. *Trollius chinensis* 'Golden Queen', hat keine geschlossene Kugelform der Blüte, sondern eine flache Schalenblüte mit aufrechten Honigblättern.

Der Platzbedarf ist etwa 40 × 40 cm, wenn günstige Wachstumsbedingungen geboten werden. Alle Trollblumen werden geschnitten, wenn sie eben beginnen sich durchzufärben. Die Haltbarkeit in Wasser (nicht in Steckmasse) ist dann 5–7 Tage, je nach Witterung. Im Strauß wird man selten die volle Länge der Trollblume binden. Sie wirken besser mit vielen anderen Blumen in Biedermeiersträußen oder in locker gebundenen runden Tischsträußen.

Sommerblumen

Papaver nudicaule, Islandmohn

Ein Spender reinster Freude kann er sein in seinem leuchtenden Farbenspiel von Weiß über Gelb bis Orange. Aber er kann auch Ärger bereiten. Eigentlich ist er der einzige Mohn, der den Anbau zu Schnittzwecken lohnt. Der heimatliche Standort ist in Island auf trockenen Schotterhalden in voller Sonne. Wenn man dies weiß, ist mancher Mißerfolg auf bindigen, kalten deutschen Lehmböden erklärt.

Die beste Sorte ist *Papaver nudicaule* 'Giganteum' mit etwa 50 cm langen Stielen und besonders schönen Farben.

Die Schwierigkeiten beginnen schon mit der Aussaat, für die der beste Termin Ende Mai liegt. Ein Gramm Samen hat 9000 Korn und die Keimkraft ist sehr gut. Deshalb wird meist zu dicht ausgesät und dann der vielen Pflanzen wegen noch kräftig gegossen, so daß schnell Pilze im Saatbeet um sich greifen, ganz gleich, ob an Ort und Stelle oder im Handkasten ausgesät wurde.

Aus dem Saatkistchen wird pikiert, sobald das erste Blattpaar über dem Keimblatt erscheint. Nach einem gründlichen Angießen muß verhältnismäßig trocken weiter kultiviert werden. Im hohen Sommer wird ausgepflanzt. Der Platzbedarf ist etwa 15 × 20 cm. Meist hat man im Herbst noch eine kleine Ernte, aber der Hauptflor beginnt Mitte Mai. Häufiges Lockern der Bodenoberfläche ergibt gesunde Pflanzen und viele Blüten.

Um Pilzerkrankungen vorzubeugen, kann man gleich nach dem Auspflanzen 1–2mal und im folgenden Jahr Anfang Mai vorbeugend mit einem Mischfungizid spritzen.

Islandmohn erblüht mit der aufgehenden Sonne. Es muß täglich am Morgen geerntet werden, um möglichst haltbare Schnittblumen zu gewinnen.

Die Stielenden werden sofort nach der Ernte etwa 5–10 Sekunden in kochendes Wasser gehalten, um den Milchsaft zum Gerinnen zu bringen.

Mohn und Gras sind Inbegriff frühsommerlicher Heiterkeit. Es wäre schade, seiner kleinen Schwierigkeiten wegen auf den Islandmohn zu verzichten.

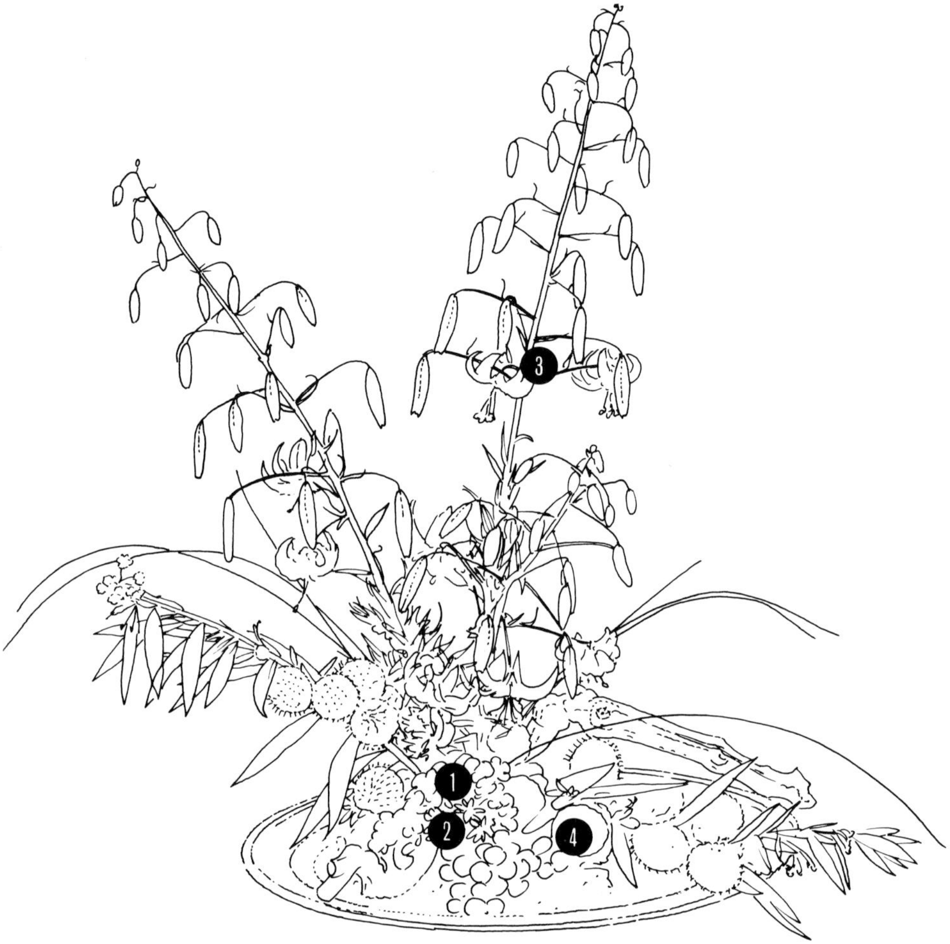

① *Lathyrus latifolius* 'Albiflorus', ② *Buxus sempervirens* 'Argenteo Variegata', ③ *Lilium,* Auslese aus Harlekin-Hybriden, ④ *Gomphocarpus fruticosus,* Weintrauben und Rebwurzel auf einer Silberplatte des 19. Jahrhunderts. In ein Nagelbett gesteckt von Kirsten Harders.

Das Blühen des frühen Sommers

Spät tritt der Abend in den Park,
mit Sternen auf der Weste.
Glühwürmchen ziehn mit Lampions
zu einem Gartenfeste.
Dort wird getrunken und gelacht.
In vorgerückter Stunde
tanzt dann der Abend mit der Nacht
die kurze Ehrenrunde.
Erich Kästner

Der Juni ist der blaue Monat, der Monat der blauen Sträuße, der langen blauen Abendstunden und der rasch vergehenden hellen Nächte. Im Garten sind bereits die ersten Samenstände abzuschneiden, die Rittersporne beginnen ihren majestätischen Flor, die Pfingstrosen schäumen über, *Iris sibirica* und Madonnenlilien, wo sie noch gesund wachsen. Es ist ein Blühen, von dem man glauben möchte, es nehme kein Ende.

Alle Vasen sollen nun breite Öffnungen haben, die Fülle zu fassen, und auch reichlich Wasser, denn die großen Blütenformen verdunsten viel, vor allem an heißen Tagen. Es wird dies die einzige Zeit des Jahres sein, hinzu kommt vielleicht noch der Juli, in der es nötig sein kann, auch das Wasser zu wechseln, das Frischhaltemittel enthält. Die schnell gewachsenen weichen Blumenstiele sind durch Bakterien und Pilze gleichermaßen gefährdet.

Der Phantasie des floristischen Gestalters sind in der Auswahl dessen, was der Garten blühen läßt, kaum Grenzen gesetzt: alle Farben, alle Formen sind vertreten. Kaum noch einmal im Jahreslauf wird der Blumenfreund so von der Qual der Wahl geplagt werden. Er wird oft schmerzlich genug empfinden, daß jede Entscheidung eine Scheidung bedeutet – den Verzicht auf etwas, das auch sehr schön sein könnte.

Nun ist auch die Zeit, in der man Freunde teilnehmen lassen sollte an dem Reichtum seines Gartens. Sei es mit einer Mahlzeit im Freien, einem regelrechten Fest oder einem selbstgebundenen Strauß selbstgezogener Blumen. Die meisten Menschen werden ein solches Geschenk zu werten wissen. Wie man solche Sträuße gestaltet, hängt nicht nur von dem ab, was im Garten gerade blüht, sondern genauso wesentlich davon, was man damit aussagen möchte. Ein langstieliger Strauß wirkt immer betonter und gewichtiger als ein kurzer, voller Strauß, der in den Farben schön abgestimmt von Zuneigung und Freundschaft sprechen kann.

Vor dem Verschenken sollten solche Sträuße immer Wasser gezogen haben. Stets sind sie in Papier oder Plastikfolie (die bei heißem Wetter oben offen bleiben muß) einzuschlagen. Nimmt man die Blumen mit auf eine Autofahrt, so sollten sie niemals im Kofferraum, sondern immer im Fahrgastraum transportiert werden. Vor dem Überreichen schüttelt man den Strauß leicht, damit alles, was die Verpackung vielleicht gedrückt hat, sich löst und seine natürliche Ordnung wiederfindet.

Gehölze

Buddleja alternifolia, Schmetterlingsstrauch
Der honigsüße Duft lockt die Schmetterlinge an, so wie dies auch die bekannte *Buddleja davidii* im Hochsommer tut. Im ersten Junidrittel beginnt der Flor des nordwestchinesischen Strauches. Die ganze, oft bis 4 m hohe, Pflanze ist dann in einen zart lavendelfarbigen Traum verwandelt. Die sehr schlanken Zweige, die elegant überhängen, sind meist in ihrer ganzen Länge mit kleinen Büschelchen lilafarbiger Röhrenblüten dicht besetzt.

Wird der Strauch regelmäßig geschnitten, blühen nur einzelne Partien, immer aber genug, ihm ein besonderes Flair im Garten zu geben und die Vasen zu füllen. Der beste Termin zum Schneiden ist kurz vor der Vollblüte. Beim Schnitt sind die jungen Durchtriebe sofort zu entfernen.
Leider hält *Buddleja alternifolia* nur kurz im Wasser. Auch ein Kochen der Stielenden und Frischhaltemittel hilft wenig. Schon nach drei Tagen erinnert nur noch die graphische Linie an die einstige Schönheit. So ist diese Art vorwiegend für kurzfristige Dekorationen geeignet.
Im Anspruch an die Bodenqualität ist *Buddleja alternifolia* sehr bescheiden. Die Art ist widerstandsfähig gegen Trockenheit, verträgt den Schmutz der Großstädte und die Abgase der Autos, ohne in der Blühwilligkeit nachzulassen. In der Schweiz sieht man sie häufig auf Verkehrsinseln, in England entdeckte ich sie mit einer kugelförmigen Krone als Hochstamm gezogen.

Stauden

Astrantia, Sterndolde

Die Sterndolde ist wenig bekannt. Ihre Schönheit ist stiller als die mancher anderer Stauden, aber darum nicht geringer. Die Heimat der großen Sterndolde erstreckt sich über das südliche Europa, von den Pyrenäen bis zum Kaukasus; dort stehen sie auf feuchten Bergwiesen im Streuschatten der Waldränder, und ähnlich sollte der Standort auch im Garten sein.
Die knopfförmigen Doldenblüten sind von grüngeaderten, metallisch glänzenden Hüllblättern umgeben, die bei *Astrantia maxima* intensiv rosa gefärbt sind. Die verzweigten Stiele werden bis 80 cm lang. In trockenen Sommern werden die sonst gesunden Pflanzen leicht von Blattläusen befallen; man wird sie mit Hilfe von Insektiziden rasch los.
Floristisch brauchen die zurückhaltenden Blüten ein gutes Einfühlungsvermögen. Es ist nicht ganz einfach, die rechten Partner für sie zu finden. Am besten passen sie in kleinen Sträußen zu einigen Reiherfedergräsern und den farbig sehr nahe stehenden *Veronica virginica,* vielleicht mit einem Tuff Blättern des rotlaubigen Perückenstrauches *Cotinus coggygria* 'Royal Purple'. Eine seladon-grüne Vase oder ein farbloses Glas bringen den geheimnisvollen Zauber am besten zur Wirkung.
Die größte Überraschung ist ihre vorzügliche Haltbarkeit in der Vase. Selbst Hitzetage mit über 30 °C machen ihrer Lebenslust nicht den Garaus – allerdings nur dann, wenn sie nicht zu knospig geschnitten wird. Wird verhältnismäßig jung erblüht geschnitten, so müssen die kleinen Seitenknospen alle entfernt werden. In Steckmasse hält die Sterndolde nur bei kühlem Wetter und nachdem sie zuvor einige Stunden gründlich Wasser gezogen hat.

Campanula, Glockenblumen im Juni

Campanula persicifolia, die pfirsichblättrige Glockenblume in Blau und Weiß ist eine Staude, die leicht aus Samen zu vermehren ist. Auch der Samen der etwas großblumigeren Sorte 'Telham Beauty' in Blau fällt fast treu. Beide werden etwa 80 cm bis 1 m hoch.
In einigen deutschen Mittelgebirgen sind sie als Wildblumen zu finden. Dort lieben sie einen frischen, kalkhaltigen Boden und tolerieren Halbschatten. Selten werden sie älter als einige Jahre. Selbst wenn die Pflanzen bleiben, ermüden sie offenbar durch den Schnitt, und die Qualität leidet. Man sollte sie deshalb grundsätzlich etwa alle vier Jahre neu aussäen oder durch Teilung verjüngen. Bei Aussaat Anfang Mai ist im folgenden Jahr bereits eine reiche Blüte zu erwarten, der Vollflor allerdings meist erst im zweiten Jahr. Der Platzbedarf ist etwa 30 × 30 cm.
Campanula persicifolia ist vorzüglich im Wasser haltbar, da alle Nebenknospen aufblühen. Sie sind ebenso empfindlich gegen Regenwetter wie die Marienglockenblume und

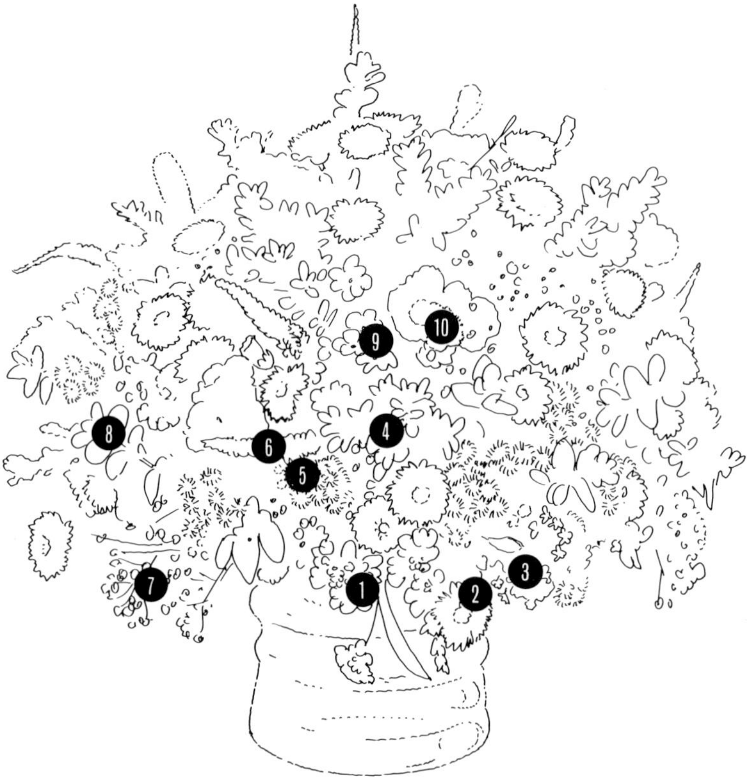

① *Iberis umbellata* 'Sommerteppich', ② *Centaurea cyanus,* ③ *Lavandula angustifolia,* ④ *Hebe pinguifolia,* ⑤ *Ageratum houstonianum* 'Schnittwunder', ⑥ *Veronica longifolia* 'Blauriesin', ⑦ *Gypsophila paniculata* 'Plena', ⑧ *Salvia horminum* 'Blue Bird', ⑨ *Phlox drummondii* 'Violacea', ⑩ *Scabiosa caucasica.* Ein von Kirsten Harders gebundener Strauß in einer Glasvase.

sollten in feuchten Jahren zwei Fungizidspritzungen vorbeugend im Mai erhalten.
Um gute Schnittstiele zu bekommen, müssen die Pflanzen vom zweiten Jahr nach der Pflanzung ab durch ein Netz wachsen oder aufgebunden werden. Man schneidet, wenn die ersten Blüten sich öffnen. Bei Regenwetter müssen die Stiele zunächst locker eingestellt und in einem leicht erwärmten Raum getrocknet werden.
Etwa zur gleichen Zeit erblüht die Varietät *Campanula persicifolia* var. *sessiliflora* (syn. *C. latiloba, G. grandis*), besonders schön in der blauen, großblumigen Sorte 'Highcliffe Variety'. Die etwa 70–90 cm hohen Pflanzen tragen ihre schalenförmigen Glockenblumen dicht am Stiel zu einer strengen Rispe aufgebaut. Da in diesen Wochen auch die Rittersporne blühen, stehlen diese ihnen leicht ein wenig die Schau. Man sollte sie aber doch mehr beachten, denn ihre Haltbarkeit in der Vase ist sehr gut. Die Stiele sind im Garten absolut standfest, vor allem, wenn man sie alle 3–4 Jahre aufnimmt, teilt und neu pflanzt. In sehr kalten Lagen benötigt die Art einen leichten Winterschutz.
Für trockene sonnige Standorte ist *Campanula trachelium* gut geeignet. Sie blüht ähnlich wie die Marienglockenblume *(Campanula medium)*, allerdings mit kleineren Blüten und beginnt ihren Flor nach dem Schnitt der letzten *Campanula medium*-Stiele. Auch *Campanula trachelium* ist etwas empfindlich gegen feucht-warmes Wetter und einen geschlossenen Stand. Die Blüten werden dann leicht fleckig.
Die beiden spätesten *Campanula*-Arten, die auch regelmäßig remontieren, sind zugleich auch die haltbarsten im Wasser: *Campanula lactiflora* in den Sorten 'Loddon Anne', rosa, und 'Prichard's Var.' zart lavendelblau sowie die unbegreiflicherweise so wenig bekannte Art *Campanula pyramidalis*. *Campanula lactiflora* aus dem Kaukasus blüht mit einem vollen Stutzen glockenförmiger Blüten und wird etwa 80–90 cm hoch.
Campanula pyramidalis hat einen schlanken, rispenartigen Aufbau. Die Art wird bis 2 m hoch. Besser für Schnittblumen ist die neue Sorte 'Futura' in Weiß und Blau, die etwa 80 cm bis 1,10 m hoch wird und eine größere Anzahl fingerschlanker Schnittstiele bringt. Sie kann knospig geschnitten werden und geht im Wasser, vor allem in Frischhaltemitteln, voll auf. Sie ist ideal für Marktgärtner und Großhändler, aber auch für den Liebhaberfloristen. In der Vase hält sie sich in Frischhaltemitteln bis zu drei Wochen. *Campanula pyramidalis* 'Futura' muß im Februar bis März im Gewächshaus oder in einem kleinen Handkasten auf der Fensterbank ausgesät und unbedingt vor dem 20. Juni gepflanzt werden, da sonst im folgenden Jahr nur ein sehr unregelmäßiger Blütenflor zu erwarten ist.

Chrysanthemum maximum
Gartenmargerite

Die großen Margeriten gehören zu den klassischen Schnittstauden des hohen Sommers. Leider werden sie heute fast nur in der halbgefüllten Form angeboten, da die Faszination des Namens »Edelweißmargerite« alle anzieht. Viel schöner und ausdrucksvoller im Strauß ist jedoch die einfache Form. Die Sorten 'Polaris' und 'Harry Pötschke' sind in den verschiedenen Tests am höchsten bewertet worden.
Die Aufzucht aus Samen ist einfach. Die Margeriten blühen im folgenden Jahr. Die Benary-Sorte 'Silberprinzeßchen' bringt nur etwa 50 cm lange unverzweigte Stiele, die auch in der Vase gerade bleiben.
Staudengärtnereien bieten weitere Sorten an, die alle drei Jahre herausgenommen, geteilt und an einen neuen Platz gepflanzt werden sollten, da sie sonst krankheitsanfällig werden. Der Abstand sollte etwa 40 × 40 cm sein, damit die Stiele genügend Festigkeit bekommen. Bei zu engem Stand werden sie zu weich. Geschnitten wird, wenn sich mindestens 2–3 Kreise Staubblüten geöffnet haben. Die Haltbarkeit in der Vase wird durch Chrysal er-

höht. Bei bestimmter Wetterlage können geschnittene Margeriten zum Welken neigen, vor allem, wenn sie zu jung gepflückt wurden. Durch Kochen der Stielenden (etwa 30 Sekunden) ist diese Welkeneigung meist zu beheben. Gartenmargeriten sind nicht anspruchsvoll an den Boden, wenn auch ein kräftiger Lehm ihnen am meisten zusagt. Bei heißem Wetter sind sie auf Blattlausbefall zu kontrollieren und eventuell mit einem Insektizid zu spritzen.

Außer 'Silberprinzeßchen' müssen alle Sorten durch ein Netz wachsen oder aufgebunden werden, um gerade Schnittstiele zu bekommen. Bei schwül-warmem Sommerwetter, in dem alles schnell heranreift, wird der Hals unter dem Blütenkopf oft nicht fest genug ausgebildet. Dann empfiehlt es sich, die Margeriten mit einem 8er-Draht zu stützen, wie auf Seite 42 für Astern beschrieben. Nur so wird es möglich sein, dem Strauß eine wirklich gute Form zu geben.

Goethe hat in seiner Gartenszene im Faust die Margerite als Orakelblume wieder ins Gedächtnis gerufen. Sie war nie die einzige »Rupfblume«, von der sich die Verliebten Auskunft über die Gefühle des oder der Geliebten erhofften.

Es war jedoch die Margerite (wahrscheinlich die Musenmargerite *Chrysanthemum leucanthemum*), aus der man zur Zeit der ritterlichen Minne und der Troubadoure Kopfkränze trug, um seine Unentschlossenheit zur Liebe anzudeuten. Als »Blume der Unentschiedenheit« fand sie damals Eingang in die alte Blumensprache.

Delphinium-Hybriden, Rittersporn

Das Sortiment der Staudenrittersporne ist in den letzten 300 Jahren in Europa entstanden. Der erfolgreichste Züchter und durch seine Bücher zugleich der beste Propagandist dieser stolzen Gartenbewohner war Karl Foerster in Bornim. Trotz zahlreicher Verbesserungen, die in den letzten dreißig Jahren in der Rittersporn-Züchtung gelangen, sind seine Hybriden hinsichtlich Langlebigkeit der Pflanzen, Resistenz gegen Mehltau und klangvoller Namen noch immer nicht übertroffen. Auch ihre Haltbarkeit als Schnittblumen sind, vor allem bei heißem Wetter, weit besser als die der großblumigen Pacific-Hybriden.

Diese wurden in einem subtropischen Randgebiet Amerikas gezüchtet und halten in unserem Klima nur wenige Jahre im Garten aus. Viele Gärtner sind schon dazu übergegangen, Rittersporn-Pacific-Hybriden als einjährige Pflanzen zu kultivieren. Im Februar werden sie in eine Saatschale ausgesät. Da der Rittersporn Dunkelkeimer ist, muß man die Saatschale mit Papier bedecken, bis die Keimung beginnt. Im März können die jungen Pflänzchen pikiert werden und blühen in der zweiten Junihälfte mit 1–2 kürzeren Stielen. Erst der zweite Flor im August-September wird ein reiches starkes Blühen bringen. Zusammen mit anderen Herbststauden gibt es schöne Gartenbilder und Vasenfüllungen.

Neu auf dem Markt erschienen ist ein Samen-Strain mit dem Namen 'Stand up'. Diese Pflanzen werden ca. 80 cm hoch und brauchen nicht aufgebunden zu werden. Ähnlich den Belladonna-Hybriden sind sie für Bodenvasenfüllungen zu kurzstielig. Ihre Blüten gleichen denen der Pacific-Hybriden und haben ein schönes Farbspiel. Über ihre Langlebigkeit im Garten kann noch nichts ausgesagt werden. Die ganz große Überraschung aber ist ihre vorzügliche Haltbarkeit als Schnittblume. In Chrysal-Lösung unterbleibt das lästige Abrieseln der Blütenblätter völlig. Selbst bei Tagestemperaturen über 30 °C war die Lebensdauer in der Vase 10 Tage.

Für den Liebhabergärtner ist die Verwendung der ausdauernden Staudenrittersporne sicher einfacher. Unübertroffen ist immer noch die klarblaue Züchtung 'Finsteraarhorn' von Karl Foerster, aber auch 'Abgesang', 'Jubelruf', 'Lanzenträger' und 'Sommernachtstraum' wurden von der Staudenprüfung mit drei Sternen ausgezeichnet. Andere meinen, daß 'Traumulus' der schönste sei.

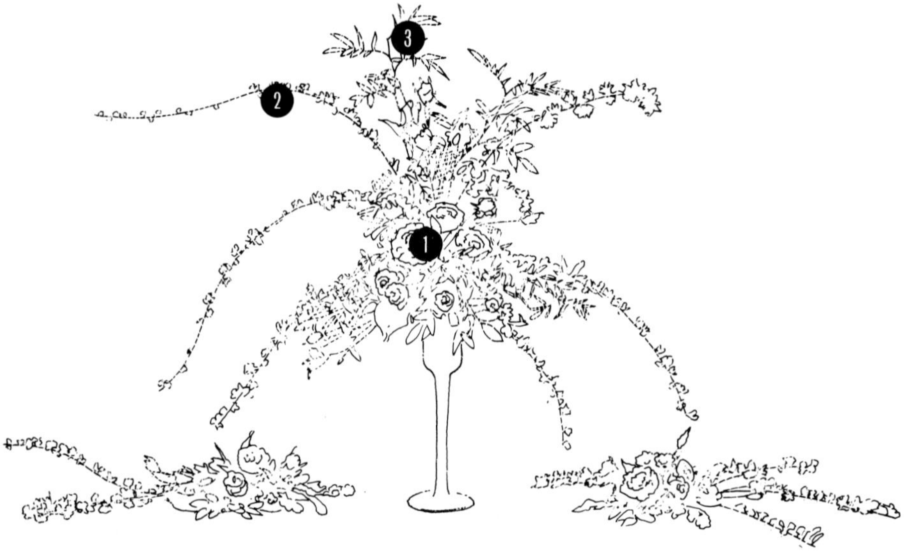

① *Rosa centifolia* 'Muscosa', ② *Buddleja alternifolia,* ③ *Rosa glauca* (syn. *Rosa rubrifolia*). Stilglas von Erwin Eisch. Kleine Gestecke auf Glasplättchen. Floristische Arbeit Kirsten Harders.

Die reinblaue, schwächer wachsende *Delphinium*-Belladonna-Hybride 'Völkerfrieden' sollte in keinem Garten fehlen. Sie remontiert gut und blüht fast den ganzen Sommer.
Um kräftige Stiele zu erzielen und die Pflanzen im Garten voll zur Wirkung kommen zu lassen, pflanzt man im Abstand von 60–60 cm. Alle 3–4 Jahre sollte geteilt und verpflanzt werden.
Rittersporn wächst in jedem guten Gartenboden. Die beste Pflanzzeit ist das Frühjahr oder direkt nach dem ersten Flor. Regenstürme knicken gelegentlich die hohen Stiele. Hat man auf ein separates Schnittblumenbeet gepflanzt, so läßt man die Rittersporne durch ein Netz wachsen. Stehen sie in der Staudenrabatte, erspart nur die Sorte 'Stand up' das Aufbinden. Sofort bei Ende der Blüte werden die Triebe dicht über dem Boden abgeschnitten, Volldünger rund um die Pflanze gestreut, leicht eingehackt und gut gewässert. Innerhalb von 6–7 Wochen kommt es zu einem zweiten Flor. In feuchten Jahren sollte bei Beginn des neuen Austriebs 1–2mal vorbeugend Fungizid gespritzt werden, um dem Mehltau zu wehren.
Geschnitten wird Rittersporn, wenn etwa 10% der Rispe erblüht ist. Dem Vasenwasser ist Frischhaltemittel zuzusetzen. Die langen Rispen geben glanzvolle Füllungen der Bodenvasen, zusammen mit späten Pfingstrosen, Marienglockenblumen oder *Eremurus* und Schafgarbe, aber auch mit großen Stielen roter oder gelber Polyantharosen. Das braune Laub von *Prunus cerasifera* 'Nigra' verbindet alle Farben.

Digitalis, Fingerhut

Foxglove (Fuchshandschuh) heißen sie in schöner bildhafter Sprache im Englischen. Im Juni durchziehen sie in ihrer stillen Schönheit geheimnisvoll die Lichtungen der europäischen Mittelgebirgswälder. Wer sie dort halb verblüht schneidet und in heißer Hand nach Hause trägt, wird wenig Freude an ihrer Haltbarkeit in der Vase haben. Im Garten gezogen und beim Erblühen der ersten »Fuchshandschuhe« geschnitten, sofort gewässert und mit Frischhaltemitteln versorgt, haben sie dagegen eine Haltbarkeit von mindestens einer Woche; bei kühlem Wetter bis zu 14 Tagen. Ihr starker negativer Geotropismus muß beachtet werden, die Stiele sollten also nie lange waagerecht liegen.
In den letzten Jahren sind einige neue Sorten in den Samenkatalogen erschienen: 'Excelsior Hybrids' mit radial gestellten Blüten; ob sie schöner oder nur anders als die Art sind, muß jeder für sich selbst entscheiden.
'Foxy' hat eine Kulturzeit von fünf Monaten, ist also bequem als Sommerblume zu ziehen. Ihr Flor im September ist ein hübscher Gruß vom Juni und ein Trost für alle, die die erste Blütezeit durch Urlaub versäumt haben.
Von der Farbe her wichtig erscheint mir die leider nur selten angebotene weiße *Digitalis purpurea* 'Alba' und die hellgelbe 'Gelbe Lanze'. Beide fügen sich in bunte Sträuße williger ein als der oft etwas müde wirkende rosalila Ton der Art.
Digitalis lanata blüht mit einem sehr delikaten bräunlichen Rosenholzton, der aber leider bei Licht etwas zu dezent wirkt, das heißt von anderen lauten Farben erschlagen wird. Er ist als Einzelrispe jedoch von großer Schönheit.
Digitalis ferruginea produziert seine winzigen hellgelben Fingerhüte nur für Babyhände passend, aber die etwa 80 cm lange Rispe ist dicht damit besetzt. In vielen mittelgroßen Sommersträußen könnte *Digitalis ferruginea* eine wichtige Funktion übernehmen, denn nach dem Rittersspornflor gibt es wenige Rispenblüher im Garten.
Aussaat und Wachstum, beides kann im Halbschatten geschehen, bereiten wenig Schwierigkeiten. Ein Gramm Samen hat 6000 Korn. Die Keimfähigkeit ist meist sehr gut. Für die zweijährige Kultur sät man im Juni aus, um zwölf Monate später die Blütenstiele schneiden zu können. Der Platzbedarf ist etwa 25 × 25 cm. Einmal eingebürgert, sät er sich meist selbst aus.

Digitalis war in der alten Welt nicht bekannt. Ernst Fuchs hat ihn beschrieben. Lonicerus berichtet 1582 über eine offizinelle, d.h. pharmazeutische, Wirkung. Doch erst der englische Arzt Withering fand 1775 in Birmingham heraus, daß ein Teeaufguß der Blätter die Herztätigkeit günstig beeinflußt und verordnete diesen Tee vor allem bei Wassersucht. Wie er selbst erzählte, »aber nur bei armen Leuten, die er umsonst behandelte«, da er sich über die hohe Giftigkeit klar gewesen sei, aber die Dosierung noch nicht exakt genug kannte. Erst auf Drängen von Darwins Großvater, der einer der bekanntesten Ärzte der Zeit war, wagte er auch die reichen Patienten damit zu behandeln.
Bald genug probierte man auch, das Gift kriminell zu nutzen. Der französische Arzt Dr. de la Pommerais versuchte 1864 das damals immer noch wenig bekannte Digitalin für den Mord an seiner Patientin, der Witwe de Peau zu verwenden, wurde aber überführt.

Eremurus, Steppenkerze

Vor dreißig Jahren waren *Eremurus* und seine Kultur noch ein gärtnerischer Geheimtip, fast gar ein Heiratsgrund, wenn zwei sich fanden, die ihn kannten. Heute werden Steppenkerzen in großen Mengen als Schnittblumen herangezogen, und die reinen Arten sind durch Kreuzung schon so vermischt, daß sich die genetischen Wege oft nicht mehr zurückverfolgen lassen. Mr. Forster aus Shelford in der Nähe von Cambridge hatte 1902 seine ersten Kreuzungen dieser Pflanzen der Steppen Asiens unter dem Namen Shelford-Hybriden in den Handel gegeben. Sie umfaßten bereits ein reiches Farbspiel, auf dem alle späteren Züchtungen aufbauten.
Die Zeit dieser etwa 1,40 m hohen schlanken Blütentrauben beginnt etwa am 10. Juni. Aber bereits ab etwa 25. Mai blüht in Zartrosa bis zu 2,50 m hoch *Eremurus elwesii,* ein Weltrekordler an Wuchskraft. Er bringt bis zu fünf Blütenstiele je Rhizom und setzt in den letzten Maitagen so intensive Gartenakzente, daß man es nur selten fertigbringen wird, einige Stiele abzuschneiden.
Die Shelford-Hybriden und die etwas vor ihnen blühenden Ruiters-Hybriden sind blühwillig. Ihre Stiele sind schlank und drahtig, ideal für die floristische Verarbeitung und kleinere Gärten, deren Rahmen die Riesen aus dem Himalaja manchmal sprengen können.
Die gärtnerische Kultur braucht etwas Sorgfalt und Einfühlungsvermögen. Steppenkerzen leben in ihrer Heimat in schottrig-steinigen Wüstengebieten, in denen die Schneeschmelze und eine kurze Periode von Frühlingsregen das Wachstum erlaubt, während die sengende Sommer- und Herbstsonne sie zwingt, sich in den Boden, in ihre großen seesternartigen Wurzelrhizome zurückzuziehen. In kalten nassen Lagen mit schweren Böden soll man auf sie verzichten, sie würden zu viel Kummer bereiten; aber in mittelschweren warmen Böden, möglichst noch auf oder vor Steinmauern, werden sie jährlich wiederkehrende Freude bringen. Ist ein so idealer Standort nicht gegeben, kann man mit einiger Mühe nachhelfen. Das Pflanzloch wird ca. 50 cm breit und 50 cm tief ausgehoben und zunächst eine Dränage aus Steinschotter oder Topfscherben eingebracht. Darauf kommt ein Gemisch aus Sand, Lehm und Komposterde. Das Rhizom wird etwa 15–20 cm unter der Oberfläche aufgelegt und mit dem gleichen Gemisch die Pflanzgrube geschlossen.
Die einzige mögliche Pflanzzeit ist der Herbst, etwa ab Ende August bis Mitte Oktober.
Im Frühling muß kräftig gedüngt und in trokkenen Jahren bis zur Blüte zusätzlich gewässert werden. Hat man seinen Garten in einem Gebiet, für das schwere Kahlfröste typisch sind, so ist es gut, dem *Eremurus* zusammen mit anderen empfindlichen Pflanzen eine leichte Reisig- oder Laubdecke zu geben.
Geschnitten werden die langen Stiele, wenn die ersten Blüten sich öffnen. Sie halten in der Vase bis zu 14 Tagen und blühen ganz auf. Auch in Steckmasse ist ihre Lebensdauer kaum beeinträchtigt. *Eremurus* reagiert stark

negativ geotropisch. Um seltsame Krümmungen zu vermeiden, sollten die geschnittenen Blütentrauben nie lange waagerecht liegen.
Zu ihrer Blütezeit gibt es für die *Steppenkerze* viele Partner in der Bodenvase: Schafgarben, *Heliopsis,* Alstroemerien, Rittersporn, Polyantharosen – wir befinden uns in der Hoch-Zeit des Staudenflors. Die Üppigkeit der Jahreszeit sollte sich auch in den Sträußen darbieten.

Erigeron-Hybriden, Feinstrahl, Berufkraut
Diese blühwilligen Schnittstauden sind aus der Kreuzung nordamerikanischer und turkestanischer Arten entstanden. Die den Astern ähnlichen Blütensterne in Weiß, verschiedenen Lilatönen und Rosarot erscheinen in Doldentrauben auf etwa 40–50 cm langen Stielen im Juni–Juli.
Erigeron gehört zu den leicht zu kultivierenden Stauden und blüht voll und üppig, wenn man ihn alle paar Jahre aufnimmt, teilt und an einen anderen Platz auspflanzt. Die beste Zeit dafür ist April oder unmittelbar nach der Blüte. Späte Herbstpflanzungen, auch aus Topfkultur, gehen oft im Winter ein.
'Sommerneuschnee' hat eine sehr offen aufgebaute weiße Blütendolde, die in großen Sträußen das dann noch nicht blühende Schleierkraut ersetzt. 'Dunkelste Aller' blüht klar violettblau mit hellgelben Röhrenblüten. Ein wenig mehr nach Dunkelblau hin tendiert die Sorte 'Adria'. Wer rosa möchte, wähle 'Foersters Liebling' oder die reinfarbige rosa 'Triumph'.
Die Stiele werden geschnitten, wenn einige Blüten der Doldentraube voll geöffnet sind und halten dann 10 Tage in der Vase. Bei sehr heißem Wetter ist die Verarbeitung in Steckmasse nicht zu empfehlen. Zumindest müssen alle nicht voll erblühten Blumen ausgeschnitten werden.
Als klassische Gemeinschaftsform ist *Erigeron* ideal zur Formbinderei, zu allen runden Sträußen geeignet. In dekorativen Sträußen oder Gestecken bildet es die Basis. Die anpassungsfähigen Blautöne von 'Adria' und 'Dunkelste Aller' sowie die strahlende Frische von 'Sommerneuschnee' sind mit fast allen anderen Blumen der Jahreszeit zu kombinieren.

Gypsophila paniculata, Schleierkraut
In den letzten Junitagen beginnt das ausdauernde Schleierkraut mit der Blüte. Die Sorte *Gypsophila paniculata* 'Plena' sollte man nur dann anbauen, wenn das Schleierkraut getrocknet werden soll, denn dies ist das einzige Schleierkraut, das sich wirklich zum Trocknen eignet. Für den Sommerschnitt sind nur die veredelten Sorten 'Bristol Fairy', 'Fairy perfect', 'Flamingo' und 'Pink Star' – alle etwa 1–1,50 m hoch und in zeitlicher Folge blühend, zu empfehlen. Die etwa 50 cm hohe, reich blühende und gesund wachsende Sorte 'Rosenschleier' eröffnet als erste den Flor und blüht fast am längsten.
Meist werden diese Sorten durch Geißfußpfropfen auf das Rhizom der einfachen *Gypsophila paniculata* veredelt – entsprechend hoch ist der Pflanzenpreis.
Das Staudenschleierkraut hat lange, fleischige Wurzelstöcke. Ältere Pflanzen sind nicht mehr zu versetzen. Die einzig günstigste Pflanzzeit ist der Frühling. Nur zur Austriebszeit gepflanzte junge Pflanzen haben eine echte Chance, weiter zu wachsen.
Alle Staudenschleierkräuter wollen vollsonnig auf einem möglichst trockenen, kalkhaltigen Boden stehen. An feuchten kalten Plätzen versagen sie rasch. Der Raumbedarf ist vor allem für die hohen Sorten 1 m^2. Die edelsten Sorten sind leider, wie so oft, nicht die langlebigsten.
Auch die Staudenschleierkräuter werden genau wie die einjährigen geschnitten, wenn etwa ein Drittel der Blütchen der Trugdolde erblüht ist. Bei zu frühem Schnitt ist eine Welkeneigung vorhanden, bei Regenwetter aber schnell eine Überständigkeit, das heißt, die voll erblühten Blüten werden schwarz und unansehnlich.
Im Strauß oder Gesteck müssen alle Schleier-

kräuter sparsam und locker verarbeitet werden. Weniger ist hier oft mehr. Wird das Schleierkraut zusammengepreßt, verliert es seine Wirkung. Am duftigsten gelingen die Sträuße, wenn man mit einem großen, gut verzweigten Stiel beginnt, in den man die übrigen Blumen einfädelt, ähnlich wie auf Seite 191 für Strohsträuße beschrieben.

Ixia-Hybriden, Ährenschwertel

Vom Kap der Guten Hoffnung brachten sie Reisende mit nach Europa. Sie hatten viele Arten vorgefunden, aus denen unzählige Kultursorten entstanden.

Ixien gehören zu den preiswerten Kleinzwiebeln, die in Holland in großen Mengen herangezogen werden. Sie beanspruchen im Garten wenig Raum, etwa 10 × 10 cm, an einem warmen sonnigen Platz. Wenn man die 1,5–2 cm im Durchmesser großen Zwiebelchen im November etwa 8 cm tief steckt, sollte man sofort danach eine Decke aus Stroh oder Reisig geben, denn Ixien sind nicht voll winterhart. Im März wird der Schutz entfernt, mit einem Volldünger gedüngt und reichlich gewässert. Die bis 70 cm langen schlanken Blütenstiele beginnen im Juni mit dem Flor der zarten Blütenähren.

Knospig oder beim Öffnen der ersten Blüte geschnitten, blühen die Blumen im Wasser oder in Steckmasse voll auf und halten 8–10 Tage.

Von den vielen Neuzüchtungen halte ich floristisch für empfehlenswert: 'Afterglow', aprikosenorange mit dunkler Mitte; 'Giant', reinweiß mit einem Purpurherz; 'Rose Emperor', zartrosa, nur mittellang.

Ixien sind zierliche Begleiter für alle bunten Sträuße. Sie lockern schwere Formen auf und geben Grazie. Ihre Anpassungsfähigkeit macht sie für ein Ikebana-Gesteck ebenso geeignet wie für die Formbinderei.

Lychnis-Arkwrightii-Hybriden

Diese Hybriden entstanden aus einer Kreuzung von *Lychnis chalcedonica,* der Brennenden Liebe unserer Gärten, und *Lychnis*-Haageana-Hybriden. Die Blüten sind ungefüllt, mehr als doppelt so groß wie bei *Lychnis chalcedonica,* in leuchtendem Signalrot über schwarzbraunem, behaartem Laub.

Kultiviert wird am besten nur ein- bis zweijährig, da die Pflanzen bei längerer Kulturzeit bald mit der Blühwilligkeit und Stiellänge nachlassen. Wenn man einen lehmig humosen, nicht zu trockenen Gartenboden hat und kräftig düngt, dürfte eine einjährige Kultur mit Aussaat im Februar-März im Gewächshaus oder im Fensterkästchen, mit der Ernte im August, am rentabelsten sein. Die Stiele der gut haltbaren Schnittblume werden etwa 40 cm lang. Am besten liest man sich einen langstieligen Typ aus und zieht den Samen selbst nach, da die Arkwrightii-Hybriden in den Saatgutbetrieben noch nicht unter dem Gesichtspunkt »Schnittblume« behandelt werden. Ein Gramm hat 2400 Korn. Bei mehrjährigem Stand blühen die Pflanzen im Juni.

Der richtige Erntetermin ist erreicht, wenn 1–2 der großen Einzelblüten der Dolde geöffnet sind. Diese Blume hat so viel selbstverständliche Klarheit, daß sie willkommen sein wird, wann immer sie blüht. Im Juni wird man sie mit Kornblumen, weißen Wicken und Gräsern, im August mit *Cosmos bipinnatus* in Orange und weißem Phlox zu kleinen ländlich-fröhlichen Sträußen binden oder in die sammelnde Basis der Gestecke arbeiten.

Der eine Elternteil, die bekannte *Lychnis chalcedonica,* kam schon vor etwa 400 Jahren aus ihrer Heimat, dem östlichen Rußland und Sibirien, in unsere Gärten. Sicher war sie auch schon der alten Welt bekannt. Ihre Wurzeln sind stark saponinhaltig und werden von den Tartaren zum Waschen benutzt. Man nennt die Pflanze in Asien direkt »Tartarenseife«.

Scabiosa caucasica, Skabiose

Die sanfte Ruhe, die uns aus der runden blauen Skabiosenblüte ansieht, ihre stille, zurückhaltende Art hat sie als Schnittblume so

beliebt werden lassen, obwohl die Haltbarkeit im Wasser mit 3–4 Tagen nicht befriedigt.
Eine Skabiosenblüte könnte Goethe gemeint haben, als er in seiner Farblehre schrieb: »Wie wir einen angenehmen Gegenstand, der uns flieht, gern verfolgen, so sehen wir das Blau gerne an, nicht weil es auf uns dringt, sondern weil es uns nach sich zieht.«
Staudenskabiosen gehören zu den anpassungsfähigsten Pflanzen, die fast in allen Gartenverhältnissen gedeihen und deren Blüten jeden Strauß, jedes Gesteck, verschönern. Allein gegen stehende Nässe sind die Wurzeln empfindlich. Die einzige Pflanzzeit ist im Frühling, wenn der Durchtrieb des neuen Laubes gerade beginnt. In diesem Stadium können auch alte Pflanzen ohne Schwierigkeiten aufgenommen und geteilt werden. Der Platzbedarf ist, wenn man sie einige Jahre stehen lassen will, etwa 35 × 35 cm.
Sehr schöne Sorten sind: 'Ballerina', zart himmelblau, großblumig, aber ein etwas fauler Blüher; 'Nachtfalter', sehr dunkel und besser im Wasser haltbar als die übrigen Sorten; 'Clive Greaves', mittelblau.
Geschnitten wird, wenn die äußeren Blütenblätter sich gerade entfaltet haben, möglichst vor dem Öffnen der Röhrenblüten.

Sommerblumen

Campanula medium, Marienglockenblume
Die Marienglockenblume ist eine echte zweijährige Pflanze. Anfang Juni ausgesät, blühen sie zwölf Monate später. Es gibt *Campanula*-Freunde, die meinen, dies seien die schönsten von allen, ja vielen symbolisieren sie den Begriff »Glockenblume« überhaupt. Fast niemand weiß, daß ihre Heimat Frankreich ist.
Die Blütezeit fällt in den beginnenden Sommer, und die leuchtenden großen Blüten signalisieren Reife und Aufstieg zur Hoch-Zeit des Gartenjahres.
Wie bei anderen *Campanula*-Sorten beschrieben, besteht auch hier die Gefahr, daß die Blumen bei anhaltendem Regen oder schwülfeuchter Luft fleckig werden. Dagegen spritzt man Anfang und Mitte Mai vorbeugend mit einem Fungizid.
Da die Pflanzen sich stark entwickeln, sollten sie im Abstand von 40 × 40 cm gepflanzt werden. Es ist besser, die bis zu 1 m hohen Marienglockenblumen zu stäben (s. Seite 15, anbinden ist nicht notwendig), als sie durch ein Netz wachsen zu lassen. Der Schnitt ist einfacher, und es gibt bei Regen weniger Bruch.
Ein Gramm Saat hat 4500 Korn. Die Keimfähigkeit ist unterschiedlich. Da man meist mehr blaue als rosa und weiße Blumen braucht, sollte etwa im Verhältnis 2 : 1 : 1 ausgesät werden.
Saattermin ist Ende Mai bis Anfang Juni. Nach einmaligem Pikieren kann Ende Juli, spätestens Anfang August, ausgepflanzt werden. Bis zum Winterbeginn wächst ein kräftiger Blattschopf heran, der bei sehr langer Kahlfrostdauer mit einer leichten Reisigdecke geschützt werden sollte. Im Frankfurter Klima ist es in den letzten zwanzig Jahren nur einmal zu einem Totalausfall durch Frost gekommen. Hat sich jedoch ein Kaninchen im Garten eingenistet, wird kaum eine blühfähige Pflanze die Frühlingssonne sehen.
Die Haltbarkeit in der Vase ist hervorragend. Geschnitten wird, wenn die erste Blume sich öffnet. Auch bei heißem Wetter blühen alle Seitentriebe auf, unter der Voraussetzung, daß sofort nach dem Schnitt die Blumen in sauberes Wasser eingestellt werden. Chrysal verlängert die Haltbarkeit.
Mit wenigen Rittersporn, einigen Marienglockenblumen und dem gelben Laub von *Physocarpus opulifolius* 'Luteus' ist eine Bodenvase schnell und dekorativ gefüllt.

Centaurea cyanus, Kornblume
Die gefüllte Form der Kornblume unserer Felder ist zur Zeit am besten in den Sorten 'Blue Boy' und 'Viktoria'. 'Viktoria' beginnt etwa zehn Tage früher mit der Blüte, hört aber auch

entsprechend zeitiger auf. Das reine Blau ist für die bunten Sträuße von großer Wichtigkeit, fast unentbehrlich. Übrigens finden sich Kornblumen unter den ersten Blumen, von deren gärtnerischem Anbau man im nördlichen Europa weiß. Tabernaemontan berichtet davon schon im 16. Jahrhundert.

Die Kornblume war die Lieblingsblume Kaiser Wilhelms und wurde zu seiner Zeit von den Kaisertreuen als eine Art »Parteiabzeichen« getragen. Sicher war dem Kaiser ihre Bedeutung in der Blumensprache nicht bekannt, er hätte sie sonst gewiß nicht zu seiner Symbolblume erwählt. Da ihr herrliches Blau schnell verblaßt, ist sie nämlich das Zeichen schnell vergehender Treue. In einer altdeutschen Schrift »Von der Bedeutung der Blumen« heißt es: »Wer sein Herz wandelt und selbst nicht weiß, wobei er bleiben will, und seinen Wankelmut verhohlen trägt, der sollte Kornblumen tragen; die sind blau und lustiglich und färben sich weiß. Sie mögen nicht lange ihre Farbe tragen und zeigen ihren Wandel.«

Man kann die einjährigen Kornblumen im Herbst oder auch im zeitigen Frühjahr auf ein kleines Beet aussäen. Bei zu dichtem Stand lichtet man aus oder man verpflanzt einige Sämlinge. Ein Gramm Samen hat 250 Korn. Die Keimung ist meist schnell und gut. Die Pflanzen geraten im Verhältnis zu ihrer Blütengröße fast immer zu lang. Wenn kein separater Teil für Schnittblumen im Garten vorhanden ist, werden sie am günstigsten etwas in den Hintergrund gepflanzt und mit einem eingeschobenen Stab gegen Umfallen gesichert. Der beste Schnitt-Termin ist sofort beim Öffnen der Blütenblätter.

Cynoglossum amabile, Hundszunge

Das leuchtend klare Blau, zwei Töne tiefer noch als das der Vergißmeinnicht, ist der immer gesuchte Farbton, der nur bei ganz wenigen Blumen, dem Enzian, den Kornblumen, und einigen Ritterspornsorten, auftaucht.

Die Hundszunge steht der Ochsenzunge *Anchusa* sehr nahe. Beides sind Boraginaceen wie auch das Frühlingsvergißmeinnicht; doch ist es mir noch nie gelungen, von einjährigen *Anchusa* so schönes Saatgut zu bekommen wie von *Cynoglossum*. Die Sorte 'Firmament' wird 30 cm hoch, 'Sutton's Annual Blue' 40 cm, ist also für den Schnitt besser geeignet. Die vergißmeinnicht-ähnlichen Blüten, ganz reinfarbig blau ohne Auge, stehen in endständigen Rispen. Der Aufbau der Rispe ist lockerer als bei *Anchusa capensis*, die ihr sehr ähnlich, aber im ganzen Habitus gröber ist. Die Blühwilligkeit ist bei beiden sehr groß.

Die schmalen rauhbehaarten Blätter, die der Gattung den Namen eingetragen haben, lassen auf einen Wildstandort in voller Sonne ohne große Feuchtigkeit schließen. *Cynoglossum amabile* sind einjährige Pflanzen. Sie werden im April ins Freiland breit ausgesät und später auf einen Abstand von etwa 20 cm verdünnt. Natürlich können sie auch in Handkästen vorgezogen und ab Mitte Mai ausgepflanzt werden. Der Boden soll nicht zu leicht und gut gedüngt sein; etwas alkalische Standorte werden bevorzugt.

Der Flor beginnt meist im Anschluß oder einige Wochen nach der Vergißmeinnichtblüte, je nach dem Aussaattermin. Wenn die Pflanzen geschnitten und etwas nachgedüngt werden, so wird ihr Blühen fast immer bis zum Herbst dauern. Meist säen sich die Hundszungen für die folgenden Jahre selbst aus. Sind sie erst einmal eingebürgert, wandern sie durch den ganzen Garten, ohne lästig zu werden, denn das klare Blau ist überall, wo es auftaucht, willkommen.

Die Rispen können schon recht weit offen sein, wenn sie geschnitten werden. Um so besser halten sie in der Vase. Bei sehr heißem, trockenem Wetter gibt es manchmal eine Welkneigung, die durch Kochen der Stielenden (etwa 10 Sekunden) ganz zu beheben ist. Die blauen Blumen sind in allen vollen bunten Sträußen ideale Verbinder; auch unharmonische Farben bringen sie zur Harmonie. Am klarsten kommen sie zur Geltung, wenn sie

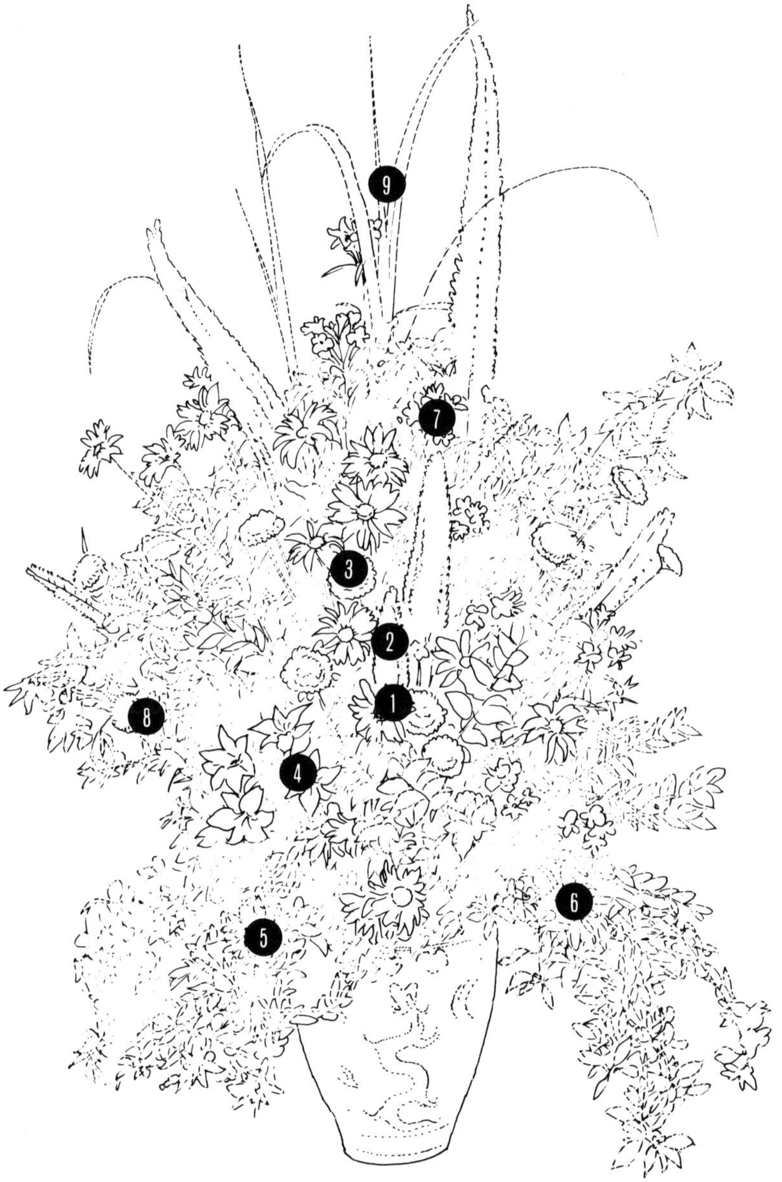

① *Heliopsis helianthoides* var. *scabra* 'Karat', ② *Eremurus*-Hybride, ③ *Achillea filipendulina* 'Coronation Gold', ④ *Lilium,* Asiatische Hybride, eigene Auslese, ⑤ *Ligustrum* 'Vicaryi', ⑥ *Prunus cerasifera* 'Pissardii', ⑦ *Alstroemeria aurantiaca,* ⑧ *Centaurea macrocephala,* ⑨ *Miscanthus floridulus.* Chinesischer Wasserbehälter im Stil der Ming-Zeit. In Maschendraht gesteckt von Annemarie Hagen.

nicht zu tief in die Sträuße eingebunden werden. Sie sollten so stehen, daß die blauen Rispen wie Gräser aus dem Strauß springen.
In der Signaturlehre, die im Mittelalter weit verbreitet war, lehrte man die Pflanzenteile, die menschlichen oder tierischen Gliedern ähnlich sehen, als Heil- oder Abwehrmittel speziell für oder gegen Gebrechen dieser Glieder zu gebrauchen. Der Hund, als Symbol immer ein magisches, ja dämonisches Tier, war nicht nur Hausgenosse des Menschen, gelegentlich wurde er auch als sein Feind empfunden. Einige Blüten und Blätter der Hundszunge im Schuh unter der großen Zehe getragen, sollten auf magische Weise Angriffe und Bisse von Hunden abwehren.

Gypsophila, einjähriges Schleierkraut

Gypsophila (der Freund des Gipses) ist ein Nelkengewächs, das warme, trockene, möglichst alkalische Standplätze liebt. Im Blumenstrauß gehört es zu den großen Zauberern – jenen Blumen also, denen die größte Kraft der Verwandlung des Vorhandenen zukommt. Zehn Rosen, sei es die edelste Sorte oder eine wilde Polyantha-Schönheit, mit oder ohne Schleierkraut gebunden, wirken so unterschiedlich wie Tag und Nacht. Es gibt nur wenige Menschen, die sich dem Reiz dieses Filigrans entziehen können; meist sind dies absolute Realisten mit einem tief eingewurzelten Mißtrauen gegen alle Verführungskünste.
Wenn man die einjährigen unter den *Gypsophila* geschickt kultiviert, das heißt in 2–3 Sätzen vor und nach den hohen Staudenformen der *Gypsophila paniculata*-Sorten zur Blüte bringt, kann man von Anfang Juni bis in den September hinein dieses schöne Beiwerk der Sträuße haben.
Eigenartigerweise wird von *Gypsophila elegans,* der einjährigen Form in reinem Weiß, fast nur noch die großblumige Art 'Ruhm von Ryinsburg' angeboten. Sie erfüllt zwar den Wunsch der Züchter nach Vergrößerung der Blüten der Art, nicht aber den der Floristen (für die der Reiz gerade in der Zierlichkeit des Blütengespinstes liegt) und auch nicht den der Marktgärtner und Blumengroßisten, denn die großblumige Form ist nur schlecht transportfähig.
Mit winzigen, etwa ½ cm großen zartrosa Blüten, blüht *Gypsophila elegans* 'Rosea'. Es dürfte im Augenblick die schönste Form unter den einjährigen Schleierkräutern sein.
Ein Gramm Samen hat etwa 700 Korn. Die Zeit zwischen Aussaat und Schnittreife beträgt je nach Wetterverlauf 10–12 Wochen. Obwohl der Samen bereits im Herbst ins freie Land gesät werden kann, ziehe ich eine Kultur mit Aussaat im Gewächshaus Anfang März, Pikieren in Torftöpfchen und Auspflanzen Ende Mai in das Freiland vor. Ein zweiter Satz sollte etwa drei Wochen später ausgesät werden und schließt dann meist mit dem Flor sofort an die Ernte des ersten Satzes an. Für eine Herbstblüte ist ein dritter Satz im Juli auszusäen. Er wird dann Ende September blühen.
Um gute Schnittstiele zu erzielen, müssen die einjährigen Schleierkräuter durch ein Netz wachsen oder aufgebunden werden. Geerntet wird, wenn ein Drittel erblüht ist.

Gehölze, Stauden und Sommerblumen in der Hoch-Zeit des Jahres

Unfaßlich sind die Kelche
der Blumen im Gewind,
man fragt sich, wo uns welche
die Rätselvollsten sind.
Gottfried Benn

Zeit der Reife – die Intensität der Farbe muß nun auch in den Vasenfüllungen ihren Höhepunkt erreichen. Die Kunst des Auswählens vervollkommnet sich in diesen Monaten. Es wird schon ein wenig stiller im Blühen des Staudenreiches, man spürt ein Atemholen vor der großen Herbstblüte. Doch gleichzeitig entfalten sich die Sommerblumen und Gräser in ihrer ganzen Fülle. Das hohe Reiherfedergras *(Stipa barbata)* beginnt im leisesten Wind ein Spiel, das dem Tanz einer ganzen Ballett-Truppe gleicht. Jeder Strauß, jedes Gesteck gewinnt mit Gräsern. Obwohl wir meist allein die Blüten ernten, symbolisieren die Gräser durch ihre Verwandtschaft zum Getreide Frucht und Reife.

Die ersten Beerensträucher färben sich, und wenn man schnell genug vor den Vögeln da ist, können die meist leuchtend roten Früchte schöne Akzente setzen.

Von Wildpflanzen, die man im Urlaub findet, sollte man besser Samen ernten, als sie, die oft unter Naturschutz stehen, auszugraben. Nicht vollreife Fruchtstände reifen in Frischhaltemitteln meist nach. Dabei sollte man nicht vergessen, ein Papier unter die Vase zu legen, das die ausfallenden Samen auffängt.

Viele Alpenpflanzen, vor allem Enzian, sind Frostkeimer. Sie müssen im Herbst ausgesät und im Freien, gegen Vogelfraß geschützt, überwintern.

Am besten macht man sich auf der Samentüte Notizen über die Lebensbedingungen, unter denen man die Pflanze antraf, von der man den Samen entnahm, um im Garten möglichst ähnliche schaffen zu können.

Die Sämlinge sind im nächsten Jahr sofort einer natürlichen Auslese unterworfen und gezwungen, sich den Standortbedingungen, die man ihnen bieten kann, anzupassen.

Wenn man es nicht vorgezogen hat, im eigenen Garten Urlaub zu machen, so ist bei der Rückkehr meist eine Menge zu tun. Für einige Stauden ist bis August bzw. Anfang September der beste Pflanztermin. Man sollte in Ruhe durch seinen Garten gehen, alles betrachten und entscheiden, für welche Plätze und Pflanzen Veränderung oder Erneuerungen notwendig sind.

Gehölze

Clematis-Hybriden, Waldrebe

Die geheimnisvoll schönen Waldreben mit Blütenblättern, auf denen immer ein leichter Puderhauch zu liegen scheint, galten lange Zeit als nicht haltbare Schnittblumen.

Das Problem ist lösbar, wenn man die Stielenden sofort beim Schnitt aufspaltet, etwa 15 Sekunden in kochendes Wasser taucht und danach sofort in Chrysal-Lösung einstellt. All das muß recht rasch geschehen. Ähnlich vielen Orchideen vertragen es *Clematis* überhaupt nicht, längere Zeit ohne Wasserzufuhr zu sein. Will man sie transportieren, muß dies in Wasser, besser noch in Chrysal, geschehen. *Clematis* sollten nicht zu knospig geschnitten werden. Das Knäuel der Staubgefäße muß sich bereits öffnen.

Liebt man *Clematis,* so sollte man viele pflanzen, denn man wird immer wieder einige verlieren durch das noch nicht geklärte plötzliche Clematis-Sterben.

Daß *Clematis* gern aus einem beschatteten Grund ins Licht wachsen, weiß jeder. Daß sie eine gute Dränage unter dem Wurzelballen benötigen, ist ebenfalls bekannt. Neu ist, über der in etwa 60 cm Tiefe gelegten Dränage eine 20 cm starke Schicht von altem Mist oder gedüngtem Torfkompost aufzulegen, darauf den Clematistopf schräg liegend so zu verpflanzen, daß der Trieb noch etwa 30 cm lang unter der Erde geführt wird, das heißt mit einer etwa 10 cm starken Erdeschicht bedeckt ist. Der Trieb wird sich bewurzeln, und zahlreiche Knospen treiben neue Ranken.

Ich versuche, den natürlichen Standortansprüchen der *Clematis* gerecht zu werden, indem ich sie an die Nord- oder Ostseite von Bäumen oder Sträuchern pflanze, an denen sie hochklettern können. Es entstehen so besonders hübsche Gartenbilder, und man kann für Dekorationen mit einiger Vorsicht längere Ranken ablösen. Am widerstandsfähigsten haben sich bei mir bisher die nur mittelgroße, aber sehr reich blühende zartmauve Sorte 'Hagley Hybrid', deren Blütenblatt einen feinen Purpurstrich trägt, und die ihr ähnliche reinrosa 'Comtesse de Bouchaud' erwiesen. Beide blühen vor den Jackmanii-Hybriden.

Gomphocarpus fruticosus

Dies ist eine Pflanze für Besessene, die einfach alles, was möglich ist, ausprobieren wollen. Der Samen ist nicht einfach zu beschaffen, die Kultur nur dann durchzuführen, wenn die Möglichkeit besteht, die Pflanzen kühl, hell und luftig, doch frostfrei, zu überwintern.

Der beste Saattermin ist im Juli-August. Die jungen Pflanzen wachsen schnell und sollten im Winter nur mäßig gegossen werden. Da diese Seidenpflanzen aus Ceylon sehr frostempfindlich sind, darf vor Mitte Mai nicht ausgepflanzt werden. Ein kräftiger Stab ist jeder Pflanze beizugeben, damit sie im Regensturm nicht umbricht. Volle Sonne, reichliche Düngung und eine zusätzliche Bewässerung in trockenen Jahren sind Voraussetzung, wenn die weißen, aparten kleinen Blüten zu großen, interessanten blasigen Fruchtständen werden sollen.

Gomphocarpus ist stark milchsafthaltig. Die geschnittenen Stiele müssen sofort 30 Sekunden gekocht werden. Nach dem Kochen kann man diese Art auch hängend trocknen und hat mit den bis 1,80 m hohen Bäumchen mit den ungewöhnlichen grünen Früchten interessante winterliche Füllungen für Bodenvasen.

Hydrangea, Hortensien

Es ist viel zu wenig bekannt, daß einige Hortensien einen gewissen Schnittwert haben, wenn sie richtig behandelt werden. Die aus Japan eingeführte *Hydrangea macrophylla* ssp. *serrata* in der Sorte 'Bluewave' und die 1879 von Maries ebenfalls aus Japan mitgebrachte 'Mariesii' haben beide schirmförmige Blütenstände mit einer großen Zahl fruchtbarer Blüten in Blau oder Rosa, die von einem Kranz Scheinblüten umgeben sind. Beide werden etwa 1,50 m hoch und ebenso breit. Sie sind im Garten wie in der Vase angenehm anzuschauen. Der Standort sollte schattig oder zumindest halbschattig sein, die Bodenreaktion neutral bis sauer.

Im Garten kann man gut studieren, wie groß der Wasserbedarf der Hortensien ist. Sowie die Luft zu trocken-heiß wird, fallen die Blüten zusammen. Auch als Schnittblumen erfordern sie besondere Aufmerksamkeit. Ähnlich den Glockenblumen müssen sie sofort nach dem Schnitt ins Wasser gestellt werden. Als weitere Hilfen gelten: das Entfernen aller entbehrlichen Laubblätter, das Kochen der Stielenden (30 Sekunden) und Einstellen in Chrysal-Lösung. Ein eventueller Transport sollte wie bei *Clematis* und *Amaranthus paniculatus* in Wasser bzw. besser noch in Chrysal erfolgen.

Der richtige Schnitt-Termin ist gekommen, wenn die Dolde der fruchtenden Blüten sich fast völlig geöffnet hat. Die Haltbarkeit in Chrysal-Lösung ist etwa 5–7 Tage. Eine Verarbeitung in Steckmasse ist nur bei kühlem Wetter zu empfehlen.

Hat man sich erst einmal mit dem Gedanken vertraut gemacht, Hortensien als Schnittblumen zu nutzen, wird man überrascht feststellen, wie vielfältig verwendbar sie sind. Da die eigenen Blätter entfernt werden, müssen Hortensien mit anderen Blumen oder fremdem Laub kombiniert werden. Hierzu eignen sich *Amaranthus paniculatus*, der buntblättrige Fuchsschwanz, der geschnitten die gleichen Pflegeansprüche hat. Man wird den Fuchsschwanz in die Vase einstellen, die Hortensien daraus auftauchen lassen und vielleicht noch ein paar spät blühende Fingerhüte oder Rittersporn als duftige Verlängerung dazugeben.

Stauden

Achillea, Schafgarbe

Dankbare Schnittblumen in heißen Sommerwochen sind viele Achilleen. Von den fast einhundert Arten sind fast alle in den gemäßigten Zonen der alten Welt beheimatet, vor allem die großblumigen *Achillea filipendulina*-Typen.

Oft werden sie nicht als frische Schnittblume, sondern in getrocknetem Zustand angeboten, obwohl der schmutzige Gelbton, den sie getrocknet zeigen, kaum als schön bezeichnet werden kann.

Meist werden *Achillea filipendulina* 'Golden Plate' oder 'Parker's Variety' und 'Allgold' angebaut. Alle werden etwa 1,20 m hoch und haben bis zu 15 cm große Trugdolden. Pflanzt man jedoch nur für den eigenen Bedarf an, ist die Sorte 'Coronation Gold' ratsam. Ihre Blütenschirme haben nur etwa 10 cm Durchmesser, erscheinen aber ab Anfang Juli durch den ganzen Sommer, so daß man fast immer mit frischen Stielen versorgt ist.

Eine sehr empfehlenswerte Art ist die nur 30–40 cm hoch werdende *Achillea taygetea*, die im Juni schwefelgelb blüht.

Die im Handel befindlichen rot blühenden Achilleen eignen sich wenig, da die Rottöne zu stumpf sind. Merkwürdigerweise haben die Staudenzüchter bisher noch keine schöne rosa *Achillea* in ihren Katalogen, für das als Schnittstaude bestimmt Interesse bestünde. Ein Feldwanderer mit offenen Augen wird immer einige rosa Wildachilleen am Wegrand finden.

Achilleen wachsen willig an jedem voll sonnigen Standort und sind durch Teilung leicht zu vermehren. Ein häufiges Verpflanzen ist bei guter Ernährung nicht erforderlich. Im Schnittblumenteil des Gartens werden die hohen Schafgarben der einfacheren Bodenbearbeitung wegen in Reihen angepflanzt. Der Platzbedarf ist etwa 50 × 50 cm. Die niedrigen Achilleen benötigen 35 × 35 cm.

Geschnitten wird im voll erblühten Zustand. Die bisher genannten Sorten reagieren alle stark negativ geotropisch, sollten also möglichst nur stehend transportiert werden.

Die weiß blühenden *Achillea ptarmica* sind in den Sorten 'Perry's White' und 'Schneeball' reizende, gut haltbare Schnittblumen. Sie sind aber anfällig für Mehltau, der vor allem den zweiten Flor gefährdet. Sie sollten daher vorbeugend 1–2mal Anfang Juni, nach der ersten Blüte, mit einem Fungizid gespritzt werden. *Achillea sibirica* blüht weiß in vollen Doldentrauben. Die drei zuletzt genannten dürften für viele Floristen die wichtigsten Achileen in bunten Sträußen sein.

Durch ihre altweltliche Herkunft ist das Bild der Achilleen angereichert mit Mythen, Deutungen und Bedeutungen. Ihren Namen haben sie laut Plinius von Achill, jenem homerischen Helden mit der empfindlichen Ferse. Er hatte einige Kenntnisse in der Heilkunst von dem Centaur Chirion (dem die *Centaurea* ihren Namen verdankt) erlernt und heilte eine Wunde des Telephos mit dem Saft der *Achillea*. Seitdem gilt diese als Mittel gegen Wunden, die durch Eisen geschlagen wurden. So nannte man die *Achillea* einige Zeit »Soldatenkraut« (lat. *militaris*), und sie galt in der Blumensprache als Symbol des Krieges, das heißt der Zwietracht.

Aber zu der Deutung der Zwietracht führt auch noch ein anderer, hübscherer Weg, der

zugleich ein klassisches Beispiel für die Wandlung eines Symbols in sein absolutes Gegenteil ist. *Achillea millefolium* hatte, ob seiner fein gefiederten Blattform, in der alten Welt den Namen »Supercilium veneris«, Venusbraue. Eine höchst delikate Sache also, jene zarte Braue des weiblichen Venusberges, an der sich schon immer die männliche Phantasie entzündete. Daraus wurde im Deutschen »Jungfraubraue«, dann »Jungfraukraut« (was schon eine gewisse Abweisung einschließt), um schließlich bei den »Schabab-Kräutern« zu landen, jener Gruppe (meist allerdings Hahnenfußgewächse) wie Schwarzkümmel, Jungfer im Grünen usw., die man in einem verdeckten Korb an einen abgewiesenen Freier sandte und an die heute niemand mehr denkt, wenn er jemandem »einen Korb gibt«.
Uhland hat ein Volkslied aus dem 16. Jahrhundert aufgezeichnet, das die *Achillea* meint:

Weiß mir ein Blümli weiße,
stad mir im grünen Gras,
gewachsen mit ganzem Fleiße,
das heißt nun gar Schabab.
Dasselbe muß ich tragen
wohl diesen Sommer lang,
viel lieber wöllt ich haben
meins Buhlen Arm umbfang.

Ein anderes erschien 1601 in einem Druck als Klage eines abgewiesenen Freiers:

Kein andern Dank krieg ich davon,
leer Stroh hab ich gedroschen,
ein Körbl Schabab ist mein Lohn,
die Lieb ist ausgeloschen.

Aconitum, Eisenhut

Die *Aconitum* waren in einem geschlossenen Verbreitungsgebiet vor der Eiszeit auf der gesamten nördlichen Halbkugel beheimatet. Noch heute trifft man sie in den Alpen häufig wild an. Aber sie sind auch uralte Gartenpflanzen.
Von den vielen Arten und Formen (es gibt auch einige kletternde aus Asien) interessieren den Schnittblumengärtner vor allem die blauen: *Aconitum napellus* 'Newry Blue', mit dem Ende der Rittersspornblüte beginnen die blauen Sturmhüte sich zu färben. Die Stiele werden etwa 1,20 m lang, schlank, und sind wenig verzweigt. 'Spark' wächst sehr sparrig mit einem schlanken drahtigen Stiel, blüht leuchtend violett; die Blütezeit ist Ende Juli im Anschluß an die Sorte 'Newry Blue'. *Aconitum × arendsii* ist vielleicht der wichtigste »Blaubringer« des Monats September. Er wird in den Katalogen mit 1 m Höhe angegeben, erreicht aber auf ihm zusagenden Böden und bei reichlicher Feuchtigkeit leicht die Höhe von 2 m.
Alle Eisenhüte lieben frischen nahrhaften Boden in sonniger bis halbschattiger Lage. Auf trockenen Böden versagen sie vollkommen. In heißen Sommern mit wenig Niederschlag muß kräftig zusätzlich gewässert werden, am besten mit einem Rieselschlauch, den man durch das Beet zieht, da sonst zuviel Wasser in dem reichen Blattwerk, vor allem bei *Aconitum × arendsii,* hängenbleibt. Es ist zu empfehlen, die Pflanzen regelmäßig auf Befall mit Blattläusen zu prüfen und eventuell 1–2mal mit einem Insektizid zu spritzen.
Eisenhüte werden sehr alt. Es scheint jedoch so, daß die Pflanzen sich schneller verbrauchen, wenn sie regelmäßig geschnitten werden. Man sollte die Mühe nicht scheuen, etwa alle drei Jahre im Frühjahr zur Austriebszeit die Pflanzen aufzunehmen, zu teilen und auf einen frischen Boden aufzupflanzen. Der Platzbedarf ist etwa 50 × 50 cm.
Erst wenn mindestens drei Viertel der Blütentraube geöffnet sind, werden die Eisenhüte geschnitten, sofort alle überschüssigen Laubblätter entfernt und in Chrysal eingestellt. Bei Welkeneigung sind die Stielenden zu kochen.
Im Verhältnis zum Rittersporn ist das Blau der Eisenhüte stumpf. Selten wird man mit ihnen allein in einer Vase gute Wirkungen erzielen – sie brauchen Aufhellung und Ergänzung durch Schleierkraut, Polyantharosen, Alstroemerien oder Schafgarben.

Aconitum enthält starke Alkaloide verschiedener Art in fast allen Pflanzenteilen. Die Hexen benutzten *Aconitum* neben Bilsenkraut und Stechapfel für ihre Bulsalben.
In dem Garten der Hekate, der viele Zauberkräuter enthielt und den die Göttin Artemis persönlich bewachte, wuchs der Eisenhut.
Aconitum wurde in Asien häufig für die Bereitung von Pfeilgift verwendet, und in der Alten Welt diente es zur Hinrichtung von Verbrechern. Als »vegetabiles Arsenik« bezeichnete Plinius den Eisenhut, aber am Beispiel dieser Pflanze beschreibt er auch als erster die sich gegenseitig aufhebende Wirkung zweier verschiedener Gifte im menschlichen Körper.
Bei Ovid findet sich die Mythe seiner Entstehung. *Aconitum* sei aus dem Geifer erwachsen, den Zerberus ausspie, als Herkules ihn auf Befehl des Augias aus der Unterwelt hervorriß: »... der tobend in wütendem Zorne ringsum füllt die Luft mit Gebell aus dreifacher Kehle, während das grüne Gefield erspritzt mit weißlichem Geifer, der, wie man glaubt, ward hart und aus fruchtbar treibendem Boden sog er den nährenden Stoff und gewann so die Kraft zu verderben, weil im harten Gestein das Gewächs ausdauernd hervorsproß, nennt es das ländliche Volk Aconit ...«

Allium giganteum, Riesenlauch
Wenn längst die frühen Lauche des Gartenjahres vergessen und getrocknet sind, erscheint mit seinen riesigen, bis 1,50 m hohen Blütenständen das majestätischste Miglied der Familie: *Allium giganteum*. Seine Heimat sind die Steppen Zentralasiens. Seine Ansprüche ähneln denen der *Eremurus*, d.h. er ist empfindlich gegen stehende Winternässe und Kälte. Eine gute Dränage und eine leichte Reisigdecke sind notwendig, wenn man den Anbau dieser kostbaren Gartenschönheit versuchen will.
Leider sind bei gleichen Preisen ganz verschiedene Typen von *Allium giganteum* im Handel. Solche, bei denen die dichten lila Blütenbälle mit den vielen hundert Einzelblüten Durchmesser bis zu 20 cm und mehr erreichen; aber auch solche, die nur 10–12 cm groß werden. Eine exakte Sichtung wäre notwendig.
Allium giganteum eignet sich für Bodenvasen, einmal wegen seiner vorzüglichen Haltbarkeit, aber auch, weil die Blüte in eine Zeit fällt, in der der Garten wenig Langstieliges anzubieten hat. Es gibt in der Vase einen guten Kontrapunkt zu den letzten *Eremurus* oder den ersten Stockrosen *(Alcea rosea)*. Ordnet man es den *Eremurus* zu, so sind große Stiele von *Achillea* 'Coronation Gold' und *Heliopsis* 'Karat' gute Partner. Wählt man Stockrosen, so sind einige bodenlang geschnittene Stiele einer farblich passenden Polyantharose oder einer dauerblühenden Rankrose eine gute Ergänzung. Das weiche seitliche Ausschwingen über den Vasenrand, das erst eine Vasenfüllung wirklich gelungen macht, könnten einige passend ausgesuchte Zweige von *Cornus alba* übernehmen. Haben sie ihr Wachstum noch nicht voll abgeschlossen, was man deutlich an der Farbe der jüngsten Blätter erkennen kann, so werden sie nur dann gut im Wasser halten, wenn man die junge Triebspitze ausbricht und die Stielenden kocht.
Im Garten pflanzt man die Zwiebeln von *Allium giganteum* in einen Teppich aus Polsterstauden oder besser noch zwischen halbhohe Stauden, die die vergilbenden Blätter verdekken, also zum Beispiel hinter eine Gruppe rosa *Phlox*.

Asclepias tuberosa, Seidenpflanze
Sie blüht in leuchtendem Orange über sattgrünem Laub auf der Höhe des Sommers. Wem es gelingt, sie in seinem Garten einzubürgern, hat eine ungewöhnlich schöne und haltbare Schnittblume für sich erworben. Heimat von *Asclepias tuberosa* sind die warmen Teile Nordamerikas. Dort wächst die Art auf gut wasserdurchlässigen Böden bei verhältnismäßig großer Luftfeuchtigkeit.

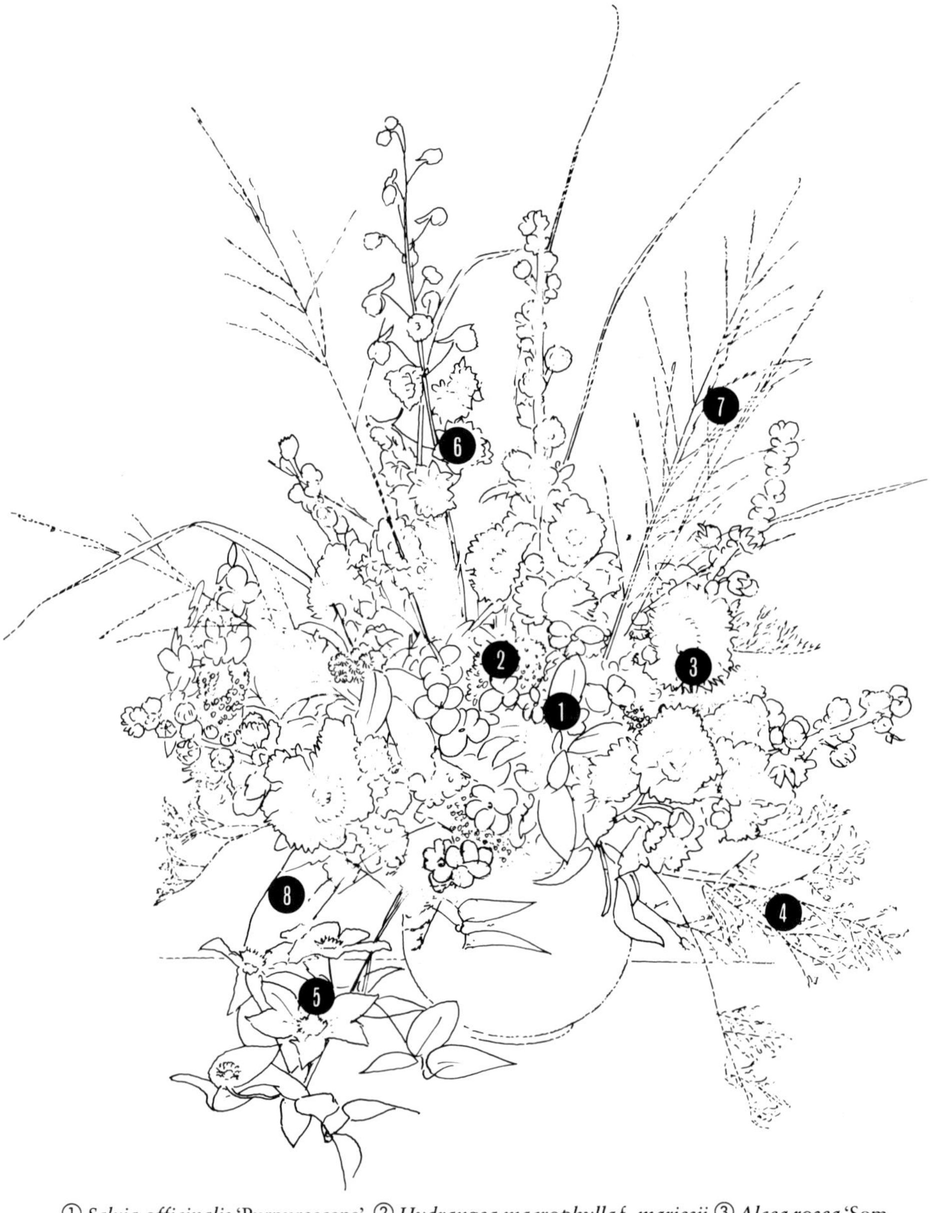

① *Salvia officinalis* 'Purpurascens', ② *Hydrangea macrophylla* f. *mariesii*, ③ *Alcea rosea* 'Sommerkarneval' (Maiaussaat), ④ *Limonium latifolium*, ⑤ *Clematis*-Hybride 'President', ⑥ *Delphinium*-Hybride 'Stand Up', ⑦ *Molinia arundinacea*, ⑧ *Amaranthus*-Hybride 'Early Splendor'. Die Blumen steckte Anneliese Würschinger in eine Keramikvase von Christine Atmer de Reig. Als Steckhilfsmittel wurde Maschendraht verwendet.

Ihr fleischig-knolliger Wurzelstock sollte in den ersten Wintern eine leichte Stroh- oder Reisigdecke erhalten. Nach drei oder vier Jahren macht ihnen auch ein kalter Januar nichts mehr aus.
Durch Spätfröste sind diese Seidenpflanzen nicht gefährdet, denn der Austrieb erfolgt immer erst dann, wenn man sie regelmäßig schon verloren glaubt. Ist eine gute Dränage des Bodens vorhanden, braucht mit Dünger und Wasser im Frühling und Sommer nicht gespart zu werden. Bei günstigen Bedingungen wächst diese Seidenpflanze dann bis 1,50 m hoch. Hier im europäischen Raum bleibt sie niederer.
Der Platzbedarf ist etwa 35 × 35 cm. Sind keine Pflanzen zu erwerben, so kann man sie leicht selbst aus Samen ziehen. Im März muß ausgesät werden, damit sich bis zum Herbst genügend große Pflanzen bilden, die ohne Verluste den Winter überstehen. Die volle Größe darf man aber erst im zweiten Jahr erwarten. Einzig mögliche Verpflanzzeit ist das Frühjahr oder für Jungpflanzen der hohe Sommer.
Geschnitten wird, wenn die Blütendolde weitgehend geöffnet ist. Diese Seidenpflanzen sind nicht nur erstklassig haltbar, sondern auch gut transportfähig, obwohl sie leicht negativ geotropisch reagieren. Wo sie auftauchen, begrüßen die Floristen sie begeistert.
Die Haltbarkeit in Steckmasse ist nicht so gut wie in Wasser. Besonders passende Partner sind sie zu vielen Lilien; fast immer haben sie einen ähnlichen Farbton wie deren Blütenstaub. Aber auch mit *Crocosmia masonorum*, der großen Montbretie und wenigen *Hosta*-Blättern gebunden, sind sie sehr gut. Da die Pflanzen nach dem Schnitt nur selten eine neue Bodenrosette bilden, darf man nicht zu scharf schneiden, um nicht die Assimilation zu unterbinden.
Wer sich ein wenig mit den Seidenpflanzen beschäftigt, sollte nicht versäumen, etwas über den hochinteressanten Bestäubungsmechanismus der Asclepiadaceen nachzulesen. Er wird dabei vielleicht auch entdecken, weshalb sie den Indianern als Rauschmittel für magische Bräuche dienten.

Alstroemeria aurantiaca, Inkalilie

In den letzten Jahren werden Alstroemerien häufig im Gewächshaus angebaut. Die holländischen Firmen Wülfinghoff und van Staaveren haben sich um die Züchtung neuer klarer Farben verdient gemacht. Trotzdem sollte man die härteste Art, die leuchtend orangegelbe *Alstroemeria aurantiaca*, die Inkalilie aus Chile, im Freiland ziehen. Die Qualität wird bei guten Kulturbedingungen im Freiland besser als im Gewächshaus. Notwendig dazu ist leichter, gut durchlässiger Boden, reichliche Düngung bis Mitte Mai und hohe Lichtintensität.
Frühjahrspflanzung ist Bedingung. Die fleischigen, leicht brechenden Rhizome werden etwa 20–25 cm tief gelegt und bringen erst im zweiten oder dritten Jahr Vollflor. Da man sie viele Jahre am gleichen Ort lassen kann, sollte nicht zu eng gepflanzt werden. Bei allzu reichlichem Austrieb im Frühjahr, etwa vom dritten oder vierten Jahr ab, empfiehlt es sich auszudünnen. Hierbei werden die schwachen Triebe im Frühling ausgeschnitten.
Ähnlich den Seidenpflanzen gibt man in den ersten beiden Wintern eine Strohpackung und eventuell in sehr kalten Lagen zusätzlich Fenster oder Folie. Hat man nur eine kleine Ecke für den eigenen Bedarf angebaut, so stülpt man eine mit ca. 5 cm starkem Styropor ausgeschlagene Kiste darüber. In frostfreien Zeiten kann aufgeklappt werden. Anfang März wird der Winterschutz ganz entfernt und dann kräftig 2–3mal gedüngt. Nach wenigen Jahren sind die Inkalilien so tief eingewurzelt, daß sie keinerlei Winterschutz mehr benötigen.
Da die so gezogenen Alstroemerien entgegen allen Literaturangaben ca. 1,50–2 m hoch werden, müssen sie unbedingt durch Netze wachsen oder aufgebunden werden.
Geerntet wird, wenn ein Drittel der Blüten-

dolde geöffnet und gut durchgefärbt ist. Die rationellste Methode ist das Zupfen der Blütenstiele.

Die Haltbarkeit in der Vase ist auch bei sehr heißem Wetter 8–10 Tage. Am besten sind die Inkalilien in Sträußen zusammen mit Lilien, *Heliopsis,* Rittersporn und gelbem Laub, zum Beispiel *Ribes sanguineum* 'Brocklebankii', der auch Ende Juni schon ohne jede zusätzliche Behandlung hält, während bei *Ligustrum* 'Vicaryi' das Stielende direkt nach dem Schnitt gekocht werden muß. Es ist um diese Zeit noch nicht in Steckmasse zu verarbeiten; am besten wird Chrysal zugegeben. Alstroemerien sind auch in Steckmasse ausgezeichnet haltbar.

Centaurea macrocephala, Flockenblume

Von den Staudenkornblumen ist die sehr gut im Wasser haltbare *Centaurea macrocephala* wichtig, wenn sich ihre etwas steifen, etwa 1 m langen Stiele floristisch auch nicht so einfach verarbeiten lassen. Die gelben Blütenschöpfe über dem braunen Blütenboden werden etwa 6 cm im Durchmesser und ähneln einer Distel. Man kann sie leicht aus Samen vermehren, und sie halten viele Jahre am gleichen Standort aus und wachsen zu großen Horsten heran. Ältere Pflanzen sind nicht gut zu versetzen. Besser ist es, eine neue Aussaat vorzunehmen, wenn Krankheiten die Bestände bedrohen bzw. die Pflanzen so gut zu ernähren, daß Krankheiten wenig Chance haben, aufzukommen.

Vor allem in Bodenvasen wird man sie zusammen mit *Eremurus,* Rittersporn, Schafgarben und Alstroemerien einstellen, zusammen mit Laubzweigen von *Cornus alba* oder *Physocarpus opulifolius* 'Luteus'.

Crocosmia, Montbretie

Die Montbretien wurden züchterisch zuerst von Lemoine, Nancy, jenem hochbegabten und erfolgreichen Pflanzenzüchter der Gründerjahre, bearbeitet. Es entstand *Crocosmia × crocosmiiflora.*

Die kleinen Zwiebelchen ergeben gut haltbare, ca. 70 cm lange leuchtend orange Blütenähren, die in einer wichtigen Zeit, Ende Juli bis Anfang August, schnittreif werden. Es wird dann schon ein wenig stiller im Garten. Man kann sie entweder wie Gladiolen im Herbst aufnehmen und im Keller überwintern oder, mit einer Stroh- oder Laubschütte versehen, an ihrem Standort belassen. Die zweite Kulturweise bringt bessere Stiele, sowohl in Qualität wie in der Menge. Nach einigen Jahren darf die Schutzdecke dünner oder ganz eingespart werden. Die Zwiebelchen sind dann so verwurzelt, daß sie auch harten Frösten widerstehen.

Seit vielen Jahren bemühen sich holländische und englische Züchter um neue großblumige Sorten, die von ungewöhnlicher Schönheit sind, aber noch nicht die Wüchsigkeit und Gesundheit erreicht haben, daß sie bei den hohen Neuheitenpreisen für den beruflichen Schnittblumenanbau interessant wären. Man muß sie aber beobachten, denn in wenigen Jahren können die Zuchtziele erreicht sein.

Um die schnell dicht werdenden Bestände gesund zu erhalten, ist es wichtig, ab Mai 2–3-mal mit einem Fungizid (mindestens einmal davon mit Du Pont Benomyl) zu spritzen und während der Knospenreife zweimal mit einem Insektizid, da Montbretien gleich den Gladiolen von Thrips befallen werden.

Geschnitten wird, wenn die erste Blüte offen oder kurz vor dem Öffnen ist. Dann blühen alle Knospen in der Vase auf, besonders, wenn man Chrysal benutzt. Die Haltbarkeit ist auch in Steckmasse gut.

Crocosmia masonorum ist bedeutend langstieliger, großblumiger und leuchtender in der Farbe. Sie stellt ihre Blütenähren nicht senkrecht, sondern baut sie waagerecht auf. Sie ist einer Freesie sehr ähnlich, nur bedeutend größer.

Die Blütezeit beginnt etwa 14 Tage vor *Crocosmia × crocosmiiflora,* von deren Kultur und Schnitt sie sich nicht unterscheidet.

Beide Crocosmien lockern alle ruhigen, runden Formen auf. Sie passen daher gut zu *Heliopsis helianthoides* var. *scabra, Inula orientalis,* Rudbeckien und Rosen.

Echinops, Kugeldistel

Die blaue Kugeldistel ist ein uralter Gartenbewohner. In voller Sonne ist sie ausdauernd, zäh und anspruchslos. Schwierigkeiten bereitet ihr nur ein schattiger Stand mit stehender Nässe. Für uns kommen *Echinops banaticus, E. humilis* und *E. ritro* in Frage.

In kleineren Gärten müssen die stark wachsenden Pflanzen alle 4–5 Jahre reduziert werden, damit sie ihre schwächeren Nachbarn nicht erdrücken. Dabei wird im Herbst einfach ein Stück ihrer Wurzel mit dem Spaten abgestochen. Aufnehmen und verpflanzen ist nicht zu empfehlen, da immer Wurzelreste zurückbleiben, aus denen sich wieder neue Pflanzen aufbauen.

Die beste Sorte scheint mir die etwa 1 m hochwerdende *Echinops humilis* 'Taplow Blue' zu sein, die eine intensive blaue Blüte hat. Sie neigt nicht so sehr zum Wuchern wie andere.

Die Kugeldisteln treiben nach dem Schnitt im Herbst noch einmal einen Blattschopf aus dem Boden, mit dem sie assimilieren können, so daß ein Schnitt in voller Länge möglich ist. Wenn die ersten Blüten der Kugel sich geöffnet haben, ist der Zeitpunkt des Schnittes gekommen. Der Rest blüht dann in der Vase gut durchgefärbt auf.

Kugeldisteln geben haltbare Füllungen für Bodenvasen. Als Trockenblumen sehe ich sie nicht so gerne. Gute Partner für sie sind *Achillea,* Polyantharosen, Eisenhut, Sonnenblumen oder Lilien.

Eryngium × zabelii 'Violetta'
Alpendistel, Mannstreu

Das Allerschönste ist manchmal schwierig zu halten, vor allem, wenn man im Tal wohnt und Wühlmäuse im Garten hat. Das tiefe Blau von *Eryngium × zabelii* (eine Kreuzung von *Eryngium alpinum × Eryngium bourgatii*) verliert in der Dunstglocke der Großstädte viel von seiner Kraft der Farbe, aber auch des langen Lebens. Fast alle *Eryngium* lieben einen kalkhaltigen trockenen Boden in voller Sonne. Die Pflanzung muß unbedingt im Frühjahr erfolgen, ältere Pflanzen sind wegen ihrer Pfahlwurzeln nicht mehr zu verpflanzen. Die Stauden treiben etwa 50–70 cm hohe Blütenstiele empor, auf denen in Trugdolden die blauen ovalen Blütenköpfe sitzen, die von stark bewehrten Hüllblättern umgeben sind. Das Ausreifen des Samens nimmt der Pflanze viel Kraft. Sie wird länger leben, wenn man den fast erblühten Stiel schneidet.

Das metallisch Harte, das die Disteln ausstrahlen, gibt ihnen eine gewisse Unnahbarkeit, auch optisch. Sie sind Individualisten des Pflanzenreiches. Albrecht Dürer hat sie besonders geliebt. Auf einem Jugendselbstbildnis von 1493 trägt er sie als Symbolblume seines Lebensgefühles in der Hand. Auf dem Kupferstich »Das kleine Glück« ließ er Fortuna eine Alpendistel tragen, um anzudeuten, daß ihr Erscheinen nicht nur Angenehmes bringt. Zusammen mit roten Rosen im Strauß sprechen sie eine wohlverständliche Blumensprache.

Der deutsche Name »Mannstreu« leitet sich von der ausdauernden blauen Farbe und ihrer »Unwandelbarkeit« ab. Die Pflanze welkt nicht wie andere Blumen. Die Wurzeln oder die Blumen des Mannstreu sollten aber auch die Männer, die sie tragen, unwiderstehlich machen. Plinius berichtet, daß Phaon von Sappho nur deshalb so geliebt wurde, weil er eine *Eryngium*-Wurzel, die schon immer auch als Aphrodisiakum galt, bei sich trug.

Gentiana asclepiadea, Schwalbenwurzenzian

Das geheimnisvolle, klare reine Blau ist so rar im Blumenreich und doch so wichtig in bunten Sträußen, daß man versuchen muß, seiner habhaft zu werden, wann immer man kann, selbst wenn es gärtnerisch einige Schwierigkeiten bereitet.

Der einheimische Schwalbenwurzenzian wird etwa 50–60 cm hoch und blüht im Juli-August mit klaren, rein blauen Blüten. Es gibt aber auch weiße Formen. Er liebt leicht sauren, gut feuchten Boden und Streuschatten. Da er, wie viele Enziane, im Laufe der Jahre ein gewaltiges fleischiges Wurzelrhizom entwickelt, ist er als ausgewachsene Pflanze nicht oder nur sehr schlecht zu verpflanzen, bringt aber dafür 50–100 Blütenstiele.

Man erntet, wenn die ersten Blumen sich geöffnet haben. Da die Schwalbenwurzenziane sich manchmal nach dem Schnitt nicht wieder gut bestocken, sollte man nie alle Stiele abschneiden, sondern der Pflanze immer einen Teil ihrer Assimilationsmöglichkeit belassen. Die Haltbarkeit der Blüten im Wasser ist etwa 5–7 Tage. Die Blätter halten meist kürzer. Die 3 cm langen schmalen Enzianglocken verteilen sich etagenförmig fast über die ganze Stiellänge. Deshalb dürfen die Sträuße nicht zu dicht gebunden werden, oder der Schwalbenwurzenzian muß mit einem Drittel seiner Länge aus dem Strauß oder Gesteck hervorschauen, um den Habitus zu zeigen.

Gute Partner: *Rudbeckia* 'Marmelada', *Inula orientalis, Lychnis*-Arkwrightii-Hybriden oder *Alstroemeria aurantiaca.* Als Laub: gelber *Ligustrum* 'Vicaryi' und *Ribes sanguineum* 'Brocklebankii'.

Die Heilkraft der Enzianwurzeln wurde schon früh entdeckt. Dioskorides berichtet, die Gentianaceae (die immerhin 800 Arten auf der ganzen Welt umfassen), seien nach dem illyrischen König Gentius benannt, der 137 Jahre vor der Zeitwende geboren wurde und die Heilkraft einer Art nutzte.

Wie alle Stoffe, deren Wirkung auf Körper und Geist früh erkannt wurde, spielt auch der Enzian im Zauberglauben eine vielfältige Rolle. Am lustigsten ist eine Geschichte aus der Steiermark: Dort hielt man die Enzianwurzeln für heilsam vor allem bei Erkrankungen des Borstenviehs. Man hängte in die Schweineställe ein Fläschchen mit einem Stück Enzianwurzel und mit Fenchelgrieß. Man war überzeugt, daß der böse Geist, der die Seuche verursache, aus Neugier zuerst das Fläschchen untersuchen würde und, statt die vielen kleinen Samenkörnlein zu zählen, lieber davongehe und anderweitig Unheil anrichte.

Helenium, Sonnenbraut

Die zahlreichen Züchtungen von *Helenium* haben sich die Gärten erobert, nicht aber die Blumengeschäfte – fast unbegreiflich, denn sie sind von guter Haltbarkeit in der Vase.

Helenium hoopesii gibt schon Ende Mai und dann den ganzen Sommer hindurch das reine Gelb in die Sträuße, ist allerdings mit seinem sparrigen Wuchs floristisch etwas schwer zu verarbeiten. Am besten schneidet man die Blumen nur 25 cm lang, wenn der erste Ring im Blütenkorb geöffnet ist und verwendet sie zu kleinen bunten Sträußen. *Helenium bigelovii* 'Superbum' beginnt im Juni seinen Flor leuchtend goldgelber Blüten, die in großen Büschen erscheinen.

Wichtiger als die frühblühenden *Helenium* dürften die Züchtungen sein, die nach der Urlaubszeit Ende August bis Anfang September ihren Flor haben. Sie werden bei den Herbststauden beschrieben (s. Seite 185).

Alle *Helenium*-Sorten sind starke Wachser und Blüher und zehren entsprechend den Boden aus. Sie sollten alle drei Jahre verpflanzt werden und eine regelmäßige gute Düngung und Kompostversorgung erhalten.

Heliopsis helianthoides var. scabra Sonnenauge

Nach der wörtlichen Übersetzung müßte es »Sonnengesicht« heißen. *Heliopsis* zeigen ihre schönen Sonnengesichter auf der Höhe des Sommers, Ende Juni bis Anfang Juli, meist noch vor Beginn des Flors der einjährigen Sonnenblumen. Die Sorte 'Karat', die ihre großen goldgelben, ungefüllten Blüten auf etwa 1,50–1,70 m langen Stielen trägt, scheint mir floristisch die wichtigste Züchtung zu sein. Die Haltbarkeit im Wasser ist besser als die der gefüllten Formen, die Stiele länger. Ein Nachteil: Der hohle Blütenhals,

ähnlich dem einer Zinnie, knickt bei zu heftigen oder ungeschickten Bewegungen ab.
Wer gefüllte Sorten liebt, wird mit 'Hohlspiegel' oder 'Spitzentänzerin' gute Erfahrungen machen. Aber er darf sich auch freuen auf die zahlreichen Neuzüchtungen, die bereits in den Sichtungsgärten zur Erprobung stehen.
Alle *Heliopsis* müssen sofort nach dem Schnitt in Wasser gestellt und die Stielenden vor dem endgültigen Einstellen (am besten in Chrysal) gekocht werden. Noch nicht Farbe zeigende Seitenknospen entfernt man. Dann halten sie zehn bis vierzehn Tage. Entscheidend ist, die erste Welkeneigung nach dem Schnitt zu verhindern.
Sollen sie in Steckmasse verarbeitet werden oder in einen gebundenen Strauß kommen, so ist zu empfehlen, sie zuvor einige Stunden in einem dunklen Raum gründlich Wasser oder Nährlösung ziehen zu lassen.
Geschnitten wird frühestens, wenn der zweite Kreis des Blütenkörbchens sich geöffnet hat. *Heliopsis* gehören in die strahlenden Sommersträuße zusammen mit Rittersporn, *Eremurus,* Polyantharosen und Schleierkraut.

Heuchera-Hybriden, Purpurglöckchen
In Sträußen und Gestecken sehen sie oft wie anmutige Gespielinnen der großen herrschaftlichen Blumengestalten aus. Die zierlichen roten oder rosa Glöckchen blühen in Doldentrauben auf etwa 60 cm hohen Stielen. Nie werden *Heuchera* zu den ganz wichtigen Schnittblumen des Gartens zählen, aber man wird sie vermissen, wenn sie einen Sommer lang nicht da sind. Vor allem, wer kleine elegante Gestecke liebt, sollte 1–2 Horste im Garten haben. Die Haltbarkeit im Wasser ist 5–10 Tage, je nach Wetterverlauf und Sorte. Der Boden muß zwar frisch, aber nicht schwer und bindig sein. Reichlich Torf und eventuell auch etwas Sand arbeitet man vor dem Pflanzen einen Spatenstich tief ein. Im Raumbedarf sind *Heuchera* bescheiden. Da die Blütenstiele über einer grundständigen Rosette erscheinen, wird man ihnen immer einen Platz im Vordergrund der Staudenrabatte oder zwischen Gräsern und Polsterstauden einräumen. Die Pflanzen können sehr alt werden, verkahlen aber von innen heraus. Dann ist es Zeit, sie aufzunehmen und zu teilen.
Die besten mir bekannten Sorten sind in Rot 'Rakete' und 'Red Spangles', in Rosa 'Scintillation'. Alle werden geschnitten, wenn etwa die Hälfte der Blütenglöckchen geöffnet ist.

Inula orientalis, Alant
In dem lateinischen Namen klingt so viel Zärtlichkeit. Frankfurts Stadtmedicus Lonitzer schreibt in seinem »New Kreuterbuch« (Frankfurt 1582): »Der Alant benimmt den Zorn und die Traurigkeit.« Über die medizinische Wirkung kann ich nicht urteilen, aber wenn ich im August in das Herz der etwa 12 cm großen orange Korbblüte sehe, dann möchte ich Herrn Lonitzer recht geben.
Die starken Stiele werden etwa 60 cm lang. Die Blüten sind zur Sonne gerichtet. *Inula orientalis* kommt daher in größeren, vollen runden Sträußen am schönsten zur Geltung. Die kleinasiatische Wildstaude will eine gute Ernährung und reichlich Wasser während des Frühjahrs, verträgt aber volle Sonne. Oft wachsen die Pflanzen zu stattlichen Horsten heran. Wenn sie kümmern, sind meist Thrips oder Blattläuse schuld. Mit einem Insektizid kann man ihnen fast immer schnell Hilfe geben.
Wie alle Korbblütler dürfen sie nicht zu jung geschnitten werden. Ein bis zwei Kreise des Körbchens sollen erblüht sein, damit die Blumen 6–8 Tage im Wasser halten. Nach einer längeren Regenperiode haben geschnittene *Inula orientalis* manchmal eine Welkeneigung, die man durch Kochen der Stielenden beseitigen kann.

Kniphofia, Fackellilie
Die Blüten erinnern mich immer an die Kopfbedeckung der Gartenzwerge, und ich muß lachen, wenn ich sie sehe, obwohl es bestimmt

der stolzen Kraft ihrer starken Stiele über dem grasartigen Laub nicht gerecht wird.
Vielleicht ist es dieses Vorurteil, daß ich für die Floristik nur die zierlichen Stiele der Sorte 'Bronzeleuchter' bevorzuge. Sie werden 50–60 cm lang und sind in fast allen sommerlichen Sträußen und Gestecken gut verwendbar. Das matte Orange paßt sich vielen anderen Farbtönen an, und die Form ist in allen floristischen Gestaltungsstilen möglich, obwohl ich es als Sünde empfinde, den schönen glatten hellgrünen Stiel ganz in einem formal gebundenen Strauß verschwinden zu lassen.
'Bronzeleuchter' ist winterhärter als die großen Fackellilien. In den ersten Jahren genügt eine leichte Strohdecke. Später ist kaum noch Winterschutz erforderlich. Die Empfindlichkeit besteht, wie bei vielen Pflanzen, mehr gegenüber Nässe als Kälte. Wenn keine lockere Erde oder gute Dränage vorhanden sind, so ist die mit Styropor ausgeschlagene Kiste zu verwenden, da sie Kälte und Feuchtigkeit abhält und schneller aufzubringen und zu entfernen ist als anderer Winterschutz.
Geschnitten wird, wenn sich die ersten röhrenförmigen Blüten der endständigen Traube geöffnet haben. Der Platzbedarf ist etwa 35 × 35 cm. Im Garten stehen die Horste am besten über flachen Polsterstauden.

Lathyrus, Wicke, Platterbse

Von der Gattung *Lathyrus* ist die schöne, duftende einjährige Wicke, die durch die Kreuzzüge nach Europa kam, aber erst im 17. Jahrhundert zu einer Modeblume avancierte, heute fast ganz aus dem Angebot der Blumengeschäfte verschwunden. Unsere schnellebige Zeit will langlebige Blumen. Leider haben die Züchter bisher ihre Zuchtziele ausschließlich auf viele und große Blumen und lange Blütenstiele ausgerichtet. Von guter Haltbarkeit in der Vase hat niemand bei den Preisverteilungen gesprochen.
Die ausdauernde Sorte *Lathyrus latifolius* 'Albiflorus' ist in den Monaten Juli und August ein ganz großer Blüher in Weiß. (Es gibt auch eine rosa Form.) Sie hält gut im Wasser und ist deshalb viel empfehlenswerter als die einjährige Art *Lathyrus odoratus*. Wer viele Tischdekorationen oder Brautsträuße anzufertigen hat, sollte die etwa 2 m hoch kletternde Staude unbedingt anpflanzen. Auch bei heißer Witterung ist die Haltbarkeit in Steckmasse befriedigend.
Sind Pflanzen nicht zu erhalten, so kann man leicht aus Samen anziehen. Sie sind mit jedem Zaun als Stütze zufrieden. Eine zusätzliche Düngung und bei großer Hitze auch Bewässerung ist unbedingt notwendig, um ausreichend lange Schnittstiele zu bekommen. Saure, bindige Böden sind vor dem Pflanzen zusätzlich zu kalken.
Der Schnitt erfolgt, wenn drei Viertel der Blüten des Stieles geöffnet sind. Verblühte, nicht geerntete Blumen sollte man ausschneiden, da bei Samenansatz der Flor schnell nachläßt.
Der Name *Lathyrus* setzt sich aus der griechischen Vorsilbe *la* = sehr und *thurus* = reizend zusammen und soll auf die Verwendung von *Lathyrus cicera* als Liebesmittel anspielen. Aber vielleicht empfand man sie auch ganz einfach nur als reizend im Sinne von schön.

Liatris spicata, Prachtscharte

Die Prachtscharten gehören zu den wenigen Staudenschnittblumen, denen die Blumengeschäfte zu einer größeren Verbreitung in den Gärten verholfen haben. Vor einigen Jahren entdeckten findige israelische Gärtner die Treibfähigkeit der knolligen Wurzelrhizome im Winter. So kann man *Liatris* jetzt fast das ganze Jahr kaufen, und sie sind unter ihrem botanischen Namen fast bekannter geworden als unter ihrem deutschen.
Die Blüten sitzen in bis zu 30 cm langen Ähren an etwa 1 m langen Stielen und blühen von oben nach unten auf, in einem hellen Purpurviolett. Es gibt auch weiße Formen. Besser für den Garten ist die gedrungen wachsende Sorte 'Kobold', die insgesamt 40–50 cm hoch wird.
Liatris werden geschnitten, wenn die ersten Blüten am Kopf der Ähre sich öffnen. Sie sind

① *Asclepias tuberosa,* ② *Lilium*-Aurelian-Hybride, eigene Auslese, ③ *Euonymus fortunei* 'Coloratus', ④ *Chamaecyparis obtusa* 'Crippsii', ⑤ *Miscanthus sinensis* 'Gracillimus'. Von Annemarie Hagen in Steckmasse gearbeitet, Vase von Barbara Stehr.

in dekorativen und graphisch betonten Gestecken und Sträußen am besten zu verwenden. Zusammen mit Lilien und gelben oder goldfarbenen *Helenium*, ergänzt durch einige große *Hosta-* oder Bergenienblätter, hat man schnell eine attraktive Vasenfüllung. Haltbarkeit und Aufblühen der geschnittenen *Liatris* sind besser, wenn die Stielenden gekocht und in Chrysal-Lösung eingestellt werden.
Im Garten passen sie gut in einen Teppich niederer Polsterpflanzen oder auf einem Schnittblumenbeet im Abstand von 10 × 10 cm. Sie brauchen nicht gestützt oder aufgebunden zu werden. Der Boden sollte warm, locker und durchlässig sein.

Lilium, Lilie

Seitdem der Mensch den Lilien begegnet ist, haben sie ihn fasziniert. In seinen ersten Versuchen, Abbilder der Natur in Form von Malerei und Plastik zu erschaffen, waren die Lilien ihm Motiv. Als Menschen begannen, Gärten zu gestalten, sei es in Asien, in Ägypten, in Europa, haben Lilien in ihnen geblüht. Gleich den Rosenfreunden und den Orchideenfans sind die Lilienliebhaber fast eine eigene »Menschenrasse« geworden, befreundet und vertraut miteinander um die ganze Welt. Diese weltweiten Lilienfreundschaften und die großen Samentauschaktionen ermöglichten es, daß in unserer Zeit ein Sortenspektrum von Lilien vorhanden ist, das man sich vor dreißig Jahren noch nicht einmal erträumen konnte.
Wer Freude und Begeisterung genug empfindet, kann sich seine eigenen Lilientypen aufbauen und vermehren. Alle Lilien wollen einen sandig-humosen Boden. Die asiatischen Lilien *Lilium speciosum* 'Rubrum', der große rosa japanische Türkenbund und die Goldbandlilie, *Lilium auratum*, gedeihen nur bei einer ausgesprochen sauren Bodenreaktion. Wo Rhododendron und Azaleen fröhlich wachsen, werden auch diese beiden nicht enttäuschen. Alle anderen Lilien benötigen eine neutrale bis leicht kalkhaltige Bodenreaktion.
Die amerikanischen Wildformen und ihre Hybriden, die man leicht an ihrem schwanenförmig gebogenen Blütenhals erkennt, bevorzugen feuchte Lagen. Am einfachsten von diesen sind die Bellingham-Hybriden (stark gelborange gezeichnete Türkenbundlilien) zu ziehen.
Die bekannte Tigerlilie, *Lilium tigrinum* (orange Türkenbund) und auch die Sorte 'Enchantment' sind so virusverseucht, daß gesunde Zwiebeln kaum noch erhältlich sind.
Alle Wildformen sind für Anfänger meist schwierig in der Kultur.
Am einfachsten sammeln sich Erfahrungen mit den großen gelben, rosa und weißen Trichterlilien. Sie setzen leicht Samen an und sind verhältnismäßig krankheitsresistent. Sie entstanden zuerst in der Stadt Orleans, auf lateinisch Aurelien, und tragen daher den Namen *Lilium*-Aurelianense-Hybriden. Die Kreuzung gelang aus *Lilium*-Imperiale-Hybriden × *Lilium henryi*. Es gab zunächst zwei Samenkörner, wovon eines verlorenging. Der Rest war Vater und Mutter eines neuen Geschlechtes.
Der holländische Züchter Jan de Graaff, der in den fünfziger Jahren in Amerika in Oregon eine große Lilienzuchtfarm hatte, erzielte neben vielen anderen Neuheiten die Midcentury-Hybriden, auf denen zahlreiche andere Züchter aufbauten. Für Schnittblumen haben einige dieser Sorten zu kurze Stiele.
Der beste Weg, um zu gesunden eigenen Beständen zu kommen, ist die Aufzucht aus Samen. Das umfangreichste Angebot hiervon findet sich in der Samentauschliste der Gesellschaft der Staudenfreunde.*
Man kann sich auch Zwiebeln beschaffen und das Saatgut selbst durch Bestäubung gewinnen.
Die im Februar am Fenster oder im warmen Gewächshaus in Handkästen ausgesäten Lilien können im Juni ins Freiland gepflanzt werden und blühen im folgenden Jahr meist

* Leonberg bei Stuttgart, Justinus-Kerner-Straße 11.

auf kurzen Stielen mit einer Blüte. So kann ein erstes Sichten nach der Schönheit der Blüte (die aber meistens noch nicht ihre effective Größe erreichen) vorgenommen werden.
Man kann auch in ein gut mit Sand und Torf dräniertes Beet direkt ins Freie aussäen, was den Vorteil hat, daß die Lilien sich von Anfang an auf die vorhandenen Vegetationsbedingungen einstellen. In diesem Fall muß sehr locker gesät werden, damit die jungen Lilien möglichst einige Jahre stehenbleiben können.
Hat man einen zusagenden Typ aus seinen Aussaaten ausgelesen, so kann die Vermehrung durch Schuppen versucht werden.
Ein Eimer gut luftfeuchter Torf wird mit einem Eßlöffel Du Pont Benomyl und einem halben Eßlöffel E-605-Staub gemischt. Diese Mischung wird in etwa 25 × 25 cm große Polyäthylenbeutel abgefüllt. Wesentlich für das Gelingen ist der richtige Feuchtigkeitsgrad des Torfes, der nicht zu trocken, aber auch keinesfalls zu naß sein darf.
Nach der Blüte Ende Juli werden die Lilien ausgegraben und die Schuppen so von dem Zwiebelboden abgerissen, daß möglichst etwas Substanz des Bodens an den Schuppen verbleibt. 20–30 Schuppen kommen in einen torfgefüllten Plastikbeutel, der luftdicht verschlossen wird, und werden so 8–10 Wochen lang bei etwa 25 °C gelagert. Während dieser Zeit bilden sich kleine Brutzwiebeln an den Schuppen, zum Teil bewurzelt. Will man das Verfahren abkürzen, kann man die Kunststoffbeutel anschließend bis Ende Dezember in den Kühlschrank, der eine Temperatur von etwa + 2 °C haben soll, legen. Dann kommen die Zwiebeln, nachdem sie etwa 5 Minuten in Benomyl-Lösung gebadet wurden (ausgewachsene Zwiebeln vor jedem Pflanzen je nach Größe 20–30 Minuten in Benomyl baden), im Kalthaus in Torftöpfchen in mit Sand gemischte Einheitserde oder TKS und werden im Mai nach den Spätfrösten auf ein gut drainiertes und mit Torfmull verbessertes Beet gepflanzt. Im folgenden Jahr blühen sie zum erstenmal. Man entfernt aber die Blüten, damit alle Kraft in das Zwiebelwachstum geht und im zweiten Jahr schöne Schnittstiele wachsen.
Liebhabergärtner ohne Gewächshaus pflanzen die jungen Brutzwiebeln in Torftöpfe und graben diese an einem mäusesicheren Platz im Oktober ein. Ein Jahr später kann an den endgültigen Standort ausgepflanzt werden.
Lilien sind sowohl gegen Grauschimmel *(Botrytis)* wie gegen Wurzelfäule anfällig, beides ist bekämpfbar. Fällt jedoch ein Virus über einen Bestand her, so muß man die Lilien vernichten.
Gegen die pilzlichen Erkrankungen gießt man die austreibenden Lilien zweimal mit einem Fungizid, in feuchten Jahren wird alle zwei Wochen Kupfermittel im Wechsel gegen Benomyl gespritzt. Tritt das sog. Lilienhähnchen auf, ein roter Käfer von etwa 1 cm Größe, so ist ein Insektizid beizumischen.
Die Zwiebel will nach der Blüte mit der Assimilation ihres Laubes die Reserven für den Durchtrieb im nächsten Frühling anlegen. Deshalb darf der Stiel nie bodenlang geschnitten werden, es sei denn, man will die Zwiebel zur Schuppenvermehrung verwenden. Gedüngt wird mit einer Handvoll Patentkali nach der Blüte und einem Volldünger im Frühling vor dem Austrieb. Zu reichliche Düngergaben fördern Krankheiten.
Der richtige Schnitt-Termin ist kurz vor dem Aufbrechen der Blüte. In der Vase sind fast alle Lilien, auch bei heißem Wetter, von großer Haltbarkeit.
Ein transparentes Glasgefäß mit Lilien, Reiherfedergras und *Hosta*-Blättern vermittelt einen einmaligen Eindruck, aber auch im Zentrum voller Sommersträuße werden Lilien immer die Blumen sein, die nicht übersehen werden.
Der Blütenstaub hinterläßt auf allem, was in seine Nähe kommt, Flecke. Sie sind vermeidbar, wenn man sofort beim Aufblühen der Blumen die Staubgefäße mit einer Pinzette auszupft. Möchte man auf deren Schönheit nicht verzichten, so lassen sich die mit Sicher-

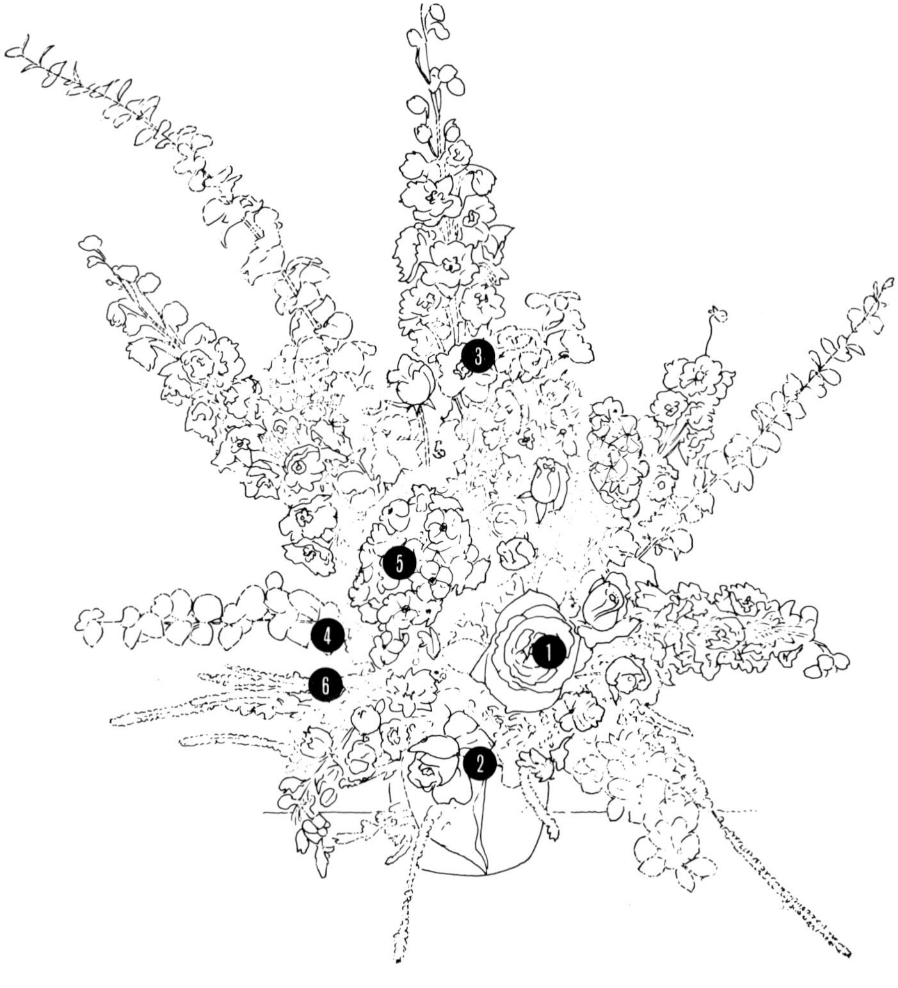

①Edelrose 'Pascali', ② *Hosta sieboldiana,* ③ *Delphinium*-Hybride Typ Blackmoor & Langdon, ④ *Berberis thunbergii* 'Atropurpurea Decora', ⑤ *Phlox*-Paniculata-Hybride 'Elisabeth Arden', ⑥ *Calluna vulgaris* 'H.E. Beale'. Ein gebundener Strauß von Gerd Klein in einer Glasvase von Erwin Eisch.

heit entstehenden Flecke mit einem guten Fleckenmittel aber entfernen.
Wer mehr über Lilien und die Kunst, sie im Garten zu ziehen, wissen möchte, lese »Die neuen Lilien« von Carl Feldmaier.

Monarda-Hybriden, Indianernessel
Ihr Duft hat etwas Wildes, Ungebändigtes wie ein Pfefferminzfeld, über das eine Herde schweißnasser Mustangs galoppiert ist. Die schönen Namen wie »Präriebrand« und »Prärienacht« lassen erst recht Wildwest-Romantik aufkommen.
Im Garten gedeihen diese Stauden fast in jeder Erde, möchten aber regelmäßig mit Wasser und Dünger versorgt werden. Eine leichte Kompostdecke im Herbst bekommt ihnen gut.
Das Wilde ihres Charakters, das sich nicht nur im Duft, sondern auch im Bild der in dichten Quirlen stehenden Lippenblüten äußert, macht ihre optische Stellung im Garten wie in der Vase nicht ganz leicht. In dekorativen Sommersträußen geben *Monarda*-Stiele die interessanten Zwischentöne in stumpfem Rot, Violett, Rosa, aber auch in Weiß. Im Garten sind ihnen Gräser oder Rudbeckien die liebsten Nachbarn. Verpflanzen sollte man nur im Frühling.
Die Blütezeit geht über viele Wochen und man kann Monarden fast in jedem Stadium schneiden.

Phlox-Paniculata- und Phlox-Maculata-Hybriden, Staudenphlox
Karl Foerster, der in seinen gärtnerischen Visionen die Sommer der zweiten Jahrhunderthälfte vom Phloxduft durchweht wähnte, hat sich getäuscht. Es scheint so, als würde die Anfälligkeit des hohen Staudenphlox gegen Stengelälchen oder die Verseuchung unserer Böden mit diesen Nematoden immer größer. Der Staudenphlox ist fast ganz aus den Gärten verschwunden. Viele beanstanden bei seiner Verwendung als Schnittblume auch das Ausfallen der Blüten. Mir erscheint es für den Anblick von so viel Schönheit kein zu hoher Preis, einmal am Tag ein paar ausgefallene Blüten im Umkreis der Vase aufzuheben. Staudenphlox, in Chrysal-Lösung gestellt, hält 8–10 Tage.
Bei der Staudenprüfung erhielten folgende *Phlox*-Paniculata-Sorten drei Sterne: 'Aida', rotviolett; 'Landhochzeit', rosa mit Auge, mittlere Blütezeit; 'Orange', mittlere bis späte Blütezeit; 'Pax', weiß, späte Blütezeit; 'Sommerfreude', rosa, sehr große Dolden, früh blühend; 'Starfire', leuchtend rot, mittlere Blütezeit; 'Wilhelm Kesselring', purpur, früh blühend; 'Württembergia', karminrosa mit hellem Auge, früh blühend.
Da die Auswahl nicht nur die Schönheit der Blütendolden bewertet, sondern vor allem auch die Krankheits- und Nematodenresistenz, sollte man sich auf dieses Sortiment beschränken, obwohl auch hier Ausnahmen die Regel bestätigen. Bei mir wächst die Karl Foerstersche Sorte 'Nachbars Neid', reinweiß, an Größe, Üppigkeit und Gesundheit einfach allen anderen davon. Sie wird überhaupt in keinem Katalog mehr erwähnt.
Eine Möglichkeit, die gefürchteten Stengelälchen zu bekämpfen, besteht in 2–3maligem Gießen während des Austriebes mit Nemaphos 0,2%ig und sommerlichem Spritzen mit Insektiziden. Die biologische Bekämpfungsart, im Wechselverband *Phlox* und hohe *Tagetes* zu pflanzen, scheint mir zwar keine Wunder zu wirken, aber doch hilfreich zu sein; zudem sieht es hübsch aus. Eine weitere Hilfe biologischer Art ist die Düngung mit Rizinusschrot. Im Frühling wird eine knappe Handvoll für jede Pflanze ausgestreut und leicht eingehackt, dann kommt eine 2 cm hohe Torfdecke darauf, um den Humusgehalt zu verbessern.
Fast ganz aus den Sortimenten verschwunden, als Schnittblumen aber wichtig, sind die Sorten der *Phlox*-Maculata-Hybriden*, die

* Bezugsquelle: G. Arends, Staudenkulturen, Postfach 107, 5600 Wuppertal-Ronsdorf

vor allem von Georg Ahrens züchterisch bearbeitet wurde. Sie blühen vor den *Phlox*-Paniculata-Hybriden, aber nur etwa 50 cm hoch. Besonders gut ist 'Schneelawine' mit rispenförmigen Blüten in Weiß oder 'Alpha' lilarosa, sehr früh, mit fast schirmförmigem Aufbau der Blütendolde. Beide halten im Wasser noch besser als *Phlox*-Paniculata-Hybriden und sind durch ihre zierlichen Stiele in der Binderei wertvoll.
Geschnitten werden alle Phloxe, sobald sich die Trugdoldenform durch geöffnete Blüten deutlich abzeichnet. Der Platzbedarf der Paniculata-Hybriden ist etwa 50 × 50 cm, der der Maculata-Hybriden 40 × 40 cm.
Alle *Phlox* bevorzugen einen frischen Gartenboden mit einer leicht sauren Reaktion.
Phlox ist eines der typischen Beispiele dafür, daß ein alter Name mit neuem Sinngehalt angereichert wurde. Theophrast benannte eine Blume Phlox, aber sie kann mit den uns bekannten Phloxen nichts zu tun haben. Alle 60 Arten stammen bis auf eine Ausnahme aus Nordamerika. Er könnte höchstens diese eine sibirische Art gekannt haben, die aber mit »Flammen« wenig gemein hat, denn sie blüht in einem trüben violett, während bei den amerikanischen Arten der Haupttenor rot = Flamme ist.

Physostegia virginiana, Gelenkblume
Diese Labiate hat den deutschen Namen Gelenkblume, weil man ihre kleinen, um den vierkantigen Stiel sich ährenartig aufbauenden Blütchen hin und her bewegen kann, ohne daß sie abbrechen, wie wenn sie ein Gelenk hätten. Dies und die lange Blütendauer der etwa 60–70 cm langen Stiele in der Vase und im Garten, machen die Pflanze zu einer erstklassigen Gartenstaude.
Sie möchte einen frischen, humusreichen, nicht zu leichten Boden und gedeiht auch im Halbschatten. Viele dieser amerikanischen Präriepflanzen stehen in ihrer Heimat in leichten Senken, in denen sich das Wasser gelegentlich anstaut.
Daß man den Gelenkblumen nicht öfter begegnet, hat sicher nicht mit Kulturschwierigkeiten zu tun, sondern mit der Tatsache, daß ihr etwas müdes Lilarosa der Art in dieser Zeit schwer in Blumensträußen und im Garten unterzubringen ist. Pflanzt man jedoch die ebenfalls treu aus Samen fallende reinweiße Sorte 'Summersnow', so wird man sie bestimmt gut gebrauchen können.
Die Pflanzen treiben Ausläufer, ohne zu wuchern. Sie sollten daher nicht zu dicht gepflanzt werden, etwa im Abstand von 40 × 40 cm. Da Herbstpflanzungen meist Schwierigkeiten im Anwachsen haben, ist Frühjahrspflanzung unbedingt vorzuziehen.
Man schneidet, wenn die ersten Blüten sich öffnen. Zu schwach entwickelte Seitenknospen müssen entfernt werden. Ist das Stielende verholzt, sollte es 20 Sekunden in kochendes Wasser gehalten werden. Chrysal verlängert die gute Haltbarkeit noch mehr.
Die ährenartigen Blütenstände lockern alle schweren, runden Formen in Sträußen und Gestecken auf, benötigen sie aber auch, damit ihre Lebendigkeit Halt und Ruhe findet.

Platycodon grandiflorum, Ballonblume
Man kann sie nur pflanzen, wenn der Garten von Kaninchen verschont bleibt. Der Austrieb der Ballonblumen, der ziemlich spät im Frühjahr erfolgt, ist ein ausgesprochener Leckerbissen für sie, den sie sich nicht entgehen lassen.
Die breiten Glockenschalen der Blüten, die weiß und in allen Blautönen strahlen, aber auch rosa sein können, erscheinen im Juli nach der Blüte aller anderen Glockenblumen. Bei älteren Pflanzen, die nicht regelmäßig gärtnerisch geschnitten werden, ist die Stiellänge etwa 60–80 cm. Die Ballonblume gehört zu den Stauden, deren Lebensdauer sich deutlich verkürzt, wenn sie ständig als Schnittblume genutzt wird. Nach einigen Jahren muß man neu aussäen, da ein Teilen des fleischigen, rübenartigen Wurzelstockes nicht möglich ist. Der Platzbedarf der anspruchslo-

sen Staude beträgt etwa 30 × 30 cm. Die Stiele neigen vom zweiten oder dritten Jahr an zum Umfallen, so daß sie entweder durch ein Netz wachsen oder aufgebunden werden müssen.

Die Knospen sind ballonförmig. Meist erblüht zunächst nur eine, die man ausbricht, und den Stiel erst dann schneidet, wenn sich eine größere Anzahl Blüten geöffnet hat oder kurz davor steht.

Die stark milchsafthaltigen Stiele sollten mit ihren Enden 10 Sekunden in kochendes Wasser getaucht, sehr kleine Seitentriebe ausgebrochen werden, damit die Ballonblume etwa eine Woche in der Vase halten kann.

Die Verwendung von Steckmasse ist nicht zu empfehlen. Besser bindet man sie in volle Sommersträuße mit *Veronica virginica, Rudbeckia, Tagetes, Inula* und buntem Laub, wie dem rotlaubigen *Cotinus coggygria* oder dem gelblaubigen *Ligustrum* 'Vicaryi'.

Rudbeckia nitida, Hoher Sonnenhut

Die Stauden nordamerikanischer Bachränder sind in einigen Teilen Deutschlands verwildert. Als »Stolzer Heinrich« oder »Langer Ludwig« stehen sie auf sumpfigen Wiesen und an den Waldrändern Ostdeutschlands.

Die leuchtend gelben Blütenblätter wölben sich von einem grünen Blütenkorb abwärts. Die beiden Sorten 'Juligold' und 'Herbstsonne' sind in gleichem Maße wichtig, da sie zu ganz unterschiedlichen Zeiten erblühen. Anfang Juli, wenn Rittersporn und *Eremurus* verblüht oder abgeschnitten sind, geht 'Juligold' auf. Endet die Blütezeit von 'Juligold', beginnt die 'Herbstsonne' zu strahlen.

Beide Sorten haben fast 2 m hohe, schlanke hellgrüne Stiele mit ebenso gefärbtem Hahnenfußlaub. Sie bieten Gewitterstürmen viel Angriffsfläche, und man sollte der drahtigen Festigkeit ihrer sich nur oben verzweigenden Stengel nicht vertrauen, sondern die Pflanzen rechtzeitig aufbinden.

Für Bodenvasen sind die hohen Sonnenhüte besonders geeignet. Zum Schnitt müssen eine ganze Anzahl der Korbblüten eines Stieles zwei Kreise geöffnet haben. Allzu junge Seitenknospen sind sicherheitshalber auszuschneiden. Die Stielenden müssen gebrüht werden, damit die Sonnenhüte im Wasser 8–10 Tage, bei kühlem Wetter sogar wesentlich länger, halten. Der Platzbedarf im Garten ist recht groß, mindestens 60 × 60 cm. Zäune oder Kompostplätze kann man gut mit ihnen kaschieren. Verpflanzt werden brauchen sie nur alle 5–6 Jahre, wenn man mit Dünger und Wasser nicht spart.

Salvia, Salbei

Aus der großen Gattung der Salvien sind einige für den Schnitt geeignet. Ich persönlich ziehe diejenigen vor, die geschnitten nicht so sehr viel Schmutz durch Ausstoßen verblühter Blüten machen, also jene, die durch ihre gefärbten Hochblätter zieren, wie zum Beispiel *Salvia horminum,* der – allerdings einjährige – Buntschopfsalbei. Er entwickelt nach dem Abblühen einen dekorativen bunten Blätterschopf als Bekrönung seiner Ährenblüten, in den Farben lila, pink oder weiß.

Von *Salvia horminum* werden entweder Mischungen oder auch reines Saatgut angeboten. Gut bewährt haben sich die Sorten: 'Pink Lady', rosa; 'Blue Bird', tiefviolett, und 'Icecream', weiß mit grüner Aderung. Letzterer wächst etwas schwächer.

Man kann den einjährigen Salbei schon im Februar aussäen und Mitte April auspflanzen, da er ziemlich frostresistent ist. Der Abstand sollte etwa 25 × 25 cm sein. Ein voll sonniger Standort ist Voraussetzung für eine gute Durchfärbung der Hochblätter. Geschnitten wird, wenn die Ähre völlig abgeblüht und der bunte Schopf etwa 10 cm lang ist. Diese Salvie ist kalkliebend.

Salvia horminum war ein Aphrodisiakum der alten Welt. Der Name leitet sich vom altgriechischen Wort *horman* her (zur sinnlichen Begierde reizend), und Dioskorides berichtet über die Verwendung von Kraut und Samen zu Liebestränken.

Salvia farinacea 'Catima' hat nicht nur intensiv stahlblaue Blüten, sondern ebensolche Stiele. Man kann sie allein ihrer bestechend schön gefärbten Blütenähren wegen pflanzen. Die Haltbarkeit im Wasser ist nicht befriedigend. Nach dem Schnitt sind alle Blätter und Seitentriebe zu entfernen, um die Verdunstung herabzusetzen.

Die blauen ausdauernden *Salvia* × *superba* 'Mainacht', 'Ostfriesland' und 'Mitsommer' (die letztere in einem edlen hellen Lavendelton) sollten reif geschnitten werden. Auch sie befriedigen nicht immer in der Haltbarkeit. Die Sorte 'Mitsommer' ist nur dann ausdauernd im Garten, wenn sie regelmäßig geschnitten wird.

Hauptblumen der Sträuße und Gestecke sind alle diese Salvien nicht. Sie werden immer unauffällige, aber doch notwendige Begleiter anderer bunter Blumen sein, deren Eigenart sie betonen werden.

Mit Ausnahme der 1,50 m hoch werdenden 'Mitsommer' gehören alle Sorten in volle bunte Sträuße. Der Buntschopfsalbei wird so eingebunden, daß nur sein zierender Blattschopf aus den Nachbarblüten hervorschaut. 'Mainacht', 'Ostfriesland' und *Salvia farinacea* 'Catima' sollen mit den blauen Blütenähren ruhige runde Formen, zum Beispiel von Sommerphlox oder *Tagetes,* auflockern.

Salvia 'Mitsommer' gehört in Bodenvasen zu Sonnenblumen, Alstroemerien und *Heliopsis helianthoides* var. *scabra.* Die Sorte ist auch allein in einem transparenten Glas sehr angenehm anzuschauen, wenn man verhältnismäßig viele der rauhen Blätter entfernt. Die Verwendung in Steckmasse ist nicht zu empfehlen.

Von *Salvia officinalis* gibt es mehrere buntblättrige Sorten. 'Purpurascens', 'Tricolor', 'Variegata' haben dekoratives Laub in Grauviolett, Lilagrün mit weißem Rand bzw. Hellgrün mit gelber Randzeichnung. 'Purpurascens' und 'Tricolor' halten am besten im Wasser. Alle sind zierendes, gut füllendes Laubwerk, allerdings mit starkem Duft.

Sommerblumen

Ageratum houstonianum, Leberbalsam

Einige deutsche Samenzuchtbetriebe bieten ein bis zu 60 cm hohes *Ageratum* 'Schnittwunder' an. Wer gerne viele kleine, runde Sträuße macht, wird immer Blau brauchen. Er sollte diese Sorte einmal versuchen. Der Name *Ageratum* kommt vom griechischen *ageratos* = niemals alternd, ewig jung. Einen ganzen Gartensommer lang produziert das *Ageratum* ab Juni in »ewiger Jugend« ständig neue Schnittstiele, wenn man 1–2mal nachdüngt und reichlich wässert. Die Pflanzen müssen durch ein Netz wachsen oder aufgebunden werden.

Wenn die Möglichkeit gegeben ist, sät man möglichst früh im Januar oder Februar aus. Der Samen ist sehr fein, jedes Gramm hat ca. 5000 Korn. Die Keimung dauert etwa 14 Tage. Die sehr feinen Keimlinge wachsen in den ersten Wochen langsam. Vor Mitte Mai dürfen keine *Ageratum* ausgepflanzt werden. Sie sind sehr stark spätfrostgefährdet. Ein warmer, lockerer, sonniger Standplatz ist am besten. Geschnitten wird, wenn die Hauptdoldentraube des Stieles geöffnet ist. Die schwach ausgebildeten Seitenknospen müssen entfernt werden.

Die Haltbarkeit im Wasser ist vorzüglich. In Steckmasse sollte *Ageratum* nur zum Abdekken der Basis verarbeitet werden.

Alcea rosea, Stockrose, Stockmalve

Die bis vor kurzem als *Althaea rosea* bekannten Stockrosen sind etwas in Vergessenheit geraten. Ob es der Malvenrost war, der sie aus der Gunst der Gartenfreunde verdrängte, oder ein Stilwandel, ist nicht sicher.

Stockrosen sind ausgezeichnet in der Vase haltbar. Sie blühen in einer Zeit, in der es nicht viele Blumen für Bodenvasen gibt. Sät man die neue amerikanische Züchtung 'Summer Carnival', in deutschen Samenkatalogen unter 'Sommerkarneval' geführt, im März in Handkästen aus, wird sie Anfang Juli des gleichen Jahres etwa 1,80 m hoch blühen, ehe der Malvenrost sie erreicht hat. Dieser Malvenrost zeigt sich durch orange Pilzpustelchen auf den Blättern. Er ist schwer bekämpfbar, empfohlen wird Spritzen mit Plantvax (0,1%). Besser ist ganz zu der Kultur der einjährigen Malve überzugehen. Wird sie allerdings zu spät ausgesät, bleiben die Stiele nur sehr kurz, sie werden dann etwa nur 70 bis 80 cm hoch.

Alle Stockrosen lieben lehmig-humosen Gartenboden, viel Sonne, viel Wasser und viel Dünger. Man schneidet, wenn die erste Blüte ihre seidenpapierähnliche Rosette entfaltet. Gleich nach dem Schnitt sollten alle Laubblätter entfernt und das Stielende etwa 40 Sekunden in kochendes Wasser gehalten werden. Dem Vasenwasser ist Chrysal zuzusetzen. Die Malven blühen voll auf und halten 10–14 Tage, selbst bei heißem Wetter. Eine Verwendung von Steckmasse ist nicht zu empfehlen.

Staudenschleierkraut ist ein guter Partner, ebenso Polyantharosen. Wichtig ist, den etwas starren, geraden Linien ruhige runde Formen, die große Dolde der Polyantharosen z. B. und auflösende zierliche Formen wie Schleierkraut beizuordnen.

Calendula officinalis, Ringelblume

Calendula officinalis, die auch heute noch viel in homöopathischen Arzneimitteln verwendet wird, kann eine dankbare, in jedem Fall reich blühende Schnittblume sein. In den letzten Jahren sind ständig neue Sorten und Farben auf den Markt gekommen, die aber fast alle offenbar nur auf ihre Beetwirkung hin durchgezüchtet wurden. Als Schnittblumen versagen nahezu alle durch ungenügende Stiellänge, öfter aber durch zu weiche Stiele oder zu kurze Haltbarkeit im Wasser.

Von allen von mir durchprobierten Sorten befriedigt mich lediglich 'Sunny Side' voll. Sie bringt eine reichliche Anzahl langer, schlanker Stiele hervor, die etwa 8–10 Tage gerade in der Vase stehen. Ihre röhrenförmigen Blütenblätter sind von warmem Goldgelb um eine braune Mitte und hellen im Abblühen auf. Ist der erste Flor geschnitten, muß mit einem Volldünger nachgedüngt werden. Bei schwülfeuchtem Wetter ist mit einem Fungizid ein- bis zweimal gegen Mehltau zu spritzen.

Ich säe den ersten Satz Ende Februar bis Anfang März und einen zweiten Satz Anfang Juni aus. Durch den Remontantflor des ersten Satzes sind so ab Ende Mai bis zum Frost immer Ringelblumen im Garten. Aussaat im Freiland ist gut möglich. Aber bei Vorkultur in Handkästen blühen die Ringelblumen wesentlich früher. 150 Korn sind 1 Gramm Samen. Der Platzbedarf in voller Sonne ist etwa 25 × 25 cm.

Schneiden sollte man, wenn der erste Kreis Zungenblüten sich öffnet. Das bei frühmorgendlichem Schnitt zu ermessen ist schwierig, da die Blumen sich im Nachttau schließen. Man muß daher den Reifegrad an der Länge der äußeren Blütenblätter abschätzen. Durch die gute Haltbarkeit der Sorte 'Sunny side' im Wasser ist man nicht zu einer absolut täglichen Ernte gezwungen.

Aufbinden ist im Liebhabergarten nicht erforderlich. Im Schnittblumenbetrieb läßt man die Pflanzen durch ein Netz wachsen. Die Gattung *Calendula* umfaßt etwa 15 Arten, die alle um das Mittelmeerbecken heimisch sind. Der Name leitet sich von dem lateinischen Wort *calendae* ab, welches den ersten Tag eines Monats bezeichnet, und meint sinngemäß, daß sie das ganze Jahr, also jeden Monatsersten, in ihrer mediterranen Heimat blühen.

Dieser Blühwilligkeit verdankt *Calendula* wohl auch ihren Ruf im Liebeszauber. In Südslowenien pflanzen die Mädchen die Blumen in die Spur des Burschen, dessen Liebe sie erringen wollen. Sie welken nicht eher, als bis er sie besucht hat.

Helianthus annuus, Sonnenblume

Kaum eine andere Blume ist so Inbegriff des Hochsommers, der doch schon leise in den

Herbst übergeht. Man kann sich nicht mehr vorstellen, daß sie erst seit 1569, aus Amerika kommend, in Europa bekannt ist. Wir haben sie so adoptiert in unserer Kunst, in unserem Fühlen, daß sie uns wie ein einheimisches Gewächs erscheint.
Wie alle stark wachsenden Blumen (sie können bis 3,50 m hoch werden) will *Helianthus annuus* einen nährstoffreichen Boden und volle Sonne. Obwohl ihre Heimat in der brandigen Prärie liegt, sollte man, wenn möglich, in trockenen Jahren zusätzlich wässern.
Die Anzucht ist einfach: Man sät im April an Ort und Stelle aus oder legt in Töpfchen je drei Samen. Ein Gramm Samen hat 15–20 Korn. Der Abstand soll mindestens 40 cm zwischen den Pflanzen betragen. Um den Flor zu verlängern, empfiehlt es sich, einen zweiten Satz auszusäen, oder einen Teil der Pflanzen, wenn sie etwa 50 cm hoch sind, zu entspitzen, das heißt die Mitte des Triebes auszubrechen. Der Stamm verzweigt sich dann und bringt etwa vierzehn Tage nach den nicht entspitzten Pflanzen eine größere Anzahl schlanker Blütenstiele.
Die Auswahl unter den zahlreichen angebotenen Samenstrains ist nach dem persönlichen Geschmack zu treffen. Am besten bildet man sich mit der Zeit seinen eigenen Typ heraus, indem man die Blume zum Samen stehenläßt, die man am schönsten findet, und sie mit einem Netz gegen Vogelfraß schützt.
Die Kriterien für gute Schnittsonnenblumen sollten sein: erstklassige Haltbarkeit in der Vase, schlanke, unverzweigte drahtige Stiele, die die Blüte in guter Haltung tragen; warmes, sonniges Gelb mit brauner oder grüner Mitte.
Die gefüllten Sonnenblumen blühen grundsätzlich nach den ungefüllten und sind so als Folgesorten sehr wichtig.
Es ist wesentlich für die Haltbarkeit in der Vase, sofort bei der Ernte reichlich Laubblätter zu entfernen und die geschnittenen Sonnenblumen vor dem Transport gut zu wässern. Beim endgültigen Einstellen in die Vase muß mit einem ca. 20 cm langen Schnitt eine möglichst große Anzahl der Leitungsbahnen des Saftkreislaufes freigelegt werden.
Wenn man die Blüten in der Vase ordnet, sieht man, wie wenige Laubblätter man unbedingt benötigt, um ein gutes Bild zu erhalten, und nur gerade so viele sollten an dem Stiel bleiben. Je stärker man die Verdunstungsfläche herabsetzt, desto besser ist die Haltbarkeit, die durch Frischhaltemittel noch zusätzlich verlängert werden kann. Hat man trotz all dieser Maßnahmen eine Welkeneigung bei den Sonnenblumen, so kann man die Stielenden unbedenklich etwa eine halbe Minute in kochendes Wasser halten.
Sonnenblumen sind ideal für Bodenvasen, aber einige wenige Blüten sehen auch auf einem Schreibtisch oder einer Komode gut aus. In der Blumensprache fragen sie: ist dein Stolz gar nicht zu beugen?

Phlox drummondii, Flammenblume

Zur Höhe des Sommers gehört der *Phlox*. Fast kann ein Sommer ohne *Phlox* in der Vase kein Sommer gewesen sein.
Fast wichtiger noch als der stark duftende Staudenphlox ist der weniger bekannte einjährige *Phlox drummondii* 'Grandiflora', denn sein Flor währt von Juni bis September. In seiner Heimat Amerika ist der Sommerphlox züchterisch gründlich bearbeitet worden. Amerikanisches Saatgut, das auch von einigen deutschen und holländischen Samenfirmen angeboten wird, bietet fast eine Garantie für Stiellängen von 35–45 cm und reine Farben. Allerdings muß der Sommer warm sein, die Pflanzen sollen gut ernährt und zusätzlich gewässert werden.
Für den privaten Gärtner wird eine Mischung am besten sein, da sie ein reiches Spiel samtiger Farbtöne enthält. Bindet man viele kleine Sträuße, so ist es natürlich reizvoll, reine Sorten zu haben. 'Alba' blüht reinweiß; 'Isabelline' in einem hellen Braungelb; 'Vermiljoen' in warmem Dunkelrot; 'Coccinea' in einem ungewöhnlich anpassungsfähigen Orange, bringt aber etwas kürzere und weni-

① *Cosmos bipinnatus* 'Unschuld', ② *Phlox drummondii* 'Alba', ③ Polyantharose 'Orangeade', ④ *Hosta plantaginea* var. *grandiflora,* ⑤ *Ipomopsis rubra.* In einer Glasvase von Erwin Eisch ein Strauß, gebunden von Gerd Klein.

ger Schnittstiele als die anderen Sorten mit etwas kleineren Dolden; 'Violacea' blüht dunkelviolett; 'Atropurpurea' hat ein herrliches Burgunderrot, das aber bei trüber Witterung völlig mißrät; die schöne Sorte 'Fordhook Lila' in klarem Mauve ist seit Jahren in Europa nicht mehr zu bekommen.
Der weiße Phlox und auch die Sorte 'Isabelline' werden bei Regenwetter nicht geschnitten, da die Blütenblätter zu druckempfindlich sind. Trotzdem sind ein paar Regentage keine Katastrophe. Die Blumen putzen sich selbst und blühen ständig nach. Im Wasser halten sie bis zu 10 Tagen. Allerdings muß sofort nach dem Schnitt eingestellt werden, und es dürfen keine Blätter in das Vasenwasser kommen.
Die jungen Pflanzen sind nicht frostempfindlich. Man kann entweder im Herbst oder so früh aussäen, daß man schon Ende April auspflanzen kann, sobald der Boden sich erwärmt hat.
1 g Samen enthält 450 Korn; der Samen verliert schnell an Keimkraft. Es ist deshalb wichtig, nur frisches Saatgut auszusäen. Der Platzbedarf ist etwa 20 × 20 cm.
Um gerade Schnittstiele zu erzielen, müssen die Pflanzen durch ein Netz wachsen oder aufgebunden werden. Im privaten Garten ist dies meist nicht erforderlich. Gegen Blattläuse und Thrips (der vor allem die dunklen Farben befällt) muß 1–3mal im Laufe des Sommers mit einem Insektizid gespritzt werden. Bei guter Düngung und Wetterlage dehnt der Flor sich bis in den September aus.

Rudbeckia hirta, einjähriger Sonnenhut

Von allen einjährigen Rudbeckien ist die Sorte 'Marmelada' nach meinen Erfahrungen am besten als Schnittblume geeignet. Ihr warmes sonniges Gelb steht in schöner Harmonie mit dem braunen Blütenknopf.
Die Blüte von *Rudbeckia hirta* setzt später ein als bei anderen Sommerblumen, aber zu einer Zeit, in der man sich schon wieder auf neue Blumengesichter freut. In ihrer nordamerikanischen Heimat gilt sie als Unkraut. Vielleicht sollte man gerade diese Pflanze zum Anlaß nehmen, nachdenklich die Begriffe Kraut und Unkraut zu prüfen.
In Deutschland muß man sich schon der Mühe der Aussaat unterziehen. Ein Gramm hat fast 3000 Korn, und da die Keimkraft meistens sehr gut ist, wird man beim Pikieren nur die kräftigsten Pflanzen wählen. Der Boden sollte nahrhaft und leicht feucht sein, der Abstand 35 × 35 cm. *Rudbeckia hirta* wächst schnell und stark. Bei guter Ernährung hat man einen reichen Blütenflor.
Die etwa 40 cm langen Schnittstiele passen in fast alle kleineren Sommersträuße. Die Haltbarkeit der Sorte 'Marmelada' beträgt im Wasser, dem das Frischhaltemittel Chrysal zugesetzt wurde, etwa 8–10 Tage, ohne Frischhaltemittel 4–6 Tage, je nach Wetterverlauf. Geschnitten wird, wenn die ersten Kränze des Blütenkorbes geöffnet sind.

Sanvitalia procumbens
Miniatursonnenblume

Sie gehören zu den kleinen freundlichen Blumen, die mancher übersieht, der sie noch nicht genau betrachtet hat. Wer sie aber erst einmal in sein Herz geschlossen hat, möchte sie keinen Sommer missen.
So groß wie ein Daumennagel sind die Miniatursonnenblumen mit dem braunschwarzen Herzen. Sie erreichen im Garten eine Höhe von 15–20 cm. Die gefüllte Form ist viel weniger attraktiv. Im Vordergrund jeder Staudenrabatte oder zwischen einer nicht ganz geschlossenen Polsterstaudendecke (z.B. an dem Platz der Frühlingszwiebeln) werden Ende April die Samen ausgesät. 1 g faßt 1300 Korn. Ab Ende Juni beginnt der Flor, der bis zum Frost anhält.
Die Haltbarkeit in der Vase ist vorzüglich. Um Wirkung zu erzielen, bindet man kleine halbkugelige Sträuße, in denen die Blumen Kopf an Kopf wie bei echten Biedermeiersträußen gefügt werden. Diese Blumentuffs können für sich allein in einer Manschette aus

Efeublättern eine niedere Vase füllen oder die Basis in einem Gesteck abdecken, z.B. bei einer Tischdekoration.

Scabiosa atropurpurea, einjährige Skabiose
Die einjährige *Scabiosa atropurpurea* 'Grandiflora Plena' mit fast kugeligen Blüten kann man wie fast alle Sommerblumen leicht aus Samen ziehen. Es werden verschieden hoch wachsende Typen im Samenhandel angeboten. Für den Hausgarten ist die Form 'Compacta Flore Plena', die etwa 45 cm hoch wird und nicht aufgebunden zu werden braucht, sicher die beste. Das Farbspiel ist sehr vielfältig, immer aber sind es samtigmüde Töne, die Farben der Belle Epoque, der Plüschsalons unserer Urgroßmütter.

Tagetes-Erecta-Hybriden, Studentenblume
Sie haben ihren Namen von dem Etruskergott Tages und gehören zu den haltbarsten Schnittblumen, die ein Garten liefern kann. Auch bei heißem Wetter ist ihre Lebensdauer in der Vase mit oder ohne Frischhaltemittel und im Gesteck ausgezeichnet.
Die Amerikaner haben sich in den letzten dreißig Jahren sehr um die Züchtung neuer Sorten bemüht, allerdings vorwiegend für die Anpflanzung in Teppichbeeten; also werden kurze Stiele und große, dicht gefüllte Blüten bevorzugt. Ein weiteres Zuchtziel ist die Duftlosigkeit, was bei einigen wenigen Sorten bereits erreicht wurde. Der von manchen Menschen als unangenehm empfundene *Tagetes*-Duft wird nicht von den Blüten verströmt, sondern entsteht nur bei der Berührung der Blätter, die entlang ihrer Ränder kleine Öldrüsen haben. Diese Duftdrüsen sind deutlich zu erkennen, wenn man die Blätter gegen das Licht hält. Ist einem der Duft unsympathisch, so entfernt man von den geschnittenen Blütenständen so viel Laub, wie das Blumenarrangement es zuläßt.
Als Schnittblumen mit langem Stiel haben sich die bis zu 1 m hohen Sorten der »Goldstück«-Serie im deutschen Klima am besten bewährt. Es sind F_1-Hybriden. Das Saatgut ist sehr teuer. Trotzdem lohnt es sich, den erhöhten Preis anzulegen. Zitronengelb ist die Sorte 'Doubloon', hellorange 'Double Eagle' und goldgelb 'Sovereign'.
1 g enthält etwa 250–300 Samen, die fast immer sehr gut keimen und schnell wachsen. Es ist deshalb nicht nötig, vor Anfang bis Mitte April auszusäen, da bis zu dem Auspflanztermin Mitte Mai genügend große Pflanzen herangewachsen sind.
Kauft man bei einem Gärtner Jungpflanzen mit dem Vorsatz, sie auch zur Schnittblumengewinnung zu verwenden, so muß man sich genau vergewissern, daß nicht die zwar auch sehr großblumigen, aber niedriger bleibenden *Tagetes*-Erecta-Hybriden verkauft werden. Hierzu gehören u.a. die Sorte 'Golden Age' oder 'Mrs. Moonlight', die etwa 8 cm große Blüten haben, aber nur etwa 30 cm hoch werden. Beide Sorten haben geruchloses Laub und werden deshalb sehr gerne angezogen.
Sind die F_1-Hybriden der »Goldstück«-Serie nicht zu erhalten, so ist auch die etwas schwächer wachsende Climax-Serie zu empfehlen: 'Golden Climax', goldgelb; 'Primrose Climax', hellgelb; 'Toreador', kräftig orange; 'Yellow Climax', reingelb.
Alle diese Sorten haben im Garten einen Platzbedarf von etwa 45 × 45 cm und müssen, um nicht umzufallen, unbedingt mit einem Stab (s. Seite 16), gestützt werden; bei Beetpflanzung läßt man sie durch ein Netz wachsen.
Die zuerst erblühte Blume bleibt wie bei vielen Sommerblumen meist kurzstielig. Man kann sie gut zum Abdecken der Basis bei Gestekken und Tischdekorationen verwenden. Erst die Seitentriebe bringen dann die begehrten Schnittstiele bis zu 50 cm Länge. Wenn man *Tagetes* ausgebrochen wie Chrysanthemen zieht, indem man während der Wachstumsperiode alle Seitentriebe entfernt und nur einen Blütentrieb durchtreiben läßt, kann man Stiele bis zu 90 cm Länge erzielen. Diese Kulturmethode ist arbeitsaufwendig und nur im Privathaushalt interessant.

① *Amaranthus*-Hybride 'Early Splendor', ② *Salvia × superba* 'Mainacht', ③ *Helianthus annuus,* ④ *Elaeagnus pungens,* ⑤ Strauchrose 'Schneewittchen', ⑥ *Cynara cardunculus,* ⑦ *Delphinium*-Hybride 'Stand Up', ⑧ *Callistephus chinensis* 'Patricia', ⑨ *Veratrum nigrum,* ⑩ *Molinia arundinacea,* ⑪ *Stipa barbata.* Gebundener Strauß in einer persischen Glasvase des 20. Jahrhunderts. Floristische Gestaltung Evelyn Henry.

Geschnitten wird bei halber bis zweidrittel Öffnung der Blüte. Die Mitte soll sich noch nicht völlig von grün bis zum endgültigen Blumenfarbton durchgefärbt haben. Vor allem bei nassem Wetter muß sehr achtsam geschnitten werden, damit die schweren Blumen nicht in ihrem röhrenförmigen Blütenhals abknicken. Ist es doch geschehen, so kann man sich meist helfen, indem man sie mit einem Blumensteckdraht durch die Blüte hindurch stützt (s. Seite 42).

Pflanzenpathologisch gesehen sind *Tagetes* eine Besonderheit. Nicht nur, daß sie unempfindlich sind gegen die gefährliche Nematodenverseuchung der Böden, man schreibt ihnen sogar eine Nematoden-vertreibende Kraft zu. In jedem Falle bringen sie zum Beispiel im Verband mit *Phlox*-Paniculata-Hybriden gepflanzt überraschend gesunde Nachbarpflanzen. Bei der biologischen Gesunderhaltung der Böden kommt *Tagetes* bestimmt eine gewisse Bedeutung zu, die aber wissenschaftlich noch erforscht werden muß.

Xeranthemum annuum
Papiersternchen, Papierblume

Die Art und die Sorte 'Album' sind einjährig, werden etwa 50–60 cm hoch und bringen ab Juli eine kaum zu bewältigende Anzahl Blüten hervor, die sowohl frisch in kleinen bunten Sommersträußen als auch getrocknet verarbeitet werden können. Ihre sternförmigen, papierdünnen, etwa 4 cm großen Blüten, die einen metallischen Glanz auf den Blütenblättern haben, stehen auf schlanken, drahtigen Stielen. Getrocknet behalten diese Stiele ihre flexible Festigkeit, so daß man auf die Verwendung von Blumendraht verzichten kann. Leider verfärben sich während des Trocknungsprozesses die Blüten ungünstig – die weißen werden bräunlich, die roten schmutzig-violett. Will man dies verhindern (und nur dann lohnt es sich zu trocknen), müssen die weißen geschwefelt werden, die roten eine Säurebehandlung erhalten.

Das Schwefeln geschieht in folgender Weise: In einer alten Kiste hängt man kleine Bündel frisch geschnittener Papiersternchen auf und verbrennt auf einer Untertasse etwas Schwefelblüte, die in jeder Drogerie zu haben ist. Die Kiste muß etwa 24 Stunden geschlossen bleiben und wird eventuell mit einer Folie zugehängt, um möglichst wenig Schwefeldampf entweichen zu lassen.

Die roten *Xeranthemum*-Blüten kann man nur dann schön erhalten, wenn man sie gleich nach dem Schnitt in verdünnte Salzsäure taucht. Diese Lösung sollte 1–10 Teile Salzsäure auf 90–99 Teile Wasser betragen. Je nach der Konzentration werden die Blüten intensiv scharlach- bis karminrot. Die Bündel dürfen nicht zu groß sein und müssen leicht in der Lösung hin und her bewegt werden, damit alle Teile der Blüten gut umspült sind und sich gleichmäßig färben.

Die Pflanzen werden wie alle einjährigen Blumen herangezogen und beanspruchen etwa 25 × 25 cm in voller Sonne auf einem nicht zu armen Boden. Die Blüte beginnt im letzten Julidrittel. Bis Mitte August ist das ganze Blumenfeuerwerk schon abgebrannt.

Sträuße im Herbst aus Früchten und Blumen

Wir sollen heiter Raum um Raum durchschreiten,
an keinem wie an einer Heimat hängen...
Hermann Hesse

Das Anderssein des Herbstes, das ganz Spezifische der Jahreszeit, die vor der Verwandlung alles noch einmal aufglühen läßt, das gilt es, in den floristischen Arbeiten deutlich zu machen. Keramikvasen sind nun besser als Porzellan oder transparentes Glas.

Die Farben leuchten noch, aber es sind andere Harmonien; Violett und Purpur treten an die Stelle des klaren Königsblau; Orange ersetzt das Rot, viel Gelb ist da, und mit den späten *Helenium*-Blüten kommen die seltenen Brauntöne in die Sträuße. Wichtige Unterstreichungen geben nun buntblättrige Gehölze, *Prunus cerasifera* 'Nigra', *Ribes sanguineum* 'Brocklebankii', *Cornus alba*. Die reiche Beerenernte bei *Pyracantha, Cotoneaster* und den violetten Liebesperlen *Callicarpa* reizt zu einer mehr graphischen Gestaltung. In diesen Formen deutet sich bereits der Übergang an. Staudenastern fügen sich ein in das Gerüst der Zweige, geben Farbeffekte, ohne eigene Ansprüche zu stellen. Sie werden ergänzt und abgelöst von den Gartenchrysanthemen. Herbstblühende Gräser wie *Pennisetum alopecuroides,* das Lampenputzergras, schieben nun ihre Blütenstände, und auch für *Miscanthus sinensis* ist die Blütezeit gekommen.

Fruchtstände von Lilien, der *Iris sibirica* oder vom Diptam harmonieren gut mit den runden Blumenformen.

Fast alle Herbststräuße sind von vorzüglicher Haltbarkeit. Es lohnt sich jetzt, sehr sorgfältig zu arbeiten und darauf zu achten, daß alle Blumen gleichmäßig tief ins Wasser kommen und die Vasen regelmäßig nachzufüllen. Auch die Beigabe von Frischhaltemittel ist wichtig, damit das Laub lange seine natürliche Farbe behält.

Die Sonne wärmt nun nicht mehr so sehr, und dies sind die wenigen Wochen, in denen man die Vasen so plazieren kann, daß die Sonne sie trifft. Die Farben werden doppelt aufstrahlen. Die Erinnerung an die ganze Herbstglut nimmt man so mit in den Winter.

Gehölze

Callicarpa, Liebesperle, Schönfrucht

Leider besteht bei *Callicarpa* ein großes Durcheinander in der Nomenklatur. Ohne eine gute Lupe kann man die Arten nicht voneinander unterscheiden. Unter der gleichen Bezeichnung werden in den Baumschulen völlig verschiedene Typen angeboten; unter verschiedenen Bezeichnungen die gleichen Formen. Ich nenne deshalb außer der Gattung lieber gar keine Namen.

Die wunderschönen violettpurpurroten Beeren sind bei den verschiedenen Arten sehr variabel in der Größe und der Leuchtkraft ihrer Farbe. Am besten ist es, sich im Herbst in Baumschulen oder in verschiedenen Gartencentern umzusehen, die schönste Form auszusuchen, mitzunehmen und in seinen Garten zu pflanzen. Für den Hausgarten sollte man auch die Kraft der Herbstfärbung des sommergrünen Laubes, die ebenfalls unterschiedlich ist, mitbewerten. Will man mehrere Pflanzen haben, so kann man im folgenden Jahr Ende Juni bis Anfang Juli sehr leicht durch Stecklinge von diesen guten Mutterpflanzen vermehren. Der Platzbedarf der ausgewachsenen Pflanze ist etwa 1,5 m^2.

Die Färbung der Beeren erfolgt verhältnismäßig spät, etwa ab Mitte September. Von Vögeln werden die Beeren meist erst im November-Dezember gefressen.
Die Sträucher blühen und fruchten am zweijährigen Holz. Es ist richtig, nur die Zweige zu schneiden, die wirklich gut bis in die Triebspitze besetzt sind. Meist wird das Alter dieser Zweige 3–4 Jahre sein. Bei zu scharfem ständigen Rückschnitt ist der Wuchsdruck so groß, daß die Kurztriebe bis in den Herbst wachsen und der Strauch so niemals bis in die Triebspitze besetzte Zweige produzieren kann. Nach dem Schnitt müssen alle Laubblätter abgezupft oder mit einer Papierschere abgeschnitten werden, da sie überhaupt nicht im Wasser halten. Am einfachsten ist es, die Blätter zur Erde hin abzuziehen. Sie lösen sich dann meist ganz leicht vom Stiel, ohne daß Beeren mit abgerissen werden. In Vasen und Gestecken halten *Callicarpa* länger, wenn sie mit Haarspray übersprüht werden und dem Wasser Mimosa-Chrysal zugesetzt wird.
Das ungewöhnlich interessante Violettpurpur ist eine ideale Ergänzung zu allen anderen Herbstblumen, zu bronze oder rosa Chrysanthemen, zu den verschiedenen Herbstastern und den letzten Staudensonnenblumen.
Verwendet man farbiges Laub, so sollten die Zweige so zurechtgeschnitten werden, daß die Blätter mehr in die Basis kommen und die *Callicarpa* aus ihnen emporwachsen, oder daß man die *Callicarpa* seitlich ausschwingen läßt aus einem Strauß, der von schlanken Ästen bunten Laubes in die Höhe geführt wird. Die *Callicarpa* sind so fein und delikat in ihrer Wirkung, daß die Gefahr besteht, daß sie übertönt werden.
Die Haltbarkeit in der Vase ist nur etwa 14 Tage; dann trocknen die Liebesperlen ein und verlieren an Glanz.

Calluna vulgaris, Heidekraut
Wer eine Liebe zu kleinen filigranhaften Sträußen und Gestecken hat, dazu einen mageren, sandigen Boden mit leicht saurer Reaktion (oder eine Stelle davon in sonniger Lage), der kann auf jeden Fall darauf ein Heidegärtchen entstehen lassen mit einigen Gräsern und schönen Steinen.
Die für den Schnitt besten Sorten sind: 'H. E. Beale', reinrosa, gefüllt, mit grünem Laub; 'Alba Plena', weiß, gefüllt, mit gelbgrünem Laub. Beide sind auf mageren Böden stark wachsend, vor allem 'H. E. Beale' liefert Schnittstiele bis zu 40 cm und ist so, wenn man es möchte, auch in größeren Sträußen als Beiwerk gut zu verwenden, obwohl die Sorte der grazilen Schönheit wegen in kleineren Gebinden noch besser zur Wirkung kommt.
Hat man einen schweren, fetten Boden mit hohem Kalkgehalt, so verzichtet man besser auf den Anbau. Die richtige Pflanzzeit ist im Frühling oder Juni-Juli; Herbstpflanzungen bringen schlechte Anwachsergebnisse.
Geschnitten wird, wenn ein größerer Teil der dicht gefüllten Blüten geöffnet ist, da sie im Wasser schlecht weiter aufblühen. Die Haltbarkeit in der Vase und an der Pflanze ist kürzer, als man vermutet.

Celastrus orbiculatus, Baumwürger
Dies ist floristisch das absolut beste Beerengehölz, das es gibt. Die Früchte werden nicht von Vögeln gefressen (oder erst sehr spät im Winter), und die roten Beeren, die in einer gelben, aufspringenden Fruchthülle sitzen, halten auch ohne Wasser mehrere Jahre in einer zentralbeheizten Wohnung, wenn sie einen ruhigen Stand haben. Mit einigem Geschick kann man sehr gut geformte und besetzte Zweige an dem Schlinger finden bzw. erziehen.
Trotzdem habe ich lange überlegt, ob er einen Platz in diesem Buch erhalten soll, denn der Baumwürger macht seinem Namen wirklich alle Ehre. Außerdem ist er zweihäusig, so daß immer eine männliche und eine weibliche Pflanze zusammengesetzt werden müssen, damit es zur Fruchtbildung kommt. Die englische Baumschule Hillier and Sons, Winchester, bietet jetzt eine hermaphrodite, d. h. ein-

häusige Form an, die der zweihäusigen unbedingt vorzuziehen ist.
Wesentlich sollte auch die Überlegung sein, daß man Zeit aufwenden muß zum pünktlichen Rückschnitt der Triebspitzen im Juli, wenn man im folgenden Jahr gut geformte und besetzte Äste haben möchte. Der Wuchsdruck einer älteren Pflanze ist so ungeheuer, daß für eine sorgfältige Ausführung dieser Arbeit fast ein Tag benötigt wird.
Baumwürger dürfen nicht in unmittelbarer Nähe anderer Bäume gepflanzt werden. Der beste Platz ist eine Pergola.
Die Fruchtzweige reifen spät, erst im Oktober, wenn das Laub schon fällt. Man kann sie kurz vor oder beim Aufplatzen der Fruchtkapseln schneiden.

Hippophae rhamnoides, Sanddorn

Diese sommergrünen hohen Büsche oder kleineren Bäume sind zweihäusig, es gibt also männliche und weibliche Pflanzen. Wenn man Beeren haben will (und nur dann lohnt es, diesen starken Wachser in den Garten zu pflanzen), so achte man darauf, ein männliches Exemplar zu den weiblichen zu erhalten. In blattlosem Zustand kann man das Geschlecht sehr leicht an den Knospen bestimmen: die männlichen Pflanzen haben einen viel volleren und runderen Knospenbesatz als die weiblichen Pflanzen.
Sanddorn ist windblütig, das heißt, der Pollen wird meist vom Wind übertragen. Das männliche Exemplar muß daher so gepflanzt werden, daß es in der Hauptwindrichtung zu den weiblichen Exemplaren steht. Im gewerblichen Anbau rechnet man etwa eine männliche Pflanze für zehn weibliche Pflanzen. Der Pflanzabstand soll 2–2,50 m betragen.
Sanddorn zählt zu den Pioniergehölzen, er ist mit den ärmsten Böden zufrieden. Was ihm zu schaffen macht und unter Umständen zu einem plötzlichen Absterben ganzer Pflanzenteile führen kann, sind stark verdichtete Böden, wie sie zum Beispiel von Baumaschinen leicht verursacht werden.
In der Vase ist Sanddorn eines der haltbarsten Fruchtgehölze. Er wird geschnitten oder besser gesägt, wenn die Beeren voll orange durchgefärbt sind. Das Laub bleibt nur wenige Tage im Wasser ansehnlich. Daher ist es besser, sofort bei der Ernte die nicht mit Beeren besetzten Kurztriebe mit der Baumschere abzuschneiden. Da der Sanddorn, wie auch der Name ausdrückt, stark bewehrt ist, ist es ratsam, bei dieser Arbeit Handschuhe zu tragen. Sind Kinder im Haus, empfiehlt es sich, die Dornen abzuschneiden, um Verletzungen zu verhindern.
Frischhaltemittel sind nicht lebensverlängernd, da sie die Vollreife und damit das Abfallen der Beeren beschleunigen. Die kraftvolle graphische Wirkung des Sanddorns muß in der Vase erhalten bleiben. Blumen sind ihm nur sparsam zuzuordnen. Werden die Zweige allein ohne andere Blumen eingestellt, sollten Gräser oder immergrünes Laub sie begleiten. Besonders dafür geeignet ist *Elaeagnus pungens,* mit dem der Sanddorn nahe verwandt ist. Die Haltbarkeit ist geschnitten 6 bis 8 Wochen.

Malus, Zieräpfel

Die Fruchtzweige der Zieräpfel wurden bereits in dem Frühlingskapitel auf Seite 76 mitbehandelt. Wen es hier und jetzt interessiert, mache bitte einen kleinen Leseausflug dorthin.

Pyracantha, Feuerdorn

Der Feuerdorn ist eines der wirkungsvollsten fruchttragenden Gehölze mit glänzend immergrünem Laub: im Garten wie in der Vase. Bevor man ihn pflanzt, sollte man im Herbst einen Blick über Nachbarzäune tun und sich einen Feuerdorn in einem anderen Garten betrachten. Er kann ein Lieblingsfutterplatz der Vögel sein, und wenn die Beeren beim Nachbarn gefressen werden, so ist mit Sicherheit damit zu rechnen, daß man auch keine ernten wird. Es ist noch ungeklärt, weshalb bei den gleichen Arten an einer Stelle die Früchte von

Vögeln geholt werden, fast ehe sie reif sind, wenige Kilometer entfernt aber bis weit in den Dezember hinein an der Pflanze haften.
Der Feuerdorn kann frei gepflanzt werden. Er hat dann einen Platzbedarf von etwa 1,5 m^2. Oder man kann ihn an eine Hauswand setzen, wo er sich zu einer Kletterpflanze entwickelt. Er bildet allerdings keine eigenen Haftorgane aus, so daß man ihn ähnlich einer Rankrose (mit der er verwandt ist) an einer Schnur oder einem Lattengerüst anbinden muß, damit seine spitzen Dornen beim Sturm nicht die Hauswand beschädigen.
Die besten Sorten sind: 'Orange Giant', orangefarbig, großfrüchtig; 'Watery', rote Früchte. Nur diese sollten gepflanzt werden, da alle Wildformen stark zu Schorferkrankungen neigen, die beim Feuerdorn praktisch nicht zu bekämpfen sind. Die Spritzungen mit Fungiziden müßten bereits im Blütenstadium beginnen und bis zur Reife regelmäßig durchgeführt werden. Hat man eine erkrankte Pflanze, so ist es richtiger, sie zu roden und zu verbrennen und an einem andern Platz einen neuen Feuerdorn zu pflanzen.
Meist wird der Feuerdorn nicht wurzelecht, sondern als Veredlung in den Baumschulen herangezogen. Man muß darauf achten, daß die Unterlage nicht durchtreibt und der Wildling das Edelreis überwächst. Es wurde bereits gesagt, daß bei Pflanzen, die regelmäßig geschnitten werden, Wildlinge besonders stark zum Durchtrieb neigen.
Durch die schweren Früchte benötigt der Feuerdorn, ähnlich wie der Sanddorn, gut standfeste Vasen. Auch technisch ist er nicht so leicht in der gewünschten Stellung festzuhalten. Bei breithalsigen Vasen sind Steine eine gute Hilfe. Am besten sichert man zusätzlich mit zwei 14er-Drähten, die man um den Ast in der Höhe des Vasenrandes zieht und rechts und links über den Vasenrand zurückbiegt. So entsteht ein kreuzförmiges Gitter, in das man leicht die übrigen Blumen einfügen kann.
Alle strahlenden und auch die herben Herbstblumen passen zum Feuerdorn. Sowohl die gelben und Bronzetöne von *Helenium* wie auch violette Astern. Das dunkelrote Laub von *Prunus cerasifera* unterstützt die Glut der herbstlichen Farben. Die Haltbarkeit in der Vase ist etwa 14 Tage.

Rosa moyesii und Rosa sweginzowii
Großfrüchtige Wildrosen

In einem größeren Gartenraum sind Wildrosen von starkem Reiz. Sie erregen die Aufmerksamkeit genauso zur Zeit der Blüte wie im Herbst, wenn die großen, krugförmigen orangeroten Früchte heranreifen. In der Vase sollten sie unbedingt mit Frischhaltemittel eingestellt werden, um die Haltbarkeit des Laubes zu erhöhen. Aber auch wenn das Laub eingetrocknet ist und entfernt wird, geben die Linien der Fruchtzweige und der meist volle Behang reizvolle Vasenbilder.
An den großen Büschen können Zweige aller Formate geschnitten werden: 2 m lange für Bodenvasen und allerkleinste für Gestecke und Miniatursträußchen. Zusammen mit Blumen sehen sie immer malerisch aus.
Rosa moyesii 'Geranium' und *Rosa sweginzowii* 'Macrocarpa' haben sich bei mir als nicht so gefährdet durch Pilzerkrankungen und Schädlinge erwiesen wie Edelrosen. Trotzdem ist es wichtig, sie zu beobachten und notfalls Hilfe durch Spritzungen zu geben. Wildrosen wachsen auf sehr mageren, armen, steinigen Böden genau so gut wie in schwerem Lehm. Der Rückschnitt sollte aber immer behutsam ausgeführt werden, nie darf er die gesamte Substanz fruchttragender Zweige erfassen.

Symphoricarpos-Hybriden, Schneebeere

Von dieser Allerweltsheckenpflanze des ersten Drittels unseres Jahrhunderts gibt es jetzt einige schöne Zuchtformen, die floristisch gut zu gebrauchen sind.
Mit weißen Beerenfrüchten überreich besetzt ist die Sorte 'White Hedge' und in reinem Rosa fruchtet 'Mother of Pearl'. Beide Sorten halten 1–2 Wochen in der Vase.

Die Schneebeeren sind anspruchslose Pflanzen, die in jedem Boden und auch an dem schlechtesten Gartenplatz wachsen. Der Platzbedarf beträgt etwa 1 m². Sie werden etwa 1,50 m hoch. Die zierlichen Zweige, die sich unter dem Gewicht der Beeren anmutig neigen, werden geschnitten, wenn die Früchte fast reif, aber noch nicht braun sind. Die Blätter lassen sich leicht auszupfen, man kann die Zweige aber auch mit den Blättern einstellen. In der Vase sind Schneebeeren eine gute herbstliche Ergänzung zu den eleganteren Blumen und für entsprechende Räume geeignet. Sie passen ebenso zu Edelrosen wie zu Polyantharosen, zu der Lilienfunke *Hosta plantaginea*, zu den dicht gefüllten *Calluna vulgaris* 'H. E. Beale' und 'Alba Plena', aber auch zu allen Frühlingsblumen die jetzt zur Herbstzeit mit einer kleinen Nachblüte überraschen. Das erinnert an die scherzhafte Prüfungsfrage der Botaniker: »Woran erkennt man einen Frühlingsblüher?« Worauf die richtige Antwort lautet: »Daran, daß er im Herbst blüht.«

Stauden

Anemone-Japonica-Hybriden
Japanische Herbstanemonen
Die asiatische Schattenschönheit der Herbstmonate kommt nicht, wie der Namen glauben machen möchte, aus Japan, sondern ist vermutlich eine im vorigen Jahrhundert entstandene Kreuzung der chinesischen *Anemone hupehensis* var. *japonica* und *Anemone vitifolia* aus dem westlichen Himalajagebiet. Unsere bekannten Sorten sind aus diesen Kreuzungen entstanden, von denen man aber nicht weiß, wer sie durchgeführt hat.
Die gartentüchtigsten Hybriden sind: 'Honorine Jobert', weiß, einfach, und 'Königin Charlotte', rosa, einfach. Beide erhielten von den kritischen Staudensichtern drei Sterne. Sie tragen klare Blütenschalen von etwa 5 cm Durchmesser auf leicht behaarten 80–1,50 m hohen Stielen.
Als Waldpflanzen lieben diese Anemonen einen humosen Boden und Streulicht bis Schatten. Wunderschön sind sie vor dunklen Gehölzgruppen. Da sich ihre Blütezeit über mehr als drei Monate erstreckt, ist es erstaunlich, daß sie nicht in jedem Garten zu finden sind. Diese Anemone hält, einmal eingewurzelt, viele Jahre an einem Platz aus, ohne in ihrer Blühwilligkeit nachzulassen. Bei Frühjahrspflanzung gibt es die wenigsten Anwachsschwierigkeiten.
Da die Stauden erst spät mit der Vegetation beginnen, sind sie von Maifrösten wenig bedroht, wohl aber von winterlichen Kahlfrösten, vor allem in den ersten Jahren, bis sie genügend tief eingewurzelt sind. In gefährdeten Gebieten ist eine kleine Reisigdecke gut.
Man schneidet, wenn 1–2 Kreise der Staubgefäße geöffnet sind und nur solche Stiele, die möglichst wenig weitere Knospen haben. Durch die noch unausgereiften Seitenknospen und über das junge Laub würde viel Wasser verdunsten, so daß es zum Welken des gesamten Stieles kommen könnte. Chrysal verlängert die Haltbarkeit.
Die sehr zarten kleinen Blumen gehen in einem großen bunten Strauß leicht unter. Eine matte Porzellan- oder Keramikvase, ein schönes Glas und Einzelstellung werden ihnen am meisten gerecht.
Zu der rosa 'Königin Charlotte' ist das rote Laub des Perückenstrauches *Cotinus coggygria* 'Royal Purple' in die Basis gebunden oder gesteckt eine gute Ergänzung. (Perückenstrauch hält nur im Wasser, wenn die Stielenden gekocht werden.) Das reine Weiß von 'Honorine Jobert' kommt am besten über einigen mittelgroßen Bergenien-Blättern zur Geltung, vielleicht gemischt mit ein paar grünweißen Ranken von *Euonymus fortunei* var. *vegetus* 'Gracilis'.

Aster amellus, Aster novae-angliae
Aster novi-belgii, Herbstastern
Das riesige Sortiment der Herbstastern, das zum Teil so wertvolle haltbare Schnittblumen

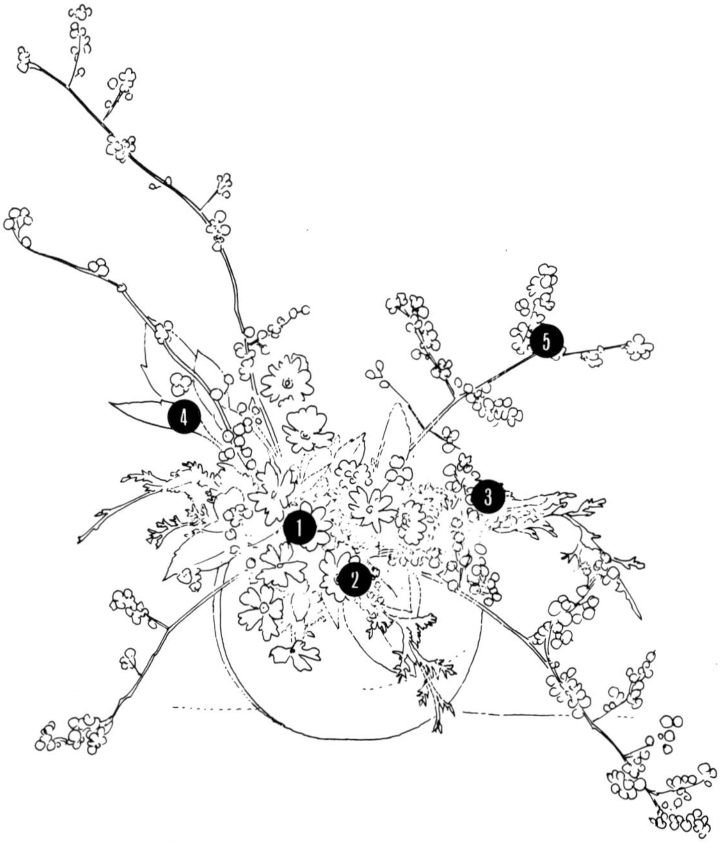

① *Cosmos sulphureus,* ② *Lychnis*-Arkwrightii-Hybride, ③ *Chamaecyparis obtusa* 'Crippsii', ④ *Hydrangea macrophylla* (Herbstfärbung), ⑤ *Celastrus orbiculatus.* Von Gerd Klein in eine scheibenförmige Keramikvase von Ingrid Scholz-Schäfer in Steckmasse gearbeitet.

liefert, ist leider in seiner vollen Schönheit noch immer zu wenig bekannt und verbreitet. Viel Tiefe kann man vor allem mit den blauvioletten Tönen in bunten Sträußen erzielen.
Eingeleitet wird die Herbstasternzeit meist von den *Aster amellus*-Sorten, die etwa 50–60 cm hoch werden. Viele rechnen sie sogar noch den Sommerastern zu. Eine frühe, reichblühende Sorte ist die lavendelblaue 'Blütendecke', dann folgt die rosafarbene Sorte 'Lady Hindlip' und als schönste, aber späteste und leider nicht stark wachsende Sorte die 'Veilchenkönigin' in reinem Veilchenviolett mit gelber Mitte.
Alle *Aster amellus*-Sorten bauen sich zu schönen halbkugeligen Büschen auf und brauchen nicht zusätzlich gestützt zu werden. Ihr Laub bleibt fast immer gesund, vor allem, wenn man sie alle 2–3 Jahre im Frühling aufnimmt, teilt und an einem frischen Platz neu aufpflanzt. Dieses Verpflanzen muß unbedingt im Frühjahr geschehen, da Herbstpflanzung meist einen totalen Ausfall bringt. Der Platzbedarf ist 35 × 35 cm.
Von der im Garten sehr widerstandsfähigen 80 cm bis 1 m hohen *Aster novae-angliae* halten leider viele Sorten abgeschnitten in der Vase nicht. Eine Ausnahme bestätigt die Regel: die Züchtung eines amerikanischen Liebhabergärtners, 'Harrington Pink', die zugleich mit guter Haltbarkeit fast das schönste Rosa des ganzen Blumenjahres liefert. Sie muß, wie auch die *Aster novi-belgii*-Sorten, an einem Stab oder an einem Zaun aufgebunden werden. Der Platzbedarf dieser stark wachsenden Sorten beträgt 60 × 60 cm.
Von den *Aster novi-belgii*, den Glattblattastern, ist die 'Schöne von Dietlikon' in einem klaren Violettblau von großer Leuchtkraft am besten zum Schnitt geeignet. Mit ihrer Länge von etwa 1 m paßt sie hervorragend in große Sträuße oder Bodenvasen, gemeinsam mit der zweiten Ritterspornblüte und Polyantharosen, vielleicht einigen *Helenium* oder *Rudbeckia,* ergänzt mit dem grüngelben Laub von *Physocarpus opulifolius* 'Lutens'.
Aster novae-angliae und *Aster novi-belgii* neigen bei zu engem Stand und großer Sommertrockenheit zu einem Vergilben des Laubes und zu Mehltau. Die Düngung muß immer vorsichtig, ohne zu reichliche Stickstoffgaben erfolgen. Es ist ratsam, im Mai-Juni ein- oder zweimal mit einem Mischfungizid zu spritzen und in langen Trockenperioden den Wurzelstock zusätzlich gründlich zu wässern. Dies geschieht am besten, indem man einen Schlauch anlegt, den Hahn auf die kleinste Öffnung so stellt, daß das Wasser gerade rieselt und die Pflanzen in dieser Weise 1–2 Stunden, oder auch länger, wässert.
Aster ericoides 'Erlkönig', zartblau, 'Ringdown', hellviolett, 'Schneetanne', weiß, sind erstklassige Beiblumen in bunten Sträußen. Ihre kleinen, etwa 1 cm großen Blütchen an üppig verzweigten Trieben können die Funktion von Schleierkraut übernehmen. Sie wachsen stark und sind auch zum Verwildern geeignet. Die Blütezeit ist Ende September.
Alle Staudenastern werden geschnitten, wenn eine größere Anzahl der Blüten der Dolde geöffnet ist.
Virgil empfahl in seinem Lehrgedicht »Vom Landbau«: »die Wurzel von *Aster amellus* als Heilmittel für kranke Bienen«. Das Gedicht erklärt gleichzeitig den Artnamen *amellus,* als von dem griechischen Flusse Mella entlehnt, an dem diese Astern offenbar wild wuchsen.
»Ferner blüht auf den Triften ein Kraut – / den Namen amellus gab ihm der Ackersmann. / Vom Suchenden leichtlich zu finden: / denn als mächtger Busch entsteigt es der zas' grigen Wurzel; / golden die Mitte des Kelches, / jedoch auf den zahlreichen Zipfeln ringsum / glänzt der dunklen Viol' anmutiger Purpur. / Oftmals schmückt sie der Götter Altär in verschlungenen Gewinden, / scharf ist im Mund ihr Geschmack; / es sammelt der Hirt in gemähten Tälern sie ein / und entlang dem gewundenen Strome des Mella / koche die Wurzel davon in des Bacchus würzigem Safte, / setzte zur Kost sie dann an die Pfort in gefülleten Körben.«

Chelone obliqua, Schellenblume

Diese Staude ist fast unbekannt, obwohl sie für den Schnittblumenfreund von Wichtigkeit ist. Sie blüht in der Vase ebenso lange wie an der Staude, eine Eigenschaft, die sie mit nur wenigen Pflanzen teilt.

Der Name bedeutet auf griechisch »Schildkröte«, und tatsächlich erinnert der obere Teil der rosa röhrenförmigen Blüte der seitenständigen Rispe an einen Schildkrötenrücken. Ihr Naturstandort sind leicht anmoorige Böden im lichten Schatten. *Chelone* werden im Garten im Verband von etwa 35 × 35 cm gepflanzt. Die Stiele erreichen 60–70 cm Länge und liefern reichlich Schnittblumen für halbhohe Vasen.

Trotz dieser Wuchshöhe sind die drahtigen Stiele fast immer standfest, so daß man nicht aufzubinden braucht. Der Blühtermin fällt in eine stille Zeit im Garten, in die zweite Augusthälfte. Man schneidet, wenn die ersten Blüten sich öffnen.

Die weiße Form taucht in der Literatur selten auf; man kann aber Samen von botanischen Gärten erbitten. Mit Sicherheit ist sie im Sichtungsgarten Weihenstephan zu erhalten.

Chelone obliqua passen zu Stielen des zweiten Rittersporntlors, zum letzten *Phlox,* weißen Polyantharosen oder *Aster amellus.*

Chrysanthemum-Indicum-Hybriden
Gärtner-Chrysanthemen

Chrysanthemen kannte man schon viele hundert Jahre von asiatischem Kunsthandwerk. Endlich, 1789, brachte der Franzose Blanchard die ersten kleinblumigen Sorten von *Chrysanthemum indicum* nach Europa. Doch erst Fortune, jene schillernde Gestalt unter den Pflanzenjägern des vorigen Jahrhunderts, der viel in Japan sammelte, brachte größere Mengen nach Europa. Hier entwickelten sich aus den bereits jahrtausendelang in Asien züchterisch bearbeiteten Pflanzen schnell neue europäische Klone.

Das Abendland, das das Gefühl hatte, schon lange auf diese Blumen gewartet zu haben, wurde von einem richtigen Chrysanthemenrausch erfaßt. Es gab Chrysanthemen-Bälle, natürlich Schönheitskonkurrenzen, und Frankreich verlieh ihr den zärtlichen Namen »Marguerite des Marguerites«, Perle der Perlen.

Wenn in unserer Zeit auch mehr Chrysanthemen als jemals zuvor, ja, als jemals denkbar, in den Gärtnereien herangezogen werden (man kann dies, seitdem man den Einfluß der Tageslänge auf die Blütenbildung bei Chrysanthemen entdeckt hat und gärtnerisch nutzt) so ist doch von der heißen verehrenden Liebe zu diesen schönen Blumen wenig geblieben. Sie werden geschätzt und in den Blumengeschäften gekauft, ihrer guten Haltbarkeit in der Vase wegen.

Das reiche Schnittblumenangebot und die zu Unrecht abwertende Bezeichnung »Totenblume« haben die Gartenformen etwas in Vergessenheit geraten lassen. Dabei sind ihre zarten und auch leuchtenden Farben, gemeinsam mit den Herbstastern gepflanzt, in der Lage, noch einmal die Farbigkeit des Frühlings in die Gärten zu zaubern. Sie geben uns die Möglichkeit, Sträuße vielfältiger Schönheit mit ihnen zu binden.

Da die Gartenformen meist recht lange Stiele haben, was leider zum Aufbinden zwingt, kann man Bodenvasen ebenso mit ihnen füllen wie allerkleinste Tischarrangements stecken.

Die empfehlenswertesten Sorten sind: 'Citrus', hellgelb, halbgefüllt, mittelfrüh; 'Clara Curtis', ungefüllt, reinrosa Margeritenblumen, in großer Fülle früherblühend; 'Fellbacher Wein', glühend rostrot, halbgefüllt, spät; 'Goldmarianne', leuchtendgelb, einfach, reichblühend, spät; 'Schweizerland', altrosa, gefüllt, mittel.

Wer eine Vorliebe für kleine Tischsträuße hat, wird viel Freude an dem *Chrysantheumum arcticum* haben. Es wird nur 20–40 cm hoch. Seine Blätter bilden einen dichten Polsterschopf im Garten, aus dem mit schlanken Stielen die Blüten emporwachsen. Am besten

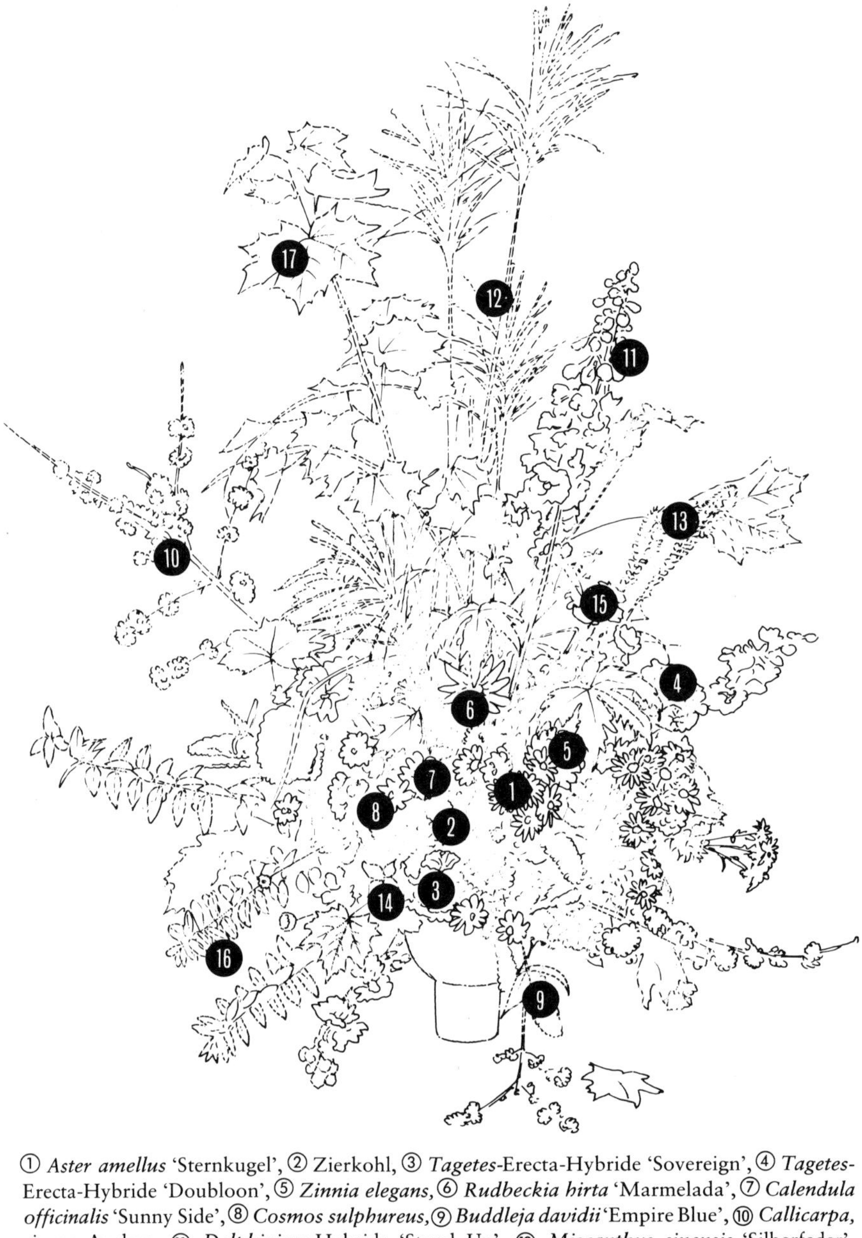

① *Aster amellus* 'Sternkugel', ② Zierkohl, ③ *Tagetes*-Erecta-Hybride 'Sovereign', ④ *Tagetes*-Erecta-Hybride 'Doubloon', ⑤ *Zinnia elegans,* ⑥ *Rudbeckia hirta* 'Marmelada', ⑦ *Calendula officinalis* 'Sunny Side', ⑧ *Cosmos sulphureus,* ⑨ *Buddleja davidii* 'Empire Blue', ⑩ *Callicarpa,* eigene Auslese, ⑪ *Delphinium*-Hybride 'Stand Up', ⑫ *Miscanthus sinensis* 'Silberfeder', ⑬ *Liatris spicata,* ⑭ *Chelone obliqua,* ⑮ *Chrysanthemum*-Indicum-Hybride 'Ordensstern', ⑯ *Hypericum patulum* 'Hidcote Gold', ⑰ *Acer platanoides.* Vase von Barbara Stehr. Von Anneliese Würschinger in Steckmasse gearbeitet.

steht es im Steingarten oder als Vorpflanzung vor einer hohen Staudenrabatte. Die Stammform ist weiß, aber es gibt auch die zartrosa 'Roseum' und 'Schwefelglanz' in hellgelb.
Alle Chrysanthemen, auch das *Chrysanthemum arcticum* Nordasiens, lieben einen guten, schweren Gartenboden, den man mit Humus etwas anreichern sollte, und sind für zusätzliche Düngergaben dankbar. Nach 3–4 Jahren sollten sie aufgenommen, geteilt und an einen neuen Platz gepflanzt werden.
Um das Längenwachstum der *Chrysanthemum*-Indicum-Hybriden zu bremsen, die Stiele standfester zu machen und die Blütenfülle noch zu steigern, ist es ratsam, in der zweiten Junihälfte die Triebe zu entspitzen, indem man von jedem Trieb 10–15 cm abbricht. Die Chrysanthemen verzweigen sich dann aus den schlafenden Knospen der Blattansätze erneut, und es gibt kürzere, aber zahlreichere Blütenstiele.
Geschnitten wird, wenn die ersten Blüten sich geöffnet haben. Das Laub muß von den Stielenden entfernt werden. Sind die Stielenden etwas verholzt, so kann man sie 30 Sekunden in kochendes Wasser halten. Ein Zusatz von Chrysal im Wasser verhindert das frühzeitige Vergilben des Laubes und hält die Blumen noch länger in voller Farbschönheit.
Eine Eigenart, vor allem der dicht gefüllten Chrysanthemenblüten ist das Abstossen der Blütenblätter bei ungeschickter Berührung. Das statische Meisterwerk des Blütenbodens, auf dem so viele hundert Blütenblätter nicht nur festgehalten, sondern von dem sie auch ernährt werden, kann man erst erkennen, wenn alle Blütenblätter ausgefallen sind. Es bleibt für die Verankerung jeden Blütenblattes weniger Raum als die Größe einer Stecknadelspitze. Wird diese Ordnung durch Druck oder heftige Bewegung gestört und es lösen sich einige Blütenblätter aus der Verankerung, werden die übrigen wie ein Strom von Regentropfen nachfließen. Dies ist zu verhindern, wenn die Stelle, von der das Ausrieseln beginnt, mit ein wenig Haarspray besprüht oder einem Tropfen Wachs beträufelt wird. Eine so behandelte Chrysantheme hält dann genauso lange wie die anderen Blüten des Straußes.

Colchicum, Herbstzeitlose

Die Herbstzeitlose unserer Wiesen, deren Anblick uns oft einen leisen Seufzer entlockt, hat einige schöne Schwestern, die ab Ende August nicht nur unsere Gärten, sondern auch unsere Vasen und Schalen mit eine Woche lang blühenden Blumen versorgen können. Am bekanntesten sind die Arten *Colchicum bornmuelleri,* wüchsig und früh blühend in rosaviolett und *Colchicum speciosum* 'Waterlily', lavendel, gefüllt, sehr spät im Oktober blühend.
Die zerbrechliche Schönheit der fast transparenten Blüten kommt am besten in flachen Glasschalen zur Geltung, in denen man sie mit einem Nagelbett hält. Sie werden ergänzt durch *Calluna vulgaris* 'H.E. Beale' oder *Aster sedifolius* (syn. *A. acris*). Als Laub kommt *Iris sibirica* hinzu und kleinere Blätter von Bergenien oder dem einjährigem grauen Laub von *Senecio bicolor.*
Im Garten sind die Herbstzeitlosen in jedem Lehmboden bei voll sonnigem Stand von starker Wüchsigkeit und zäher Lebensdauer. Ein Problem bilden die erst im Frühling erscheinenden und dann schnell wieder welkenden, das heißt vergilbenden Blätter. Der Platz, der im August zu pflanzenden schönen nußbraunen Zwiebeln muß daher so ausgesucht werden, daß er im Frühsommer von Stauden schnell zugedeckt wird, ohne daß der Boden über den Zwiebeln zuwächst. Diese Stauden sollen wiederum aber bis zum Herbst, wenn die Zeitlosen mit ihrer kühlen Blüte beginnen, schon zurückgeschnitten sein.
Ihr Blühen ohne Blatt hat den Herbstzeitlosen im Volksmund den originellen Namen »Nackte Jungfer«, im Französischen etwas eleganter »Dame nue« eingetragen.
Nur wenige Liebhabergärtner wissen, daß das hochgiftige Colchicin, das aus der Pflanze iso-

liert wird, eine wichtige Funktion in der modernen Pflanzenzüchtung übernommen hat. Mit seiner Hilfe lassen sich Vervielfältigungen der Chromosomensätze erreichen. Viele der überraschend großblumigen neuen Blumen verdanken dies der »Dame nue«.

Gentiana, Herbstenziane

Drei schöne Enziane des späten Sommers und des frühen Herbstes sind: *Gentiana septemfida* var. *lagodechiana, Gentiana farreri, Gentiana sino-ornata.* Der erste beginnt den Blütenreigen schon Ende August, ist aber erst im September auf der Höhe seines Flors. Seine bis 40 cm langen, niederliegenden Zweige tragen an den Triebenden eine große Fülle klarblauer Blüten. In seiner Heimat im Ostkaukasus wächst er an steinigen Hängen in lehmig-frischem Boden. Viele meinen, er sei in mitteleuropäischen Gärten von allen Enzianen am leichtesten zu kultivieren.

Die niederliegende Wuchsform schränkt seine Möglichkeit der floristischen Verarbeitung leider ein. Er eignet sich für Tischdekorationen und kleine Gestecke. Selbst zu kleineren Sträußen ist er, seines eigenwilligen Wuchscharakters wegen, nur schwer zu binden. Mit etwas Übung gelingen mit ihm jedoch ebenso wie mit *Gentiana farreri* und *Gentiana sino-ornata* hübsche kleine Biedermeiersträuße.

Gentiana farreri und *Gentiana sino-ornata* kommen beide aus China und Tibet, von den Himalaja-Höhen und deren Randgebirgen. Beide lieben einen sauren, frischen, humosen Boden, klare Luft und leichten Streuschatten. Auf ihnen nicht zusagenden Böden in brandiger Lage versagen sie vollkommen, wachsen aber an ihnen sympathischen Plätzen zu riesigen, einige Quadratmeter großen Polstern heran.

Helenium-Hybriden, Sonnenbraut

Diese Gartenhybriden des *Helenium* von den Steppen Nord- und Südamerikas bringen mit ihrem Laub und ihrem ganzen Habitus ein wenig urwüchsige Wildheit in Garten und Vase. Die neuen Sorten sind speziell auf Standfestigkeit und Gesundheit geprüft. Die großen Doldentrauben mit den zahlreichen Scheibenblüten, in vielen Spielarten von gelb bis braun, eröffnen die Saison der Herbsttöne im Garten. Sie besticken ihn zugleich mit reinstem Goldbrokat, einem Brokat von der herben Schönheit der Hochzeitsgewänder asiatischer Steppenfürsten. Ob der deutsche Name »Sonnenbraut« daher stammt? Niemand weiß es.

Die Ansprüche an Standort und Boden sind nicht sehr groß. Jeder gute Gartenboden läßt diese Stauden willig wachsen, vor allem, wenn man ihnen ein wenig zusätzliche Düngung und Wasser in der Wuchsperiode und einen nicht zu engen Stand gibt. Alle 3–4 Jahre sollten die Pflanzen aufgenommen, geteilt und an einen neuen Platz verpflanzt werden.

Man schneidet die kräftigen Stiele, wenn eine größere Anzahl Scheibenblüten geöffnet ist. Ihr Aufbau als starre Doldentraube auf langen, geraden Stielen macht sie gut geeignet für Bodenvasen und große, volle, rund gebundene rustikale Gartensträuße.

Die besten Sorten sind: ‘Moerheim Beauty’, leuchtend braunrot, früh, blüht nach dem Schnitt noch einmal gut nach; ‘Waltraut’, goldbraun mit Gelb, frühblühend, errang das seltene Wertzeugnis der Deutschen Gartenbaugesellschaft; ‘Baudirektor Linne’, rot mit Braun, spät blühend; ‘Kanaria’, goldgelb mit heller Mitte, sehr langstielig, mittlere Blütezeit.

Helianthus atrorubens
Staudensonnenblume

Wer viele Vasen mit gut haltbaren Herbstblumen zu füllen hat, sollte diese einfache, aber schöne Blume Nordamerikas (syn. *Helianthus sparsifolius*) wählen. In Holland sind viele Gärten damit umpflanzt wie mit einem blühenden Zaun.

Die kleinen Sonnenblumen mit brauner Mitte verzweigen sich auf drahtigen 40–60 cm lan-

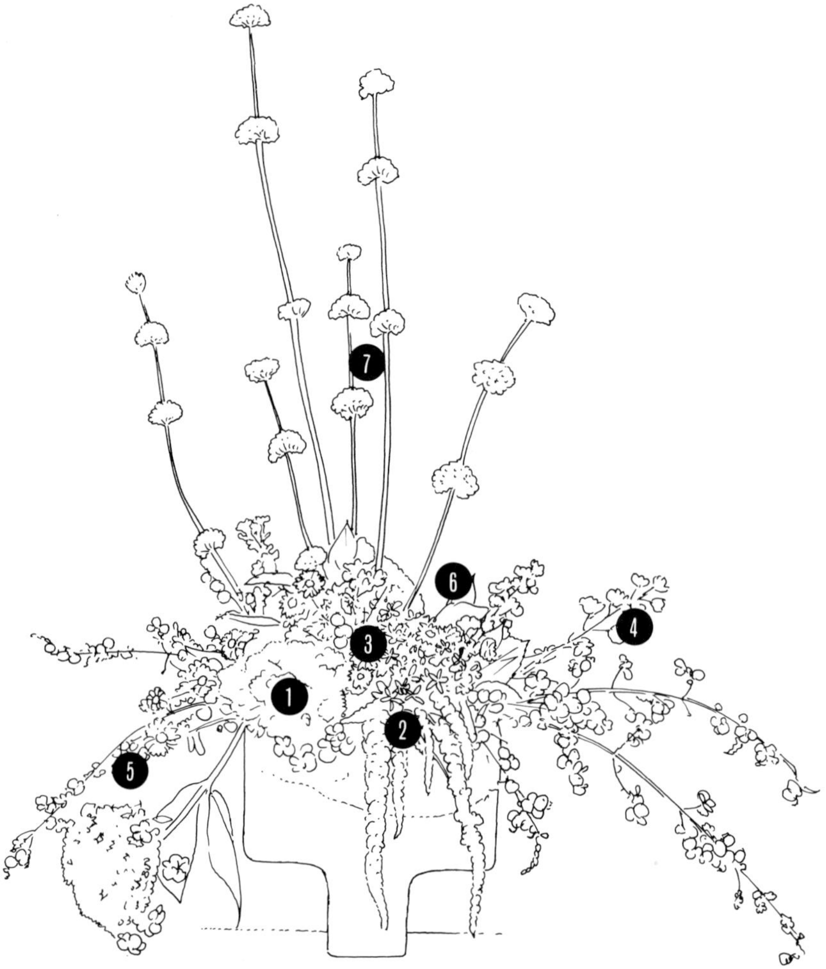

① *Hydrangea aspera,* Fruchtstand, ② *Amaranthus caudatus* 'Albiflorus', ③ *Aster novae-angliae* 'Harrington Pink', ④ *Dictamnus albus* 'Albiflorus', Fruchtstände, ⑤ *Symphoricarpos*-Hybride 'Mother of Pearl', ⑥ *Hydrangea macrophylla,* Laub in Herbstfärbung, ⑦ *Phlomis russeliana.* In eine Keramikvase von Barbara Stehr in Steckmasse gearbeitet. Floristische Gestaltung Kirsten Harders.

gen Stielen aus den Blattachseln und blühen ab Anfang September. Die Gesamthöhe der Pflanze reicht bis zu 2,50 m. Bescheiden in ihren Bodenansprüchen, hält *Helianthus* lange an einem Platz aus, bringt aber dann viel kleinere Blumen.

Möchte man große Blüten auf kräftigen Stielen haben, gräbt man die Pflanzen im zeitigen Frühling aus und findet die neuen Jahrestriebe, ähnlich Engerlingen, in den alten Wurzelstock eingebettet. Man kann sie leicht herausnehmen und 3–4 Stück zusammen in ein Pflanzloch legen, wo sie bald mit dem Wachstum beginnen und starke schöne Stiele ausbilden. Werden nun im Laufe des Sommers alle Seitentriebe ausgebrochen und nur der mittlere Leittrieb stehen gelassen, erhält man gerade, im Durchmesser etwa 20 cm große Blumen, die sehr geeignet sind für Dekorationen und Bodenvasenfüllungen. Zusammen mit dem roten Laub des Perückenstrauches *Cotinus coggygria* oder rotlaubigem *Prunus* geben sie malerische Vasenfüllungen. Stehen die Sträuße vor einem Hintergrund, so ist es vorteilhafter, die Sonnenblumen nicht alle in der gleichen Stiellänge zu belassen, sondern so einzukürzen, daß sie in der Höhe abgestuft sind. Wenn man zuerst das bunte Laub in die Vase gibt und dahinein die Blütenstiele schiebt wird man kaum andere Steckhilfen benötigen, höchstens etwas Draht, denn die rauhen, stark behaarten *Helianthus*-Stiele finden gut aneinander Halt.

Kochen der Stielenden (30–40 Sekunden) und ein Zusatz von Chrysal verlängert die Haltbarkeit. In Steckmasse sind sie nur zu verarbeiten, wenn die Stiele sehr stark, eingekürzt werden und vor der Verarbeitung mindestens 5–6 Stunden gründlich Wasser gezogen haben, möglichst in einem dunklen Raum.

Hosta plantaginea 'Grandiflora'
Lilienfunkie

Die lilienblütige Funkie kennen seltsamerweise nur wenige Pflanzenfreunde. Sie hat hellgrünes, reichlich handtellergroßes herzförmiges Laub auf 50 cm langen Stielen, das für viele Zwecke der Floristik brauchbar ist. Meist stehen die Blätter im rechten Winkel zum Stiel, so daß man sie als Schwerpunkt und Abschluß vieler einseitiger und runder Sträuße und Gestecke gut verwenden kann.

Im Herbst, wenn nur noch die klassischen Astern, Chrysanthemen und *Helenium* erwartet werden, entsteigen dem Blattgrund plötzlich schneeweiße, glockenförmige Blüten, die einen betörenden Duft, vor allem am Abend, verströmen. Die einzelne Blüte blüht nur wenige Tage, aber in Frischhaltemitteln öffnet sich Blüte um Blüte und man kann zehn bis vierzehn Tage Freude an dieser reinen geheimnisvollen asiatischen Schönheit haben.

Alle Funkien lieben lichten Halbschatten und einen frischen Boden. Sie selbst werden von Schnecken geliebt. Will man also unversehrte Blätter ernten, muß im Frühling Schneckenkorn gestreut werden.

Wie fast alle Liliaceen sind *Hosta* durch *Botrytis* gefährdet. So ist trotz Streuschatten ein gut durchlüfteter Stand notwendig. Die stark wachsenden Stauden, die gerne lange an einem Platz stehen, sollten gleich beim Pflanzen einen großen Lebensraum, mindestens 50 × 50 cm bekommen. Außerdem sind zwei vorbeugende Spritzungen im Mai-Juni mit einem systemischen Fungizid zu empfehlen.

Sedum telephium 'Herbstfreude'
Fetthenne

Die wilde Form besiedelt die steinigen Ränder mitteleuropäischer Ackerwege. Die Züchtung 'Herbstfreude' nimmt im Garten auch noch mit dem schlechtesten Schuttplatz vom letzten Bauabschnitt vorlieb, der nur eine leichte Lehmdecke bekam.

Das Blühen beginnt Anfang September, und man kann nicht recht beurteilen, wann es in Fruchten übergeht. Der goldbraune Farbton der Trugdolde scheint von Woche zu Woche schöner zu werden, so daß man einen langen Erntezeitraum hat. Im Zimmer, in der Vase, ohne das Licht des Himmels wirkt 'Herbstfreude' leicht ein wenig morbid, wenn es nicht geschickt mit anderen leuchtenden Herbstblumen zusammen verarbeitet wird.

Besonders raffiniert sind rosa oder violette Töne dazu, also *Colchicum* 'Waterlily', die Herbstzeitlose, oder das freche Rosa der Herbstaster 'Harrington Pink'. Auch das tiefe Grün von Efeublättern ist eine gute Ergänzung. Man darf die Fetthenne 'Herbstfreude' niemals als Hauptblume verwenden wollen. Sie muß immer die Basis bilden, die Gemeinschaftsform.

Als einheimische Pflanze ist das *Sedum* umwoben von Sagen, Mythen und Zauberglauben. Seine unbeschreibliche Wüchsigkeit, auch bei schlechtesten Lebensbedingungen, ließ es vor allem zu einer Orakelblume für langes Leben, aber auch für Liebesglück werden.

Nicht nur verlorene Gesundheit, auch verlorene Liebe sollte es wiederbringen können. War jemand einer früheren Liebe feind geworden, so mußte sich sein Sinn zu dieser Liebe zurückwenden, sobald er die Pflanze berührte. Der Beiname *anacampseros,* die ein sehr ähnliches *Sedum* führt, drückt diese Umbiegung und Zurückwendung der Neigung aus.

In seinem Kräuterbuch schreibt Hyronimus Bock: »Sobald die St. Johannis erschienen, heucken sie das Kraut in die Kammern, etliche stecken's in die Wand über der Thüre. Da bleibt es allzeit grün, schlägt stets aus, daß man es wohl um Weihnacht über derselben Thür mag grün finden, verhoffen, solang das Kraut grün bleibt, solang mag die Person, die das Kraut aufgehängt, in keine tödtliche Krankheit fallen.... andere Virtutes und Abenteuer dieses Krautes laß ich fahren, Ärgernis und Unrath zu verhüten. Doch es ist ein Edelgewächs, Schmerzen zu legen an allen faulen und frischen Wunden, die Blätter zerknütschelt und übergelegt.«

Sommerblumen

Anethum graveolens, Dill

In der Blumensprache sagt die Dillblüte: »Welche Kraft wohnt in dir?«

Irgend jemand hat sie zuerst für die bunten Sträuße entdeckt, die zartgelben Dillblüten, die wie Filigran aussehen, aber deren Duft die Kraft verrät, die in ihnen steckt. Der Dill kommt, Anfang Juni ausgesät, im Herbst zur Blüte, wenn Verbindendes wie Schleierkraut oder kleine Ästerchen knapp werden in den bunten Sträußen. Besonders ideal ist Dill mit *Tagetes,* weil er die Farbe der gelben *Tagetes* aufnimmt und das Schwere, Runde der kugeligen Blüten zusammenspinnt, wirklich fast wie mit einer Spinnwebe. Der Dill muß im Strauß, ganz gleich zu welchen Blumen er gebunden wird, sehr locker stehen, er darf nicht eingepreßt sein, damit seine Form zur Geltung kommt.

Cosmos bipinnatus
Schmuckkörbchen, Kosmee

Die aus Südamerika stammende Sommerblume liefert viele im Wasser ausreichend haltbare Schnittblumen, wenn man ihr einen voll sonnigen Standort auf einem nährstoffreichen Boden zubilligt. Leider ist sie schlecht transportfähig und daher nur für den eigenen Bedarf zum Anpflanzen zu empfehlen.

Ich bevorzuge die sehr noble weiße Sorte 'Unschuld', die sich allen anderen Farben und Blumen in einem kleinen Strauß gut zuordnen läßt und deren Frische eine echte Steigerung in jedem Gebinde bedeutet.

Kosmeen gehören zu den »Kurztagpflanzen«. Ihre Neigung, Blüten anzulegen, ist abhängig von der Länge des Tages, sie nimmt mit abnehmender Tageslänge zu.

Sät man Kosmee im März, spätestens in den ersten Apriltagen aus, so erhalten die Keimlinge schon den Kurztagreiz, und man hat bereits im Frühsommer blühende Kosmeen. Besser ist es jedoch, im Juni auszusäen und dann im September, wenn das Blühen im Garten bereits nachläßt, den vollen Flor starker frischer Stiele zu haben. Die Aussaat kann an Ort und Stelle erfolgen. Ein Gramm enthält etwa 250 Samenkörner, die zwei Wochen bis zur Keimung benötigen.

Da die Pflanzen stark wachsen, muß man auf einen Pflanzabstand von 60 × 40 cm ausdünnen, so daß es mir praktischer erscheint, in Handkästen auszusäen und dann auf den rechten Abstand zu pflanzen.

Die schnell wachsenden Pflanzen brechen bei Gewittersturm leicht um. Es ist deshalb ratsam, neben jede Pflanze einen Tonking-Stab zu stecken, wenn sie eine Höhe von 50 cm erreicht hat. Anbinden ist meist nicht erforderlich, da sie mit ihrem üppigen Gezweig den Stab umwächst und so fast immer Halt findet. In trockenen heißen Sommern muß zusätzlich gewässert werden. Die hübschen kleinblumigen gelben und orange farbigen Sorten halten leider schlecht in der Vase.

Ipomopsis rubra

Eine wenig bekannte, aber sehr attraktive einjährige Herbstblume aus dem südlichen Nordamerika. Dort wächst sie auf sandig-lehmigen Böden und liebt, wie fast alle Mitglieder der Familie Polemoniaceae reiche Sonne. Sie bildet eine bis 1,20 m hohe Rispe, von deren Spitze nach unten sich kleinere, meist leuchtend rote Röhrenblüten öffnen. Das feine fiedrige Laub erinnert an einjährigen Rittersporn.

Aus zwei Gründen erscheint mir *Ipomopsis rubra* als Schnittblume wichtig: Erstens ist ihre Haltbarkeit im Wasser, auch in Steckmasse, hervorragend. Sie wird geschnitten, wenn die ersten Blüten sich öffnen und blüht dann im Wasser vollkommen weiter auf, ohne Verfärbung der Blüten. Ein Zusatz von Frischhaltemittel sichert diesen Erfolg.

Zweitens fällt ihre Blüte im September-Oktober in einen Zeitraum, in dem der Garten zwar noch eine Fülle herbstlich-rustikaler Blumen liefert, in der aber das Zarte, Aparte ungewöhnlich und rar ist.

Außerdem ist ihr Platzbedarf sehr gering. Wenn man die Jungpflanzen, die wie alle Einjahresblumen herangezogen werden, Ende Mai oder im Juni auspflanzt, genügt ein Abstand von 10 × 10 cm. Eine gewisse Schwierigkeit bildet die bei vielen Polemoniaceen vorhandene Empfindlichkeit gegen Nematoden *(Phlox!)*. Man pflanzt sie am besten an eine Stelle des Gartens, die im vorhergehenden Jahr ein Standplatz von *Tagetes* war. Zwei Spritzungen mit einem systemischen Insektizid helfen auch. In sehr feucht-warmen Jahren können Pilzerkrankungen auftreten. Daher ist zu empfehlen, dem Insektizid gleich ein Fungizid zuzusetzen, eine Mischung, die bei fast allen Mitteln möglich ist.

Trockenblumen und Fruchtstände

Kannst du zum Augenblicke sagen:
Verweile doch! du bist so schön!
Goethe

Trockensträuße sind der Versuch, die Essenz des Gartenjahres festzuhalten. Was sie nie haben sollten, sind gefärbte oder künstliche Teile. Nur gut sind die aus der Folklore übernommenen farbigen Bast- oder Rupfenbänder. Strohblumen, besonders *Helichrysum* und *Helipterum,* bieten eine so reiche Farbskala an, daß es unnötig ist, gefärbte Pflanzenteile zu verwenden.

Aber auch ein Zopf oder Strauß nur in verschiedenen erdbraunen Tönen kann in einer zu ihm passenden Umgebung sehr wirkungsvoll sein. Viel zu wenig werden die verschiedenen Früchte der Koniferen, deren Zapfen eine ganz große Variabilität haben, in der Trokkenbinderei verarbeitet.

In die meisten Wohnungen werden jedoch bunte Sträuße besser passen. Bei einer floristischen Arbeit, die man so lange anschauen möchte, ist es besonders wichtig, sie farblich gut in ihre Umgebung einzufügen. Bevor man mit dem Binden beginnt, werden die Farben sortiert und Farbmuster in dem Raum geprüft, ob sie zu der übrigen Einrichtung harmonieren.

Alle Trockenblumen wollen einen ruhigen Stand, da sie bei jedem Umstellen leiden. So ist eine zweite Überlegung vor Arbeitsbeginn die Plazierung. Jeder Standort verlangt andere Größen, aber auch eine andere Form. Sträuße für einen Tisch sollten möglichst rund sein. Stehen sie vor einer Wand, ist eine halbrunde Form geeigneter.

Da alle Blumen aus arbeitstechnischen Gründen auf Draht gezogen sind, müssen sie so gebunden werden, daß der Draht im fertigen Strauß unsichtbar wird, damit sie wieder zu ihrer natürlichen Gestalt zurückfinden. Hierzu braucht man einen guten Fundus aus getrocknetem Schleierkraut, *Limonium latifolium* oder am besten *Limonium tataricum* (unter dem Namen »Statice tataricum« in den Blumengeschäften zu kaufen). Aus diesem fein verzweigten Material faßt man die Grundform des Straußes, also rund oder halb oval. Entgegen dem frischen Schleierkraut, das immer locker und duftig verarbeitet werden muß, soll es jetzt ein bißchen fester und dichter genommen werden. Wie bei jedem Straußbinden hält man auch jetzt diesen Buschen in der linken Hand. Trockensträuße kann man sofort mit der vollen Hand binden (s. Seite 55). Von oben schiebt man nun die gedrahteten Strohblumen in das Schleierkraut ein, so tief, daß der Draht mit der linken Hand gefaßt wird. Am Anfang kann man munter stecken, denn der Bedarf an Strohblumen für einen derartigen Strauß ist groß, zwischen 50 und 100 Stück. Sie sollen nicht alle gleich hoch stehen, sondern fein abgestuft in kleinen Höhenunterschieden, immer aber so, daß der Draht unsichtbar bleibt. Soll es ein runder Strauß werden, wird er bei der Arbeit gedreht, um eine gleichmäßige Form zu erhalten. Begünstigt durch den Draht kann man die Trokkenblumen in die Richtung biegen, in der sie ihr bestes Gesicht zeigen. Auf eine regelmäßige Verteilung der Farben ist zu achten.

Enthält ein solcher Strauß viele verschiedene Blumen und Fruchtstände, so wird er meist an Reiz gewinnen. Die schönsten Blumen und die zartesten Gräser werden an die Blickpunkte gesetzt, weniger wohl geformte Blumen in den Untergrund gezogen.

Bei einem ovalen Strauß ist eine schlanke Verlängerung im Hintergrund durch Gräser oder Fruchtstände optisch richtig. Zum Schluß wird der Strauß mit einem Wickeldraht oder

Bast fest zugebunden. Außer dieser »Formbinderei«, die immer etwas Romantisches hat, kann man aus verschiedenen Fruchtständen (meist werden es solche von Stauden oder Zwiebelblumen sein), sehr attraktive Gebinde arbeiten. Für ihre Gestaltung gelten die gleichen Gesetze wie für den graphischen Strauß. Da alle Trockengebinde mit dem Wunsch gearbeitet werden, daß sie lange halten mögen, so müssen sie besonders sorgfältig in der Vase befestigt werden. Es gilt ebenfalls zu bedenken, daß während des fortschreitenden Trocknungsprozesses, wenn nicht die Blütenköpfe auf Draht gezogen wurden, die Stiele weiter schrumpfen, so daß das Ganze seinen Halt verlieren kann.

Will man die Fruchtstände stecken, so kann man trockene Steckmasse benutzen, die aber eine verhältnismäßig große Fläche zum Abdecken hat. Gepreßte Rhododendronblätter sind hierfür geeignet. Sie werden vom Stiel gelöst, gepreßt, und dann zu zweit und zu dritt gemeinsam an eine Gabel angedrahtet.

Da die getrockneten Stiele, vor allem, wenn sie hohl sind, im Laufe des Winters immer brüchiger werden, stützt man sie am besten gleich bei der Ernte von innen mit einem 12er- bis 14er-Blumendraht.

Praktisch ist es, auch diese Trockensträuße zu binden. Es setzt aber etwas mehr Übung voraus. Die Blumen werden wie bei einem frischen Strauß gefaßt, durch die eingeschobenen Drähte kann man die Stiele meist etwas auf Form biegen, da sie oft durch das hängende Trocknen zu gerade werden und steif wirken. Mit Bast oder Wickeldraht wird der Strauß fest zugebunden, jedoch so achtsam, daß keine Stiele brechen.

Solche Sträuße müssen mit Maschendraht oder Steinen in der Vase fixiert werden, damit sie beim Umhertragen nicht leiden.

Als Gefäße sind Keramikvasen, Messing- oder Kupfergefäße, aufgebohrte Steine oder auch getrocknete Kürbisse meist schöne Ergänzungen zu den Blumen. Ungeeignet sind transparente Glasvasen.

Stauden

Acanthus mollis, Akanthus

Wer graphisch dekorative Blumen liebt, die in der Vase oder im Steckarrangement durch ihre lineare Gestalt wirken, der sollte einigen Pflanzen von *Acanthus* in seinem Garten Heimat geben. Die Blätter waren den Griechen neben denen anderer Distelarten bei der Gestaltung der korinthischen Säulenkapitelle Vorbild.

Die Art *Acanthus mollis* liefert die längsten Blütenstiele, bis zu einer Höhe von 1,50 m, bei kalkhaltig frischem Boden und günstigen Wetterverhältnissen (warm und trocken) noch längere. Man kann sie daher für die Bodenvase in großen Trockengestecken gut verwenden.

Da man kaum Mengen dieser sehr individuellen, dekorativen Großstaude in seinem Garten anpflanzen wird, ist die Anzucht aus Samen, die wohl möglich ist, doch nicht lohnend. Man kauft seinen Bedarf am besten im Frühling bei einem guten Staudengärtner.

Wenn die selten angebotene *Acanthus mollis* nicht zu erhalten ist, so kann man sich auch mit der häufigen, nur bis zu 1 m hohen *Acanthus longifolius* begnügen. Zusammen mit wenigen großen Bällen von *Allium christophii* und den Fruchtständen von *Amaranthus caudatus* und abgeblühten Hortensien kann man großen Bodenvasen eine länger haltende Füllung geben.

Carlina acaulis ssp. simplex Silberdistel, Eberwurz, Wetterdistel

Unter den Trockenblumen strahlt sie als lichter Silberstern, sofern nicht gerade Regen im Anzug ist und ihre Blütenblätter sich schützend über dem Blütenkorb schließen. Sie ist ein echter Wetteranzeiger, besser informiert oft als der Wetterdienst, so daß sie den Namen »Wetterdistel« zu recht trägt.

Bei der Subspezies *simplex* (syn. var. *caulescens*) sitzen die Blütenköpfe auf etwa 30 bis 35 cm langen Stielen, wodurch man sie

viel einfacher in Trockensträußen verarbeiten kann als die stengellose Art, bei der sich der Blütenkopf direkt auf den Boden aufpreßt.
Silberdisteln lieben einen armen, trockenen, kalkhaltigen Boden und einen Sommer möglichst ganz ohne Regen. Wenn man sie nicht selbst aussät (die Anzucht aus Samen ist nicht schwierig), muß man darauf achten, junge Pflanzen zu bekommen, bei denen die Pfahlwurzel, die der Silberdistel ihren dritten Namen »Eberwurz« eintrug, noch nicht voll ausgebildet ist. Die Pflanzen wachsen sonst schlecht weiter.
Sollen die Silberdisteln getrocknet werden, erntet man sofort beim Erblühen, besser noch kurze Zeit davor. Die Blüten schlagen sonst unschön zurück. Die Pflanzen sind stark bewehrt. Bei der Ernte muß man Handschuhe tragen und sehr vorsichtig sein, damit die empfindlichen Blütenblätter nicht beschädigt werden. Nur unversehrt sind sie wirklich vollkommen. Der Karton oder die Handkiste, in der getrocknet werden soll, darf nicht zu klein sein und sollte bei der Ernte direkt neben der Pflanze stehen. Alles Umpacken verursacht Schaden.
In nassen Sommern, vor allem, wenn einige hintereinander folgen, werden Silberdisteln leicht von Pilzen befallen. In solchen Jahren ist es besser, 2–3mal vorbeugend mit einem Mischfungizid zu spritzen, will man nicht riskieren, den gesamten Bestand zu verlieren. Sonst halten die Pflanzen viele Jahre am gleichen Platz aus. Ein Verpflanzen ist nicht möglich.

Heracleum mantegazzianum
Herkulesstaude
Die größte der Herkulesstauden aus dem Kaukasus wächst bei uns meist nur zweijährig, sät sich aber so stark aus, daß immer für reichliche, manchmal sogar zuviel Nachkommenschaft gesorgt ist.
Pflanzen sollte sie nur, wer einen sehr großen Garten hat. Sie wird mit ihren 50–60 cm großen Blütendolden, die bei einer Pflanze oft tausende von Blüten haben, bis zu 3 m hoch und auch breit. Mehr noch als *Crambe cordifolia* ist sie ein echter, graphisch interessanter Riese im Staudenreich.
Wer Dekorationen in großflächigen Räumen oder im Freien zu machen hat, wird ungern auf sie verzichten. Die Herkulesstaude liebt einen feuchten, tiefgründigen Boden und mit einer zusätzlichen Düngergabe wird sie noch gigantischer.
Die ganze Pflanze wird sofort nach dem Verblühen der letzten Blumen geerntet, noch ehe die Samen voll reif sind. Man hat ganz bestimmt mit dem Trocknen seine Probleme. Wohin mit einer solchen Übergröße von Pflanze von höchster Zerbrechlichkeit? Sie geht durch keine Türe.
Bei allergiegefährdeten Menschen verursacht sie häufig unangenehme, sogar fiebrige Hautausschläge, vor allem, wenn diese sich nach der Berührung grüner Pflanzenteile der Herkulesstaude der Sonne aussetzen.
In allen Abmessungen ziviler ist die dem *Heracleum* ähnliche, zweijährige *Tomasinia verticillaris,* die schmaler wächst und nur bis 2 m hoch wird. Ein weiterer wesentlicher Vorteil ist, daß sie keine Allergie auslöst.

Limonium (syn. **Statice**) **latifolium**
Strandflieder
Eine Staude aus dem südosteuropäischen und russischen Schwarzerdegebiet, deren zierliche, an Schleierkraut erinnernde Blütenstände gut zu trocknen sind, aber genau so schön als Beiwerk im frischen Strauß wirken. Die Blütezeit schließt an die der hohen Staudenschleierkräuter an.
Wegen ihres kräftigen, verholzenden rhizomartigen Wurzelstockes sind ältere Pflanzen schwierig umzusetzen. Sie werden auch in den Staudenbetrieben fast ausschließlich durch Aussaat vermehrt. Bei dieser Aussaat gibt es immer Pflanzen mit wenig schönen grünlichen oder schmutzig weißgelblichen Blütenständen und einige wenige mit herrlichen lavendelblauen Blumen. Nur auf letztere

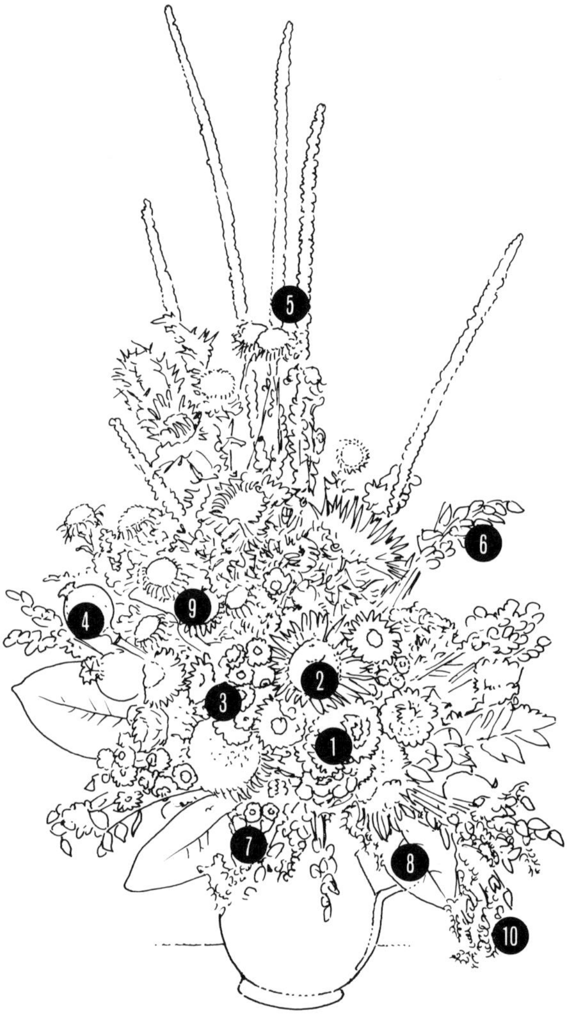

① *Helichrysum bracteatum,* ② *Carlina acaulis* ssp. *simplex,* ③ *Ammobium alatum,* ④ *Papaver*-Früchte, ⑤ *Reseda luteola,* ⑥ *Briza maxima,* ⑦ Immortelle, ⑧ »Chinablatt«, ⑨ *Scolymus hispanicus,* ⑩ *Limonium tataricum.* Gebundener Strauß in altem, libanesischen Wasserkrug. Floristische Gestaltung Barbara Trapp.

kommt es an. Alle anderen soll man gleich bei der ersten Blüte aushacken.
Die Aussaat nimmt man am besten im zeitigen Frühjahr vor und pflanzt vor dem 10. Juni nach einmaligem Pikieren aus, um für das folgende Jahr blühfähige Pflanzen zu erhalten. Später ausgepflanzt, bringen sie erst zwei Jahre später einen wirklichen Flor. Der Platzbedarf ist 40 × 40 cm. Geschnitten wird in voll erblühtem Zustand.
Da die sparrig verzweigten Stiele sehr ineinanderhängen, schneidet man die Tracht einer gesamten Pflanze am besten auf einmal über der Erde ab und zieht sie dann vorsichtig auseinander, um nicht zu viel Bruch zu haben. Dann erst wird hängend getrocknet.

Phlomis, Brandkraut

Phlomis russeliana (syn. *Phlomis viscosa*) könnte für manche Architekten Vorbild gewesen sein; in ihrem Aufbau erinnert vieles an die Minarette ihrer kleinasiatischen Heimat. *Phlomis* entfaltet von Juni bis August ihre gelben Lippenblüten in Büscheln, die etagenförmig übereinander erscheinen. Sie ist doppelt wertvoll: Man kann im Sommer ihren Flor lange genießen und anschließend die stattlichen Fruchtstände ernten und für Wintersträuße trocknen. Die Stiellänge erreicht bis zu 90 cm.
Das rauhe, meist wintergrüne Laub ist von urwüchsiger Gesundheit. Einmal gepflanzt sind *Phlomis* langjährige Gäste des Gartens, da sie kein Unkraut aufkommen lassen und keine besonderen Pflegeansprüche stellen.
Wie alle Trockenblumen sind *Phlomis* sehr bruchgefährdet. Man muß, sind sie erst einmal getrocknet, wirklich achtsam mit ihnen umgehen, um ihre architektonische Schönheit nicht zu zerstören.

Physalis alkekengi, Lampionblume

Die orangefarbene Lampionblume, *Physalis alkekengi* var. *franchetii*, die Omas Salon einen Hauch von Asien verlieh, sieht man kaum noch in den Gärten. Zum Kauf angeboten werden sie erschreckenderweise fast nur noch in Kunststoff. Aber wieviel schöner sind sie doch als so viele gefärbte Gräser, die trocken und staubig wirken in den winterlichen Vasen.
Wahrscheinlich ist die Heimat Japan. Im Garten wirken diese Nachtschattengewächse unscheinbar. Am besten werden sie in eine wenig beachtete Gartenecke gepflanzt. Diese sollte aber so gelegen sein, daß der Ausdehnungsdrang der Lampionpflanzen etwas gebremst wird. Sie können gelegentlich lästig werden.
Beim Kauf der Pflanzen, der nur im Frühjahr erfolgen soll, achte man darauf, die Sorte 'Gigantea' zu erhalten, da nur diese wirklich anbauwürdig ist. Sie bringt bis 1,50 m lange Stiele und schöne große Lampionumhüllungen ihrer Früchte.
Die fleischigen Rhizome werden etwa 3–5 cm tief im Abstand von 25 × 25 cm in den Boden gelegt, denn bald schon beginnt ein munteres Wuchern. Will man wirklich gerade, tragfähige Stiele erzielen, müssen die schwachen Triebe etwa vom dritten Jahr an im Frühling ausgeschnitten werden. Nur die starken dürfen durchwachsen. Da die großen, praktisch unverzweigten Stiele beim Regensturm leicht umfallen, stützt man sie mit einem Tonkingstab, den man mit einem Nelkenring am Trieb befestigt. Die Mühe lohnt unbedingt.
Ende September-Anfang Oktober kann mit der Ernte begonnen werden, wenn möglichst alle Lampions schön leuchtend orange durchgefärbt sind. Die Blätter werden sofort entfernt, etwa fünf Stiele zusammengebunden und hängend getrocknet.
Es ist auch möglich, *Physalis* in einer Chrysal-Lösung direkt ins Zimmer zu stellen, nachdem man die Blätter entfernt hat. Die Triebe reifen so nach. Die Lampions bleiben vollkommen ausgebildet, und der Stiel verholzt. Nach einigen Wochen, in denen die Lösung unbedingt 1–2mal gewechselt werden muß, ist der Prozeß abgeschlossen, und die trokkenen Lampionzweige sind dann jahrelang haltbar.

Sie wirken allein in einer schlanken Vase oder als Gesteck zusammen mit Silberdisteln und einer Schale Zierkürbis. Man befestigt die Zweige entweder in trockener Steckmasse oder einem Steckigel, die man zwischen den Zierkürbis versteckt.

Veratrum, Germer

Veratrum nigrum, der Schwarze Germer, hat im Sommer ein sicheres Leben im Garten. Er kann ungestört seiner Schönheit, die die der Königskerze manchmal noch übertrifft, leben. Kaum jemand wird ihn für seine Vase abschneiden wollen, denn seine Blüten stinken fürchterlich bei warmem Wetter. Nur an kühlen Tagen sind sie im Raum zu ertragen. Möchte man einen wohlduftenden Germer pflanzen, so entscheide man sich für *Veratrum californicum,* der aber nicht die schlanke Eleganz des Schwarzen Germers hat. Diese den Liliaceen angehörenden Stauden mit dekorativem, stark gefaltetem Laub und einer reich verzweigten Blütenrispe, die fast 2 m hoch werden, wollen einen frischen, tiefgründigen Boden und vertragen sowohl volle Sonne wie Halbschatten. Sie brauchen nach der Pflanzung einige Jahre, in denen sie nur Blattschöpfe entwickeln, bis sie mit dem Blühen und Fruchten beginnen. Dann aber weiß man, daß sich die Zeit des Wartens gelohnt hat. Die Germer lieben im Alter das Verpflanzen nicht, meist gehen sie bei dem Versuch ein. Aber trotz ihrer Seßhaftigkeit wollen sie eine zusätzliche Ernährung. Vom vierten Jahr nach der Pflanzung ab, etwa dann, wenn die Germer zu blühen beginnen, belegt man regelmäßig im Frühling den Boden im Umkreis von 50 cm unter der Pflanze reichlich mit gedüngtem Torf.

Um den architektonischen Wuchscharakter klar herauszustellen, werden die Stauden am besten am Wasser oder zwischen Polsterstauden gepflanzt. Geerntet wird, wenn die Samenstände sich voll entwickelt haben und hängend getrocknet. Für die floristische Verarbeitung gilt Ähnliches wie für *Verbascum.*

Verbascum bombyciferum, Königskerze

Trockenblumen (wobei dieser Begriff auch immer Fruchtstände einschließt) haben für den Gartenfreund einen doppelten Nutzen. Zunächst kann man sich im Sommer an ihren Blüten freuen und wenn man sorgfältig erntet und bewahrt, bleibt einem fast noch den ganzen Winter eine dekorative Freude.

So ist die zweijährige Königskerze *Verbascum bombyciferum,* die vor noch gar nicht allzu langer Zeit am Monte Brussa in Kleinasien entdeckt wurde, eine wirklich majestätische Staude. Die gesamte, bis 2 m hohe, kandelaberartig aufgebaute Pflanze ist weißwollig behaart. Aus dieser zartkuscheligen Traube kommen zur Blütezeit die zitronengelben Blumen in einem Durchmesser von 3–4 cm. Nach dem Flor stirbt die Pflanze ab, und man muß rechtzeitig für die Ernte des Samens sorgen, den man am besten sofort aussät, um im übernächsten Jahr wieder blühfähige Königskerzen zu haben.

Die Pflanze kann entweder am Standort trocknen, wobei sie meist wild aussamen wird, oder man schneidet sie insgesamt nach der Blüte ab, entnimmt die Samen und trocknet hängend in einem warmen Raum.

Die Königskerze muß ihres stark graphischen Aufbaues wegen sparsam verarbeitet werden, damit sie voll zur Geltung kommt, am besten gemeinsam mit einigen der großen Fruchtbälle von *Allium christophii* und wenigen eingeschrumpften Blättern der *Rodgersia* oder Besenginster.

Für einen solchen Riesen ist die Vase nicht einfach auszuwählen. Der gesamte Wuchshabitus, das heißt auch Proportion Blütentraube zu Stiel sind für den Eindruck wichtig und nicht nur der Blütenteil. Das Gefäß muß entweder schlank und hoch genug sein, um die ehemalige Blattmasse zu umreißen, dann ist aber eine gute Verbreiterung an der Übergangsstelle der Vase zur Blume notwendig, oder noch besser flach wie ein riesiger Kieselstein, aber da gibt es u. U. schwierig zu lösende Befestigungsprobleme.

Ammobium alatum, Sandimmortelle Papierknöpfchen
Die Sandimmortelle bringt vom frühen Sommer bis zum Frost einen reichen Blütenflor, wenn sie regelmäßig geschnitten wird und ihr der Boden, ein möglichst lockerer Sandboden, sympathisch ist.
Die weißen, trockenhäutigen Korbblütchen haben nur einen Durchmesser von etwa 1 cm. In Büscheln zusammen angedrahtet, wie auf Seite 44 beschrieben, sind sie jedoch eine fröhliche Belebung im Trockenstrauß. Die anfangs gelbe Mitte verbräunt im Erblühen; ein früher Schnitt ist einem zu späten vorzuziehen. Man schneidet am günstigsten, wenn die Blüten sich gerade öffnen wollen. Sie werden mit einem 10 cm langen Stiel geschnitten.
Die Kultur unterscheidet sich nicht von der von *Helichrysum*. Der Platzbedarf ist etwas geringer: 20 × 20 cm. 1 g Samen hat 2500 Korn. Man achte beim Samenkauf auf die Sorte 'Grandiflorum'.

Cucurbita pepo, Zierkürbis
Welch ein hübscher botanischer Name! Wenn man ihn über die Zunge laufen läßt, formen sich richtig die gnomenhaften skurrilen Kürbisgestalten vor unseren Augen. Sie geben lang haltbare Dekorationen in Schalen, die den farbigen Glanz des Herbstes weit in den Winter hineintragen.
Die Formen und Farbenvielfalt ist ungeheuer groß. Zierkürbisse werden von den Saatgutbetrieben meist als Mischung »kleinfrüchtiger« oder »großfrüchtiger« Sorten angeboten. Das botanische Institut der Universität Hamburg hat sich 1973 mit einer großen Demonstration der von ihr gesichteten Zierkürbisse auf der IGA vorgestellt. Es ist empfehlenswert, besonders schöne Exemplare für die eigene Saatgutgewinnung zu benutzen.
Im Mai sät man direkt ins Freiland aus; immer drei Korn im Abstand von ca. 80 cm. Man kann natürlich auch in Töpfen vorziehen und dann auspflanzen. Ein Gramm hat etwa 12 Korn. Ist die Keimung erfolgt, beginnt ein ungeheuer schnelles Wachsen, das uns eine kleine Ahnung tropischer Wachstumskräfte vermittelt.
Was schnell wächst, braucht nährstoffreichen Boden, viel Wasser und zusätzliche Düngergaben. Gut sind Zierkürbisse zur Bekrönung des Komposthaufens, doch darf sein Standplatz nicht zu schattig sein. Sind Bäume oder Sträucher in der Nähe, steigen viele Zierkürbisse munter als Kletterpflanzen hoch, und es ist lustig anzuschauen, wenn in einer alten Fliederhecke auf 3 oder 4 m Höhe im Herbst die bis zu 80 cm langen Flaschenkürbisse hängen. Auch bei der Begrünung von Pergolen kann man phantastische Überraschungseffekte erzielen. Ein wenig von dieser »Verstiegenheit« ihres Wesens ist in die alte Blumensprache eingedrungen. Eine Kürbisblüte bedeutete: »Mit dir wollte ich in dem verborgensten Winkel der Erde leben.«
Ernten sollte man nur in gut ausgereiftem Zustand, damit die Zierkürbisse lange ihre Festigkeit behalten.

Helichrysum bracteatum, Strohblume
Wenn man »Strohblume« sagt, so meint man meist *Helichrysum bracteatum*. Die Heimat ist in den großen trockenen Karstlandschaften Australiens; entsprechend bescheiden ist sie auch bei uns mit ihren Ansprüchen an die Qualität des Bodens – aber warm und sonnig sollte der Platz sein, wenn man viele Blüten ernten will.
Es gibt groß- und kleinblumige Sorten, hohe und niedrig bleibende Pflanzen. Der Liebhabergärtner wird mit der nur 30 cm hoch werdenden 'Zwerg Laurin' zufrieden sein. Die etwa 4 cm großen Blüten sind allerliebst geformt, die Farben reichen in guter Abstufung durch die ganze Skala von Weiß über Rosa und Gelb bis zu Kupfer. Man hat keine Arbeit mit dem Aufbinden und die kugeligen Pflanzen sind für jeden Garten eine Zierde.
Der Erwerbsgärtner wird mehr und größere

Blüten von den hohen Sorten ernten können. Aber auch er sollte einen gewissen Prozentsatz der Sorte 'Zwerg Laurin' ziehen, da die zierlichen Blüten sich in den Trockensträußen hervorragend mit den großblumigen Strohblumen mischen lassen. Wichtig ist, daß nur Saatgut verwandt wird, das klare und reine Farben bringt.

Ein Gramm Samen enthält etwa 1200 Korn, die meist sehr regelmäßig nach 10–14 Tagen keimen. Obwohl die Aussaat direkt ins Freie möglich ist, ist eine Anzucht im Kasten vorzuziehen, da diese Pflanzen vor allem in kühlen Jahren einen wesentlichen Wachstumsvorsprung haben und entscheidend früher mit der Blüte beginnen.

Der Platzbedarf ist für die Sorte 'Zwerg Laurin' 25 × 25 cm, für die hochwachsenden Arten 35 × 35 cm. Geerntet wird kurz vor dem Aufbrechen des letzten Blütenblattkranzes, lieber einen Tag früher als zu spät, da spät geerntete Strohblumen ihre Blütenblätter häßlich zurückschlagen.

Nur die Blütenköpfchen werden mit einer kleinen Drehung vom Stiel abgezupft. Am besten drahtet man sofort an. Die gedrahteten Strohblumen werden flach nebeneinander in eine Kiste gelegt und an einem schattigen, sehr warmen Platz (evtl. im Heizungskeller) schnell getrocknet. Bei zu langsamem Trocknen leidet die Farbqualität der Blumen.

Helipterum, Sonnenflügel

Helipterum humboldtianum (syn. *Helipterum sandfordii*), der gelbe Sonnenflügel, wird selten als Saatgut angeboten, ist aber doch im Strauß von Wert, da diese Art die teuren Immortellen ersetzt. Sie blüht mit kleinen Dolden sternförmiger gelber Blütchen im Hochsommer. Die kleinen goldgelben Dolden werden mit etwa 7 cm langem Stiel geschnitten und getrocknet. Die Verarbeitung ist die gleiche wie bei *Ammobium alatum.*

Man sollte die Pflanze 1–2 mal vorbeugend gegen Blattläuse spritzen, die der Pflanze besonders im Mai schaden.

Die Erträge sind, wenn das Jahr nicht naßkalt wird, sehr hoch, so daß ein verhältnismäßig kleines Stück ausreicht, große Mengen dieser Beiblume zu erzeugen. Der Flor ist nach etwa vierzehn Tagen vorüber, das Land kann bereits Anfang Juli für eine Nachpflanzung genutzt werden.

Helipterum manglesii (syn. *Rhodanthe manglesii*) und *Helipterum roseum* (syn. *Acroclinium roseum*) kommen aus der gleichen australischen Heimat wie die echten Strohblumen *(Helichrysum bracteatum),* und so haben sie auch die gleichen Ansprüche an Aussaat und Standort. Sie blühen mit zierlichen, halbgefüllten, margeritenähnlichen Blüten von Reinweiß bis Dunkelrosa, meist mit einem gelben, gelegentlich aber auch mit einem schwarzen Herzen. Ihre Blütezeit ist der Hochsommer. Der Platzbedarf ist 15 × 15 cm. Geerntet wird, wenn der Blütenboden gerade sichtbar ist. Die seidenpapierdünnen Blütenblätter sind druckempfindlich. Man muß bei der Ernte achtsam mit ihnen umgehen.

Bei *Helipterum roseum* werden die Blüten genau wie bei der Strohblume mit einer leichten Drehung vom Stiel abgezupft, sofort mit 6er- oder 7er-Blumendraht gedrahtet und anschließend in einen Handkasten gelegt und getrocknet.

Bei *Helipterum manglesii* wird die ganze Pflanze geerntet, wenn ein großer Teil erblüht ist. Man faßt eine Anzahl Blüten zu einem Büschel zusammen und drahtet mit einem 7er-Draht, den man in einer Gabel anlegt, an (s. Seite 44). Erst dann wird hängend getrocknet.

Beide Arten sind in der weißen Form besonders wertvoll, da die Blüten ungeschwefelt ihr reines Weiß erhalten und damit jeden bunten Trockenstrauß zum Strahlen bringen.

Limonium sinuatum und Limonium suworowii

Limonium sinuatum wird in großen Mengen für Trockensträuße benötigt. Immer mehr wird aber auch das stets gesuchte Blau in frische Blumensträuße gebunden. Die Kultur lohnt sich nur für Erwerbsanbauer. Liebhaber kaufen ihren Bedarf besser im Blumengeschäft. Wenn man das Blau bis in den Winter erhalten will, achte man darauf, die Sorte 'Kämpfs Verbesserte' zu bekommen.

Viel weniger bekannt, aber floristisch sehr gut, ist *Limonium suworowii* aus Westturkestan, das mit etwa 50 cm hohen, grazilen, leuchtend pinkrosa Ähren blüht. Getrocknet ergibt es einen winterlichen Vasenschmuck von ganz besonderer Originalität. Aber es ist auch in frischem Zustand floristisch gut zu verwenden. Für den Laien bleibt es schwer verständlich, daß die schlanke Blütenähre, die einem Gras viel ähnlicher sieht, der Gattung *Limonium* zugeordnet ist.

Beide Statice-Arten werden voll erblüht geerntet und in kleinen Bündeln im Dunkel eines warmen Raumes möglichst schnell getrocknet.

Linum usitatissimum, Lein, Flachs

Eines der etwa 200 Leingewächse. Die Familie ist meist in den Tropen oder deren Randgebieten beheimatet. Dieser wenig bekannte Lein, der unscheinbar weiß blüht, gibt mit seiner Unzahl kleiner, kugeliger Früchte ein schönes Beimaterial für Trockensträuße. Da er sehr ertragreich ist, genügt es, ein kleines Stück anzupflanzen, um einen schon recht großen Bedarf zu decken. Am besten wird direkt ins Freie gesät im Abstand von 10 cm innerhalb der Reihe. Nach der Keimung wird ausgelichtet, ebenfalls auf einen Abstand von etwa 10 cm. Rasch nach der Blüte erscheinen die kleinen Früchte, und dann muß sofort geerntet und in lockeren Bündeln hängend getrocknet werden. Der zartgelbe Farbton und die zierliche Fruchtform geben dem *Linum usitatissimum* eine absolut dienende Funktion im Strauß. Es ist aber gerade in seiner bescheidenen Art von hohem Zierwert.

Am besten drahtet man 10–15 Stück an eine Gabel an (s. Seite 44) und läßt es zur Auflokkerung über die runden Blütenformen in den Sträußen hinausstehen. Sehr gut wirkt *Linum* auch zur Weihnachtszeit mit Gold- oder Silberspray getönt zu Tanne, Zeder oder anderen weihnachtlichen Zweigen.

Vasenfüllungen zur Weihnachtszeit

Ja, ich kann es jetzt,
ja, nächstesmal schon male ich
die besten Weihnachten, die es je gab.
Miroslav Holub

Die Einstellung zu Festen im Jahreslauf ist im Augenblick einer starken Wandlung unterworfen – »Eh nicht ein Äußerstes erreicht ist, verkehrt sich nichts ins Gegenteil«, sagt Laotse. Wir werden also noch eine Weile über die winterlich glatte Autobahn reisen, um uns in überfüllten Hotels einer veränderten »Feststimmung« hinzugeben. Für die, die daheim ein wenig spüren von dem »Ausatmen der Natur« in diesen Tagen, von der Stille vor dem neuen Beginnen, gibt der Garten schöne Möglichkeiten, das auch im Schmuck der Wohnungen auszudrücken. Alles wintergrüne, aber auch grünweiße Laub ist gut, alle Koniferen, dazu Misteln und Fruchtstände sommerlicher Blumen, denen man mit der Sprühdose ein wenig Silber- oder Goldglanz anhauchen kann. Die kühlen Blumen des Winters, *Camellia* oder Christrosen, auch die ersten zarten Blütenzweige können gerade durch das Verhaltene und Stille die Jahreszeit deutlich machen.

Diese Sträuße halten lange. Man kann sie bequem schon einige Tage vor dem Fest richten. Die frischen Blumen werden am letzten Tag zugesteckt.

Auch das Grundgerüst der Tischdekoration kann frühzeitig gearbeitet werden. Die Kerzen, das Hauptfarbelement, müssen gut mit der Tischdecke und dem Geschirr harmonieren. Soll der Eindruck besonders festlich sein, kann man lange Bänder aus Gold- oder Silberbrokat aus der Tischdekoration kommend über die Tafel laufen lassen. Zeder, die mit den schlanken, eleganten Seitentrieben besonders hierfür geeignet ist, muß unbedingt in Wasser oder feuchte Steckmasse gearbeitet werden, da sie schnell nadelt.

Die Weihnachtswochen sind die Zeit, in der man die beste Möglichkeit hat, Gefühle im Blumenschmuck, der fast nur ein Blattschmuck ist, auszudrücken. Je feiner die Proportionen und Farben abgestimmt werden, desto größer wird die Wirkung sein.

Gehölze

Abeliophyllum distichum 'Weiße Forsythie'
Den Reigen der Blütenzweige eröffnet ein zu Weihnachten sicher treibbares Gehölz. Es ist ein zarter Begleiter der Christrosen und Kamelienblüten, ideal für winterlichen Tafelschmuck. Der etwa 1,50 m hohe, zierliche Strauch aus Korea ist noch weitgehend unbekannt. Er wurde erst 1924 in die gärtnerische Kultur eingeführt, aber bereits 1937 mit den Award of Merit der British Royal Horticultural Society ausgezeichnet.

Die weißrosa, süß duftenden Blüten erscheinen oft schon im Februar im Freien. Ihre zierliche Form läßt die Verwandtschaft mit den Forsythien deutlich erkennen, doch sind sie in ihrem feinzweigigen Habitus wie Ballettmädchen anzuschauen. Ein Eindruck, zu dem der meist hin- und hergewundene Wuchscharakter entscheidend beiträgt.

Da die Pflanze als nicht ganz winterhart gilt (ich habe in zehnjähriger Kultur jedoch noch keine Ausfälle gehabt), ist ein etwas geschützter Standort vorsorglich. *Abeliophyllum* toleriert offenbar sowohl Kalk wie saure Böden. Wichtig scheint eine gute Humusversorgung zu sein. Die Art gedeiht sowohl in voller Sonne wie im Halbschatten. Nach kühleren Sommern ist der Blütenansatz besser.

① *Hamamelis mollis* 'Pallida', ② *Hamamelis mollis,* ③ *Ilex aquifolium* 'Golden Milkboy', ④ *Taxus baccata* 'Fastigiata Aurea', ⑤ *Taxus cuspidata* 'Aurescens', ⑥ Gefüllte Frühe Tulpen aus dem Blumengeschäft. Das bäuerliche Holzgefäß bekam einen Einsatz und wurde von Gerd Klein arrangiert. Als Hilfsmittel diente Steckmasse.

Die Schnittverträglichkeit ist erstklassig. Ich schneide Jahr für Jahr alle gut mit Knospen besetzten Zweige, ohne daß die Pflanzen Schaden nehmen.
Die Treibdauer ist zu Weihnachten etwa 8–10 Tage. Geschnitten wird also zwischen dem 14. und 17. Dezember, damit die Zweige am Heiligen Abend voll blühen. Ein Baden der abgeschnittenen Zweige (s. Seite 27) ist nicht erforderlich, doch sollten 12–15 g Mimosa-Chrysal je Liter Wasser gegeben werden.
Wie viele frühlingsblühende Gehölze hält *Abeliophyllum distichum* getrieben weit länger in der Vase, als zur natürlichen Blütezeit. Fast alles, was wenig Wärme braucht, um zu erblühen, ist bei etwas zuviel Wärme schnell verblüht. Im Februar-März sollte man sich ihrer Blumen im Freien erfreuen und sie nicht in überheizte Räume zwingen.

Cedrus atlantica, Zeder

Viele Zedern bilden, vor allem in ihrer Altersform, eine so majestätische Gestalt, daß allein der Wunsch, einen solchen Baum sein eigen zu nennen, schon manchen zu einem Gartenbesitzer werden ließ.
Die beiden allerbesten Arten *Cedrus deodara* und *Cedrus libani* sind bei uns nicht an allen Plätzen winterhart. In ihrer Heimat, dem Himalaja und dem Libanon werden sie 30–50 m hoch.
Die ausreichend winterharte, stark pyramidal wachsende Form *Cedrus atlantica* 'Glauca' schenkt auch die schönsten Vasenzweige. Ihre dichte Beastung fordert fast dazu heraus, zur Weihnachtszeit einige Zweige für die Vase abzunehmen, um dem Baum eine etwas größere Transparenz zu verleihen. In der Vase sind jene Zweige am schönsten, die steil aufrecht streben, und auch dem Baum sind gerade diese Äste am entbehrlichsten, wenn man nur die Krone schont. So entsteht jene ausgebreitete, fast waagerechte Wuchsform, die an *Cedrus deodara* oder *Cedrus libani* erinnert.
Die Nadeln halten im zentralgeheizten Zimmer nur 10–14 Tage im Wasser, so daß man für die Adventszeit mit etwa zwei Vasenfüllungen rechnen muß. Zusammen mit den ersten Frühlingsblüten von *Viburnum* × *bodnantense,* mit vergoldeten Fruchtständen von Lilien, *Veratum nigrum,* oder auch als schlanke Begleiter bei Tischdekorationen aus Kerzen und Blumen ist die Zeder in der Weihnachtszeit fast unentbehrlich und durch keine andere Konifere zu ersetzen.
Man schreibt es der großen Haltbarkeit des Zedernholzes zu, daß es in der Alten Welt zum Symbol von Festigkeit und Dauer wurde, ähnlich dem Eichenholz bei uns. Im Staate Judäa wurde das Brautbett aus Zedernholz gefertigt, dem Sinnbild der Beständigkeit.
Von Schädlingen werden Zedern praktisch nicht befallen. Die einzige Schwierigkeit bereitet das Anwachsen. Am besten pflanzt man in der Zeit des beginnenden Austriebs im April. Ist der erste Sommer am neuen Standort sehr trocken, so hilft ein altes Tuch, als Sonnensegel gegen Süden gesetzt. Zusammen mit dem Baum wird das Sonnensegel gewässert, um die Luftfeuchtigkeit zu erhöhen und ein Austrocknen der Nadeln zu verhindern.

Corylus avellana 'Contorta'
Korkzieherhasel

Wirklich schön ist die Korkzieherhasel nur im Winter im blattlosen Zustand, wenn ihre hin- und hergewundenen Zweige mit Rauhreif besetzt sind oder ihr graphisches Bild sich über dem Schnee abzeichnet. Für Kinder und Eichkätzchen ist sie natürlich auch im Herbst interessant, wenn der Busch vollsitzt mit schönsten Haselnüssen. Der Platz sollte nicht an zu bevorzugter Stelle im Garten gewählt werden, vielleicht im Hintergrund einer Rabatte hoher Stauden, die ihr nicht sehr fabelhaftes Sommerkleid verdecken.
Doch im Herbst ist die Zeit der Korkzieherhasel gekommen. Jeder, der gerne mit Blumen arbeitet, wird sich dankbar ihrer erinnern und ihr mit Baumschere oder Säge zu Leibe rükken. Sie verträgt gelassen auch einen harten jährlichen Rückschnitt. Große Zweige in Bo-

denvasen sehen besonders vor hellem Hintergrund in klaren kühlen Räumen gut aus. Da die Korkzieherhasel trocken stehen kann, ist sie aber auch, wenn man sie ohne anderes Beiwerk einstellt, eine problemlose Winterfüllung für viele andere Plätze: Hotelhallen, Empfangsräume usw. Sie kann sogar gelegentlich in einer gut standfesten Vase als winterliche Zier ohne Wasser vor einem Haus stehen. Ist das Haus hell, streng und modern, so wird es durch diese Pflanze eine schöne Belebung erfahren.
Auch kleineren Ansprüchen wird dieser Haselstrauch in seiner großen Anpassungsfähigkeit gerecht: ein Zweiglein, gemeinsam mit Christrose und Tanne, Zeder und *Ilex* gibt immer ein gutes Bild in der Vase oder auch auf einem Weihnachtspäckchen. Die Korkzieherhasel löst mit ihren skurrilen, lustigen Formen alles allzu Strenge, allzu Ernste der winterlichen Sträuße auf. Zu Weihnachten läßt ein Hauch aus der Goldsprühdose ihre tänzerische Gestalt aufglänzen. Die Bodenansprüche sind gering. Ich habe bisher keinen Garten gefunden, in dem die Korkzieherhasel nicht wachsen wollte. Mit ihrem Platzbedarf ist sie, vor allem, wenn sie nicht regelmäßig geschnitten wird, nicht ganz so bescheiden. Etwa 2 × 2 m oder auch etwas mehr muß man einer alten Pflanze schon zubilligen. Trotz ihrer gewundenen Wege wächst sie zügig. Bereits im dritten Jahr nach der Pflanzung kann man mit einer kleinen ersten Ernte rechnen.

Hamamelis, Zaubernuß

Die im Winter blühenden Arten *Hamamelis japonica* und *Hamamelis mollis* sind jetzt gerade etwa einhundert Jahre in Europa bekannt, aber noch lange nicht bekannt genug. In England nennt man sie »Witch hazel«, Hexenhasel, bei uns Zaubernuß. In beiden Namen klingt das Erstaunen über ihr winterliches Blühen durch, das außerhalb jeglicher »normaler« Blütezeit liegt, so daß nur die Hexen oder die Zauberer es zustande gebracht haben können.
In den letzten fünfundzwanzig Jahren haben sich einige Züchter der *Hamamelis* angenommen, und es entstehen laufend neue Sorten. Es ist fast sicher, daß die jetzt empfohlenen in wenigen Jahren überholt und vergessen sein werden.
Die von den Züchtern angestrebten und von den Baumschulen begeistert propagierten roten Formen scheinen mir doch nicht den ihnen anfangs zugemessenen Wert zu haben. Ihre Blütezeit liegt später als bei *Hamamelis mollis*. Sie haben über dem winterlich braunen Gartenboden mit dem stumpfen Rot ihrer Blüten keine Fernwirkung. Abgeschnitten verblassen sie im Zimmer sofort zu einem schmutzigen Beige. Zur Wirkung kommen sie nur an einem sonnigen Schneetag.
Die nach 1950 von Ruys, Dedemsvart, verbreitete Sorte *Hamamelis mollis* 'Brevipetala' besticht zunächst durch ihre Wuchskraft und ihren überreichen Knospenbesatz. Die Petalen sind zwar deutlich breiter als bei der Art, dafür aber wesentlich kürzer; die Blüten zeigen ein stumpfes Orange von nicht sehr großer Fernwirkung. Der größte Nachteil ist, daß die Sorte 'Brevipetala' fast nie zu Weihnachten zum Blühen zu bringen ist und auch alle Tricks mit Baden und Treibzusätzen fast erfolglos bleiben. Es ist bei dieser Sorte eine deutliche Koppelung zwischen dichtestem Blütenbesatz und schlechtester Treibfähigkeit der Zweige, d. h. die am schönsten mit Knospen besetzten Zweige lassen sich am schlechtesten treiben. Für den Garten ist von Nachteil, daß sie das herbstlich braune Laub oft bis in den späten Frühling halten.
Hamamelis mollis, 1879 aus China eingeführt, bis 5 m hoch, ist mit ihren leuchtend goldgelben Blüten eine sicher wachsende und regelmäßig blühende Art von schöner Fernwirkung zur Blütezeit. Die aus ihr 1932 in England entstandene Sorte 'Pallida' wächst etwas schwächer, blüht aber sehr viel reicher und mit längeren Petalen in einem leuchtenden Zitronengelb. Für den Gartenliebhaber scheint mir dies im Augenblick die wertvollste

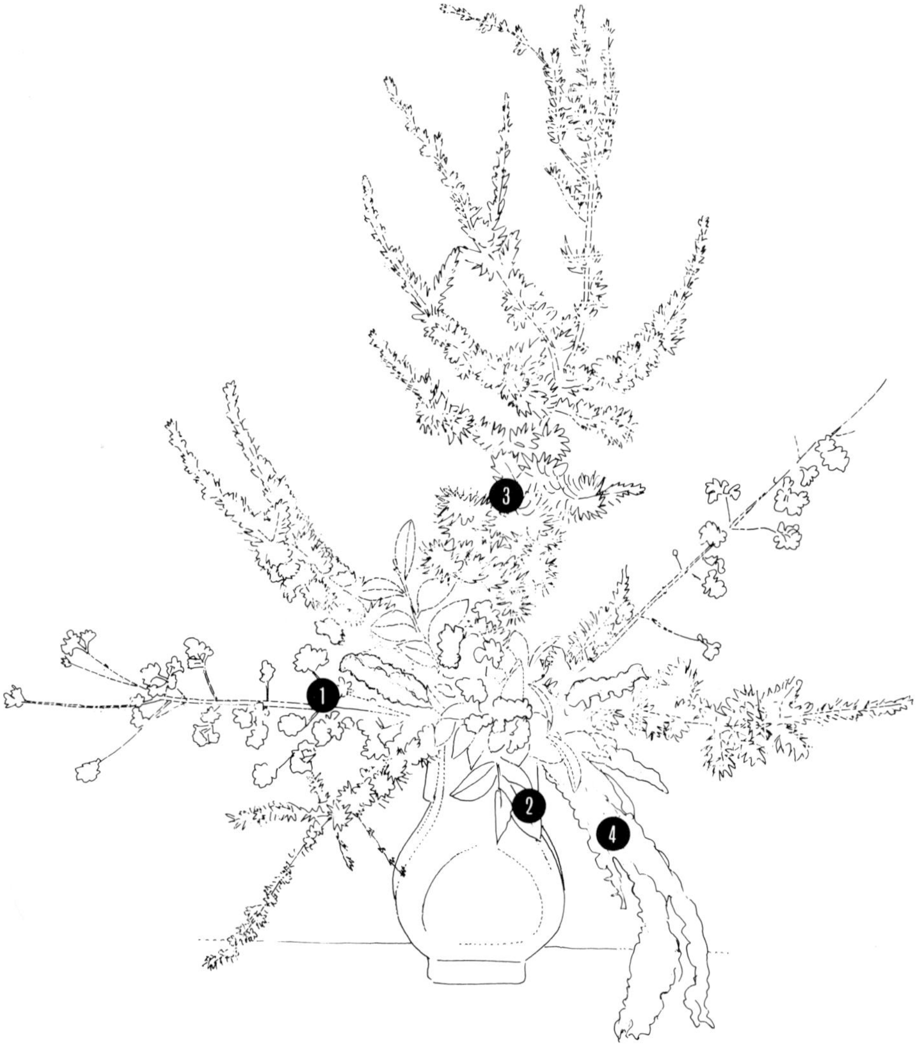

① *Viburnum farreri* (syn. *V. fragans*), ② *Camellia sasanqua,* ③ *Cedrus atlantica* 'Glauca', ④ Fruchtstände von *Epilobium* (Weidenröschen), vergoldet. Chinesische Keramik im Stil der Ming-Zeit. Gebundener Strauß von Kirsten Harders.

Sorte. 'Pallida' wurde 1960 mit der höchsten englischen Auszeichnung, mit dem Award of Great Merit (AGM) ausgezeichnet, die Sorte 'Brevipetala' 1960 mit einem Award of Merit. Diese Verdienstmedaillen vergibt die britische Royal Horticultural Society für besonders gute Pflanzen hinsichtlich Gesundheit, Schönheit, Blütenreichtum, Größe usw.
Die Sorte 'Moonlight' ist noch heller im Gelb und großblumiger als 'Pallida'; sie hat einen besonders angenehmen Duft.
Hamamelis japonica blüht verhältnismäßig früh, hat einen schlanken sparrigen Wuchs, der nur wenige zum Schnitt geeignete Zweige liefert. Die Blüten sind deutlich kleiner als bei *Hamamelis mollis* und dunkler im Gelb.
Die im Herbst blühende amerikanische Art *Hamamelis virginiana,* die kurz vor oder während des Laubfalls blüht, hat für den Schnitt keine Bedeutung. Ihr Anbau in Großplantagen erfolgt zu pharmazeutischen Zwecken. Sie ist ein Bestandteil fast jeder Schönheitscreme.
Hamamelis sind im Jugendstadium langsame Wachser. Ihr Preis in den Baumschulen gehört mit zu den Spitzenpreisen der Laubgehölze. Es dauert viele Jahre, bis man mit dem Schnitt beginnen kann. Trotzdem ist die Blüte der Zaubernuß ein solches Erlebnis, daß die geduldige Erwartung reichlich gelohnt wird.
Um *Hamamelis* mit Sicherheit in wenigen Tagen im Zimmer in Blüte zu haben, müssen zuvor an der Pflanze einige Petalen Farbe zeigen. Die Haltbarkeit im Zimmer beträgt je nach Temperatur 8–12 Tage.
Alle *Hamamelis* möchten einen tiefgründigen lehmigen Gartenboden und setzen nach heißen trockenen Sommern besonders gut Knospen an. Die Schnittverträglichkeit ist nicht schlecht. In den ersten 8–10 Jahren nach der Pflanzung gibt es immer nur eine Anzahl zum Schnitt geeigneter Zweige, das heißt solche, die bis in die Triebspitze mit Knospen besetzt sind. Man wird bei diesem Gartenjuwel immer vorsichtig mit der Schere sein und der Pflanze nicht zuviel Substanz nehmen.
Trotzdem können *Hamamelis* in etwa 15 Jahren eine Höhe von 4–5 m bei einem Durchmesser von 2–3 m erreichen, wobei die Ausdehnungen immer variieren werden zwischen geschnittenen und ungeschnittenen Büschen. Ich sah vor Jahren einmal in Holland eine Anlage mit alten, ca. sieben Meter hohen *Hamamelis mollis,* von denen jede Pflanze nur einen Durchmesser von etwa 1,50–2 m hatte. Die Graphik der Zweige muß in der floristischen Arbeit gezeigt werden. Die Kargheit der Jahreszeit im Garten sollte auch in dem Gesteck zu erfühlen sein. Koniferen, gelbbunte *Ilex,* vielleicht einige wenige gekaufte Tulpen in einem herben Gefäß werden immer gute Partner sein.

Ilex, Stechpalme

Wer wie ich Jahr um Jahr verbracht hat in der freudigen Erwartung einer reichen Beerenernte von *Ilex aquifolium,* wer Baumschule für Baumschule abgesucht hat nach Männern für seine weiblichen *Ilex verticillata,* um dann die endlich geglückten Früchte von den Vögeln gefressen zu finden, der gibt seufzend den Versuch als gescheitert auf, kauft in Zukunft *Ilex verticillata* in den Blumengeschäften und widmet sich vom gleichen Tag an der Kultur panaschierter *Ilex* und findet sie viel schöner als alles andere winterliche Schnittgrün.
Die sichersten und schnellsten Wachser, die sich im Frankfurter Raum und den umliegenden Mittelgebirgen als völlig winterhart erwiesen haben, sind die einfach weiß- bzw. gelbbunten Formen von *Ilex aquifolium* 'Albomarginata' und 'Argenteomarginata', bei denen das grüne ledrige Blatt einen weißen bzw. gelben schmalen Rand hat. Ihre Haltbarkeit in der zentralgeheizten Wohnung ist einige Wochen, wenn die Zweige nicht zu klein gewählt sind. Vor dem Einstellen müssen sie gleich jeder Blume richtig angeschnitten werden.
Sehr malerisch und ein besonderer Liebling von mir ist die Sorte *Ilex aquifolium* 'Albopicta', bei der ein kleines stark gewelltes Blatt

grün gerandet ist und in der Mitte in unterschiedlichen Grüntönen marmoriert; laut Krüssmann ist diese Sorte synonym mit 'Silver Milkmaid'. Bei mir entstand sie an einem etwa 25jährigen Baum von 'Albomarginata' spontan. Eine besondere Delikatesse bei dieser Form ist das alte Holz, das grün, weiß und rot gezeichnet ist.
Eine recht zuverlässig harte Sorte mit großen Blättern und breitem gelbbuntem Rand um die grüne Mitte ist 'Golden King', während die sehr edle Dame 'Golden Queen' mit schöner Regelmäßigkeit kalte Füße bekommt und die Blätter abwirft, im folgenden Jahr erneut, allerdings meist schwach, durchtreibt. Sie ist offenbar nur im Weinbergklima anzubauen.
Wesentlich härter ist die stark gelb panaschierte *Ilex aquifolium* 'Golden Milkboy', die einen dunkelgrünen Blattrand und eine leuchtend gelbe Mitte hat. Sie erscheint mir die schönste aller bunten *Ilex,* ist aber fast nur in englischen Baumschulen zu haben. Im Schatten und zugleich im Kälteschutz hoher Bäume angepflanzt ist sie immer noch erstklassig gelb getönt. Unpanaschierte Durchtriebe müssen sorgfältig entfernt werden, um ein »Zurückschlagen« des ganzen Baumes in reines Grün zu verhindern.
Ilex × altaclarensis 'Lawsoniana' mit kaum bewehrten regelmäßig goldbunt gezeichneten halbovalen Blättern ist im Habitus ähnlich *Elaeagnus pungens* 'Maculata', aber wesentlich besser als dieser in der Winterhärte. Er wünscht einen nahrhaften Boden und volle Sonne, um sich zu bester Substanz zu entwikkeln. Er wächst wesentlich langsamer als alle *Ilex aquifolium*-Formen, ist also nur für kleinere Sträuße und Gestecke zu verwenden, während die *Ilex aquifolium* durchaus auch Zweige für Bodenvasen liefern.
In der Adventszeit sind Sträuße aus panaschierter *Ilex,* Misteln und einigen schlanken Stielen von *Berberis veitchii* ein Symbol der Vorweihnacht. Sie bedeuten ein Stillerwerden des Blühens und ein Schmücken nur mit Grün, der Farbe der hoffenden Erwartung.
Ilex pernyi ist eine buschig wachsende sattgrüne Art mit kleinen rhombenförmigen, fast quadratischen Blättern. Wie alle *Ilex* wächst sie im Jugendstadium langsam und braucht einige Jahre bis sie zeigt, was sie kann: nämlich lange, schlanke, schön geformte Zweige liefern, die ideal sind für Tischdekorationen und mittelgroße Sträuße.
Ilex perado 'Myrtifolia' hat immergrüne winzige, stark bewehrte Blätter; sie ist ein Beiwerk für kleinste Gestecke, Sträuße und Orchideen.
Es ist richtig, *Ilex* nur als junge Pflanze zu kaufen, da sie nach Überwindung der Jugendepoche viel schneller und zügiger wachsen als groß verpflanzte Exemplare. Trotzdem kann in den ersten 6–7 Jahren kaum ein kleines Zweiglein geschnitten werden.
In sehr feuchten Sommern tritt möglicherweise eine Pilzerkrankung auf, besonders, wenn der Standort halbschattig und beengt ist. Sie äußert sich in braunen Flecken auf dem Laub. Zwei- bis dreimaliges Spritzen mit einem systemischen Fungizid hilft. Es ist empfehlenswert, vor dem Spritzen auf Blattlausbefall zu kontrollieren und notfalls ein Insektizid beizumischen.
Die weiß- und gelbbunten *Ilex* werden in England und Holland häufig als Heckenpflanzen verwandt, da sie durch ihre Bewehrung im Alter jeden Zaun ersetzen können. Die lebhafte Blattfärbung nimmt ihnen alles Düstere, das oft zur Ablehnung der Wintergrünen führt. Wenn man nachrechnet, wie viele Monate der Garten unbelaubt ist, so muß man die bunten wintergrünen Pflanzen wirklich als ein königliches Geschenk der Natur empfinden.

Taxus, Eibe

Die vor allem in ihrer Jugend sehr langsam wachsende Säuleneibe gehört in ihrer gelbbunten Form *Taxus baccata* 'Fastigiata Aurea' zu den winterlichen Gartenschönheiten, obwohl sie auch im Frühling und Sommer, zur Zeit des Austriebs, von besonderem Gartenwert ist. Die Nadeln der Jungtriebe sind anfangs gelb gerandet und vergrünen später, ohne jedoch so dunkelgrün zu werden wie die Form, so daß die Pflanzen nicht diesen Ernst haben wie die irische Eibe, von der sie abstammen.

Die langen, fast unverzweigten Triebe sind für weihnachtliche Dekorationen mit oder ohne Blumen gut geeignet. Fast alle Eiben halten ihre Nadeln auch ohne Wasser über einige Wochen, eine Eigenschaft, die viel zu wenig bekannt ist. Natürlich tritt Wasserverlust ein und die Nadeln verlieren mit der Zeit den Glanz ihrer Schönheit, aber es unterbleibt das ärgerliche »Nadeln«, für den klassischen Weihnachtsbaum leider eine typische Eigenschaft.

Durch den langsamen, straff aufrechten Wuchs entstehen nicht viele Zweige zum Schnitt. Man muß mit der Schere bei diesem Gehölz achtsam umgehen und seine Wünsche in Grenzen halten. Dafür ist diese Eibe aber ein nahezu ideales Zwerggehölz, das auch dem kleinsten Gartenraum Atmosphäre gibt.

Viel mehr Zweige liefert die breit wachsende Form *Taxus cuspidata* 'Aurescens', deren Nadeln vor allem bei den jungen Trieben einen interessanten Altgold-Farbton haben. Ich sah Exemplare, die 7 m hoch und ebenso breit waren. Doch dauert es viele Jahrzehnte, bis die Büsche solche Ausdehnungen erreichen. Sie sind durch Rückschnitt immer in den Grenzen zu halten, die ihrem Gartenraum gemäß sind. Beide Eibenformen sind in Vasen zweckmäßige Partner von *Hamamelis, Cornus mas* oder *Forsythia.*

Viburnum × bodnantense
Winterblühender Schneeball

Für den Nicht-Botaniker ist es schwer verständlich, daß der aus *Viburnum farreri* (syn. *V. fragans*) entstandene Winterblüher zu einer eigenen Art erhoben wurde. Daß es eine wesentliche Verbesserung des oft sehr blühfaulen *Viburnum farreri* ist, berechtigt allein noch nicht dazu.

Seiner reichen Blühwilligkeit und des schönen reinrosa Farbtons der kleinen fliederähnlichen Döldchen wegen ist nur *Viburnum × bodnantense* pflanzwürdig. Außerdem beginnt die Blütezeit oft bereits Anfang November und dauert bis in den März. An milden Tagen öffnet der Strauch neue Blüten und deckt damit die erfrorenen Blüten zu. Seine Winterblüte kommt mit der gleichen Sicherheit wie bei Hamamelis.

Daß er so selten in den Gärten zu sehen ist, obwohl *Viburnum farreri* bereits 1909 in gärtnerische Kultur genommen wurde, hängt sicher mit den vielen blühfaulen Typen zusammen, die von *Viburnum farreri* vermehrt wurden und den Käufern den Spaß an dieser interessanten Gartenrarität nahmen. *Viburnum × bodnantense* wurde 1933 in den Handel gegeben.

Die Ansprüche an den Boden sind bescheiden in jeder Beziehung, nicht nur, daß es Kalk ebenso wie saure Bodenreaktion toleriert, auch der Platzbedarf ist gering. Es wächst straff aufrecht bis etwa 3 m hoch, beansprucht aber ungefähr nur etwa $\frac{1}{2}$ m^2 Bodenfläche, vor allem, wenn es regelmäßig geschnitten wird. Auch Halbschatten wird vertragen; in voller Sonne ist jedoch der Knospenbesatz besser.

Bereits im dritten Jahr nach der Pflanzung kann man die ersten Zweige schneiden. Auch hier findet man das gleiche Phänomen wie bei vielen Frühblühern: getriebene Zweige halten länger in der Vase als an der Pflanze erblühte.

Die Treibzeit knospiger Zweige beträgt zu Weihnachten 8–10 Tage; ihre Haltbarkeit im geheizten Raum dauert dann meist über Silvester. Sie erfüllen das ganze Weihnachtszimmer mit einem süßen zarten, fremden Duft.

Stauden

Helleborus niger 'Praecox', Christrose

Nur diese Sorte lohnt wirklich den Anbau im Garten. Die weißen, außen zart rosa überhauchten Blüten sind die einzigen Christrosen, die sich wirklich annähernd zur Weihnachtszeit öffnen, meist schon ab November. Außerdem halten die Blüten von 'Praecox' am sichersten und längsten im Wasser.

Aber bis man die schönen Blüten schneiden kann, ist ein längerer Weg zurückzulegen. In den wenigsten Gärten sind nämlich die Verhältnisse anzutreffen, die die Christrosen an ihrem Wildstandort haben: gut humosen Boden auf Kalkschotter aufsitzend in halbschattiger Lage. Im Interesse des Besitzers ist ferner Hausnähe erwünscht. Denn wer wird alle Blumen für seine Vasen abschneiden und nicht einige noch im Vorübergehen bewundern wollen?

Hat man keinen kalkhaltigen Boden, so hilft nichts anderes, als einen Eimer Kalkschotter von einer Baustelle oder von einem Ausflug mitzubringen, ein Loch 60 × 60 cm auszuheben an der Stelle, die für die Christrose ausgewählt wurde, und zunächst den Kalkschotter einzufüllen. Darauf kommt ein Polster aus gut humoser Erde, möglichst gemischt aus zwei Teilen lehmiger Gartenerde, zwei Teilen Buchenlauberde und einem Teil alten Mist (oder gedüngten Torf oder reifen Kompost).

In den so vorbereiteten Boden kann die Christrose am besten im August gepflanzt werden. Ist die Arbeit gut getan, wird die Christrose kräftig wachsen und von den gefürchteten Krankheiten weniger befallen werden. Allen voran die gefährliche Schwarzfleckenkrankheit, der nur durch gewissenhaft sorgfältiges Entfernen der befallenen Triebe (nicht auf den Kompost werfen) und drei bis fünf Spritzungen mit systemischen Fungiziden, denen möglichst noch ein Kupfermittel zugesetzt wird, beizukommen ist. Die Pflanzenschutzansprüche sind denen der Lilien ähnlich. Daher ist es am einfachsten, Christrosen und Lilien jeweils zusammen zu behandeln, damit die kleine bescheidene Blume, die im Sommer leicht über dem vielfarbigen Blühen vergessen wird, auch zu ihrer notwendigen Pflege kommt.

Im Frühling nach der Blüte werden das alte Laub und die verblühten Blumen abgeschnitten, eine leichte, nicht zu stickstoffhaltige Düngung gegeben, der Boden vorsichtig rund um die Pflanze gelockert und mit Kompost oder Torf abgedeckt.

Geschnitten werden die Christrosen, wenn die Staubgefäße sich entfalten. Schneidet man sie zu jung, sind die Stiele noch zu kurz. Ein zu später Schnitt in der Hoffnung auf längere Stiele geht auf Kosten der Haltbarkeit. Es genügt nicht, die Stiele sorgfältig schräg anzuschneiden, man muß in der Nähe des Stielendes mit einem spitzen Messer 2–3mal etwa 2–3 cm lang einritzen, damit die Möglichkeit der Wasseraufnahme erhöht wird (s. Seite 22). In Steckmasse sind Christrosen nur dann zu verarbeiten, wenn ein 3 cm langer Blumendraht in das Stielende eingeschoben wird (s. Seite 42). Trotzdem ist die Haltbarkeit in Steckmasse sehr beschränkt. Man verwendet besser ein Nagelbett.

Es gibt vieles winterliche Beiwerk, das die Christrose ziert, doch sollte es immer hinter ihr zurücktreten. Klassisch bindet man mit Mistel und Tanne zusammen, aber einige kleine Zweige weißbunten *Ilex* sehen fast noch schöner dazu aus. Das Laub von *Pachysandra terminalis* kommt dem Christrosenlaub (von dem man ja nichts für die Vase opfern möchte und das bei gesunden Pflanzen auch etwas zu groß ist) optisch am nächsten. Eine gute Form erreicht man am einfachsten, wenn zunächst das Laub oder die Tanne eingestellt und dann die Christrosen dazwischengeschoben werden, die Halt in dem Laub finden.

Durch das winterliche Blühen war diese Blume für den Menschen immer von Geheimnis und Zauber umgeben. Schon früh wurde die hohe Giftigkeit der Wurzel und Blätter erkannt. Herodot erzählt, daß der Arzt und Seher Melampus die Wirkung zuerst an Ziegen, die das Kraut fraßen, beobachtete, und dann die Töchter des Königs Proitos (oder Prötus) damit heilte, welche in einen mit

Hautausschlag verbundenen Wahnsinn gefallen waren, nachdem sie die Bildsäule der Hera mißachtet hatten.
»Helleboro opus habet« (er hat die Nieswurz nötig) oder »naviget Anticyram« (er segle nach Anticyram) sagten die Römer von jemandem, dem es an Verstand zu mangeln schien. Anticyram war ein stark besuchtes Heilbad in der Landschaft Phocis am heutigen Meerbusen von Salona, wo die schwarze Nieswurz in Mengen wuchs, die den Körper und den Denkapparat durch Purgieren reinigen sollte. Nach dem dort mündenden Fluß Helleberos soll die Pflanze ihren Namen haben. Doch kann er auch vom griechischen *helein* (töten) und *bora* (Nahrung) abgeleitet sein.
Theophrast und Dioscorides erzählen, daß die Pflanze, um wirksam zu werden, mit einem besonderen Zeremoniell ausgegraben werden mußte. Man zog einen Kreis um sie, betete zu Äskulap und Apoll und hütete sich, von einem vorbeifliegenden Adler gesehen zu werden, denn dieser brachte dem Nieswurzgräber den sicheren Tod.
Allerdings wird heute viel bezweifelt, daß *Helleborus niger* tatsächlich die Schwarze Nieswurz der Alten Welt ist. Auch die jetzige *Helleborus officinalis* Sibth. könnte gemeint gewesen sein.

Grün und Beimaterial

Uns mag kein Glücklicher entbehren,
wir sind dabei, wenn man sich freut.
Schiller

Dies ist das Pfeffer und Salz des Floristen. Wie die beste Köchin ohne Gewürze kein delikates Essen bereiten kann, so ist es kaum möglich, ohne Gräser und Laub einen guten Strauß zu binden, ein gelungenes Gesteck zu gestalten. Der Berufsflorist wird natürlich viel anspruchsvoller sein als der Liebhaber, aber auch dieser kann bei der Anlage seines Gartens die »Gewürze« berücksichtigen und das anpflanzen, was für floristische Arbeiten besonders gut zu gebrauchen ist.
Da es sich fast ausschließlich um zierende Erscheinungen der Pflanzenwelt handelt – farbiges Laub, duftige Gräser – müssen diese mit Geschick in das Gartenbild eingefügt werden, damit sie sich nicht zu laut hervordrängen, sich gegenseitig entwerten. Vor dunklem Hintergrund, sei er grün- oder auch rotlaubig, stehen gelbbunte oder weißbunte panaschierte Pflanzen besonders schön. Eine Teppichpflanzung nur aus weißgrüner *Pachysandra terminalis* 'Variegata' wird kaum die angenehme Wirkung haben, die Ruhe verströmen, die die grüne Form auszeichnet. Werden die weißbunte und die grüne Form jedoch in unterschiedlich großen Gruppen gemischt, wirkt der Anblick fast immer befriedigend.

Gehölze

Berberis, Berberitze
Aus dem reichen, von unseren Gartengestaltern zur Zeit sehr gepflegten Sortiment der Berberitzen sind für die floristischen Arbeiten (wenn man keine Angst vor der starken Bewehrung ihrer Zweige hat) vor allem die folgenden von besonderem Interesse.

Die wintergrüne *Berberis veitchii.* Sie wächst stark. Ihr Platzbedarf ist reichlich 1,5 m². Sie bringt nach 3–4 Jahren schlanke unverzweigte Jahrestriebe mit kräftigen, dreiteiligen Dornen und lederartigem, sattgrünem Laub. Diese Art hält ganz ausgezeichnet im Wasser und in Steckmasse zwischen August und Ende Februar. An den älteren Trieben hat diese Berberitze dunkelblaue ovale Früchte, die silbergrau bereift sind. Die fruchttragenden Zweige werfen die Blätter meist im Herbst ab. Dafür haften die Früchte, die auch nicht von Vögeln gefressen werden, bis weit in den Winter hinein, und man kann sie sehr gut zum Stecken in der Advents- und Weihnachtszeit gebrauchen. Die Fruchtzweige halten auch in Steckmasse etwa 10 Tage, sind aber nicht in Trockengestecken ganz ohne Wasser zu verarbeiten. *Berberis veitchii* ist kalkliebend, toleriert aber auch leicht saure Bodenreaktion. Wird *Berberis veitchii* nicht regelmäßig geschnitten, verzweigt sich der Busch stark und ist floristisch weniger gut zu gebrauchen. Er bildet eine undurchdringliche Hecke und macht, geschnitten oder nicht geschnitten, jeden Zaun überflüssig.
Berberis thunbergii 'Atropurpurea' ist ein hochsommerlicher und herbstlicher Begleiter zu Rosen und vielerlei bunten Sträußen und Gestecken. Die bis 1,20 m langen Jahrestriebe entwickeln ihr sattes, tiefes Braunrot am besten an einem voll sonnigen Standort. Der Platzbedarf ist kaum geringer als bei *Berberis veitchii,* also ca. 1,5 m². Je regelmäßiger die Jahrestriebe geschnitten werden, desto schöner folgen sie im nächsten Jahr nach. Unterbleibt ein jährlicher Schnitt, werden die Triebe kurz, verzweigt, genau wie bei *Berbe-*

ris veitchii und sind für die Floristik weniger geeignet. *Berberis thunbergii* Atropurpurea' bevorzugt saure Böden, toleriert aber auch einen gewissen Kalkgehalt.
Berberis thunbergii 'Rose Glow' wächst viel schwächer. Sie wird knapp 1 m hoch, und kommt mit ca. 60 × 60 cm Bodenfläche aus. Das kleine Laub ist vor allem im Jugendstadium intensiv rosa und weiß auf dunkelrotem Grund gezeichnet. Zum Herbst hin wird die gesamte Farbtönung dunkler. Die aparten Farbnuancen lassen sich vielen kleinen und halbgroßen Sträußen oder Gestecken harmonisch zuordnen und zwar zu allen rosa, aber auch zu orange und violetten Tönen. Ganz besonders hübsch wirken sie aber immer wieder mit Rosen.
Zur Ernte von Berberitzen muß man unbedingt Handschuhe tragen, da ihre Dornen außerordentlich spitz sind. Am besten befreit man mit der Baumschere sofort bei der Ernte etwa 10–15 cm des Stielendes von den Dornen, um einen leichteren Transport und eine bessere Weiterverarbeitungsmöglichkeit zu sichern.
Die Haltbarkeit von *Berberis thunbergii* 'Atropurpurea' und 'Rose Glow' ist nicht sehr gut, wird aber durch Kochen der Stielenden (30 Sekunden) sehr verbessert. Sollen die Zweige in Steckmasse verarbeitet werden, so müssen sie nach dem Kochen noch 2–3 Stunden tief im Wasser stehen, möglichst in einem dunklen Raum, bevor man sie steckt. Dann haben sie auch bei heißem Wetter eine befriedigende Lebensdauer.

Buxus, Buchs

Buchs ist mit etwa 30 Arten in Westeuropa, Ostasien, Westindien und Mittelamerika heimisch. Jede Art hat ein ziemlich kleines natürliches Verbreitungsgebiet. Die leichte Vermehrbarkeit durch Stecklinge, das willige Weiterwachsen auch älterer verpflanzter Büsche ließen den Buchs jedoch schon in sehr früher Zeit zu einem gärtnerischen Weltwanderer werden. Aus Babylon gibt es einen Text, in dem ein König sich rühmt, alle Buchsarten der Welt gesammelt zu haben. In Griechenland war er, gleich der Zypresse, Pluto heilig. Humanismus und Klassizismus blieben bei dieser Zuordnung und holten ihn bevorzugt auf Friedhöfe. Die Zeit nach dem ersten Weltkrieg strich ihn aus ihrem Bewußtsein. Die Buchsbaum-Sortimente in den Baumschulen wurden nicht mehr gepflegt und so kam es, auch bedingt durch die große Variabilität der Art, zu dem noch heute herrschenden Durcheinander in der Nomenklatur.
Vor allem im Winter ist Buchs durch sein meist sattes Grün und die gute Haltbarkeit ein schönes Beiwerk für kleinere und mittelgroße Sträuße und viele andere floristische Arbeiten.
Starkwachsende Sorten von *Buxus sempervirens,* die 30–40 cm lange Jahrestriebe liefern, sind: 'Handsworthensis', großblättrig (auf Kalkboden etwas zu hellgrün), bildet schön geformte, schlanke Zweige; 'Rotundifolia', glänzend dunkelgrün, großblättriger und gesünder als 'Handsworthensis', verzweigte, starke Triebe in reichlicher Zahl wachsen jedes Jahr zu.
Gedrungenen Habitus hat *Buxus sempervirens* 'Aureovariegata' (syn. 'Aurea Maculata Aurea'). Er bildet Büsche so hoch wie breit und hat im Frühsommer sehr interessantes gelbes Laub, das später fast völlig vergrünt. Die Ernte muß bei diesem Buchs im Sommer sein.
Buxus sempervirens 'Argenteovariegata' wächst locker und nicht sehr stark. Die kleinen Blätter sind weiß gerandet und nehmen der Pflanze den Ernst, der anderen Arten manchmal anhaftet. Er ist ein schöner Begleiter von einzelnen Blumen und kleinen Sträußen. Die Haltbarkeit im Wasser ist nicht so gut wie bei den anderen Sorten. Es muß sehr sorgfältig beim Einstellen angeschnitten werden.
Der eigentliche Zwerg unter den Buchsbäumen erscheint mir nicht der seit Jahrtausenden im Formelgarten zu Einfassungen be-

nutzte *Buxus microphylla,* sondern die locker, aber langsam wachsende, feinzweigige Form 'Koreana', deren kleine, fast myrtenähnliche Blätter sich im Spätherbst und Winter zu einem warmen Goldoliv verfärben. Zu Weihnachten ist er ein feiner Begleiter von Christrosen, Orchideen, hellgelben Koniferen und paßt später zu Schneeglöckchen. Er selbst blüht mit unscheinbaren hellgrünen, aber stark duftenden Blüten in milden Wintern bereits im Februar.

Alle Buchs-Arten sind bescheiden in ihren Bodenansprüchen und vertragen willig den Schnitt. Sie wachsen sowohl in voller Sonne wie im Schatten und sind zu Unterpflanzungen von Gehölzen geeignet.

Die häufig auftretende Buchsfliege (erkenntlich an den rosettenartig verkrüppelten Jungtrieben) macht, wenn sie sich erst einmal im Garten eingenistet hat, ein 2–3maliges Spritzen mit Insektiziden notwendig. Die Pflanzen sollten zur Wachstumszeit regelmäßig auf Befall kontrolliert werden.

Das Buch Jesaia (XL1, 19) nennt unter anderen schönen Bäumen und Gesträuchen, von denen der Herr sagt, daß er sie in der Wüste wolle wachsen lassen, damit alle sie sehen und sich zu Gemüte führen, daß solches der Herr getan hat, auch den Buchs.

Chamaecyparis obtusa 'Crippsii'
Gelbe Scheinzypresse

Von den unzähligen *Chamaecyparis*-Sorten sei nur die für den Floristen allerschönste beschrieben. Diese schönste Sorte hat einen anmutigen pyramidalen Wuchs mit ausgebreiteten, elegant überhängenden Ästen. An der Sonnenseite ist der Baum rein gelb, oft fast weiß benadelt. Der Sonne nicht zugängliche Stellen werden hell olivgrün.

Die Sorte ist erst seit wenigen Jahren im Handel, aber ihr Erscheinen war und bleibt eine echte Sensation. Die Farbe der Nadeln hat eine solche Leuchtkraft, daß die Pflanze aus einiger Entfernung wie ein blühender Baum wirkt, und das zu allen Jahreszeiten.

Die Versuchung ist groß, gleich eine ganze Gruppe davon in seinen Garten zu holen, damit in jeder Jahreszeit genügend Zweige zum Schneiden zur Verfügung sind. Überraschenderweise ist diese *Chamaecyparis* in der Vase ein guter Begleiter zu Blumen unterschiedlichen Charakters. Zu den ersten Narzissen und gelben Tulpen, zu Kätzchen, zu *Cornus mas* und *Hamamelis* ebenso wie auf der Höhe des Sommers zu gelben Lilien oder Alstroemerien. Und im Herbst glaubt man für alle Fruchtzweige noch nie vorher ein so harmonisches Beimaterial gefunden zu haben.

Wie viele Koniferen neigt 'Crippsii' zu dem noch immer nicht ausreichend geklärten Verbräunen der Nadeln. Ich spritze vorbeugend zwischen dem 5. Mai und Anfang Juni dreimal mit einer Kombination von Fungiziden und Insektiziden.

Den Schnitt vertragen die Pflanzen offenbar gut, da er sie zu schnellerem Wachstum, auch der etwas älteren Exemplare, anregt. Die besonders rasch wachsenden Bäume haben auch meist die am schönsten gefärbten Nadeln.

Cornus alba, weißbunter Hartriegel

Sehr dekoratives Blattwerk für größere spätsommerliche Sträuße und Gestecke kann man bei den beiden Sorten 'Argenteomarginata' und 'Spaethii' ernten.

Cornus alba 'Argenteomarginata' wird oft verwechselt mit 'Sibirica Variegata'. Bei letzterem ist der weiße Saum um die Blätter schmaler und das Laub wirkt oft leicht verkrüppelt. Bestechend ist allerdings die leuchtend rote Winterfärbung des Holzes. Wem es jedoch auf schöne Blätter ankommt, der sollte 'Argenteomarginata' pflanzen.

Die Sorte 'Spaethii' hat ungewöhnlich reizvoll gezeichnete Blätter, im Austrieb bronzegelb, später breit goldgelb gerandet oder ganz goldgelb an kastanienbraunen Zweigen. Der Wuchs ist locker und äußerst elegant, aber nicht sehr stark. Wenn man für 'Spaethii' 1 m^2 reserviert, allerdings in voller Sonne, so ist ihr Platzbedarf vollkommen gedeckt, wäh-

rend 'Argenteomarginata' bis 3 m hoch und ähnlich breit wird.
Diese beiden Sorten stellen an die Qualität des Bodens keine besonderen Ansprüche. Herrscht in der Hauptwachstumsperiode sehr trockenes Wetter, sind sie für zusätzliche Wassergaben dankbar. Sie vertragen den Schnitt, der der Pflanze aber immer eine gewisse Substanz lassen sollte.
Um eine gute Haltbarkeit im Wasser zu erreichen, schneidet man, wenn das Laub Festigkeit erlangt hat, oder man muß die Spitzen der Durchtriebe entfernen (s. Seite 28). Für die Verarbeitung in Steckmasse ist es erforderlich, die Zweige, nach einem etwa 10 cm langen Anschnitt, einige Stunden tief in Wasser einzustellen, damit sie sich reichlich vollsaugen können, ehe man mit dem Stecken beginnt.
Die beschriebenen *Cornus*-Sorten sind durch Verzweigung, Blattform und Färbung leicht etwas unruhige Begleiter anderer Blumen, immer geneigt, sich in den Vordergrund zu drängen. Nur, wenn man dies beachtet und den unruhigen Zweigformen ganz ruhige, klare, schwere Blumenformen wie Dahlien, Sonnenblumen oder Chrysanthemen zuordnet, wird Harmonie und Schönheit zu erzielen sein.

Cotinus coggygria, Perückenstrauch
Der Perückenstrauch ist vor allem in seiner roten Form *Cotinus coggygria* 'Rubrifolius', und zwar den Selektionen 'Royal Red' und 'Royal Purple' ein für Blumenarrangements vielfältig zu verwendendes Beimaterial. Blattzweige und Blüten sind gleichermaßen geeignet. Das rote Laub mit den ruhigen rund-ovalen Blättern ist fast zu allen Blumen ein unterstreichender Begleiter, sowohl im großen Strauß der Bodenvase wie in kleinen Steckarrangements. Die Blütenstände wirken im Frühling bezaubernd in zierlichen Sträußen und Gestecken.
Die Probleme der Pflanze liegen in ihrer Anfälligkeit gegen das noch immer nicht hinreichend bekämpfbare plötzliche Zweigsterben. Man vermutet, daß es sich um einen Befall mit dem Pilz *Verticillium* handelt. Auch die Haltbarkeit im Wasser ist nicht immer ausreichend.
Gegen das erste Leiden hilft nur die Säge. Beim Auftreten welkender Äste oder Astteile muß ziemlich weit und großzügig unterhalb der befallenen Stelle der Ast oder der ganze Baumteil abgesägt und sofort verbrannt werden. Keinesfalls darf entferntes Holz noch einige Zeit in der Nähe des erkrankten Baumes oder anderer anfälliger Gehölze lagern. Ist ein sofortiges Verbrennen nicht möglich, hilft nur Zerkleinern des abgeschnittenen Holzes und Verpackung in einen Müllsack.
Wichtiger noch, als die Bekämpfung der Krankheit ist es, ihr Auftreten durch vernünftige, dem Naturstandort angepaßte Pflanzung zu verhindern. In seiner Heimat, dem Balkan und dem Vorderen Orient, steht der Perückenstrauch auf Schotterböden in voll sonniger Lage. Er verträgt also offenbar Hitze und Trockenheit in jeder Menge, nicht aber kalte, geschlossenen Böden und schattige Plätze. In voller Sonne wird die Blattfärbung viel intensiver.
Zur Verbesserung der Haltbarkeit gibt es mehrere Möglichkeiten. Einmal müssen grundsätzlich alle Stielenden der geschnittenen Zweige gekocht werden. Dann sollte man möglichst keine Zweige schneiden, die noch im Wachstumsstadium sind, das heißt, deren Blätter an der Triebspitze nicht genauso dunkel sind wie alle übrigen Blätter des Zweiges. Ist soviel Geduld nicht möglich, weil der Perückenstrauch fast bis zum Laubfall wächst, so entfernt man die oberste Triebspitze bis in das verhärtete Holz. Wird das geschickt gemacht, ist es kaum sichtbar.
Aber es gibt auch bereits ab Ende Mai, Anfang Juni gute Möglichkeiten, Blattzweige des Perückenstrauches zu schneiden. Jede Pflanze, die einige Jahre alt ist, hat Triebe, die keinen oder fast keinen Jahreszuwachs erzielen. Sie entwickeln Blätter und schließen den Jahreszuwachs nach 2–3 Blättern ab. Diese

Stiele, die oft sogar besonders hübsch geformt sind, können bereits im Frühsommer, zu einer Zeit, in der es wenig schnittfähiges Blattwerk gibt, verarbeitet werden.
Ein Zusatz von Chrysal im Vasenwasser verlängert die Haltbarkeit.
Cotinus coggygria wächst, wenn er geschnitten wird, mehr hoch als breit. Er beansprucht in diesem Fall etwa 1,5 m^2 Bodenraum und erreicht eine Höhe von etwa 5 m.
Aus England werden zwei neuere, bei uns fast unbekannte Sorten angeboten: *Cotinus coggygria* 'Foliis Purpureis' mit kupferbronzefarbenem Laub und 'Notcutt's Variety' mit leuchtend purpurrotem Laub.

Elaeagnus pungens, Ölweide
Wer seinen Garten nicht in einer ganz milden Klimazone hat, sollte dieses Kapitelchen schnell überschlagen, das Herz würde ihm nur schwer. *Elaeagnus pungens,* die einmalige, silbrige, wintergrüne und winterblühende duftende Ölweide ist nichts für rauhe Lagen. Sie kommt aus den milden Gebieten Japans, und Krüssmann hält sie für ausreichend winterhart nur südlich der Alpen und westlich von Paris. Ich habe seit 1949 etwa 15 Pflanzen in meinem Garten in Frankfurt. Wenn ich sie aus Vergeßlichkeit in einem Jahr nicht im Herbst schneide, sind sie im folgenden Jahr gleich 3 m hoch und kaum noch zu bewältigen. Trotzdem ist an den veredelten Pflanzen (die Wildtriebe ernte ich im frühen Sommer) ein deutlicher Unterschied der Winterhärte abzulesen. Einige meiner Pflanzen haben nach den ersten Frösten unschön verfärbte Blätter, die aber in 90% aller Winter trotzdem an den Pflanzen bleiben.
Ich vermute, daß die Winterhärte entscheidend auch von der Unterlage abhängig ist. Würde sich jemand die Mühe machen, *Elaeagnus pungens* wurzelecht zu vermehren oder auf vegetativ vermehrten, auf Härte getesteten Unterlagen zu veredeln, so könnten weit mehr Menschen Freude an dieser wintergrünen Ölweide haben.
Der Platzbedarf beträgt im Lehmboden ungefähr 2,5 m^2 für jede Pflanze.
Die bedornten braunen Zweige sind metallisch überhaucht, die elliptischen Blätter auf der Oberseite dunkelgrün, auf der Unterseite silbrig mit kleinen braunen Schüppchen, die Blattränder sanft gewellt.
Vom Hochsommer ab sind die starken, locker verzweigten Triebe ein ideales Grün für anspruchsvolle Dekorationen zusammen mit allen Sommer- und Herbstblumen, zum Beispiel mit Chrysanthemen, ganz besonders edel aber mit den spät blühenden asiatischen Lilien, *Lilium auratum* und *Lilium speciosum.* Ihr unaufdringlicher Habitus läßt diese Ölweide zum idealen Begleiter werden, aber auch zu einer distinguierten Vasenfüllung in reinem Grün im Winter.

Euonymus fortunei var. vegetus
Eine seltsame Pflanze: eigentlich ein bescheidener, buschiger, weißbunter »Bodendekker«. Gibt man z.B. der Sorte 'Gracilis' aber irgendeinen Halt, eine Gelegenheit zum Klettern, so entwickelt sie lange schlanke Triebe (leider mit Haftwurzeln), die ganz ideal für fast alle Sträuße, Gestecke und Tischdekorationen zu gebrauchen sind. Im Frühling sind die Blätter gelbbunt, doch ist es besser, erst zu schneiden, wenn das zarte Blatträndchen weiß geworden ist. Im Herbst und Winter sind die Blätter rosa gezeichnet, was zu einigen Blumen sehr schön, zu anderen aber schmutzig aussieht.
Die in England sehr bekannte Sorte 'Silver Gem' wird bei uns kaum angeboten. Da sie weniger Haftwurzeln bildet, aber trotzdem tapfer klettert, sollten sich die deutschen Baumschulen ihrer annehmen.
Beide stellen keine Ansprüche an Boden und Pflege. Krankheiten oder Schädlinge sind in meinem Garten noch nie an ihnen aufgetreten, gelegentlich ein wenig Schneckenfraß.
Damit wirklich gute Ranken wachsen, ist es unbedingt erforderlich, die Pflanzen zum Klettern zu bringen, sie also an eine Mauer,

einen Zaun oder eine Hauswand zu pflanzen. Soll eine Fläche ganz bedeckt werden, so ist ein Abstand von etwa 20 cm richtig. Jungpflanzen sind durch Absenker, die sich bewurzeln, in großer Zahl selbst zu erzielen.

Hebe, Strauchveronika

Die Pflanzen sind benannt nach Heras Tochter Hebe, die die Göttin der ewigen Jugend war und an der Tafel der Olympier als Mundschenk diente. *Hebe* bilden eine ziemlich große, immergrüne neuseeländische Pflanzengruppe von recht unterschiedlichem Habitus.

Für die Floristik sind drei Arten von besonderer Bedeutung: *Hebe armstrongii, Hebe buxifolia* und *Hebe pinguifolia.* Sie sind laut Krüssmann winterhart bis etwa minus 15 °C bei leichtem Bodenschutz. Er meint, sie könnten vorübergehend auch tiefere Temperaturen aushalten, doch ist dann eine etwas stärkere Stroh- oder Laubschütte bestimmt wichtig. In ausgesprochenen Kältegebieten sollte man auf sie verzichten oder ihnen zumindest geschützte Plätze in Hausnähe, besser noch vor einer großen Glasscheibe in der Strahlungsnähe des Fensters, bieten. In schneesicheren Gebieten ist die Kultur nach meiner Erfahrung gut möglich.

Hebe armstrongii hat ca. 2 mm große, dachziegelartig angelegte olivgrüne Blätter, so daß sie oft für eine Kleinkonifere gehalten wird. Ihre Äste legen sich sichelförmig übereinander, der Strauch wird selten höher als 60 cm. In der Floristik ist *Hebe armstrongii* wichtig durch die ausgefallene olivgrüne Färbung, die zu einigen anderen Farben wunderbare Kontraste oder harmonische Ergänzungen ergibt. Selbstverständlich ist sie ideal mit allen gelben und orangen Tönen, kann aber auch in einer Kombination von zartem Rosa zu einer raffinierten Unterstreichung werden.

Hebe buxifolia mit gegenständigen 7–9 mm kleinen, ovalen gelbgrünen Blättchen wird in ihrer Heimat bis 1,50 m hoch. Bei uns sind die zierlichen Pflanzen selten höher als 40–50 cm. Die stark verzweigten Ästchen (Jahreslängenzuwachs etwa 5–7 cm) eignen sich zu allen kleineren Orchideen, aber auch zu Christrosen, Schneeglöckchen und vielen winterlichen Gestecken und Sträußen. Die Haltbarkeit beider Arten im Wasser ist gut bis sehr gut, die Schnittverträglichkeit mittel, das heißt, es sollte immer schonend und mit Rücksicht auf entwicklungsfähige Triebe für das nächste Jahr geschnitten werden.

Hebe pinguifolia ist widerstandsfähiger gegen Hitze, Trockenheit und winterliche Kälte. Sie ist wüchsiger und gesünder. Ihr gesamter Habitus ähnelt *Hebe buxifolia,* das Laub ist blau bereift, oftmals mit einem sehr feinen roten Rand. Sie ist allerdings nicht so universell zu verwenden wie *Hebe buxifolia.*

Um eine gute Ausfärbung der Blätter, vor allem bei *Hebe armstrongii* zu erreichen, ist es nötig, sie an einen voll sonnigen Standort zu pflanzen. Sie tolerieren jede Erde, gedeihen in leichteren Böden jedoch besser. In sehr heißen, trockenen Sommern benötigt vor allem *Hebe buxifolia* zusätzlich Wasser.

Hypericum calycinum, Johanniskraut

Spätere Gärtnergenerationen werden unsere Zeit als das *Cotoneaster*-Zeitalter bezeichnen, bestenfalls noch als das des *Hypericum calycinum.* Diese zähe Allerweltspflanze, die unter härtesten Bedingungen wächst, die Ausläufer treibt schlimmer als eine Quecke, das Lieblingskind aller städtischen Gartenplaner, ausgerechnet dieser »Hansdampf in allen Gassen« ist auch im Blumenarrangement gut zu gebrauchen. Die drahtigen harten Stiele lassen sich rasch stecken und halten ohne besondere Vorsorge im Herbst und Winter sehr gut auch in Steckmasse.

Die paarig stehenden, matt dunkelgrünen Blätter sitzen an meist anmutig geformten, etwa 30 cm langen Zweigen, mit denen man kleinen Gestecken und Tischdekorationen schöne Linien geben kann. Sie haben jenes unauffällig Dienende, das ideal ist, die Steckmasse abzudecken.

Der einzige Nachteil ist die verhältnismäßig kurze mögliche Erntezeit. Sie beginnt nach der Blüte im September und endet Mitte Dezember mit den ersten harten Frösten.
Es ist am besten, die Pflanzen, die zwar als wintergrün gelten, in ihren oberirdischen Teilen aber nicht ganz winterhart sind, gänzlich zurückzuschneiden, um einen kräftigen Durchtrieb für das nächste Jahr anzuregen.
Für Liebhaberfloristen dürfte der Anbau nicht so wesentlich sein wie für Gärtner. Der Liebhaberflorist ist nicht darauf angewiesen, große Mengen und einen jahreszeitlichen Wechsel des Beimaterials zur Verfügung zu haben. Sein ausschließliches Streben sollte auf Schönheit und Haltbarkeit seiner Blumengebinde gerichtet sein.

Ligustrum, Liguster

Wer gern viel Blattwerk verarbeitet und kleinere, voll sonnige Plätze frei hat, sollte einen, vielleicht auch beide folgenden Liguster in seinem Garten haben. *Ligustrum ovalifolium* 'Aureum' ist die gelbbunte, besser gelbgerandete Form unseres bekannten Heckenligusters. *Ligustrum* 'Vicaryi' ist eine um 1920 in England entstandene Kreuzung mit *Ligustrum vulgare*. Das Laub ist, wenn der Kleinstrauch in volle Sonne gepflanzt wurde, lange Zeit leuchtend goldgelb und geht erst im frühen Herbst in ein Grüngelb über. Der Busch ist eine Zierde für jeden Garten und in der Fernwirkung von einem voll blühenden Gehölz nicht zu unterscheiden.
Beide Liguster sind fleißige Produzenten fast unverzweigter Stiele, die im Strauß und Gesteck vielfältig zu gebrauchen sind. Der Rückschnitt wird gut vertragen. Auch im vollen Wachstumsstadium, etwa ab Mitte Juni, sind sie zu schneiden, wenn von den Stielenden sofort die Blätter entfernt und sie ca. 30 Sekunden in kochendes Wasser gehalten werden. Chrysal ist in der Vase unbedingt notwendig; die Haltbarkeit beträgt je nach Wetterlage 2–3 Wochen. Bei Verarbeitung in Steckmasse müssen die jungen, noch nicht ausgereiften Triebenden unbedingt entfernt werden.
Ligustrum 'Vicaryi' wandelt bereits Ende August seine lebhafte Sommerfarbe in ein müderes Grüngelb, etwa die Farbe unreifer Zitronen. Stehen beide Sorten im Garten, ist es richtig, *Ligustrum ovalifolium* 'Aureum' für den Herbst zu sparen.

Nothofagus antarctica, Scheinbuche

Dieser graziös wachsende, bei uns nicht über 6 m hohe Baum gilt als nicht völlig winterhart. Mir ist im Frankfurter Raum in den letzten 20 Jahren jedoch kein Exemplar bekannt geworden, das erfror. In sehr kalten Lagen ohne Schnee und mit typischem Kontinentalklima sollte vor allem in der Jugend eine leichte winterschützende Bodendecke aus Stroh, notfalls Torf, gegeben werden. Wie bei allen Gehölzen nimmt die Winterhärte im Alter zu.
Die Blätter dieser Scheinbuche sind ungewöhnlich klein, etwa 15 mm lang, oval, mit gewellten Blatträndern, dunkelgrün an braunen Zweigen. Geschnittene Äste haben eine Optik von großer Leichtigkeit. Da sie sowohl im Wasser wie in Steckmasse gut halten, sind sie ideal zum Auflockern von Sträußen oder Gestecken, wirken besonders als graphischer Hintergrund bei Wandgestecken und einseitig gebundenen Sträußen, eignen sich aber auch für Tischdekorationen.
Wenn man ihre natürlichen Wuchsformen geschickt und sparsam nutzt, geben die Zweige floristischen Arrangements fröhlichen Schwung, ohne daß diese unruhig wirken.
In der Jugend wachsen Scheinbuchen recht langsam. Es dauert 5–6 Jahre, bis man schnittfähige Zweige bekommt. Leicht saure Böden beschleunigen das Wachstum; Kalkböden toleriert die Scheinbuche ungern.
Die Haltbarkeit in der Vase ist gut, wenn nicht mitten in der Wachstumsperiode geschnitten wird. Doch schon ab 20. Mai etwa, ist die Verwendung in Wasser oder Nährlösung möglich, ab 20. Juni in Steckmasse.

Philadelphus-Coronarius-Hybriden Gelber Pfeifenstrauch

Die *Philadelphus*-Hybride 'Aureus' gehört mit *Ribes sanguineum* 'Brocklebankii', *Ligustrum* 'Vicaryi', *Ulmus minor* 'Wredei' und *Sambucus racemosa* 'Plumosa Aurea' zu den Gehölzen, die durch ihre gelben Blätter sehr zierend wirken. Bei *Philadelphus* 'Aureus' färben diese sich nach der Blüte im Juni zu einem hellen gelblichen Grün. Der kleine Strauch wird nur etwa 1 m hoch und ebenso breit, die empfindliche Textur der Blätter ist im Schatten weniger gefährdet als in voller Sonne.

Nach meiner Beobachtung schneidet man am günstigsten gleich bei Austrieb des jungen Laubes, noch ehe das Längenwachstum der Triebe beginnt. Mitte bis Ende April geschnittene Zweige halten vorzüglich im Wasser und sind wunderschön zu Tulpen, Narzissen den ersten *Doronicum* und Kaiserkronen.

Die Sorte ist bereits im Februar gut treibbar in Mimosa-Chrysal (15 g je Liter Wasser). Die Blattfarbe ist an getriebenen Zweigen nicht ganz so delikat.

Ähnlich wie bei Forsythien ernte ich nur die zweijährigen, verzweigten Ruten. Diesen Schnitt nimmt der gelbe Pfeifenstrauch ohne Einschränkung seiner Wuchskräfte hin.

Physocarpus opulifolius 'Luteus', Blasenspiere

Dieser stark wachsende, bis 3 m hohe und gleich breite Strauch produziert eine ungeheure Menge langer großer Zweige mit leuchtend gelben Blättern, wenn er in voller Sonne gepflanzt ist. Er verträgt den Schatten, aber die Blattfarbe ist für floristische Arbeiten dann nicht apart genug. Die Blätter sind rund-oval, etwa 7–9 cm lang, an der Basis meist herzförmig eingeschnitten.

Wer im Sommer viele Bodenvasen füllen möchte und einen großen Gartenraum zur Verfügung hat, sollte sich die Pflanze anbauen. In einer etwas feuchteren Lage ist das Wachstum am stärksten. Der Strauch gedeiht aber auch auf mageren, trockenen Böden.

An extrem kalten Plätzen ist leichter Winterschutz ratsam. *Physocarpus* ist in englischen Baumschulen zu erhalten, aber auch die führenden deutschen werden ihn heute haben.

Um eine gute Haltbarkeit im Wasser zu erzielen, ist es notwendig, die Stielenden 30 Sekunden zu kochen.

Prunus cerasifera 'Nigra', Blutpflaume

Dieser rotlaubige, kleine bis mittelgroße Baum ist eine anspruchslose, aber vor allem in Kombination mit gelbbunten Gehölzen echte Gartenzierde. Die kleinen zartrosa Pflaumenblüten, die im Frühling vor den Blättern erscheinen, sind bezaubernd, aber leider fast gar nicht im Zimmer haltbar, so sehr sie auch jeden Strauß früher Tulpen, Narzissen und Hyazinthen schmücken. Wichtiger sind die nach der Blüte erscheinenden Blätter. Man kann sie zu zwei Jahreszeiten für floristische Arbeiten nutzen, in denen sie gut im Wasser halten: einmal im Frühling zur Austriebszeit, wenn das Längenwachstum der Zweige noch nicht begonnen hat, und dann wieder vom Hochsommer an, wenn das junge Holz bereits verfestigt ist und alle Blätter den tief braunroten Farbton angenommen haben. Aber ähnlich dem Perückenstrauch, mit dem sie auch die Farbe gemeinsam hat, sind ab Ende Mai, Anfang Juni an der Blutpflaume immer kleinere Triebe zu finden, die ohne Jahreszuwachs geblieben sind und die man dann schneiden kann.

Die Schnittverträglichkeit ist sehr gut. Da die Blutpflaume stark und kräftig wächst, sind schon im dritten Jahr nach der Pflanzung einige Zweige zu ernten, und die Menge wird von Jahr zu Jahr zunehmen.

Im Wasser hält die Blutpflaume sehr gut 8–10 Tage, auch bei heißem Wetter. Allerdings muß sie sofort nach dem Schnitt gewässert werden und vor dem endgültigen Einstellen einen Anschnitt von 4–12 cm Länge, je nach der Größe der Zweige, erhalten.

Pflanzen sollte man diesen *Prunus* nur, wenn der Garten nicht zu klein ist. Er darf dann im Hintergrund an einem unwichtigeren Platz stehen, den er durch seine interessante Laubfärbung trotzdem zu einem wichtigen Blickpunkt machen wird.

Prunus laurocerasus, Lorbeerkirsche

Die Lorbeerkirsche (nicht »Kirschlorbeer«) ist, einmal eingewachsen, viel winterhärter als allgemein angenommen. Die prächtigen wintergrünen Sträucher, die man sommers über dem reichen heiteren Blühen des Gartens fast regelmäßig vergißt, sind zur Herbstzeit, im Winter und zeitigen Frühling wichtige Gartenbewohner und fleißige Lieferanten winterlichen Grüns für Vasen und Schalen.

'Schipkaensis Macrophylla', von der Baumschule Böhlje, Westerstede, 1930 in den Handel gegeben, wächst zügig und locker. Nach etwa sieben Jahren kann der Busch schon 2 m hoch und ebenso breit sein. Die hellgrünen, sehr großen, stark gesägten Blätter, die den gesunden speckigen Glanz aller Lorbeerkirschen haben, sind in der Arbeit mit Blumen vielfältig zu verwenden. Da die Sorte gut schnittverträglich ist, kann man mit schöner Regelmäßigkeit große Zweige für Bodenvasen oder umfangreichere Dekorationen schneiden. Lorbeerkirschen ergänzen erstklassig Forsythien, Blütenkirschen oder *Viburnum × bodnantense.* Kleine schlanke Seitentriebe lassen sich aber auch mit Narzissen oder Haselkätzchen, zum Beispiel *Alnus incana* 'Aurea', binden.

Die Gefährdung durch Fröste ist im Jugendstadium viel größer als bei alten, gut eingewurzelten Pflanzen. Ist ein Winter kurz nach der Pflanzung besonders kalt, so stülpt man eine Kiste, die mit Styroporplatten ausgekleidet wurde, über den Neuling, solange die Frostperiode anhält. Ich habe nach dem kalten Winter 1956 beobachtet, daß scheinbar vollkommen erfrorene Lorbeerkirschen, die bis kurz über den Boden zurückgesägt wurden, einwandfrei wieder austrieben und innerhalb weniger Jahre die gleiche, fast undurchdringlich hohe Hecke bildeten.

Prunus laurocerasus 'Zabeliana' wächst rasch mit schlanken Jahrestrieben, die stärker in die Breite als in die Höhe streben. Die Zweige (Jahreszuwachs etwa 1 m) sind oft fast waagerecht gestellt und in lockeren Abständen mit schmalen ei-lanzettlichen, fast dunkelgrünen Blättern besetzt. Geschnitten wirken diese Triebe viel weniger füllig als die von 'Schipkaensis Macrophylla', eher leicht und elegant. Sie sind bei floristischen Arbeiten dementsprechend weniger dort zu verwenden, wo eine dekorative Wirkung erzielt werden soll, sondern glänzen als dezente Begleiter, graphisch in der Wirkung, die eine Bewegung des Straußes oder des Gesteckes aufnehmen, fortsetzen und ausschwingen lassen.

Prunus laurocerasus 'Otto Luyken', von der Baumschule Hesse in Weener 1953 in den Handel gegeben, gilt als die absolut winterhärteste Lorbeerkirsche. Man sollte sie vor allem dort anbauen, wo die beiden anderen Sorten wegen nicht ausreichender Frosthärte versagen. Der Wuchs ist dicht und gedrungen, mehr breit als hoch, die schmalen lanzettlichen, an der Oberseite tief dunkelgrünen Blätter sind entlang den aufstrebenden Zweigen steil nach oben gestellt. Die geschnittenen Äste wirken immer etwas steif und sind floristisch viel schwieriger zu verarbeiten als die beiden zuerst beschriebenen Sorten. Ein weiterer Nachteil ist, daß der Strauch seine weiße Traubenblüte des Mai meist im Herbst noch einmal wiederholt. Sosehr aus menschlicher Sicht der Wunsch nach mehrmaligem Blühen verständlich ist (bei fast allen Pflanzen versucht man, dies züchterisch herbeizuführen), so stören bei den floristischen Arbeiten im Winter doch sehr die von der Herbstblüte stehengebliebenen Mittelrispen. Die Schnittverträglichkeit ist auch bei dieser Sorte sehr gut.

Grundsätzlich muß man bei dem Schnitt der wintergrünen Gehölze bedenken, daß sie darauf eingestellt sind, auch im Winter über ihre Blätter zu assimilieren. Entsprechend verständnisvoll muß der Schnitt ausgeführt werden, d. h. es muß immer eine der Proportion und dem Alter der Pflanze angemessene Substanz erhalten bleiben.

Alle Lorbeerkirschen werden in feuchten Jahren zu ihrer Wachstumszeit gerne von Schnekken besucht, die in die jungen, frisch grünen Blättchen Löcher fressen. Wen solche Löcher im Winter stören, wenn er die Zweige in der Vase hat, muß Schneckenkorn streuen, und zwar zwei- bis dreimal.
Die Sorte 'Schipkaensis Macrophylla' wird gelegentlich auch von Blattläusen befallen, was zu einer unschönen Verkrüppelung der Blätter führt. Es hilft nur Wachsamkeit und beim ersten Auftreten sofortiges mehrmaliges Spritzen mit einem der üblichen Insektizide im Abstand von 10–12 Tagen. Da die Wachstumsperiode dieser Sorte oft bis in den Herbst andauert und die längsten Zweige meist die schönsten sind, muß man unter Umständen mit zahlreichen Spritzungen rechnen.
Die Haltbarkeit im Wasser ist bei 'Otto Luyken' die beste, 3–4 Wochen bei normaler Zimmertemperatur. Die Sorte kann ab Anfang Juli bereits geschnitten werden. 'Schipkaensis Macrophylla' hält gut 10–14 Tage, wenn sie sorgfältig angeschnitten wird. Sie wird erst verhältnismäßig spät im Herbst erntefähig. 'Zabeliana' darf nicht zu lange ohne Wasser sein. Sie welkt sonst sofort in der Vase und ist durch kein Anschneiden zu retten, ähnlich manchen Sommerblumen. Bald nach dem Schnitt mit Wasser gut versorgt, ist sie auch im Zimmer zehn Tage haltbar. Vor der Verarbeitung in Steckmasse sollten alle Lorbeerkirschen gründlich Wasser ziehen.

Ribes sanguineum 'Brocklebankii'
Gelbe Johannisbeere

Im Sichtungsgarten Wisley der Royal Horticultural Society entdeckte ich vor einigen Jahren an einem Septembertag diesen rein gelbblättrigen Strauch am Ostrand einer höheren Bepflanzung in voller Sonne. Die Farbe der Blätter war so faszinierend, daß ich ihn mir im nächsten Frühjahr aus England schicken ließ.
In dem kontinentalen Klima Deutschlands bleibt die Farbe der Blätter an halbschattigen bis schattigen Plätzen besser erhalten. In heißen, trockenen Sommern bestünde die Gefahr, daß die Blätter in der Sonne verbrennen.
Die Zweige dieses schwachwüchsigen Strauches (für kleinere Gärten ist das kein Nachteil) halten abgeschnitten hervorragend im Wasser, und zwar auch dann, wenn sich der Trieb noch voll im Wachstum befindet, ein Phänomen, das außerordentlich selten ist. Kochen oder der Zusatz von Frischhaltemitteln sind nicht erforderlich.
Blätter und Zweige sind ähnlich geformt wie bei unserer bekannten Gartenjohannisbeere, und doch ist dieser Strauch durch die Farbe seines Laubes wie reines Gold anzuschauen.
Trotz des schwachen Wuchses ist etwa 1 m^2 für eine Pflanze zu reservieren. Schon im zweiten Jahr nach der Pflanzung kann man einige wenige Stiele schneiden; ein Mengenlieferant wird diese Pflanze erst vom vierten Jahr an. Doch ist immer eine gewisse Substanz zu belassen.
Die Zweige können etwa in einer Länge von etwa 50–70 cm geschnitten werden; dementsprechend verarbeitet man sie mit mittelgroßen Blumen, zum Beispiel der weißen ungefüllten *Paeonia*-Lactiflora-Hybride 'Jan van Leuwen', mit deren gelber Mitte das Laub gut korrespondiert. Aber auch an der Basis von Gestecken mit klarblauem Rittersporn, *Eremurus*, oder zu roten Dahlien.

Rosa glauca

Diese Rose (syn. *Rosa rubrifolia*), so edel auch ihre rosa Schalenblüten sind, sollte man, wenn man floristisch arbeitet, nur ihres schönen Laubes wegen im Garten haben. Die Blätter haben eine völlig unübliche Farbe: ein höchst distinguiertes Violettgrau, vor allem dann, wenn der Strauch in voller Sonne steht. Die etwa 1,50 m langen, schlanken Triebe können geschnitten werden, ohne daß die Pflanze an ihrer Gesundheit und Wuchskraft Schaden nimmt. Allerdings muß man sie, um die Haltbarkeit in der Vase zu verbessern, entspitzen, d. h. den noch nicht ausgereiften Mitteltrieb entfernen und das Stielende kochen.
Auch im Herbst, im Kontrast der braunroten

Früchte mit dem grauen Laub ist diese Rose sehr attraktiv in der Vase. Bis die Früchte reifen, hat das Laub allerdings einen Teil seiner raffinierten Ausfärbung verloren.
Der Platzbedarf ist ähnlich anderen Parkrosen recht groß. Einen Standplatz von etwa 1,50 m^2 muß man schon geben, damit eine volle Entfaltung der Eleganz möglich ist. Die ersten Stiele können schon im zweiten Jahr nach der Pflanzung geschnitten werden. Strauchrosen sollten im Herbst gepflanzt und bei der Pflanzung nicht zurückgeschnitten werden.
Wie alle Rosen wird auch diese von Blattläusen und gelegentlich von Pilzen befallen, die die Blätter orangerot verfärben. Es empfiehlt sich daher, kombinierte Rosenspritzmittel anzuwenden, vor allem im Frühsommer 3–4mal.
Ganz besonders eindrucksvoll ist das Laub in der Vase zu weißen Rosen, z.B. zur Sorte 'Schneewittchen' oder zu den neuen violetten Rosensorten von 'Sterling Silver' über 'Mainzer Fastnacht' bis zu 'Shocking Blue'. Wer alte Rosen liebt, sollte der *Rosa glauca* in der Vase die echte Moosrose, *Rosa centifolia* 'Muscosa', die rosa blüht, oder die violett blühende alte Sorte *Rosa centifolia* 'William Lobb' zugesellen. Sie braucht immer Partner von gleicher oder ähnlicher Exklusivität wie sie selbst sie als Aura um sich trägt. Auch die Vasen müssen ihren verfeinerten Ansprüchen gerecht werden.

Sambucus racemosa 'Plumosa Aurea' Gelber Holunder

Dies ist ein Edelstein unter den sommergrünen Sträuchern. Seine fein geschlitzten, rein gelben Blätter, die bronzefarben austreiben, verändern sich erst im späten Sommer zu dem Grüngelb halbreifer Limonen.
Der Ende des vergangenen Jahrhunderts in Holland entstandene Strauch ist leider den deutschen Gartengestaltern weitgehend unbekannt geblieben. Der schwache Wuchs, für den materialhungrigen Floristen ein Nachteil, macht ihn zu einem idealen Strauch für den kleinen Hausgarten. Die Haltbarkeit im Wasser, auch junger Zweige im Wachstum, ist überraschend gut.
Ich kultiviere diesen *Sambucus* in voller Sonne an einem Kalkhang. Auch Krüssmann nennt volle Sonne eine Voraussetzung für gut ausgefärbte Blätter. Die englische Literatur meint, er gedeihe in einer kühlen, feuchten Atmosphäre im Halbschatten am besten.

Ulmus minor 'Wredei', Goldulme

In den Baumschulkatalogen wird diese gelbe Form als *Ulmus carpinifolia* 'Wredei' oder *Ulmus campestris* 'Dampieri Wredei' (nach dem Seeräuber Dampière, der auch als Pflanzenjäger tätig war) geführt. Diese säulenförmige, schwachwachsende Ulme ist eine gelbe Form der Feldulme. Der schlanke Wuchscharakter und die sehr zierende reingelbe Blattfärbung machen sie zu einem idealen Baum für den kleinen Garten.
Floristisch ist sie gut zu verwenden. Zum ersten Mal beim Austrieb, der verhältnismäßig spät im April erfolgt, und zum zweiten Mal, wenn der Jahreszuwachs abgeschlossen ist. In sehr heißen, trockenen Sommern verdorren bei einem Teil der Blätter die Ränder, deren Textur zu empfindlich ist. Wenn man den Baum genau ansieht, wird man immer eine Reihe einwandfreier Zweige finden, die zum Schnitt geeignet sind.

Stauden

Alchemilla mollis, Frauenmantel Alchimistenkraut

Manchmal ist das scheinbar Unscheinbare wichtig, um das Prächtige noch mehr zum Strahlen zu bringen. Die gelben, hauchzarten Trugdolden, die Anfang Juni erscheinen, flechten sich wie ein zartes Gespinst zwischen andere Blumen, verbinden und tragen sie.
Der Frauenmantel ist eine wirklich bescheidene Pflanze in ihren Ansprüchen an Boden und Pflege. Am Wegrand wird sie oft nur 10 cm hoch, und die Blätter liegen fast wie eine Rosette

dem Boden auf; im Garten erreichen die Blütenstiele 50 cm Länge. Man kann sie viele Jahre am gleichen Platz stehenlassen. Sie gedeihen sowohl in der Sonne wie im lichten Halbschatten. Der Platzbedarf je Pflanze ist etwa 40 × 40 cm.
Außer den Blüten im Juni erntet man auch die Blätter, sobald sie genügend verfestigt sind, das heißt einen tief dunkelgrünen Farbton erreicht haben.
Die deutschen Namen »Alchimistenkraut« und »Frauenmantel« deuten auf ganz verschiedene magische Bräuche hin, in denen diese Pflanze eine Rolle spielte. Die Alchimisten glaubten zur Umwandlung unedler Metalle in Gold als Katalysator den Tau des Himmels nötig zu haben und sammelten ihn von den behaarten flachen, runden schalengleichen Blättern der *Alchemilla* ein, auf denen er jeden Morgen funkelnd zu finden ist. Im Namen »Frauenmantel« ist ebenfalls ein alter Brauch versteckt: In der Johannisnacht, jener geheimnisvollen Mitsommernacht des Liebeszaubers, trugen die Frauen beim Tanz um das Feuer einen Schurz aus Blättern von *Alchimilla mollis* um die Hüften. Beim Schluß des Tanzes wurde der Blätterschurz in das Feuer geworfen und verbrannt. Man hoffte, alle weiblichen Beschwernisse würden mit dem »Frauenmantel« von den Flammen verzehrt.

Bergenia, Bergenie

Bergenien sind Pflanzen fürs Leben. Einmal gepflanzt, können sie ein Menschenalter oder länger am gleichen Platz verbleiben, ohne in ihrer Blühwilligkeit nachzulassen. Das immergrüne Laub macht sie auch im Winter ansehnlich. Sie wachsen langsam, aber stetig. Ihre Bodenansprüche sind die bescheidensten, die man sich denken kann. Hat man einen Gartenplatz, an dem nichts wachsen will, sei er in der Sonne oder im Schatten – die Bergenie wird es schaffen, ihn zu begrünen. Für floristische Arbeiten sind vor allem die großen, dickfleischigen Blätter (sie gehören zu der Familie der Saxifragaceae) gut zum Abdecken in Gestecken und Sträußen zu verwenden. Die Haltbarkeit ist ausgezeichnet. Wenn die Blätter sofort nach dem Schnitt gründlich gewässert werden, halten sie danach auch eine gewisse Zeit gänzlich ohne Wasser.
Da die Bergenien wintergrün, das heißt auch auf winterliche Assimilation eingestellt sind, darf der Schnitt immer nur einen Teil der Blätter erfassen.
Die Züchtung beschäftigt sich zur Zeit sehr stark mit der Art. In Kürze werden viele neue schöne Sorten in den Katalogen erscheinen.

Epimedium, Elfenblume

Wer floristisch arbeiten möchte, hat einen schier unersättlichen Bedarf an verschiedenstem Laubwerk, das möglichst im Laufe des Jahres immer wieder wechseln sollte.
Etwa 30 cm hohe Kleinstauden für halbschattige bis schattige Lagen sind Epimedien, die Elfenblumen. Ihre zarten Blüten, denen sie ihren deutschen Namen wohl verdanken, erscheinen im April und Mai als schwach verzweigte Trauben in allen Pastellfarben. Aber sie halten nur kurz in der Vase. Wichtiger ist für die Floristik das Laub, obwohl es nur dann im Wasser hält, wenn es etwa zwischen dem 20. Juli und 10. September abgeschnitten wird. In dieser Zeit hält es allerdings ausgezeichnet. Die dreiteiligen Blätter auf dünnen, drahtigen Stielen wirken sehr elegant. Man kann sie schnell und gut in Steckmasse verarbeiten, zum Beispiel für Tischdekorationen. Auch in kleinen aparten Sträußen sind sie fast unersetzlich, so zu den letzten *Heuchera,* den Staudenwikken, zu Enzian oder japanischen Anemonen. Einmal gepflanzt, halten die Epimedien viele Jahre am gleichen Platz aus und bedecken, wenn der Boden frisch und lehmig ist, bald große Schattenflächen als Unterwuchs. Es kommt zwischen ihnen kein Unkraut auf. Gepflanzt wird im Frühling im Abstand von 30 × 30 cm.

Gräser

Das Leichte, das das Schwere aufhebt, immer ist es im Gras zu finden. Im Garten setzen alle hohen Gräser Akzente, die niemand missen möchte, bei dem sie einmal geblüht haben. In der Vase ergänzen sie jede Blume; fast alle sind zum Trocknen geeignet. Für den Floristen sind vor allem die Gräser wichtig, die nach der Heuernte blühen. Vorher kann man sich bei Spaziergängen leicht einen Vorrat an Wildgräsern von Wiesen- und Wegerändern mit nach Hause bringen.

Ende Juni, spätestens Anfang Juli, blüht *Stipa gigantea.* Die drahtigen, mannshohen Stiele tragen etwa 50 cm lange, breitfächerige, goldbronzefarbene Rispen. Das stolze Gras will im Garten möglichst trocken stehen. Kalk, Sand und Steine sind ihm sein liebster Boden. Ähnlich dem Pampasgras ist es vor allem gegen winterliche Nässe empfindlich.

Etwa zur gleichen Zeit beginnt die zärtlich schöne Schwester *Stipa barbata,* das Reiherfedergras, zu blühen. Die etwa 70 cm hohen Pflanzen tragen Blütenstände, deren Grannen bis 50 cm lang werden und in sanfter, ständiger Bewegung sind. Will man dieses Gras trocknen, so muß es kurz vor der Reife geschnitten werden. Etwas Haarspray hindert, die Grannen auszufliegen. Die reifen Samen gleichen Spiralbohrern und drehen sich mit großer Behendigkeit in alle weichen Unterlagen ein, gleich, ob es Rasen, ein Teppichboden oder ein Tierfell ist. In alten naturkundlichen Büchern finden sich lange Seiten gefüllt mit Klagen, wieviel Schaden dieses Gras in Rußland den Schäfern verursache. Es bohre sich durch den Pelz der Schafe in die Haut der Tiere, und um Krankheiten zu vermeiden, müßten die Schäfer und ihre Familien jeden Abend die Tiere nach Samen des *Stipa barbata* absuchen. Auch das Reiherfedergras liebt kalkigen Boden und möchte von winterlicher Nässe verschont sein.

Beide *Stipa*-Arten werden am günstigsten im Frühling verpflanzt.

Von *Pennisetum alopecuroides* (syn. *P. compressum*), dem Lampenputzergras, ist die Sorte 'Hameln' die beste, da sie schon im Juli mit dem Flor beginnt und ihn bis September fortsetzt. Das Lampenputzergras paßt gut in alle halblangen Sträuße und Gestecke. Es eignet sich zu Beeren, Früchten, zu *Rudbeckia,* zu Dahlien und den ersten kleinblumigen Chrysanthemen. Die Art liebt volle Sonne und stellt an den Boden keine besonderen Ansprüche. Lediglich im ersten Winter ist eine leichte Bodendecke zu empfehlen.

Molinia arundinacea var. *altissima,* das Pfeifengras, ist ein rechter Wandervogel. Seine Anpassungsfähigkeit an die verschiedensten Umweltbedingungen ist fast unbegrenzt. Vor allem die Sorte 'Windspiel', eine neue Züchtung von Karl Partsch, Sigiswang, sollte in keinem Garten fehlen. Es wird bis zu 2 m hoch und blüht im August mit 40–50 cm langen Rispen, die das helle Braun junger Windhunde haben. Diese feinen Stiele sind von unvorstellbarer Standfestigkeit. Im Garten kann es sogar geschehen, daß das Pfeifengras aufrecht den Winter überdauert. Sein Anblick ist im Sommer genau so schön wie im Winter wenn der erste Reif zart seine Silhouette betont. Vor einer hellen Hauswand oder dem freien Himmel kommt es am besten zur Geltung. Abgeschnitten gehört dieses Gras vor allem in Bodenvasen, zu Sonnenblumen, Artischocken oder dem zweiten Ritterspornflor.

Panicum virgatum 'Strictum', die Rutenhirse, hat einen sehr duftigen, lockeren Aufbau der goldbraunen Rispen auf mannshohen Blütenstielen. Die Blütezeit ist im August. Eingewachsene Pflanzen bringen ein große Anzahl drahtiger Stiele über einem Horst hellgrüner Blätter. Die Rutenhirse ist eine Sonnenpflanze und gedeiht auf jedem Boden.

Auch noch in lichtem Schatten wächst die *Deschampsia cespitosa.* Die beste Sorte mit dem hübschen Namen 'Tauträger' ist auch eine Züchtung von Karl Partsch. Dieses Gras bringt im August-September eine große Anzahl etwa 1 m hoher Blütenstiele mit zierlich lockeren, zartbräunlich getönten Rispen.

Ein ausgesprochener Herbstblüher ist *Miscanthus sinensis,* das Schilfgras aus China. Die Züchtung von Dr. Simon, Marktheidenfeld, mit dem Namen 'Silberfeder' übertrifft an Blühwilligkeit alles, was vor ihr angeboten wurde. Das Chinaschilf liebt feuchte Lagen in voller Sonne. Die Sorte 'Silberfeder' gedeiht und blüht aber auch auf ärmsten Sandböden. Ein weiterer Vorteil ist, daß diese Sorte auch in Landschaften zum Blühen kommt, die eine bedeutend verkürzte Vegetationsperiode haben, zum Beispiel im Gebirge. Die schulterhohen Stiele tragen fächerförmige Blütenrispen in silbrigem Weiß und schwarzrote Samenanlagen. In kleinen Gärten muß man die Pflanze gelegentlich reduzieren, damit sie nicht zu wuchern beginnt.

Miscanthus sinensis 'Gracillimus' hat ein sehr feines dunkelgrünes Laub, das wichtiger als der Blütenstand ist. Die Haltbarkeit der Blätter im Wasser ist ausgezeichnet. Eine ältere Pflanze bildet, wenn man ihr einen etwas feuchten Stand gibt, einen so großen Horst, daß man den ganzen Sommer reichlich davon schneiden kann.

Im Oktober, wenn fast alle Gartenerwartungen schon erfüllt sind, kommen als Paukenschlag zum Saisonende die über 2 m hohen Blütenstiele des Pampasgrases *Cortaderia selloana* zur Blüte. Das Pampasgras ist zweihäusig, das heißt, es gibt männliche und weibliche Pflanzen. Die Blüten der weiblichen Pflanzen sind eleganter und lockerer im Aufbau. Die englische Sorte 'Sunningdale Silver' ist nicht nur im Garten besser als die Art, sie bleibt auch getrocknet schön.

Ein Problem des Pampasgrases ist seine Überwinterung. Mehr noch als *Stipa gigantea* ist es in nassen Wintern gefährdet. Wenn die Blütenrispen unschön werden oder für die Vase geerntet sind, spätestens Anfang bis Mitte Dezember, bindet man die Blätter zu einem Schopf zusammen und stülpt eine Kiste, die mit Styropor ausgeschlagen wurde, darüber. Bei trockenem, frostfreien Wetter kann man die Kiste aufklappen und lüften.

Wen der Anblick einer Kiste im Garten stört, kann den Blätterbusch mit Schilf einpacken. Das Schilf muß mit dem Kopf zur Erde angelegt werden, damit das Wasser abfließt. Wichtig bei dieser Methode ist, daß man so geschickt und fest schnürt, daß kein winterlicher Sturm die Konstruktion zerstören kann. Diese große Pflanze braucht eine Menge Lebensraum im Garten, um ihre Schönheit voll zeigen zu können. Am besten stehen die Pampasgräser frei in einer Rasenfläche in voller Sonne. Dort ist auch die beste Möglichkeit, sie während der Wachstumsperiode zusätzlich reichlich mit Wasser und Dünger zu versorgen. Verpflanzen oder teilen sollte man das Pampasgras nur im Frühling.

Hosta, Funkie, Herzlilie

Die für Blumengebinde so wichtigen *Hosta* befinden sich in einem heillosen Nomenklatur-Durcheinander. Sie waren im vorigen Jahrhundert sehr beliebt, gerieten dann bis auf wenige Sorten in Vergessenheit und als man sich ihrer wieder erinnerte, ging bei den Namen alles drunter und drüber. Diese Verwirrung ist noch gesteigert durch die in Staudenbetrieben gelegentlich praktizierte, weil mögliche Vermehrung durch Aussaat. Die holländische Gartenbau-Universität in Wageningen hat sich ebenso wie der Sichtungsgarten Weihenstephan um die Entwirrung bemüht, doch ist dies noch nicht voll gelungen. Die Sichtung wird erschwert, da die *Hosta* offenbar auf verschiedene Standortbedingungen (Halbschatten, Schatten, Sonne) mit unterschiedlich großen Blättern reagieren. So gut sie den Schatten tolerieren, werden sie doch im lichten Streuschatten schöner.

Hosta lieben einen lehmig–humosen Boden und einen ruhigen Stand. Sie wachsen dann zu stattlichen Horsten heran mit langgestielten großen Blättern. Wenn man regelmäßig zu viele Blätter erntet, so bleiben die Stiele allerdings kürzer und die Blätter kleiner.

Um den Pflanzen genügend Entwicklungsmöglichkeit über viele Jahre hin zu sichern, sollte die Pflanzweite etwa 40 × 40 cm sein. Die beste Pflanzzeit, in der man auch leicht durch Teilung vermehren kann, ist bei Austriebsbeginn im Frühling. Wie alle Liliaceen sind *Hosta* vor allem bei zu engem Stand botrytis-gefährdet. Tritt der Befall auf, so ist 3 bis 5mal mit wechselnden systemischen Fungiziden zu spritzen. Da die Blätter unbeschädigt sein sollten, ist es gut, Schneckenkorn zu streuen. Erst wenn das Laub deutlich ausgereift ist, sich also das Blatt ledrig anfühlt, sollten sie gepflückt werden, damit sie im Wasser lange halten.

Funkien sind im ganzen Frühling und Sommer vielfältig zu gebrauchen, zum Abschluß bunter Sträuße und für Gestecke. Sie halten allerdings nur dann in Steckmasse, wenn sie wirklich voll entwickelt sind und tief eingesteckt werden. Um ein Abbrechen der Stiele beim Stecken zu vermeiden, sticht man am besten mit einem kleinen Holz vor.

Gut wirken Funkien zusammen mit Lilien, Artischocken, *Crocosmia, Kniphofia,* vor allem dann, wenn die großflächigen Formen in Kontrast gestellt werden wie zum Beispiel zum Abschluß von Sträußen oder Gestecken die Blätter von *Hosta plantaginea,* der Lilienfunkie.

Im Sichtungsgarten Weihenstephan notierte ich als die schönsten: *Hosta fortunei* 'Marginato-Alba', *Hosta fortunei* 'Aureomarginata' (diese *Hosta* vergrünt im Hochsommer), *Hosta sieboldiana* 'Aureo-Marginata', *Hosta sieboldiana* 'Elegans', die Blaublattfunkie.

Pachysandra terminalis, Ysander

Diese sehr bescheidene, meist wintergrüne Pflanze, die aus niederliegenden Ästen auf 20 cm langen Stielen hübsche, fünffach gelappte, tiefgrüne Blätter treibt, sollte jeder anbauen, der Schattenplätze hat und in größeren Mengen Blattwerk benötigt. *Pachysandra* eignen sich gut für Tischdekorationen und kleine Sträuße. Sie sind ideal für alle nacktstieligen Winterblüher wie Christrosen, Anemonen, Schneeglöckchen, Märzbecher. Die Haltbarkeit der lederartigen Blättchen ist in der Vase und in Steckmasse gleich gut.

Einmal gepflanzt, leben diese Blumen viele Jahrzehnte am gleichen Standort und bedekken den Boden so vollkommen, daß keinerlei Unkraut aufkommt. Man kann sie, von ganz strengen Wintern abgesehen, das ganze Jahr ernten.

Es gibt außer der bekannten dunkelgrünen Form noch die 1859 von Siebold aus Japan gesandte *Pachysandra terminalis* 'Variegata', die viel schwächer wächst, auch kleinere Blätter hat. Das graugrüne gezähnte Laub ist von einem schmalen weißen Rand wie von Rauhreif umgeben. Es ist besonders gut zum Abdecken der Steckbasis, da es sehr ziert ohne sich hervorzudrängen.

In der Literatur wird *Pachysandra* den möglicherweise Hautallergien auslösenden Pflanzen zugerechnet.

Yucca filamentosa, Palmlilie
Palmblatt

Das blaugrüne harte Laub dieser faserigen Pflanze, das pfeilartig zum Himmel schießt, ist im Herbst und Winter recht gut als Bindegrün zu *Hippeastrum, Nerine, Amaryllis belladonna* usw. zu verwenden. Aber auch zu Sträußen allein aus verschiedenen immergrünen Laub-Arten paßt es. Oft ist es angebracht, die harten, festen Blätter 1–2mal der Länge nach aufzuspalten.

Yucca ist nicht anspruchsvoll an den Boden. Sie nimmt mit jeder armen, steinigen, trockenen Lage vorlieb. Diese sollte jedoch nicht zu kalt und im Winter nicht naß sein. *Yucca* blüht ähnlich den Bromelien nur einmal in ihrem Leben und stirbt dann ab. So kann man, wenn man die Blüte ernten will, beruhigt die ganze Pflanze mit abschneiden. Auf einen sehr schweren Blumenigel in eine flache Schale gesetzt und eventuell noch mit einigen Kieselsteinen garniert, ist sie eine sehr attraktive Raumdekoration. Die Kieselsteine haben zugleich den Vorteil, dem Arrangement zusätzlich Halt zu geben.

Die stolzen rahmweißen Blütentürme sind nur kurz in der Vase haltbar. Wenn man jedoch ein Frischhaltemittel zusetzt, und sich nicht an den ausgefallenen Blütenglocken stört, so kann man eine Woche Freude an ihnen haben.

Yucca ist bis jetzt in Europa unfruchtbar. Sie wird in ihrer Heimat, den südamerikanischen Steppengebieten, von der Yucca-Motte bestäubt. Nun wartet man im Zeitalter des Flugtourismus darauf, daß einmal ein Reisender in seinen Gewandfalten zufällig ein Pärchen dieses Insekts mit nach Europa bringt und unsere *Yucca* hier plötzlich beginnen, Früchte anzusetzen. Die sehr schöne weißbunte, doch schwächer wachsende Form *Yucca filamentosa* 'Variegata' ist nur in englischen Baumschulen erhältlich. Sie sollte in Deutschland möglichst nur in Weinbaugebieten gepflanzt werden.

Sommerblumen

Amaranthus, Fuchsschwanz

Für Leute mit einem Hang zum Originellen im Garten und im Blumenstrauß ist *Amaranthus* wie geschaffen. Die Gattung tritt in recht verschiedenen Arten und Formen auf. Es kann geschehen, daß man unter der gleichen Bezeichnung sehr unterschiedliche Typen erhält. *Amaranthus caudatus* 'Albiflorus' (syn. *A. caudatus* var. *viridis*) wird etwa 1,20 m hoch und hat ab Mitte Juli fast ebenso lange, hängende Blütentrauben in hellem Gelbgrün.

Es ist fast nicht erkennbar, wann die Blüte in die Frucht übergeht, so daß ein großer Zeitraum zur Ernte und floristischen Verarbeitung bleibt.

Das Laub wird ausgezupft und nur die reine Blütentraube verarbeitet, die dann ihrem Namen, in dem das griechische Wort *amaraino* (ich welke nicht) versteckt ist, alle Ehre macht.

Weit weniger gut sieht es mit dieser Versprechung »ich welke nicht« bei *Amaranthus hybridus* 'Early Splendor', 'Tricolor Splendens' und 'Illumination' aus. Diese Sorten entwikkeln ab Juni ein dramatisches Farbspiel ihrer jungen Blätter von weithin leuchtender Intensität. 'Early Splendor' hat etwas von dem purpurnen Königsmantel eines Wanderschauspielers vergangener Zeiten. Bei 'Tricolor Splendens' und 'Illumination' variieren die Farben im Ablauf der Jahreszeit von Bronze über Hellgelb bis zum brennendem Orange und Purpur. Dabei ergeben sich Farbakzente, die kaum übersehen werden können. Die Blüten bleiben bei diesen drei Sorten unscheinbar.

Natürlich reizt ein so dekoratives Laub dazu, es floristisch zu verarbeiten. Vor Mitte September, wenn die schnell gewachsenen Blätter sich noch nicht genügend verfestigt haben, ist jedoch besondere Sorgfalt notwendig, wenn nicht in wenigen Stunden alle Schönheit in sich zusammen fallen soll. Sofort nach dem Schnitt müssen die Stielenden 30 Sekunden gekocht und anschließend in Chrysal-Lösung eingestellt werden. Auch ein eventueller Transport muß in Lösung oder zumindest in Wasser erfolgen. Eine Verarbeitung in Steckmasse ist nicht möglich. Die Haltbarkeit ist bei guter Behandlung 4–7 Tage.

Die Kultur unterscheidet sich nicht von der anderer Sommerblumen. Da der Samen recht fein ist, genügt meist ein Tütchen, um genug Pflanzen zu bekommen. Wenn man im April oder Mai direkt ins Freie sät, müssen die *Amaranthus* nach dem Keimen auf einen Abstand von ca. 35 × 40 cm ausgedünnt werden. Volle Sonne, reichliche Düngung und zusätzliche Wassergaben in trockenen Jahren sind unerläßliche Voraussetzungen für schöne Exemplare.

Senecio bicolor (syn. Cineraria maritima)

Für einen jungen Garten, in dem die Gehölze noch nicht ausreichende Blattmengen liefern, oder für sehr beimaterial-hungrige Floristen ist dies ein sehr rasch zu kultivierendes, gut im Wasser haltbares, grausilbriges Laub. Es ist besonders schön zu allen rosa, blauen und violetten Farbtönen.

Diese Mittelmeerpflanze, die in ihrer Heimat ausdauernd ist und halbstrauchig wächst, ist bei uns nur in den seltensten Fällen winterhart. Praktischer ist es, sie jedes Jahr neu aus Samen zu vermehren. Deshalb stehen sie hier unter den Sommerblumen.
Im April direkt ins Freie gesät, kann man ab Juli schneiden. Günstig ist es, eine recht hoch wachsende Sorte zu kaufen, etwa 'Diamant', die ca. 60 cm hoch wird; sie liefert längere und mehr brauchbare Stiele. Für sehr kleine Sträuße und Tischdekorationen pflückt man die Blätter, für größere Sträuße schneidet man ganze Triebe direkt über dem Boden ab, sie werden fleißig nachwachsen.

Zierkohl

Es macht Spaß ihn zu beobachten, wenn er so krausbärtig heranwächst, und schwierig ist er auch nicht in der Kultur. Man sät den Zierkohl im Frühling mit den Sommerblumen aus (wenn man knapp mit Platz im Gewächshaus oder im Fensterkästchen ist, dann kann es gleichzeitig mit dem letzten Samensatz geschehen), pikiert die Pflanzen und wenn die Sämlinge groß genug sind, werden sie auf ein Beet gesetzt. Den Sommer über kann man den Zierkohl ruhig vergessen. Einmal angewachsen, braucht er keine besondere Pflege mehr, und man freut sich, wenn er um die Zeit des Erntedankfestes seine verwegene lila oder die weiße Zeichnung annimmt. Das Lila, das der Zierkohl entwickelt, gehört tatsächlich zu den frechsten Farbtönen des europäischen Gartens. Die Pflanzen sind recht frosthart. Man kann sie lange draußen stehen lassen. Ihre Farbe wird im Herbst und beginnenden Winter immer schöner. Es gibt Jahre, in denen die Blattherzen noch im März zu verarbeiten sind.
Man verwendet den Zierkohl bei Dekorationen in Schalen zusammen mit dem Zierkürbis, oder auch einzelne Blätter in Sträußen oder Gestecken, oder alle Blätter bis zum Herz hin abgelöst – und arrangiert dieses Herz dann zusammen mit anderen Blumen in der Basis des Gesteckes oder des dekorativen Straußes.

Literaturverzeichnis

Bücher

Dr. Aigremont: Volkserotik und Pflanzenwelt. J. G. Bläschke Verlag, Darmstadt o. J.

A. Bärtels: Das große Buch der Gartengehölze. Verlag Eugen Ulmer, Stuttgart 1973.

F. Boerner: Schnitt der Ziergehölze. Verlag Eugen Ulmer, Stuttgart 1963.

A. v. Enderes: Frühlingsblumen. Verlag G. Freytag, Leipzig 1884.

F.-M. Engel: Die Giftküche der Natur. Landbuch Verlag GmbH, Hannover 1972.

C. Feldmaier: Die neuen Lilien. Verlag Eugen Ulmer, Stuttgart 1967.

A. Feßler: Gartenstauden. Verlag Eugen Ulmer, Stuttgart 1973.

K. Foerster: Das Blumenzwiebel-Buch. Verlag der Gartenschönheit, Berlin 1939.

G. W. Gessmann: Die Pflanze im Zauberglauben. Verlag Karl Siegismund, Berlin 1922.

Ch. Grunert: Gartenblumen von A–Z. Verlag J. Neumann–Neudamm, Melsungen 1967.

Ch. Grunert: Das große Blumenzwiebelbuch. VEB Deutscher Landwirtschaftsverlag, Berlin 1968.

Hilliers Manual of Trees and Shrubs. David & Charles, Newton 1974.

L. Jelitto und W. Schacht (Hg.): Die Freiland-Schmuckstauden. Band 1 und 2. Verlag Eugen Ulmer, Stuttgart 1963 und 1966.

E. Kästner: Die dreizehn Monate. Cäcilie Dressler Verlag, Hamburg.

G. Krüssmann: Handbuch der Laubgehölze. Verlag Paul Parey, Berlin 1960.

G. Krüssmann: Rosen, Rosen, Rosen. Verlag Paul Parey, Berlin 1974.

E. Miessner: Das Verfrühen von Stauden. VEB Deutscher Landwirtschaftsverlag, Berlin 1975.

L. Riss: Die Blumenbindekunst. Verlag Paul Parey, Berlin 1893.

H. Rupprecht: Treiben und Verfrühen von Blütengehölzen. Neumann Verlag, Radebeul 1961.

W. Schacht: Blumenzwiebeln für Garten und Heim. Verlag Eugen Ulmer, Stuttgart 1955.

G. K. Schauer: Rosen Tulipan, Lilien und Safran. Bei Kurt Georg Schauer, Frankfurt/M. 1947.

H. Schwalbe: Japan. Prestel Verlag, München 1974.

W. Seyffert: Stauden. VEB Deutscher Landwirtschaftsverlag, Berlin 1970.

C. Sterne: Sommerblumen. F. Tempsky Verlag, Prag 1884.

C. Sterne: Herbst und Winterblumen. F. Tempsky Verlag, Prag 1886.

M. v. Strantz: Die Blumen in Sage und Geschichte. Verlag Chr. Fr. Enslin, Berlin 1875.

G. Tergit: Kaiserkron und Paeonienrot. Droemersche Verlagsanstalt Th. Knaur Nachf., München 1963.

I. Wundermann: Der Florist. Band 1 und 2. Verlag Eugen Ulmer, Stuttgart 1976 und 1977.

Zander: Handwörterbuch der Pflanzennamen. Verlag Eugen Ulmer, Stuttgart 1972.

Zeitschriften

R. Buys siehe W. Helfert.

G. Bosse: Erleichterung bei der Treiberei abgeschnittener Blütenzweige. Taspo 12, 1967.

W. Helfert: Sorgfalt der Marktbeteiligten verlängert den Gebrauchsnutzen. Taspo 12, 1976.

Ph. Paulig: Die Frühtreiberei der Maiblumen. Möllers Deutsche Gärtnerzeitung 20, 1905.

R. Schietinger: Die Haltbarkeit von Schnittblumen. Gartenwelt 15, 1975.

J. Sieber: Frischhaltemittel und Haltbarkeit von Schnittstaudenblumen. Erwerbsgärtner 31, 1972.

J. Sieber: Stauden-Schnittblumen. Langjährige Leistungsfähigkeit. Deutscher Gartenbau 17, 1975.

J. Sieber: Stauden–Schnittblumen. Abhängigkeit der Haltbarkeit von Aufblühstadium. Deutscher Gartenbau 28, 1975.

P. Werkmeister: Paeonia Moutan und ihre Hybriden. Der Staudengarten 2/1976.

Pflanzenverzeichnis

Mit Sternchen * versehene Seitenzahlen verweisen auf Abbildungen

Sachverzeichnis